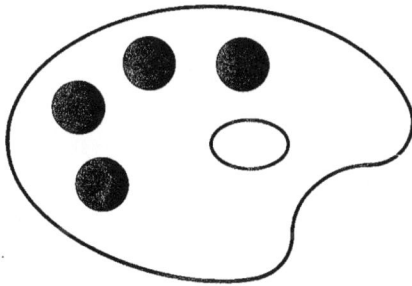

Original en couleur
NF Z 43-120-8

CH. PAUL DE KOCK

L'AMOUREUX TRANSI

ÉDITION ILLUSTRÉE DE VIGNETTES SUR BOIS

Prix : 1 fr. 10 cent.

PARIS

VICTOR BENOIST ET Cie, EDITEURS, RUE GIT-LE-CŒUR, 10, A PARIS

ANCIENNE MAISON CHARLIEU ET HUILLERY

PAUL DE KOCK

ROMANS ILLUSTRÉS

L'AMOUREUX TRANSI.

I. — DES JEUNES MARIÉS VIEUX.

*La timidité est un défaut dont il
est dangereux de reprendre les
personnes qu'on veut en corriger.*
LAROCHEFOUCAULD. *Maximes.*

C'était en l'année mil huit cent
dix-huit, je ne vous dirai pas d'heureuse mémoire, parce que je ne me
souviens pas si cette année-là fut
plus heureuse qu'une autre; probablement qu'il en fut ainsi pour
certaines gens, et tout autrement
pour bien d'autres, et quelquefois,
souvent, je pourrais dire presque
toujours, la même cause produisit
les deux résultats contraires; c'est-
à-dire que ce qui fait le bonheur de
l'un amène le malheur de l'autre.

Mais cela s'est vu de tous les
temps, et sans doute cela continuera
ainsi jusqu'à la fin des siècles... si
toutefois les siècles doivent avoir
une fin...

La nature aime les contrastes... je
ne puis deviner pourquoi, mais
cela ne m'empêchera pas de croire
qu'elle a raison, car la nature fait
toujours parfaitement ce qu'elle fait.

C'était donc en l'année mil huit
cent dix-huit.

Dans un vieil hôtel du faubourg
Saint-Germain, situé... je ne sais

La nourrice que Jasmin amenait avait une si bonne figure. — Page 7.

plus dans quelle rue, ceci est peu
important; une nombreuse société
était réunie; on dansait, on se ré-
jouissait, ou du moins on en avait
l'air, ce qui n'est pas toujours la
même chose; enfin on célébrait une
noce. C'était celle de M. le marquis
de Grandvilain avec mademoiselle
Aménaïde Dufoureau.

Il y avait un orchestre choisi,
dans lequel cependant on n'entendait pas de cornets à piston, parce
qu'alors cet instrument ne dominait
pas encore dans nos bals; il y avait
une société également choisie; on
dansait avec cette décence, cette
gravité, cette belle tenue qui empêche la danse française d'être amu-
sante, et qui a fait dire que le peuple
le plus gai de la terre est celui qui
danse le moins gaîment.

Il est vrai que depuis cette époque il y a une certaine danse beaucoup plus décolletée qui s'est glissée
de la guinguette dans les bals masqués, et des bals masqués s'est fau-
filée dans quelques salons; danse
qui serait charmante et aurait vraiment un caractère, si la plupart de
ceux qui s'y livrent ne remplaçaient
pas la grâce par le burlesque, et
l'abandon par la licence. Mais cette
danse-là ne s'était pas glissée à
la noce de M. le marquis de Grandvilain.

Et puis le marié ne mettait pas les danseuses en train, il ne courait pas de l'une à l'autre les engager et leur offrir sa main. Après avoir ouvert le bal avec son épouse, il s'était jeté dans un immense fauteuil, d'où il se contentait de regarder les autres en souriant aux dames et en battant la mesure avec sa tête.

Vous êtes étonné sans doute de la conduite du marié, et déjà vous voudriez en savoir la cause; votre étonnement cessera quand je vous aurai dit que le jour de cet hymen, M. de Grandvilain entrait dans sa soixantième-neuvième année.

A cet âge vous comprendrez que l'on ne soit plus un de ces danseurs acharnés et vous savez bien que le roi David dansait devant l'Arche la place, de ces cavaliers qui retiennent des danseuses pour six quadrilles à l'avance.

Vous allez peut-être dire encore que M. le marquis était aussi vieux pour l'hymen que pour le bal... que c'est une folie de se marier à soixante-neuf ans!

Et d'abord qu'en savez-vous?... cela vous est-il arrivé? Et lors même que ce serait une folie, quel mal d'en faire si elles nous rendent heureux : les gens les plus fous sont quelquefois les plus sages.

Marions-nous tant que nous en aurons l'envie, et dansons tant que nous le pourrons.

Caton apprenait à danser à soixante ans. Platon a fait l'éloge de la danse, et vous savez bien que le roi David dansait devant l'Arche sainte... C'était, j'en conviens, une singulière manière de montrer sa foi et sa dévotion, mais au moins David ne connaissait pas cette danse dont je vous parlais tout à l'heure.

Revenons au marié :

M. de Grandvilain méritait un autre nom que celui qu'il portait : sa taille était moyenne, mais bien prise; il avait été fort bien fait, il lui restait encore une jolie jambe, et suffisamment de mollet pour un homme qui prend une épouse. Sa figure, un peu moutonne, ne manquait ni de noblesse ni de charme; ses traits étaient réguliers, ses yeux avaient été fort beaux, ils avaient conservé une expression aimable; enfin son sourire était encore passablement malin.

Vous voyez qu'il restait encore beaucoup de choses à ce monsieur, et qu'il était fort excusable d'avoir pensé à se marier afin d'utiliser tout cela.

Aménaïde Dufoureau, qui venait de s'unir à M. de Grandvilain, entrait dans sa quarante-quatrième année, et jusque-là était restée demoiselle.

Demoiselle!... concevez-vous toute la force de ce mot!... cela vous annonce un cœur tout neuf, une âme toute neuve, un amour tout neuf, et des charmes.... comme tout cela!... Une demoiselle de quarante-quatre ans, et une fleur qui n'a pas encore été cueillie!... Mais quelle fleur, grand Dieu! et une fleur qu'on a eu le temps de monter en graine!...

Quant à moi, j'avoue, dans toute mon humilité, que je préférerais dix femmes mariées du même âge à une fleur qu'on a laissée si longtemps sur sa tige.

Probablement M. le marquis de Grandvilain ne pensait pas comme moi... Les opinions sont libres, et si nous avions tous la même, cela serait fort ennuyeux, parce que nous n'aurions plus le plaisir de discuter et de nous disputer.

M. de Grandvilain avait connu Mlle Aménaïde Dufoureau en quatre-vingt-dix-huit...

Alors elle n'avait que vingt-quatre ans; il est à présumer que son cœur devait être au moins aussi neuf qu'à quarante-quatre; mais, ce qu'il y a de certain, c'est que sa figure l'était davantage.

A cette époque, Aménaïde était une assez jolie personne; mince, élancée, légère, les yeux noirs à fleur de tête étaient brillants de santé et de vivacité; sa bouche, un peu grande, riait fréquemment pour laisser voir une double rangée de dents parfaitement irréprochables; enfin quoique son nez fût un peu gros, son front un peu bas, et son teint un peu brun, Mlle Dufoureau pouvait passer pour une personne fort agréable.

M. de Grandvilain, qui avait dans ce temps-là quarante-neuf ans, et se trouvait encore un jeune homme, parce qu'il en avait conservé les penchants et le caractère, avait rencontré Aménaïde dans le monde et lui avait fait la cour; mais avec cette légèreté d'un homme habitué aux conquêtes avec cette assurance d'un roué qui n'a jamais trouvé de cruelles; puis enfin avec cette suffisance d'un marquis, croyant faire beaucoup d'honneur à une petite bourgeoise en laissant tomber un regard sur elle.

Mlle Dufoureau n'était, en effet, qu'une simple bourgeoise; ses parents, honnêtes commerçants, étaient morts en lui laissant quinze cents livres de rente et de très-bons principes.

Les quinze cents livres de rente n'étaient qu'une bien mince avoir, mais n'y joignant la vertu, l'innocence de cette demoiselle, cela formait une dot, que certaines jeunes personnes fort riches seraient très-embarrassées pour offrir à leur mari.

M. de Grandvilain, encore fier et superbe, vint papillonner autour de la fleur de vingt-quatre ans.

Mlle Aménaïde trouva M. le marquis fort aimable, elle fut flattée d'être distinguée par lui, et lui laissa même voir son cœur ne recevait pas ses hommages avec indifférence. Mais lorsqu'elle s'aperçut que M. de Grandvilain ne songeait nullement à la faire marquise, elle le repoussa avec fierté en lui disant :

« Monsieur, pour qui me prenez-vous? »

Le marquis, piqué de cette résistance, s'éloigna en fredonnant une ariette de *Blaise et Babet;* c'était alors un opéra comique à la mode et dans les opéras de ce temps-là, on faisait des airs qui se retenaient et se chantaient même dans les rues.

Autre temps! autre musique!...

M. de Grandvilain fut porter ailleurs ses sérénades, ses désirs, ses hommages et son cœur.

Mlle Aménaïde Dufoureau sut concentrer au fond de son âme ses regrets, ses soupirs et son ardeur.

Voyez combien les hommes sont heureux! une femme leur résiste ils courent s'adresser ailleurs... et ils finissent toujours par trouver à placer cet amour qu'ils offrent à tous les jolis minois. Comme ces gens qui ont de l'argent plein leur poche et se disent :

« J'achèterai ce que je voudrai... j'aurai du plus beau et du meilleur, je paye comptant! »

Les femmes honnêtes, au contraire, sont obligées de demander du crédit; car elles veulent bien promettre leur amour, mais elles n'entendent pas le donner tout de suite.

Six années s'écoulèrent, pendant lesquelles M. le marquis, tourbillonnant sans cesse de conquête en conquête, passant sa vie au sein des plaisirs, ne revit pas la pauvre Aménaïde Dufoureau, qui menait une existence bien paisible, fort modeste, et n'allait guère dans ce monde où vivait M. de Grandvilain.

Au bout de ce temps, une fête champêtre aux environs de Paris amena une rencontre entre ces deux personnes qui ne se cherchaient plus. Le marquis trouva que Mlle Aménaïde était encore gracieuse; Aménaïde ne put retenir quelques soupirs qui annonçaient que le passé n'était pas entièrement oublié.

M. de Grandvilain fit de nouveau l'aimable et le séducteur; il pensait que la fleur de trente ans se laisserait cueillir plus facilement que celle de vingt-quatre. Mais il se trompait; il rencontra la même vertu, la même résistance, et pourtant on ne lui cacha pas qu'on l'aimait, mais on voulait être marquise, et l'on ne devait se rendre qu'à son époux.

Notre séducteur s'éloigna encore. Il voyagea, il fut six années éloigné de la France. Quand il revint, il était beaucoup moins leste, moins léger; sa tournure était encore distinguée, mais sa démarche était lourde et lente. Cependant, quoiqu'il eût alors soixante-un ans, le marquis croyait encore très-séduisant; il y a des personnes qui ne veulent pas vieillir; elles ont parfaitement raison, mais alors c'est le temps qui a tort.

M. de Grandvilain revit Aménaïde Dufoureau : elle était toujours demoiselle, quoique âgée alors de trente-six printemps...(Il ne faut jamais compter que par printemps, cela conserve un air de jeunesse.) Était-elle restée fille faute d'occasion pour se marier, ou parce qu'elle avait voulu garder son cœur au marquis? Nous sommes trop galant pour ne pas croire que c'était pour cette dernière raison, et le marquis devait penser de même, parce que cela flattait son amour-propre.

Aménaïde n'était plus aussi mince, aussi élancée, aussi svelte qu'à vingt-quatre ans, mais elle était encore assez fraîche, et ses yeux, perdant de leur vivacité, étaient devenus plus tendres. M. de Grandvilain, qui revoyait toujours avec plaisir la seule femme auprès de laquelle il n'avait pas triomphé, recommença à faire sa cour à la fleur de trente-six ans.

Mais il ne fut pas plus heureux, et cela devait être. Après avoir eu la force de lui résister quand il était encore jeune et joli garçon, il n'était pas probable qu'elle se rendrait lorsqu'il était vieux et fait. M. de Grandvilain, toujours fier, toujours prétentieux, s'éloigna encore en jurant de ne plus revenir, en se promettant de porter ses hommages ailleurs.

Pauvre galant! qui avait passé le soixantaine, et qui se croyait encore capable d'être volage. Les occasions d'oublier Aménaïde se présentaient plus... le temps s'écoulait et n'apportait point de distractions; toutes les dames devenaient pour le marquis aussi cruelles que Mlle Dufoureau, et notre vieux séducteur se disait :

« C'est étonnant comme le beau sexe change! les femmes ne sont plus le cœur sensible comme autrefois! »

Enfin le marquis se décida à retourner près d'Aménaïde, il se rapprochait de ses quarante-quatre printemps, et M. de Grandvilain se dit : « Si j'attends que les printemps deviennent plus nombreux, cela ressemblera beaucoup à un hiver. De mon côté, je commence à être d'âge à me ranger... Mlle Dufoureau n'est pas noble, mais elle est vertueuse, vingt-ans qu'elle m'aime, cela mérite une récompense... épousons-la. »

Et notre amoureux de soixante-neuf ans offrit enfin sa main à la demoiselle qu'il aurait pu épouser vingt ans plus tôt.

Lorsque Mlle Aménaïde entendit le marquis lui proposer avec son cœur et ses soixante-neuf ans, elle avait envie de lui répondre :

« Nous marier maintenant, ce n'est plus guère la peine! » Mais elle accepta cependant, et voilà pourquoi en l'année dix-huit-cent dix-huit on célébrait la noce de ces vieux amants à l'hôtel de Grandvilain.

II. — UN PETIT GRANDVILAIN.

Quand on se marie à soixante-neuf ans, peut-on se flatter d'avoir des héritiers, de se voir revivre dans ses enfants? Il semble que non... cependant il est probable qu'on se flatte toujours

Lorsque pareille chose arrive, lorsque l'épouse d'un vieillard devient mère, les plaisanteries pleuvent sur le mari !... mais les quolibets, les bons mots portent à faux quelquefois... dans un cas semblable quand vous ne voulez pas croire, il est bien difficile de vous prouver que vous avez tort...

« *Plus negare potest sinus quam probare philosophus.* »

Il y avait cinq mois qu'Aménaïde Dufoureau était devenue marquise de Grandvilain, lorsqu'un matin elle aborda son époux en rougissant, et les yeux baissés, l'air embarrassé, lui fit entendre qu'elle espérait lui donner un gage de son amour.

M. de Grandvilain poussa un cri de joie, il se leva, embrassa sa femme, courut dans la chambre, voulut faire une pirouette, et se jeta par terre ; mais madame l'aida à se relever, et il recommença à faire mille folies, car le plaisir qu'il éprouvait lui faisait oublier son âge. Il était fier d'avoir un enfant, et il recommença à faire bien de quoi, d'autant plus que la vertu de sa femme était comme celle de l'épouse de *César* on ne pouvait pas même la suspecter.

Dès ce moment on ne s'occupa plus que de cet enfant qui n'était pas encore né.

M. le marquis était persuadé que ce serait un garçon. Et pour croire cela, il se disait : un bonheur ne vient jamais seul.

Mme la marquise enchantée d'avoir un enfant. Garçon ou fille, elle était certaine de l'aimer également ; mais pour être agréable à son mari, elle paraissait aussi compter sur un garçon.

« — Je le nourrirai moi-même ! » s'écriait Aménaïde en souriant à son époux.

« — Oui, oui, nous le nourrirons ! » répétait le marquis, « nous l'élèverons beaucoup mieux que ne pourrait la mère une nourrice !... Que diable ! des gens comme vous doivent s'y entendre mieux que des paysans ; nous en ferons un gaillard ! car je veux que mon fils ressemble en tout à son père. »

Et en disant cela, le vieux marquis allongeait le jarret et essayait de faire encore le superbe. Depuis qu'il savait son épouse enceinte, il se croyait revenu à vingt ans.

On acheta une layette magnifique pour le poupon que l'on attendait ; on fit de grands préparatifs pour bien recevoir ce rejeton de M. de Grandvilain ; l'ivresse à laquelle on se livrait était bien naturelle : puisque de jeunes époux fêtent la naissance de leur enfant, ils doivent en faire bien plus encore, ceux qui n'ont pas l'espoir de voir se renouveler un semblable événement.

Plus le moment approchait, où Mme la marquise devait être mère, plus son vieil époux l'accablait de soins, d'attentions, de prévenances ; cela allait quelquefois si loin, que Mme de Grandvilain en perdait l'appétit avec la liberté. M. le marquis ne voulait plus qu'elle sortît à pied, il redoutait pour elle la moindre fatigue, il veillait ainsi à ce qu'elle ne mangeât rien qui pût lui faire du mal, et cette attention devenait cruelle pour celle qui en était l'objet, car, dans la chose la plus simple, le marquis trouvait un danger et cela était défendu sans rémission, au point que vers la fin de sa grossesse, Mme de Grandvilain n'obtenait plus que de la panade, seule nourriture qui, suivant M. le marquis, ne fût pas dangereuse pour sa femme. Il y avait cependant auprès de Mme la marquise un médecin qui prescrivait un tout autre régime, mais M. de Grandvilain s'en rapportait plus à lui qu'au médecin, et en vieillissant il devenait très-entêté.

Le grand jour arriva enfin !... et il était temps pour la pauvre marquise qui s'accommodait mal de ne manger que de la panade. Aménaïde mit au monde un fils.

M. de Grandvilain n'avait pas senti la force de rester près de sa femme pendant qu'elle était en proie aux douleurs de la maternité.

Mais un domestique, qui jadis avait été jockey, puis groom, puis valet de chambre du marquis, et qui maintenant avait atteint la cinquantaine, accourut lui apprendre cette grande nouvelle.

En apercevant son vieux Jasmin, dont la figure rouge et bourgeonnée était encore plus bête que de coutume, le marquis s'écria :

« — Eh bien ! Jasmin ?... est-ce que ce serait fini ?

— Oui, monsieur le marquis... c'est fait ! Ah ! nous avons eu bien de la peine, mais ça y est. »

On sait que les vieux domestiques de grandes maisons ont assez l'habitude de dire *nous*, en parlant de ce qui concerne leurs maîtres, et M. de Grandvilain pardonnait à son ci-devant jockey d'employer cette locution.

« — Comment ! ce serait fini, Jasmin ? Ah ! cette pauvre marquise... mais enfin, achève donc, bourreau... qu'est-ce que c'est ?

— C'est quelque chose de magnifique, monsieur ; vous serez très-content !

— Mais le sexe, drôle. Le sexe donc, est-ce qu'il n'en a pas, cet enfant ?

— Oh ! que si fait, vraiment !..... un sexe superbe ! nous sommes accouchés d'un garçon, mon cher maître.

— Un garçon, Jasmin ! un garçon. Ah ! quel bonheur ! Mais je l'avais bien dit ! J'en étais sûr... je l'aurais parié... Est-ce que je ne sais pas toujours ce que je dis.

— Vous êtes bien adroit, monsieur le marquis.

— Un garçon... j'ai un fils... j'ai un héritier de mon nom. Jasmin, je te donne dix écus de gratification pour m'avoir apporté cette nouvelle.

— Merci, mon cher maître. Vivent les Grandvilain !

— J'ai un garçon... le plaisir... le... ah ! ouf ! je n'en puis plus.... Jasmin, donne-moi mon flacon de sels... non, donne-moi plutôt un petit verre de madère... je sens mon cœur qui s'en va.

— Allons, monsieur le marquis, remettez-vous, dit Jasmin en présentant un verre de madère à son maître. Ce n'est pas le cas de vous trouver indisposé.

— Tu as raison... mais que veux-tu ? le saisissement... la joie. Voilà la première fois que je suis père..... à ma connaissance, au moins... et cela fait un si grand effet ! Conte-moi donc quelques détails... pendant que je me remets....... car je n'aurais pas encore la force d'aller jusqu'à ma femme.

» — Eh bien ! monsieur le marquis, figurez-vous que je m'étais placé en faction tout contre la chambre de madame, afin de venir vous avertir dès que nous serions accouchés, car je pensais bien que vous seriez impatient de savoir le résultat...

» — Très-bien, Jasmin... achève, achève.

» — Au bout de quelque temps, j'entends des cris... J'avais envie de me sauver, mais je me tiens ferme pourtant, et pour me donner de la résolution, je prends une bonne prise de tabac. Tout à coup, on ouvre la porte de chez madame... c'était l'accoucheur... Il me voit.. il cherchait quelqu'un, il me fit signe d'entrer. J'obéis.

» — Comment, drôle, vous avez pénétré dans la chambre de madame la marquise pendant que...

» — Non, monsieur, je suis resté dans la petite pièce qui précède, où tout le monde était en rumeur... la garde, la femme de chambre, cette grosse niaise de Turlurette s'était avisée de se trouver mal au lieu de se rendre utile.

» Cela prouve son attachement pour mon épouse, Jasmin, continuez.

» — Pardon, monsieur, il faut que je me mouche d'abord... Enfin, on m'appelait pour secourir Turlurette ; moi, qui étais bien plus inquiet de madame, je m'écrie :

» — Sommes-nous accouchés d'abord ?

» — Eh oui ! répond le médecin.

» — Qu'est-ce que nous avons eu alors ?

» — Tiens... imbécile.

» — En disant cela, l'accoucheur me met un petit paquet sur les bras... Figurez-vous, monsieur, que je crus d'abord que c'était un fromage... Il était tout rond... cela avait une drôle d'odeur... mais en regardant bien, je reconnus que c'était un petit garçon, à peine sorti de sa coquille.

» — Qu'est-ce que cela signifie, Jasmin ? Comment, c'est mon fils que vous aviez pris pour un fromage ?

» — Dame ! monsieur, quand on n'a jamais vu de nouveaux-nés... et c'était la première fois que j'en voyais...

» — Prendre mon fils pour un fromage !... Vous êtes un butor, vous n'aurez point de gratification !

» — Ah ! monsieur le marquis... ce n'est pas l'argent que je regrette, mais je ne croyais pas avoir mérité votre colère !... d'autant plus qu'en considérant le petit garçon que je tenais dans mes bras, je vis avec joie qu'il avait tous nos traits... c'est nous tout craché !

» — Comment, ce nous... Jasmin !..... est-ce que vous avez bu...

» — Ah ! pardon, monsieur le marquis, mais c'est l'attachement qui m'emporte ! Quand je dis nous... mon cher maître sait bien que je veux dire lui !... Enfin c'est votre noble figure, monsieur, c'est votre beau nez aquilin, votre joli petit menton ; et j'aurais aussi vos belles dents que vous n'avez plus... Je gagerais qu'il les aura. »

Le vieux marquis ne peut s'empêcher de sourire, et il répond d'une voix plus douce :

« Ce cher petit... allons... je t'ai promis une gratification, tu l'auras. Je sais que tu es un fidèle serviteur, mon pauvre Jasmin, mais aussi il faut prendre garde à ce qu'on dit quand on parle du fils de son maître.

» — C'est un véritable amour que nous avons là, monsieur... Ah ! si j'avais pu lui donner à teter !... comme j'aurais été content !

» — Je me sens maintenant assez de force pour aller embrasser mon épouse et mon fils... Viens, Jasmin, conduis-moi...

» — Oui, monsieur... Allons voir notre enfant. »

Le vieux marquis, enchanté de se voir renaître à soixante-dix ans, se lève, prend le bras de son valet de chambre, et tâche de courir avec Jasmin jusqu'à l'appartement de l'accouchée ; mais, comme le maître et le valet avaient le pas fort lourd, la course se borna à une marche assez accélérée, ce qui n'empêcha pas que le marquis et Jasmin ne fussent presque essoufflés en arrivant chez Mme la marquise.

Monsieur courut embrasser madame en versant des larmes de joie, et dans son attendrissement il se laissa tomber sur le lit de l'accouchée, ou l'on eut toutes les peines du monde à le tirer, parce que le bonheur changeait ses jambes et ses bras en coton. Quand on fut parvenu à replacer M. de Grandvilain dans un fauteuil, il demanda un verre de madère afin de se remettre et d'être en état d'embrasser son fils. Jasmin courut de nouveau chercher du madère ; il en versa à son maître, et s'en versa aussi un verre, qu'il alla boire derrière un grand rideau de croisée, trouvant qu'il avait également besoin de reprendre des forces.

« — Et maintenant où est mon fils ? » dit le marquis d'une voix émue, et portant ses regards autour de lui.

« — On va vous l'apporter, monsieur, » dit la grosse Turlurette, « la garde l'arrange pour vous le présenter...

» — Je n'ai pas besoin qu'on l'habille, » dit le marquis, « au contraire, je veux le voir tout nu, je jugerai bien mieux de sa force... » de sa constitution...

» — Oui, oui, dit Jasmin, « nous sommes bien aises de voir ce » que nous avons fait !

» — Vous entendez, Turlurette ; dites à la garde de m'apporter » mon fils tout nu ver.

» — Oui... qu'on nous l'apporte en sauvage, et sans feuille de » vigne !

» — Jasmin, est-ce que vous ne retiendrez pas un moment votre langue ?

» — Pardon, monsieur le marquis... c'est l'impatience d'admirer ce » cher amour.»

Turlurette s'empresse de faire sa commission, et bientôt, la garde tient, tenant devant elle une grande cuvette dans laquelle le nouveau-né, entièrement nu, s'agitait et s'étendait à loisir ses petits membres frais et roses. La garde présente l'enfant au marquis comme on présentait jadis à un conquérant les clefs d'une ville.

A la vue de son fils, M. de Grandvilain pousse un cri de joie et étend e bras pour le saisir, mais l'émotion qu'il ressent lui fait éprouver une nouvelle faiblesse, il n'a pas la force de prendre son fils, et se laisse retomber dans son fauteuil. Cependant la garde-malade, croyant que le papa allait s'emparer de ce qu'elle lui présentait, avait lâché l'enfant et la cuvette, et tout cela allait tomber sur le parquet, si la grosse Turlurette n'eût heureusement rattrapé le nouveau-né en le saisissant par un endroit qui présentait une légère saillie.

La cuvette, en tombant sur le parquet, s'était brisée en morceaux. A ce bruit, Mme la marquise croit son fils tué, elle s'écrie :

« — Mon enfant !... que lui est-il arrivé ?

» — Rien, madame ! » dit Turlurette en présentant le petit garçon à sa maîtresse, « il n'est pas tombé... je l'ai retenu... par... quelque » par...

» — Ce cher amour !... j'ai eu bien peur !... ô mon Dieu ! Turlu-» rette !... mais vous le tenez bien singulièrement... cet enfant.

» — Dame !... c'est encore bien heureux que j'aie trouvé à le saisir par là... Si c'eût été une fille... elle aurait bien pu tomber avec la cuvette... et Dieu sait si l'enfant ne se serait pas brisé comme elle. »

Pendant que tout ceci avait lieu, Jasmin voyant son maître pâle et tremblant dans le fauteuil, va prendre l'enfant que lui versait un autre verre de Madère, et va ensuite lui-même faire une tournée derrière le rideau.

M. de Grandvilain ayant pour une troisième fois retrouvé des forces, va prendre l'enfant que Turlurette et l'embrasse avec effusion, puis l'élève en l'air, en s'écriant :

« Le voilà mon fils !..... mon héritier !.... ah ! corbleu !... je savais » bien que j'aurais un fils, moi. »

Cependant la marquise, craignant qu'on le prît à son mari une nouvelle faiblesse, et qu'alors il ne laissât échapper son enfant, le supplie de s'asseoir auprès de son fils ; M. de Grandvilain y consent, et il se met ensuite à tourner, à retourner le nouveau-né, à l'examiner sur toutes ses faces, et il s'écrie :

« Le bel enfant !... c'est pourtant moi qui ai fait tout cela...

» — Oui, c'est pourtant nous ! » murmure Jasmin qui se tient debout derrière le fauteuil de son maître avec la bouteille de madère à la main, en cas de besoin.

« — Comme il est gras et rose... quels beaux petits mollets !...

» — Ma foi ! je n'en ai plus tant que ça, moi ! » dit Jasmin en jetant un coup d'œil sur ses jambes.

« — Quelle jolie petite tête ronde !...

» — On jurerait un fromage de Hollande !...» murmure encore Jasmin, mais heureusement pour lui cette fois son maître n'entend pas sa réflexion, qui aurait pu définitivement faire supprimer la gratification.

« — Il est bâti comme un Apollon... et il a des choses... où il y a » de l'Hercule... Tiens, vois donc, Jasmin... comme cela est déjà... » prépondérant !

» —C'est merveilleux ! » dit Jasmin, qui, après avoir admiré ce qu'on lui faisait voir, fit alors mentalement la même réflexion qu'il avait faite au sujet des mollets.

Après que M. le marquis eut bien examiné son fils per fas et nefas, il le présenta à son épouse, en lui disant :

« — A propos, tendre amie, comment le nommerons-nous ?

» — C'est à quoi je songe, mon cher époux, depuis que je suis ac-» couchée.

» — Il faut que mon fils porte un beau nom... Je me nomme Sigis-» mond, moi ; c'est un joli nom de baptême ; mais je n'aime pas que » les fils portent le même nom de baptême que leur père, cela amène » ensuite des cacophonies où l'on ne se reconnaît plus.

» — Tenez, marquis, le nom qui conviendrait à cét » amour, serait celui de Chérubin. Qu'en dites-vous ? n'est-ce pas là » un bien joli nom ?

» — Chérubin ! » dit le marquis en hochant la tête, « c'est bien » femmelette... il n'y a rien de guerrier là-dedans !...

» — Eh ! monsieur ! quelle nécessité de donner un nom de guerrier à » notre fils... cela eût été bon du temps de Napoléon ! mais mainte-» nant vous savez bien que ce n'est plus la mode... Je vous en prie, » appelons notre fils Chérubin !

» — Marquise, » répondit M. de Grandvilain en baisant la main de sa femme, « vous m'avez donné un fils, je n'ai rien à vous refuser... » il se nommera Chérubin... cela rappelle un peu le Mariage de Fi » garo, mais après tout, le Chérubin de Beaumarchais est un petit » gaillard fort aimable, toutes les femmes raffoient de lui, et ce ne se-» rait pas encore un mal si notre fils ressemblait au petit page.

» — Oui, oui, » murmure Jasmin, qui se dandinait en se tenant après le dos du fauteuil de son maître, parce que les poses qu'il avait faites derrière les rideaux commençaient à lui donner des faiblesses dans les jambes.

« — Oui, c'est très-gentil, Chérubin... ça rime avec Jasmin !...»

Le marquis se retourna et eut envie de donner un soufflet à son domestique ; mais celui-ci, s'apercevant qu'il avait dit encore une bêtise, fit une mine si piteuse que son maître se contenta de lui dire :

« Vous êtes aujourd'hui d'une inconvenance qui passe les bornes, » Jasmin !

» — Pardon, monsieur le marquis, c'est la joie, l'enthousiasme... je » suis si content qu'il me semble que tout valse dans l'apparte-» ment !...»

En ce moment Turlurette vint annoncer que tous les domestiques de l'hôtel s'étaient réunis, et demandaient l'offrir un bouquet à leur maîtresse, et leurs félicitations à leur maître.

Le marquis donna ordre de laisser entrer ses gens.

Les domestiques arrivèrent sur une file, et Jasmin, comme le plus ancien, se hâta de se mettre à leur tête, et commença un compliment dont il ne put jamais trouver la fin, parce que sa langue s'embarouillait. Mais il prit son parti et coupa court à sa phrase en s'écriant :

« Vive le fils de M. le marquis et son auguste famille ! »

Tous les valets répétèrent ce cri en jetant leur chapeau ou leur casquette en l'air.

M. de Grandvilain se sentit de nouveau attendri, des larmes humectèrent ses yeux, et craignant d'avoir encore une faiblesse, il fit un signe à Jasmin, qui, prévoyant cela, lui présenta aussitôt un verre de madère.

Le marquis but ; puis il remercia ses gens, leur donna de l'argent et les envoya boire à la santé du nouveau-né.

Jasmin s'éloigna avec eux, emportant la bouteille de madère, dont il commença par avaler le reste avant de se joindre à ses camarades.

Et le soir le valet de chambre était complètement gris, et M. le marquis avait pris si souvent de quoi se donner des forces, qu'il fut obligé de se coucher en sortant de table.

Mais on n'a pas un enfant tous les jours ! et surtout lorsqu'on est arrivé à soixante-dix ans.

II. — UNE SURPRISE DE JASMIN.

Le baptême du petit Chérubin eut lieu quelques jours après sa naissance : alors cela fut encore fêté dans l'hôtel.

Le marquis était libéral, généreux : c'est ordinairement la vertu des roués. Il répandit l'argent avec profusion, et dit à Jasmin de mettre la cave au pillage ; le valet de chambre dont le nez bourgeonné trahissait la passion favorite, promit à son maître d'exécuter ponctuellement ses ordres.

Une société élégante et choisie était venue saluer le baptême du petit Chérubin ; les salons de l'hôtel étaient resplendissants de lumière on causait, on faisait la partie, puis on allait (mais pas plus de deux à la fois, c'était l'ordre du docteur) voir l'accouchée et admirer son poupon.

Le poupon, qui était venu au monde si gras, si frais, si rose, commençait à maigrir, à mollir et à jaunir : on s'extasiait encore sur sa jolie figure, mais on ne pouvait plus s'extasier sur sa santé.

Cependant le fils du marquis était l'objet des soins constants de sa mère, qui avait pour lui la plus vive tendresse, le couchait à côté d'elle et ne voulait pas le perdre de vue un seul moment.

Tout cela est très-bien ; mais on n'élève pas les enfants avec de la tendresse, des caresses, des baisers, et de douces paroles ; la nature exige une nourriture plus substantielle ; or, celle que Mme la marquise offrait à son premier-né était évidemment de mauvaise qualité et, loin d'être abondante, ne se présentait qu'en fort petite quantité. Enfin soit que le régime de la panade eût été contraire à la santé de Mme de Grandvilain, ce qui était présumable, soit toute autre cause, occulte ou ostensible, le fait est que la maman du petit Chérubin n'avait que fort peu d'un mauvais lait à offrir à son fils, qui était venu au monde avec un fort bon appétit.

Jean-Jacques Rousseau a dit qu'une mère devait nourrir son enfant que cela était un crime de remettre ces pauvres petits entre les mains de mercenaires qui ne pouvaient avoir pour eux la tendresse maternelle et faisaient tout simplement métier de leur corps, et, à l'appui de ce raisonnement, il nous cite les animaux, qui nourrissent leurs enfants eux-mêmes et ne vont jamais en chercher d'autres pour les remplacer.

Mais d'abord on pourrait répondre à *Jean-Jacques* que les animaux mènent une vie réglée... réglée au moins suivant leur nature et leurs forces physiques. Avez-vous entendu dire que les lionnes, les ourses, les chattes même passaient la nuit au bal, donnaient des soirées et dînaient souvent en ville? non, je pense, ni moi non plus.

On nous permettra donc d'établir une différence entre les animaux et les hommes, et malgré la profonde estime que nous avons pour le philosophe de Genève, nous lui dirons encore que dans notre monde il y a des positions, des états, des commerces qui ne permettent pas à une femme de remplir ce devoir de mère auquel il veut que toutes se soumettent. Lorsque pour vivre une femme est obligée de s'établir pendant une journée dans un comptoir, ou de travailler constamment à l'aiguille, comment voulez-vous qu'elle puisse tenir à chaque instant son enfant dans ses bras? A plus forte raison ne doit-elle pas le faire si sa santé est faible et chancelante.

Les nourrices vendent leur lait, dites-vous, et n'ont jamais pour un enfant la tendresse d'une mère.

D'abord il n'est pas prouvé qu'une nourrice n'aime pas tendrement son nourrisson; il y a tout lieu de croire, au contraire, qu'elle s'attache au petit être dont elle entretient la vie; et puis, au total, lors même que ce serait simplement un commerce... est-ce que le boulanger a de la tendresse pour les personnes auxquelles il vend du pain? est-ce que cela nous empêche de vivre avec ce pain-là?

Les philosophes, les hommes de génie, les grands hommes même, avancent parfois des propositions fort peu orthodoxes... et se trompent tout comme les autres hommes.

Mais il y a des gens qui prennent pour de fort belles pensées tout ce qui sort de la plume d'un homme qui a écrit de grandes choses!... ces gens-là sont bien bons! Vous trouvez rarement de l'or sans alliage et l'homme produirait-il ce que la nature ne peut faire? Il y a également des gens qui, en se promenant dans un cimetière, croient à la véracité de toutes les inscriptions gravées sur les tombeaux et d'après lesquelles les personnes enterrées là auraient été des modèles de vertu, de bonté, de probité, etc., etc... Je respecte infiniment les morts! mais je ne vois aucune nécessité à vouloir tromper les vivants. Ceux qui ne sont plus ne valaient pas mieux que nous; et nous ne valons pas mieux que ceux qui nous succéderont.

Nous disions donc que le petit Chérubin n'était plus beau comme un ange, quoiqu'il en portât le nom; mais cela n'empêchait pas tous ceux qui venaient saluer le marquis de lui faire des compliments sur son poupon. La bonne Aménaïde écoutait avec un doux sourire toutes les paroles flatteuses qu'on adressait à son fils. Pendant ce temps, M. le marquis s'étendait dans un fauteuil, se caressait le gras des jambes, et secouait la tête, en regardant les dames d'un air qui voulait presque dire:

« — Quand vous voudrez en avoir autant, adressez-vous à moi! »

Heureusement pour lui, aucune'[de ces dames n'avait envie de le mettre à l'épreuve.

Vers les dix heures du soir, au moment où le docteur 'engageait Mme la marquise à ne plus recevoir personne dans sa chambre et à tâcher de prendre du repos, un bruit soudain se fit entendre dans la cour de l'hôtel, puis une lueur plus vive éclaira les appartements, puis quelque chose de brillant vint se foudre passa devant les croisées.

C'était Jasmin, qui, pour fêter le baptême du fils de son maître, avait eu l'idée de tirer un feu d'artifice dans la cour de l'hôtel, afin de causer une surprise agréable au marquis et à toute la société, et qui venait de faire partir une boîte, puis une fusée, pour attirer tout le monde aux fenêtres.

En effet, le bruit de la boîte avait causé une émotion profonde dans l'hôtel; on avait cru entendre le canon: l'accouchée avait saisi dans son lit, l'enfant dans son berceau, M. le marquis sur son fauteuil, et toute la compagnie sur n'importe quoi. Chacun s'était regardé d'un air effaré en se disant:

« — Qu'y a-t-il?... [Quel bruit !... — C'est le canon!... — On se bat dans Paris!...

» — On se bat?...

» — Ah! mon Dieu! est-ce que l'usurpateur est encore revenu ! »

Rappelez-vous que l'on était alors en l'année mil huit cent dix-neuf, et que, dans un hôtel du faubourg Saint-Germain, c'était assez ordinairement dans le nom d'usurpateur que l'on désignait Napoléon.

Il y eut un moment de hourvari dans l'hôtel; quelques hommes voulaient courir aux armes, d'autres ne cherchaient que leurs chapeaux; les femmes couraient après les hommes, ou se disposaient à se trouver mal, et quelques-unes parlaient tout bas dans des coins à des jeunes gens que, jusque-là, elles avaient eu à peine l'air de regarder.

Il y a des gens qui tirent parti de toutes les occasions et mettent à profit toutes les circonstances. Ce sont nécessairement les personnes les mieux organisées.

Au milieu de ce tumulte, on entendit partir de la cour une voix perçante qui criait:

« — C'est en l'honneur du baptême et pour fêter la naissance du » fils de notre digne maître, M. le marquis de Grandvilain, et » de Mme la marquise, son épouse, que nous allons vous offrir un » feu d'artifice »

A peine avait-on entendu la fin de ces paroles qu'un changement vue s'opérait sur tous les visages (excepté sur celui des personnes qui causaient dans les petits coins). Les femmes se mirent à rire aux éclats, les dames jetèrent de côté les châles, les chapeaux qu'elles avaient mis à la hâte; elles coururent se regarder dans les glaces, car la coquetterie est le premier sentiment qui se réveille chez ces dames quand les autres sont engourdis; ensuite tout le monde se porta aux fenêtres, en disant:

« — Un feu d'artifice!... c'est un feu d'artifice!... Oh! mais, c'est » une surprise charmante! »

» — Oui, » disait le vieux marquis de Grandvilain, qui avait été plus effrayé que les autres, « oui... c'est une jolie idée de ce diable » de Jasmin... Mais seulement il aurait dû me prévenir qu'il voulait » me surprendre, parce qu'alors je m'y serais attendu, et cela m'aurait » moins... étonné. »

La société s'est placée aux fenêtres, les dames sur le devant, les hommes derrière les dames et obligés de se pencher un peu pour voir quelque chose; mais tout le monde paraît fort content, et personne ne changerait sa place pour une autre.

Le marquis seul est sur le devant d'une croisée, et assis dans un fauteuil, dans la chambre de son épouse, à laquelle il dit:

« — Tu ne verras pas les pièces d'en bas, chère amie, mais je te les » expliquerai, et quant aux fusées et aux serpenteaux, de ton lit tu » pourras les voir parfaitement.

» — Si cela allait effrayer Chérubin! » disait la marquise en plaçant le berceau de son fils au fond du lit.

« — Ne craignez rien, marquise; mon fils tiendra de moi, il aimera » le bruit et l'odeur de la poudre!... »

Cependant, Jasmin, qui avait suivi les intentions de son maître en faisant mettre la cave au pillage, et s'était donné une fort belle pointe de gaîté ainsi que ses camarades, semblait alors être revenu à vingt ans et se promenait dans la cour, au milieu des pièces d'artifice, comme un général au milieu de ses soldats.

Dans le coin le plus reculé de la cour on avait placé les boîtes, c'était la grosse artillerie; on ne devait plus en tirer qu'au moment du bouquet; mais comme, en tombant de ce côté, quelques débris d'artifices auraient pu entrer dans l'intérieur des boîtes et les faire partir avant le moment pour lequel on les réservait, le cuisinier de l'hôtel, homme de précaution, et qui servait de second à Jasmin, était allé prendre dans sa cuisine des couvercles de casseroles, une lèchefrite, une daubière, et avait placé tout cela sur les boîtes, qui sont faites comme des tuyaux de poêle, mais dont la dimension est proportionnée à la quantité de poudre qu'elles contiennent; par conséquent, la lèchefrite avait été placée sur la plus forte boîte, la daubière sur un numéro moindre, et les couvercles de casseroles sur les plus petites, et tout cela devait empêcher que des étincelles ou des débris enflammés de fusées ne pénétrassent dans les boîtes.

Jasmin promenait ses regards sur les croisées; il attendait, pour commencer, que toute la compagnie fût placée.

Le cuisinier, non moins impatient que le vieux valet de chambre, et auquel le vin du marquis avait monté la tête, se tenait près des pièces d'artifice, ayant une mèche enflammée à sa main, et de l'autre repoussant son bonnet de coton sur son oreille gauche.

Pendant ce temps, la grosse Turlurette et deux autres domestiques dansaient en rond autour d'un transparent qui représentait une lune que Jasmin assurait être le portrait du jeune Chérubin.

« — Ils y sont! tout le monde est aux fenêtres... nous pouvons ti-» rer le feu, » dit Jasmin après avoir jeté un dernier regard sur les croisées.

« — Oui, oui, commencez, » dit Turlurette, « oh! que ça va être » beau...

» — Pas de femmes ici ! » crie le cuisinier qui n'a pas pu terminer « vous nous feriez faire quelques bêtises... montez au second, mesde-» moiselles...

» — Bah! on m'avait dit qu'on me laisserait tirer au moins un pe-» tit pétard!... n'est-ce pas, monsieur Jasmin?

» — Oui! Oui! » s'écrie Jasmin, « aujourd'hui il faut que tout le » monde s'amuse! c'est pour notre jeune maître!... Turlurette tirera » sa petite fusée... c'est bien le moins... mais tout à l'heure... plus » tard!... Attention, cuisinier... commençons... à nos pièces... »

Le feu commence par quelques serpenteaux, des flammes du Bengale, des fusées; la société regardait et lorsque quelque pièce d'artifice semblait se diriger contre une fenêtre, les dames se reculaient et rentraient en poussant de petits cris de terreur, mêlés de grands éclats de rire; les hommes rassuraient ces dames, en leur prenant les mains, en les pressant dans les leurs; ces dames se laissaient rassurer, on se replaçait, on applaudissait, on était très-content, et de sa croisée, le vieux marquis disait à son épouse:

« — Ma chère amie, c'est superbe! c'est admirable!... c'est éblouis-» sant je regrette bien que tu sois si loin!

» — Mais, mon ami, si cela allait mettre le feu à l'hôtel!...

» — N'aie aucune crainte... Jasmin est prudent! il aura prévenu le » poste des pompiers qui est tout près de nous; d'ailleurs la cour est » fort grande... il n'y a aucun danger. »

La tendre Aménaïde n'était pas très-rassurée, elle aurait préféré

que l'on ne tirât point de feu d'artifice pour le baptême de son jeune fils, mais tout le monde paraissait satisfait et elle n'osait priver la compagnie du plaisir qu'elle prenait à ce spectacle.

Bientôt des applaudissements retentissent de tous côtés : c'était le transparent avec la lune que Jasmin venait d'allumer en criant :

« Portrait de notre enfant, le jeune Chérubin de Grandvilain ! »

Alors chacun avait applaudi de confiance, quoique l'on s'écarquillât · n vain les yeux pour découvrir un visage dans la lune peinte sur le ;ransparent, mais on attribuait cela à la fumée et, plusieurs personnes ne craignaient pas de s'écrier :

« Il est ressemblant !... parole d'honneur !... on le reconnaît !...
» C'est une bien jolie idée !... il n'y a que chez M. le marquis de Grand-
» vilain que l'on voit ces choses-là!.. »

Pendant que la société admirait le transparent ; Mlle Turlurette, rê-
vant toujours à son idée de faire partir quelque chose, s'était approchée de Jasmin, en lui disant :

« — Donnez-moi votre mèche... c'est à mon tour... qu'est-ce que
» je vais faire partir?...

» — Tenez, mademoiselle Turlurette, mettez le feu à ce soleil ; mais
» n'aurez-vous pas peur?...

» — Moi, peur? oh ! que non... montrez-moi seulement où je dois
» allumer...

» — Tenez... voici la mèche. »

La grosse Turlurette a saisi la mèche que lui présente Jasmin et
elle s'approche de celle qui s'échappe du soleil ; malgré tout le courage dont elle voulait faire preuve, la grosse fille éprouvait une assez
forte émotion ; car de sa vie elle n'avait mis le feu à aucune pièce d'artifice ; après avoir approché la flamme qu'elle portait de l'endroit qu'on
lui avait indiqué, lorsqu'elle entend le feu siffler et partir subitement
près d'elle, une subite terreur s'empare de Turlurette ; se croyant brû-
lée par des étincelles du soleil, elle se sauve de l'autre côté de la cour
en retroussant d'une main sa robe comme si elle eût voulu en faire
une ceinture, et de l'autre main tenant toujours sa mèche allumée,
qu'elle jette sans y regarder dans le premier endroit venu.

Le soleil avait fait merveille, il avait tourné comme un tonton, toute
la société applaudissait aux fenêtres. Les uns disaient ·

« — C'est aussi joli qu'à Tivoli. »

Un autre s'écriait :

« — C'est presque aussi beau que ceux que l'on tire chez moi, à ma
» fête, à ma terre, dans mon parc ! »

Enfin le vieux marquis avait penché une partie de son corps en dehors de la croisée, en criant :

« — Bravo ! mes enfants !... je suis très-content ! vous pouvez en-
» core vous régaler après le feu. »

Mais M. de Grandvilain avait à peine achevé ces paroles lorsqu'une
détonation terrible se fait entendre et ébranle l'hôtel jusque dans ses
fondements : c'étaient toutes les boîtes petites et grandes qui partaient
en même temps, parce que dans sa frayeur la grosse Turlurette avait
jeté sa mèche au milieu de ces grosses pièces d'artifice réservées pour le
bouquet.

Si les boîtes n'avaient fait que partir, on en eût été quitte pour entendre
trop tôt un bruit réservé pour la fin de la fête ; mais malheureusement
lorsque le feu s'y était communiqué elles étaient encore couvertes par
les divers ustensiles de cuisine que le maître d'hôtel avait placés dessus par précaution, et à la détonation subite sur-
prenait tout le monde, même ceux qui tiraient le feu, la lèchefrite,
et la daubière et les couvercles de casseroles étaient lancés dans les airs
avec une force effrayante.

M. de Grandvilain, qui venait de remercier ses gens, eut une oreille
emportée par la lèchefrite, qui pénétra dans la chambre et alla retomber juste au pied du lit de l'accouchée. Plusieurs personnes de la
compagnie furent atteintes par les couvercles de cas eroles : une jolie
femme eut quatre dents de brisées, un beau jeune homme qui se pen-
chait contre elle eut le nez fendu par la moitié, ce qui plus tard lui
donna un faux air de danois ; enfin de tout côtés ce n'étaient que cris,
lamentations, imprécations, et ceux mêmes qui n'avaient rien attrapé
criaient plus fort que les autres, en disant :

« — Voilà ce que c'est que de permettre à des domestiques de tirer
» un feu d'artifice..... le cuisinier a mis dans le bouquet tous les us-
» tensils de son métier... c'est bien heureux qu'il n'ait pas eu l'idée
» de faire sauter ses fourneaux ! »

La compagnie en avait bien assez. Tout le monde partit, les uns pour
aller se faire panser, les autres pour raconter ce qui venait de se
passer chez M. de Grandvilain.

Au milieu de ce désastre Jasmin avait reçu la daubière, qui, après
avoir sauté en l'air, était retombée sur sa tête ; et la figure du fidèle
valet de chambre était couverte de brûlures et ressemblait parfaitement
à une écumoire. Cela n'empêcha pas Jasmin de se présenter d'un air
piteux devant son maître, qui était en train de chercher son oreille.

« — Monsieur ! » dit le valet de chambre, « je suis désolé.... je ne
» comprends pas comment cela s'est fait... mais ce n'est pas fini... il
y a encore le bouquet.... et si vous vouliez... »

Le marquis furieux leva sa canne sur Jasmin sans vouloir en entendre davantage, et Mme de Grandvilain se souleva à demi sur son lit
en disant au pauvre valet d'une voix imposante ·

« — Au nom de mon époux, désormais je vous défends de tirer au-
» cune espèce de chose dans notre maison. »

IV. — NOUVELLE MANIÈRE D'ÉLEVER LES ENFANTS.

Le feu d'artifice tiré pour le baptême du petit Chérubin avait clos
toutes les fêtes à l'hôtel de Grandvilain. Le marquis était bien parvenu
à retrouver son oreille, mais il n'y avait pas eu moyen de la remettre en
place : il lui avait donc fallu se résoudre à terminer sa carrière avec
une seule oreille, chose fort désagréable quand pendant soixante-dix
ans on a eu l'habitude d'en porter deux.

Aménaïde avait pris en horreur les artifices, les pétards, les moindres détonations ; le plus petit bruit la faisait mal ; c'était au point
qu'il était défendu de déboucher une bouteille auprès d'elle.

Jasmin était resté comme une écumoire, mais il s'en était vite
consolé ; depuis longtemps le vieux valet de chambre avait mis de côté
toute prétention près du beau sexe, les petits trous imprégnés sur son
visage ne le gênaient pas pour boire, et pour lui c'était le principal.

Mlle Turlurette n'avait attrapé aucune blessure, et pourtant
plus que tout autre, elle aurait mérité de recevoir au moins un
couvercle de cas erole, car elle était l'auteur de tous les accidents arrivés à l'hôtel. Mais personne n'avait deviné comment l'événement
avait eu lieu ; et Turlurette se bornait à professer aussi la haine la
plus profonde contre les feux d'artifice.

Le calme était donc revenu à l'hôtel de Grandvilain, où l'on recevait
aussi bien moins nombreuse compagnie depuis la dernière fête, les
jeunes femmes et les jolis garçons craignant d'y perdre leur mâchoire
ou d'y avoir le nez fendu.

Le marquis pouvait tout à loisir se livrer aux soins que réclamait
son fils, et le petit Chérubin en réclamait beaucoup, car il devenait
faible, jaune, débile, et à trois mois il était infiniment plus petit qu'en
venant au monde. Turlurette, qui l'avait pesé à cette époque, en avait
la certitude, et un jour elle dit tout bas à Jasmin :

« — C'est bien drôle, le poupon de madame fond à vue d'œil ! il
» pèse aujourd'hui cinq onces de moins que le jour de sa naissance. »

Jasmin avait fait un bond en apprenant que l'enfant de son maître
fondait au lieu d'augmenter, et il avait dit à Turlurette :

« — Si cela continue, avant peu il ne pèsera plus rien du tout.
» — Il faut apprendre à madame que le petit diminue.
» — Ah ! bien oui !... pour que madame se tourmente... et qu'elle
» n'ait plus du tout de lait à donner à son fils... Oh ! non, vraiment,
» je m'en garderai bien.
» — Mais, cependant, mademoisenc.... c'est pour le salut de l'en-
» fant !
» — Mais je ne veux pas, moi, causer de la peine à madame. »

Jasmin prit son parti en valet dévoué ; il se rendit près de son maître. M. de Grandvilain était enveloppé dans sa robe de chambre
étendu dans une bergère ; sa tête était couverte d'une belle toque de
velours vert, qu'il avait soin de poser sur l'oreille qu'il n'avait plus
Depuis quelque temps, le vieux marquis avait contracté l'habitude de
remuer sa mâchoire comme lorsqu'on suce ou que l'on mange quelque
chose, et ce mouvement continuel donnait à sa figure l'aspect d'un
casse-noisette. Les personnes qui ne connaissaient pas le vieux marquis attendaient, pour lui parler, qu'il eût fini d'avaler ce qu'il mâ-
chait ; mais on attendait en vain, la mâchoire faisait continuellement
le même mouvement.

Depuis l'événement du feu d'artifice, M. de Grandvilain traitait son
valet de chambre avec moins d'aménité. Cependant le visage de Jasmin portait de si nombreuses cicatrices, que son maître n'avait pu
garder rancune d'un accident dont il avait été la seconde victime.

« — Que me voulez-vous, Jasmin ? » dit M. de Grandvilain en vo
son valet rester devant lui d'un air embarrassé.

« — Monsieur ! j'espère que vous me pardonnerez ce que je
» vous dire... mais c'est mon attachement pour vous et notre jeu
» marquis qui me décide à parler.

« — Je connais votre attachement, Jasmin, quoique les preuves q
» vous m'en avez données aient en quelquefois un mauvais résultat.
» En disant cela, M. de Grandvilain grattait la place de s
oreille.

« — Voyons, qu'avez-vous à m'apprendre ? »

Jasmin regarde avec soin autour de lui, se rapproche de son maî
et lui dit à voix basse et d'un air mystérieux :

« — Sachez donc, monsieur, que votre fils est fondu... »

Le vieux marquis se laisse tomber en arrière dans la bergère et r
garde son domestique avec anxiété, en s'écriant :

« — Fondu ! mon fils !... Ah ! mon Dieu !... il est donc tombé da
» une poële?...

» — Quand je dis fondu, mon cher maître, je veux dire seu
» ment diminué, maigri de cinq onces, ni plus ni moins, depuis
» jour de sa naissance.

» — Que le diable vous emporte, Jasmin, vous m'avez causé u
» frayeur horrible !... Vous serez donc toujours aussi bête?

» — C'est par attachement pour vous, monsieur, que j'ai cru dev
» vous prévenir. Turlurette avait pesé notre petit Chérubin, elle
» sûre de son fait... elle n'ose pas dire cela à madame ; mais r

» j'ai pensé qu'il valait mieux vous avertir ; car enfin, pour peu que
» l'enfant continue ainsi, dans quelques mois il ne pèsera plus rien
» du tout. »

M. de Grandvilain secoua tristement la tête en disant :

« — En effet ! mon fils ne profite pas... il prend une teinte jaune
» qui m'étonne... car sa mère et moi nous sommes très blancs... Ah !
» mon pauvre Jasmin, je commence à croire qu'il faut avoir d s en-
» fants quand on est jeune, parce qu'alors ils ont aussi notre vigueur!

» — Bah ! bah ! monsieur !.. vous êtes fort ! vous êtes un cheval
» quand vous voulez ! Notre Chérubin est venu au monde superbe...
» vous devez vous le rappeler... s'il vient mal... c'est qu'il ne mange
» pas assez... Madame le dorlote, le mijote... c'est très-bien... mais
» le petit gaillard aimerait peut-être mieux du vin et une côtelette !

» — Une côtelette !... es-tu fou, Jasmin ! est-ce qu'on donne des
» côtelettes à des enfants de trois mo ? »

» — Ça leur réussirait peut-être mieux que du lait ! on ne sait pas !
» Si j'étais nourrisseur, moi, je ferais des essais.

» — Au fait, Jasmin, tu me fais souvenir que le grand-père de notre
» bon Henri IV fit boire du vin à son fils peu d'instants après qu'il fut
» venu au monde, et cela ne lui fit pas de mal à l'enfant, bien au contraire,
» car Henri IV fut un véritable diable-à-quatre de toutes les manières.
» D'après cela, je pense que mon fils, qui a trois mois sonnés, pour-
» rait très-bien avaler un peu de vin généreux...

» — Certainement, monsieur, le vin ne peut jamais faire de mal...
» et vous en avez de si bon... Notre petit Chérubin, au lieu de jaunir,
» deviendra aussi un diable-à-quatre comme le grand roi ; et si avec
» ça vous vouliez risquer de lui faire sucer une côtelette...

» — Le vin suffira... avec un peu de bouillon peut-être... Pourvu
» que Mme la marquise consente à ce que son élève change de
» nourriture !...

» — Écoutez donc, monsieur, après tout c'est notre fils, ce petit !...
» Si madame ne nourrit pas, nous avons le droit de faire notre
» volonté... Que diable !... on n'a pas un enfant tous les jours, et s'il
» vous fallait recommencer, je crois que...

» — Oui, Jasmin, oui... je vais te montrer ; il s'agit du salut de
» mon héritier, j'aurai du caractère. »

Et M. le marquis, sortant de sa bergère, se dirige vers l'appartement de sa femme en s'appuyant sur le bras de Jasmin, qui lui
répète le long du chemin :

« — Faites-lui boire du vin, monsieur, faites-lui avaler de bons
» potages, et je vous parie qu'avant un mois il a retrouvé ses cinq
» onces ! »

Mme de Grandvilain n'avait pas osé avouer à son époux qu'elle
n'avait point de lait à offrir à leur fils ; elle avait fait acheter des bibe-
rons, et quand le marquis n'était pas là, on donnait le biberon à l'enfant ; mais dès que son père arrivait, on jouait à la nourrice, et le
petit Chérubin était mis de même d'un sein stérile et qui n'était pas
sucré du tout.

Lorsque M. de Grandvilain entra inopinément dans la chambre
de madame, comme celle-ci n'attendait pas son mari en ce moment, elle
n'avait pas eu le temps de faire disparaître le biberon, après lequel
Chérubin était encore suspendu.

« — Qu'est-ce que cela, ma bonne amie ? » dit M. le marquis en
examinant ce que suçait son fils.

« — Mon ami, » répondit madame toute troublée, « c'est... c'est un
» suppléant... »

» — Un suppléant ! Ah ! diable ! comment, ma chère amie, vous
» vous servez d'un suppléant... et sans m'en prévenir ?

» — Mon ami, c'est qu'il y a des moments où mon lait ne vient pas
» aussi bien... et il ne faut pas que ce cher petit souffre de cela.

» — Non, certainement, madame, mais seulement, si vous m'aviez
» avoué plus tôt que vous vous serviez de suppléant... moi, de mon
» côté, je n'aurais pas craint de vous apprendre que je désirais chan-
» ger la nourriture à mon héritier. Mon fils ne profite pas, marquise,
» ceci est évident... Je crois que le lait ne lui convient pas.... Cela
» m'étonne moins, puisque ce n'est pas le vôtre... Enfin, je veux essayer
» une autre méthode... Je veux faire boire du vin à mon fils.

» — Du vin, mon ami ! y pensez-vous ?... un enfant de trois mois...
» — Qui était superbe en venant au monde, et qui fond à vue d'œil
» avec votre biberon... Je lui donnerai du bordeaux... c'est un vin
» doux et généreux... Si ça prend bien, plus tard nous passerons au
» bourgogne.

» — Mais, monsieur, c'est au contraire des ch ses légères... du lait
» d'ânesse qu'il faut à Chérubin !...

» — Du lait d'ânesse à mon fils !... fi donc, madame !... Je n'entends
» pas cela... Est-ce que vous voudriez en faire un âne, par hasard ?
» Il boira du vin.

» — Il boira du la... »

Pour la première fois les deux époux se disputèrent, et aucun ne
céda.

M. de Grandvilain prit son fils dans ses bras, l'emporta dans sa
chambre, se fit apporter une bouteille de vieux bordeaux,
et en présenta des cuillerées à son héritier.

L'enfant avala le bordeaux sans faire trop de grimaces ; au bout de
quelques minutes ses petites joues se colorèrent, et le vieux valet de

chambre, qui aidait son maître à entonner du vin au petit Chérubin,
s'écriait :

« — Voyez, monsieur le marquis !... voyez... déjà les couleurs re-
» viennent à notre fils !... déjà il va mieux et reprend ses forces... Oh !
» que nous avons raison de lui donner du vin... continuons, mon
» cher maître... il tourne l'œil.... je crois qu'il en veut encore... »

M. de Grandvilain pensa que pour une première fois il fallait être
prudent, et ne pas outrer la dose ; il retourna près de son épouse et
lui rendit le poupon, en lui disant :

« — Madame, Chérubin se porte déjà mieux... ses couleurs sont
» revenues et ses yeux brillent comme des diamants... je continuerai
» ce que j'ai commencé aujourd'hui, et vous verrez que notre héritier
» s'en trouvera bien. »

Madame ne répondit rien, mais dès que son époux fut éloigné elle
appela Turlurette et lui dit :

« — Ma pauvre Turlurette, viens voir dans quel état ils ont mis ce
» cher ami... il sent le vin à faire frémir, et je crois qu'il est gris !

» — Eh ! vraiment oui, madame, » s'écria la grosse fille après avoir
flairé l'enfant. « C'est ce vieil imbécile de Jasmin qui est cause de tout
» cela... C'est un ivrogne, et il voudrait faire boire tout le monde...
» même les enfants à la mamelle. Madame, si vous m'en croyez, nous
» donnerons au petit du sirop d'ipécacuanha, ça lui fera rendre son
» vin... ça le purgotera.

» — Non, Turlurette... non !... je craindrais de faire mal à mon
» fils... et de fâcher M. le marquis. Mais je vais lui donner du lait
» d'ânesse, à ce cher amour, et cela corrigera l'effet pernicieux du
» vin. »

Le lait d'ânesse fut présenté à l'enfant avec le biberon. Le petit
Chérubin en but sans difficulté, le jeune marquis avait le caractère
fort bien fait ; il acceptait tout ce qu'on lui offrait, il ne s'agissait donc
que de lui offrir ce qui pouvait lui être bon.

Pendant quelques jours ce système de nourriture fut continué. Le
marquis faisait boire du vin à son fils, et madame lui faisait prendre
du lait d'ânesse. L'enfant était très-rouge en sortant des mains de son
père ; mais il redevenait très-pâle chez sa mère. Bientôt l'on s'aperçut
que le cher ami se dérangeait, et la grosse Turlurette joignit la se-
ringue à tout ce que l'on faisait prendre à l'enfant, et Jasmin, voulant
à toute force engraisser le petit Grandvilain, lui présentait un morceau
de croûte de pâté ou un rond de saucisson dès qu'il se trouvait seul
avec lui.

Il n'y avait pas encore un mois pour le petit Chérubin était au vin,
au lait d'ânesse, à la croûte de pâté et aux seringues, et au lieu d'engraisser il était dans un état effrayant. La marquise pleurait, et M. de
Grandvilain se décida à envoyer chercher un médecin.

Après avoir examiné l'enfant et appris tout ce que l'on faisait pour
le faire bien venir, le médecin s'écria d'un ton fort sévère :

« Si vous continuez comme cela, je dois vous prévenir que dans
» huit jours vous n'aurez plus d'enfant. »

La marquise sanglota, le marquis devint verdâtre, et tous deux s'é-
crièrent :

» — Que faut-il donc faire, docteur, pour rendre la santé à notre
» enfant ?

» — Ce qu'il faut?... lui donner une nourrice... une bonne nour-
» rice, et l'envoyer avec elle à la campagne... et l'y laisser tard, trè-
» tard... voilà ce qu'il faut faire... et sur-le-champ... aujourd'hui
» même... vous n'avez pas de temps à perdre si vous voulez conserver
» la vie à cet enfant. »

Le ton dont le docteur avait parlé n'admettait point de réplique ;
l'amour que l'on éprouvait pour l'enfant était heureusement au-dessus
de tous les amours-propres, il fallait avouer que l'on avait eu tort et se
hâter d'obéir.

Le marquis mit tous ses gens en campagne pour trouver une nourrice. La marquise elle-même se rendit chez ses connaissances, courut, s'informa, demanda ; mais le temps s'écoulait, et l'on ne pouvait pas
avoir sur-le-champ celles qui avaient été bien recommandées.

A la fin de la journée on n'avait encore rien trouvé, la marquise et
son mari embrassaient leur enfant, ne savaient que lui offrir, que
lui donner, n'osant pas continuer de le nourrir comme ils avaient fait.

Tout à coup Jasmin se présenta avec une paysanne bien grosse,
bien fraîche, bien jouffue, en s'écriant :

« Voilà notre affaire, j'espère... c'est solide ça... son lait doit
» être comme du fromage... si ça ne restaure pas notre petit, ma
» foi, je ne m'en mêle plus. »

La nourrice que Jasmin amenait avait une si bonne figure et paraissait jouir d'une si bonne santé que cela prévenait en sa faveur.
Mme de Grandvilain poussa un cri de joie, et présenta son enfant à
la paysanne ; la paysanne présenta le sein à l'enfant, qui le prit
avec avidité et comme quelqu'un qui a aussi trouvé ce qu'il lui faut.

Le marquis frappa sur l'épaule de Jasmin, en lui disant :

« — Tu es un garçon précieux, et comment as-tu fait pour dé-
» couvrir cette excellente nourrice ?

» — Comment j'ai fait, monsieur ? j'ai été tout bonnement au
» bureau, rue Sainte-Appolline... demander une nourrice ; j'en ai
» vu de toutes les couleurs... et j'ai choisi celle-ci. C'est pas plus
» difficile que ça. »

Ce que Jasmin avait fait était la chose la plus simple, mais ce sont ordinairement celles-là que l'on ne songe pas à faire.

La nourrice du petit Chérubin était de Gagny, et comme les ordres du docteur étaient précis, dès le lendemain matin elle repartit pour son village, emportant une layette superbe, de l'argent, des présents, des recommandations et son petit nourrisson.

V. — LE VILLAGE DE GAGNY.

Gagny est un joli village situé tout près de Villemomble dont il est comme la continuation, et un peu avant Montfermeil, toujours en arrivant de Paris. Quand je vous dis que c'est un joli village, je n'entends pas par là que les rues sont bien droites, bien pavées ; que toutes les maisons ont un aspect uniforme, bourgeois, élégant même. Cela ressemblerait alors à une petite ville de province, et ce ne serait plus la campagne avec son allure pittoresque et sa liberté.

Ce que j'aime dans un village, c'est ce mélange d'habitations, c'est même cette irrégularité de bâtisses dont l'aspect vous délasse de la monotonie des rues d'une capitale. Ce que je veux y voir : c'est la ferme et toutes ses dépendances, c'est la mare dans laquelle barbotent les canards, c'est le fumier sur lequel les poules vont picoter ; puis la maisonnette du paysan aisé, qui a fait peindre en vert ses volets, et qui laisse grimper des ceps de vigne tout autour de ses fenêtres ; c'est le toit de chaume d'un laboureur non loin de la belle maison d'un riche bourgeois de la ville ; c'est la charmante *villa* d'une de nos célébrités de Paris ; puis l'habitation du maraîcher, puis l'école, puis l'église et son clocher ; et au milieu de tout cela de grands arbres, des sentiers bordés de haies en sureau ou en fruits sauvages ; des poules, des coqs se promenant sans crainte devant les maisons ; des enfants frais, gais, bien portants, jouant au milieu des rues et des places, sans redouter les équipages et les omnibus. C'est jusqu'à l'odeur de l'étable quand je passe devant la maison d'une laitière, parce que tout cela vous rappelle que vous êtes vraiment à la campagne, et, lorsque vous l'aimez réellement, vous éprouvez alors un bien-être, un bonheur dont vous ressentez sur-le-champ les effets sans avoir besoin de chercher à vous en rendre compte, mais que vous devez à l'air pur que vous respirez, aux tableaux champêtres qui reposent votre vue, et à la douce liberté dont vous jouissez !

« Les vrais plaisirs aux champs ont fixé leur séjour,
« On y croirait plus les Dieux, on y fait mieux l'amour ! »

Gagny vous offre tout cela. Situé tout près du Raincy, de la forêt de Bondy et des bois délicieux de Montfermeil, fort peu éloigné de la Marne, dont les bords sont charmants, surtout près de Nogent et de Gournay ; de quelque côté que vous portiez vos pas en sortant du village, vous trouvez des promenades ravissantes, des points de vue

admirables. Les environs sont embellis par des propriétés délicieuses ; *maison rouge*, *maison blanche*, et ce joli petit château de l'Horloge, flanqué de tours, de créneaux, qui vous retrace en miniature, mais en miniature très-flattée, les demeures des anciens seigneurs châtelains. Tel est le village de Gagny, qui chaque jour voit s'élever dans ses alentours quelque nouvelle habitation élégante, confortable, où, pendant la belle saison, de jolies femmes de Paris, des artistes, des savants ou des négociants viennent se délasser du mouvement continuel de la capitale.

Je m'aperçois que je viens de vous dépeindre Gagny tel qu'il est aujourd'hui, tandis que c'est en l'année 1819 que l'on y apporta le petit Chérubin, fils de M. le marquis de Grandvilain. Après tout, la position du village était toujours la même, sauf quelques belles propriétés qui n'existaient pas alors et que l'on admire aujourd'hui.

Faisons d'abord connaissance avec les villageois chez lesquels notre héros vient d'être transporté.

Vous savez que la nourrice qui vient d'emporter Chérubin est une grosse paysanne à la mine fraîche et réjouie, à la croupe ferme et ronde et annonçant dans son corset des appas suffisants pour nourrir facilement trois ou quatre marquis et autant de roturiers ; mais ce que vous ne savez pas encore c'est que cette femme se nomme Nicolle Frimousset, qu'elle a vingt-huit ans, trois petits garçons et un mari qui fait son désespoir, quoique ce soit un modèle d'obéissance et de soumission à ses volontés.

Jacquinot Frimousset avait le même âge que sa femme ; c'était un franc gaillard, bien bâti, bien découplé, aux larges épaules, au jarret ferme et bien tendu ; sa figure rouge et rebondie, ses gros sourcils, ses yeux noirs et brillants, ses dents blanches et bien rangées auraient fait honneur à un monsieur de ville ; Frimousset était un beau garçon et semblait promettre un époux capable de bien remplir tous les devoirs que le mariage impose. Les paysannes ne sont pas insensibles aux avantages physiques ; on a sure même qu'il y a de fort grandes dames, qui attachent du prix à ces puérilités.

Nicolle, qui avait quelque bien et une dot assez ronde, ne pouvait manquer de soupirants ; elle choisit Jacquinot Frimousset, et toutes les paysannes du village s'écrièrent que Nicolle n'était pas *dégoûtée*. Ce qui signifiait sans doute qu'elles auraient bien voulu aussi épouser Frimousset.

Mais un vieux proverbe prétend que les *apparences sont souvent trompeuses*. Il y a des gens qui ne veulent pas croire aux proverbes. Ces gens-là ont grand tort ! Erasme dit :

« — De toutes les sciences, il n'en est pas de plus ancienne que
» celle des proverbes ; ils étaient comme autant de symboles qui co
» posaient le code de la philosophie des premiers âges ; ils sont
» *compendium* des vérités humaines. »

Aristote partage l'opinion d'Erasme ; il pense que les proverbes so les restes de l'ancienne philosophie détruite par la vétusté des tem

M. le marquis de Grandvilain.

F. BARRIAS

et que ces restes n'ay ant été conservés que grâce à leur ténuité, à leur précision, loin de les dédaigner, on devrait les méditer avec soin et s'étudier à les approfon dir.

Chrysippe et Cléanth e ont écrit longuement en faveur des proverbes. Théophraste a composé tout un volume sur cette matière. Parmi les hommes célèbres qui ont traité ce sujet, on cite encore Aristide et Cléarque, disciples d'Aristote. Enfin Pytha gore a fait des symboles qu'Erasme met au rang des proverbes, et Plutarque, dans ses Apophthegmes, a re cueilli les bons mots des Grecs.

Nous pourrions main tenant vous citer tous les auteurs des temps modernes qui ont écrit en faveur des proverbes; mais cela nous mènerait trop loin, et nous pen sons que vous aimerez mieux revenir à la nour rice de Chérubin.

La paysanne Nicolle ne connaissait ni Eras me, ni Aristote; nous avons beaucoup de gens à la ville qui n'ont au cune notion sur ces phi losophes et ne s'en trou vent pas plus mal. En général, il ne faut pas pousser trop loin l'étude de l'antiquité ; ce que nous savons sur ce qui s'est passé jadis nous empêche souvent d'être bien au courant de ce qui se fait aujourd'hui.

Nicolle ne tarda pas à s'apercevoir qu'en épousant Jacquinot elle n'avait pas trouvé la pie au nid. Le beau paysan était paresseux, flâneur, nonchalant, enfin fai néant dans toute la force du terme. Trois jours après son mariage, Nicolle soupirait déjà quand on lui faisait compliment de son choix.

Mais Frimousset avait cette malice des gens de la campagne, qui sait déguiser ses penchants, ses défauts, sous un air de bonhomie et de franchise qui abuse bien du monde. Sa femme était vive, alerte, laborieuse; il ne lui avait pas fallu beaucoup de temps pour connaître son caractère. Loin de la con trarier en rien, Frimousset semblait l'être le plus docile, le mari le plus obéissant du village ; mais il poussait sa servilité à un point qui finissait par impatienter Ni colle, et c'était bien là-dessus qu'il comptait.

Ainsi le matin, pendant que sa femme s'occupait des soins de leur ménage, Jac quinot, après avoir bien déjeuné, disait à sa moitié :

« — Qu'est-ce que tu veux » que je fasse à présent, Ni » colle? » et Nicolle répon dait avec vivacité :

« — Il me semble que » nous ne manquons pas de

Non!... non!... n'emmenez pas Louise... j'étudierai... — Page 18.

Chérubin de Grandville.

besogne! Et notre champ à labourer... et la pièce de terre contre la » route qu'il faut défricher... et le jardin à ensemencer... est-ce que » n'en v'là pas de l'ouvrage?

» — Oui! oui! » répliquait Frimousset en hochant la tête, « je sais » bien que ce n'est pas » la besogne qui man » que... mais par où » que je vas commen » cer... par le champ... » la prairie... la pièce » de terre ou le jar » din?... j'attends que » tu le dises, tu sais » ben que je ne veux » faire que tes volontés.

» — Ah ben! en v'là » une bêtise... est-ce » que t'es pas assez » raisonnable pour sa » voir ce qui presse le » plus...

» — Eh non! pisque » je te dis... que je veux » que tu me commandes » ce qu'il faut que je » fasse... je veux m'ap » pliquer à t'obéir, ma » petite femme.

» — Fais ce que tu » voudras et laisse-moi » tranquille. »

Frimousset n'en de mandait pas davantage. Lorsqu'à force de dou ceur il avait bien impa tienté sa femme, celle-ci ne manquait pas de lui dire : fais ce que tu vou dras et laisse-moi tran quille. Alors le mari de Nicolle s'en allait au cabaret, où il passait sa journée. Nicolle cher chait en vain Jacquinot dans la prairie, dans le jardin, et le soir quand il rentrait pour souper, elle lui disait :

« — Où donc que t'as » travaillé? je ne l'avons » trouvé nulle part. »

Jacquinot reprenait d'un air patelin :

« — Ma fine... t'as pas voulu me dire par queu travail je devais » commencer...j'ons eu peur de faire queuque sottise... » et j'avons rien » voulu faire sans tes or » dres. »

Avec un gaillard de la trempe de M. Frimousset, le bien-être, quand on en a, ne tarde pas à faire place à la gêne, puis à la misère ; chez les petits comme chez les grands, il n'est pas de fortune qui résiste au dé sordre. Au bout de cinq ans de ménage, Nicolle avait été obligée de vendre son champ et sa prairie, et tout cela parce que M. Jacquinot ne savait jamais par où com mencer quand il s'agissait de travailler.

Cependant Nicolle avait vu s'augmenter la maison de trois petits garçons, bien portants et de bon appétit ; il parait que sur certains articles, la ménagère ne disait pas toujours à son époux : laisse-moi tranquille, ou fais ce que tu voudras, et qu'elle savait alors lui indiquer posi tivement à quel travail il devait se livrer; mais trois enfants de plus et quelques pièces de terre de moins ne pouvaient pas ramener l'aisance dans la demeure de Frimousset. C'est alors que Nicolle eut l'idée de se mettre nourrice, et comme la paysanne avait autant de vivacité, de résolution, que son mari avait de paresse et de nonchalance, son projet fut bientôt exécuté.

Et voilà pourquoi Jasmin, en allant rue Sainte-Appoline, au bureau des nourrices, y avait trouvé la paysanne de Gagny, qu'il avait choisie à cause de sa bonne mine, et qu'il avait amenée en triomphe chez son maître le marquis de Grandvilain.

Nicolle était une bonne femme, elle s'attacha sincèrement à l'enfant qu'on lui avait confié; elle le prenait dès qu'il criait, ne se laissait pas de lui offrir son sein, et de le faire danser dans ses bras; enfin elle avait soin qu'il fût toujours propre et bien débarbouillé; mais la paysanne était mère aussi (c'est ainsi qu'elle les nommait), et malgré tout l'attachement qu'elle ressentait pour son nourrisson, c'était à ses gars que Nicolle faisait manger les bonbons, les confitures, les biscuits, le pain d'épice dont Mme la marquise de Grandvilain n'avait pas manqué de lui donner une ample provision, en lui recommandant de ne pas le ménager, de ne jamais rien refuser à Chérubin, et de lui faire demander d'autres friandises lorsque celles-là seraient épuisées.

Heureusement pour Chérubin, Nicolle ne suivait pas à la lettre les instructions qu'on lui avait données. Comme on est mère avant d'être nourrice, la paysanne devait avoir nécessairement plus de préférences pour ses enfants que pour son nourrisson. Elle donnait le sein à ce dernier, tandis que les autres se bourraient de friandises, de sucreries et de pain d'épices, ce qui ne tarda pas à déranger leur santé, tandis qu'au contraire le petit Grandvilain redevenait frais, rose, gras et bien portant.

La venue du nourrisson avait répandu l'aisance dans la demeure de Frimousset. Nicolle n'avait demandé que trente francs par mois; mais le marquis lui avait dit:

« — Que mon fils se porte bien, qu'il recouvre la santé, et je vous » en donnerai le double! »

Et Jacquinot, qui avait plus de temps que jamais pour flâner et aller au cabaret, parce que sa femme, occupée de son nourrisson, ne pouvait pas surveiller son mari, s'écriait tous les jours:

« — Ma fine, Nicolle, t'as eu une ben bonne idée de te faire nour-» rice! si t'avais seulement trois ou quatre poupons comme ça à allai-» ter, nous serions joliment à notre aise, tout de même! »

Et les petits frères de lait de Chérubin, qui ne faisaient que manger des friandises et du pain d'épices, étaient aussi dans l'enchantement de voir leur mère un nourrisson qui leur procurait tant de bonnes choses, grâce auxquelles ils allaient continuellement à la selle.

Il y avait six semaines seulement que Chérubin était en nourrice, lorsque par une belle journée d'automne un équipage élégant s'arrêta sur la place du village de Gagny, laquelle place n'est pas de la plus grande beauté, quoique l'on y ait placé le corps de garde.

Une voiture qui ne ressemble pas à une charrette est toujours un événement dans un village. Déjà cinq ou six bonnes femmes, quelques vieillards, plusieurs paysans et une foule d'enfants s'étaient rassemblés autour de l'équipage, qu'ils regardaient avec curiosité, lorsqu'une portière se baissa et une tête d'homme parut.

Aussitôt un murmure sourd et quelques ricanements prolongés se firent entendre parmi les curieux, ainsi que ces mots qui n'étaient pas toujours dits à demi-voix:

« — Ah! qu'il est vilain!... — Oh! cette figure!... — Est-il per-» mis d'être laid comme ça quand on a une voiture! — Ah ben, » j'aime encore mieux aller à pied!... — Il n'a pas été vacciné celui-» là!... »

Et autres réflexions du même genre qui pouvaient parvenir aux oreilles de celui qui les faisait naître, et qu'il eût été plus honnête de ne le faire qu'à voix basse; mais la politesse n'est pas la vertu favorite aux paysans des environs de Paris.

Heureusement celui qui venait de mettre la tête à la portière avait l'oreille un peu dure, et d'ailleurs il n'était pas homme à se fâcher pour de pareilles fadaises; au contraire, prenant un air riant, et saluant la société, il se mit à dire:

« — Qui de vous, braves gens, pourrait m'enseigner la demeure de » Nicolle Frimousset. Je sais bien que c'est dans une rue qui donne » sur la place..... mais je n'en suis pas plus long. »

« — Nicolle Frimousset! » dit un paysan entre deux vins, qui venait » de sortir d'un cabaret et se disposait à entrer dans un autre.

« — C'est ma femme... Nicolle. Je suis Jacquinot Frimousset, son » mari... quoi que vous lui voulez à ma femme?...

« — Ce que nous lui voulons? parbleu, nous venons voir le poupon » que nous lui avons confié et savoir comment il se porte ce cher en-» fant.

« — Ah! c'est monsieur le marquis! » s'écrie Jacquinot en ôtant son chapeau, et en jetant plusieurs enfants par terre pour se rapprocher plus vite de la voiture. « Ah! excusez, monsieur le mar-» quis!... c'est que je ne vous connais pas... je vas vous conduire... » v'la not' rue là-bas... ça monte, mais vous avez de bons chevaux.»

Et Jacquinot se met à courir devant la voiture, en criant à tue-tête, et en essayant de danser:

« — V'là le père du petit Chérubin!.. V'là le marquis de Grandvi-» lain qui vient cheux nous!... ah! j'allons boire à sa santé. »

Celui qui est dans la voiture a répondu de son côté:

» — Non; je ne suis pas le marquis, je suis Jasmin son premier » valet de chambre... et mademoiselle qui m'accompagne n'est pas » Mme la marquise... c'est Turlurette...sa suivante, mais c'est égal, nos » maîtres ou nous c'est absolument la même chose.

» — Vous dites là une bêtise, Jasmin, » dit Turlurette en poussant » son compagnon de voyage; « comment, nos maîtres ou nous c'est la » même chose?...

» — J'entends relativement à l'enfant que nous venons voir... On » nous envoie pour nous assurer de l'état de sa santé... est-ce que » nous ne verrons pas ça aussi bien que nos maîtres?... et mieux » même, car nous avons de meilleurs yeux qu'eux!...

» — Vous parlez de vos maîtres bien peu respectueusement, mon-» sieur Jasmin.

» — Mademoiselle, je les respecte et je les vénère... ça ne m'em-» pêche pas de dire qu'ils sont dans un triste état tous les deux... » quelles pauvres carcasses! lis me font de la peine!...

» — Allons, taisez-vous, monsieur Jasmin, nous voici arrivés. »

L'équipage venait de s'arrêter devant la maison de Frimousset. Déjà les cris de Jacquinot avaient mis tout le monde en émoi.

« — Ce sont les parents de Chérubin, » disait-on de tous côtés; les petits garçons se sont précipités au-devant de la voiture, Jacquinot est allé tirer du vin pour en offrir à la compagnie qui lui arrive, tandis que Nicolle, après avoir à la hâte débarbouillé et mouché son nourrisson, l'emporte dans ses bras et le présentant à Jasmin et à Turlurette au moment où ceux-ci descendent de voiture, leur crie:

« — Le v'là, monsieur et madame... embrassez-le... et voyez » comme il se porte ben!... Ah! je me flatte qu'il n'était pas si gen-» til que ça quand vous me l'avez donné!...

« — C'est vrai!... il est superbe! » dit Jasmin en embrassant l'enfant.

« — Il se porte comme un charme! » dit Turlurette en tournant et retournant le petit Chérubin de tous côtés.

Mais pendant que l'on admirait son nourrisson, Nicolle, qui a eu le temps de se remettre, considère Jasmin et Turlurette; puis s'écrie:

« — Ah çà! mais... il me semble que ce n'est pas monsieur et ma-» dame qui sommes le père et la mère... Pardi! je reconnais monsieur » à son nez rouge et à son visage tout picoté... c'est lui qui est venu » me chercher au bureau et qui m'a choisie.

» — Oui, nourrice, vous ne vous trompez pas, » reprend Jasmin; » je ne suis pas son maître... je veux dire que je ne suis pas le mar-» quis; c'est ce que je criais à votre mari; mais il n'a jamais voulu m'é-» couter; cela ne fait rien; nous sommes envoyés, Turlurette et moi, » pour nous assurer de la santé du jeune Grandvilain, et en rapporter » des nouvelles à M. le marquis et à son épouse.

» — Vous serez toujours les bien venus, » dit Nicolle...

« — Et alors vous ne refuserez pas de goûter de notre vin et de vous » rafraîchir! » s'écrie Jacquinot en apportant un grand pot plein jus-» qu'aux bords d'un vin parfaitement vif, ce qui veut dire clair, chez » les gens de la campagne.

« — Je n'ai jamais refusé de goûter aucun vin, et je me rafraîchis » toujours volontiers, même quand je n'ai pas chaud, » répond Jasmin; » mais auparavant je veux remplir avec exactitude les ordres de mon » cher maître. Nourrice, démaillottez l'enfant, s'il vous plaît, met-» tez-le tout nu devant mes yeux, afin que je puisse juger s'il est en bon » état depuis le haut jusqu'en bas... inclusivement.

» — Eh mon Dieu! buvez et laissez-nous tranquilles! ce soin me » regarde! » dit Mlle Turlurette en continuant de garder l'enfant dans » ses bras.

« — Mademoiselle, je ne vous empêche pas de regarder aussi le pe-» tit, mais je sais ce que mon maître m'a ordonné, et je veux lui » obéir... donnez-moi Chérubin, je vais le mettre en petit amour.

» — Je ne vous le donnerai pas.

» — Je saurai bien le prendre alors !

» — Venez-y donc !

Et Jasmin saute d'un bond sur l'enfant, mais Turlurette ne le lâche pas, chacun d'eux le tire de son côté; Chérubin crie, mais la nourrice pour mettre fin à cette, imitation du jugement de Salomon, s'empare adroitement de l'enfant; en un tour de main elle l'a déshabillé; le présentant alors tout nu à ces deux domestiques, elle leur fait embrasser le petit postérieur gras et dodu de son nourrisson, et s'écrie:

« — Hein?... c'est-i gentil! ah! vous voudriez bien en avoir un » comme celui-là !... mais on vous le souhaite. »

L'action de la nourrice a ramené la bonne humeur et rétabli la paix entre les domestiques de la maison Grandvilain. Turlurette ne se lasse point de baiser l'enfant de ses maîtres. Quant à Jasmin, il prend une grosse prise de tabac, puis va s'asseoir devant une table en disant:

« — Oui, nourrice, tout est bien portant... nous avons là un superbe » rejeton, et maintenant goûtons votre vin, père nourricier. »

Jacquinot s'empresse de verser, de trinquer, puis de verser encore, et Jasmin est aussi satisfait du père nourricier que de la nourrice.

« — Mais pourquoi donc que M. et Mᵐᵉ le marquis ne sont pas ve-
» nus eux-mêmes? » dit Nicolle.

« — Ah! » répond Turlurette en soupirant, « ma pauvre maîtresse
» n'est pas bien portante; depuis qu'elle avait voulu nourrir, elle n'al-
» lait pas trop bien... et à présent qu'elle ne nourrit plus du tout,
» elle va encore plus mal!...

» — J'avais pourtant offert de remplacer notre Chérubin pour sou-
lager ma digne maîtresse! » murmure Jasmin, tout en avalant un
grand verre de piqueton.

« — Mon Dieu, monsieur Jasmin, vous allez encore dire des bêti-
» ses, » reprend Turlurette, « voyez-vous madame qui vous aurait
» allaité...

» — Dame!... quand c'est par ordonnance des médecins... j'ai
» connu une dame qui a nourri plusieurs chats et deux lapins, parce
» qu'elle avait trop de lait...

» — Lais-ez-nous donc en repos avec vos histoires!... bref, ma
» maîtresse est très-faible, elle ne peut pas quitter la chambre; oh!
» sans cela elle serait venue depuis longtemps embrasser son cher
» petit, dont elle parle à chaque instant.

» — Quant à M. le marquis, » dit Jasmin, « il a la goutte dans
» les talons, ce qui le gêne infiniment pour marcher. Je lui avais
» cependant donné un moyen, c'était de se tenir sur ses pointes, de
» ne point poser ses talons à terre; il a essayé... mais après avoir fait
» quelques pas ainsi... patatras! votre serviteur, il s'est étalé à terre
» tout de son long. Il n'a pas voulu recommencer depuis, mais en-
» nous a envoyés, nous autres, et soyez tranquilles, nous rendrons
» bon compte de ce que nous avons vu... vous avez rendu la vie à
» notre fils! vous êtes de braves gens!... A votre santé, père nourri-
» cier, votre vin gratte le gosier... mais ̓est pas désagréable, et
» ça imite le Bordeaux. »

Pendant que Jasmin boit et bavarde, Turlurette est allée chercher
dans la voiture tout ce que sa maîtresse envoie à la nourrice. Ce sont
des présents de toute espèce : du sucre, du café, des vêtements et jusqu'à des jouets pour les frères de lait de Chérubin. La salle basse dans
laquelle se tiennent habituellement les paysans peut à peine contenir
tout ce que l'on sort de la voiture. Aussi les petits Frimousset font des
gambades, des cris de joie, et se roulent par terre à l'aspect de tous ces
présents, et Nicolle répète à chaque minute :

« — Mᵐᵉ la marquise est bien bonne!... mais aussi elle peut être
» sûre que c'est son fils qui avalera toutes ces friandises là... mes
» gars n'y toucheront pas! d'ailleurs, ils aiment mieux le lard, eux
» autres. »

Jasmin se trouvait très-bien avec Jacquinot, c'est Turlurette qui est
obligée de lui rappeler que leurs maîtres attendent avec impatience
leur retour. Les domestiques disent adieu aux villageois, ils embrassent encore le petit Chérubin, mais au visage cette fois, et ils remon-
tent dans l'équipage de leur maître qui les ramène en peu de temps à
Paris.

La marquise attendait le retour de ses gens avec l'anxiété d'une mère
qui craint pour les jours du seul enfant que le ciel lui ait accordé.
Et malgré sa goutte, M. de Grandvilain se traînait de temps à
autre jusqu'à sa fenêtre pour voir s'il apercevait au loin revenir sa
voiture.

Turlurette, qui est jeune et alerte, a devancé Jasmin; elle accourt
d'un air radieux; son visage annonçait déjà que les nouvelles étaient
bonnes.

« Magnifique, madame!... une santé superbe! un enfant superbe!
» oh! il n'est plus reconnaissable... il était si chétif en partant; main-
» tenant il est gras et fort comme un petit Bacchus. »

« — Vraiment, Turlurette? » s'écrie la marquise! « tu ne nous
» trompes pas!

» — Oh! madame, demandez plutôt à Jasmin que voilà. »

Jasmin arrivait alors en soufflant comme un bœuf, parce qu'il avait
voulu essayer de monter aussi vite que Turlurette; il s'avance, salue
gravement ses maîtres :

« Notre jeune marquis est dans un état très-florissant, j'ai eu
l'honneur de lui baiser le derrière... je vous demande pardon d'avoir
pris cette liberté... mais c'est un si bel enfant!... et si bien tenu...
» j'affirme que la famille Frimousset était digne de notre confian-
» ce, et que l'on n'a que des éloges à adresser à la nourrice et à
son mari. »

Ces discours répandent la joie dans l'hôtel du marquis. La maman
de Chérubin se promet d'aller à Gagny voir son fils, aussitôt que sa
santé sera rétablie, et M. le marquis de Grandvilain jure d'en faire autant, dès que la goutte aura bien voulu déloger de ses talons.

VI. — LE TEMPS ET SES EFFETS.

Le vieux marquis et sa femme se trouvaient bien heureux depuis
qu'ils savaient leur fils en bonne santé; ils oubliaient que la leur était
mauvaise, et ils faisaient de grands projets pour l'avenir.

Il y a une ancienne chanson qui dit :

Aujourd'hui nous appartient,
Et demain n'est à personne!

Ce qui est très-juste, et ce qui signifie qu'il ne faut jamais compter
sur le lendemain ; mais cela n'empêche pas que nous ne fassions souvent des projets dans lesquels nous enjambons un grand nombre
d'années... ce qui est bien plus qu'un lendemain!... et la plupart de
ces beaux projets ne doivent point se réaliser.... Mais nous avons toujours raison d'en faire, car c'est là le plus clair de notre bonheur ; celui que nous tenons ne nous semble jamais aussi doux que celui que
nous nous promettons ; il en est de cela comme des paysages, qui
nous paraissent délicieux vus de loin, et quand nous sommes arrivés
à l'endroit que nous admirions, il ne nous semble plus que très-ordi-
naire.

Un mois après avoir reçu l'assurance que son fils venait bien et
qu'il avait entièrement recouvré la santé, Aménaïde, se sentant mieux
portante, voulut sortir, aller prendre l'air, afin d'être plus vite en état
de se rendre à Gagny.

Mais soit qu'elle fût sortie trop tôt, soit qu'une nouvelle maladie
dût se déclarer, la marquise se trouva mal à son aise en rentrant chez
elle ; on la remit au lit, et quinze jours aprèson conduisait au tombeau
la mère du petit Chérubin, qui du moins ne s'était pas sentie mourir
et jusqu'à ses derniers moments avait conservé l'espoir d'aller embrasser son fils.

Le vieux marquis avait été désolé de la perte qu'il avait faite, mais
à soixante-dix ans on n'aime plus comme à trente; en vieillissant le
cœur devient moins tendre, et c'est autant l'effet de l'expérience que
celui des années ; on a été tellement trompé dans ses affections pendant le cours de sa vie, qu'il faut bien finir par devenir égoïste et concentrer sur soi la tendresse que l'on offrait aux autres.

D'ailleurs, le marquis ne restait pas seul sur la terre : n'avait-il
pas un fils pour tâcher de le consoler ? Son fidèle serviteur lui dit un
jour :

« — Mon cher maître, songez à votre petit Chérubin... il n'a plus
» de mère... Certainement vous auriez dû mourir avant elle, car vous
» étiez bien plus vieux ! mais les choses ne vont pas toujours comme
» on le pense !... Mᵐᵉ la marquise est morte, et vous êtes vivant...
» il est vrai que vous avez la goutte... mais il y a des personnes
» qu'elle n'emporte pas de bonne heure... vous en êtes la preuve. Soyez
» homme, monsieur le marquis, et songez à votre fils, dont vous êtes le
» luron... comme vous étiez autrefois... car jadis vous étiez un fumeux
» gaillard, vous, monsieur, on ne s'en douterait plus en vous voyant
» à présent.

» — Qu'est-ce à dire, Jasmin ? Je suis donc bien changé ? J'ai donc
» l'air impotent maintenant ?

» — Je ne dis pas cela, monsieur; mais enfin, je crois qu'il vous se-
» rait difficile à présent de vous rendre à cinq ou six rendez-vous dans
» la même journée ! et c'est ce qui vous arrivait souvent jadis !... Ah!
» quel séducteur vous faisiez... Eh bien ! j'ai idée que votre fils vous
» ressemblera... qu'il me fera aussi porter des billets doux... eh! eh!...
» Je les porterai avec plaisir... C'est que je m'y entends à glisser un
» poulet.

» — C'est-à-dire, mon pauvre garçon, que tu faisais toujours des
» gaucheries, des sottises, et que ce n'est pas ta faute si je n'ai pas
» été cent fois berné par des maris ou des rivaux jaloux...

» — Vous croyez, monsieur?... Oh! vous vous trompez... J'ai si
» longtemps, vous avez perdu la mémoire de tout ça.

» — Après tout, » reprend au bout d'un moment M. de Grandvi-
» lain, « quand je pleurerais sans cesse cette pauvre marquise, cela ne
» me la rendra pas... Il faut que je me conserve pour mon fils. Ah !
» que je le voie seulement lorsqu'il aura vingt ans ! c'est tout ce que
» je demande.

» — Peste !... je crois bien... vous n'êtes pas dégoûté ! dit Jas-
» min, « v.ngt et soixante-dix que vous avez, ça ferait quatre-vingt-dix !

» — Eh bien, Jasmin, est-ce qu'on ne va jamais jusque-là ?

» — Ah ! dame... c'est rare !... mais ça peut arriver.

» — Quel âge as-tu donc, toi, drôle! pour te permettre de telle
» réflexions ?

» — Moi, monsieur, j'ai cinquante ans, » répond Jasmin en se re
» dressant et tendant le jarret.

» — Hum !... je crois que tu caches quelque chose... tu parais
» beaucoup plus. N'importe ! j'en enterrerais dix comme toi !

» — Monsieur en est bien le maître, assurément.

» — Et dès que ma goutte m'aura quitté, j'irai embrasser mon hé-
» ritier. Je pourrais bien faire venir la nourrice ici, mais le médecin dit
» qu'il ne faut pas que les enfants changent d'air, et j'aime mieux me
» priver de voir le mien que de m'exposer à ce qu'il retombe malade
» aussi.

» — D'ailleurs, monsieur, quand vous voudrez que j'aille voir
» notre jeune homme, vous savez que je suis toujours prêt... et il n'y a
» pas besoin de me faire accompagner par cette grosse Turlurette... je
» sais juger si un enfant se porte bien. J'irai tous les jours à Gagny,
» si vous le désiriez, ça ne me fatigue pas du tout. »

Jasmin aimait beaucoup à aller voir Chérubin ; le fidèle serviteur
avait déjà un tendre attachement pour le fils de son maître, ensuite il
vidait plusieurs pots de piqueton avec le père nourricier, qui était aussi
son ami.

Il y avait cinq mois que la marquise était morte, lorsqu'enfin M. de

Grandvilain fut débarrassé de sa goutte et en état de quitter son grand fauteuil. Son premier soin fut d'ordonner que l'on mît les chevaux à sa voiture; puis il monta dedans. Cette fois, Jasmin grimpa derrière, et l'on prit la route de Gagny.

Le petit Chérubin continuait à venir bien, parce que ce n'était pas lui qui mangeait les gourmandises que Turlurette continuait d'envoyer chez Nicolle. Déjà un des petits garçons de la nourrice était mort d'une inflammation de poitrine; les deux autres, plus grands et plus forts, résistaient encore aux biscuits et aux dragées, mais leur teint était blême, tandis que celui de Chérubin brillait de santé et de fraîcheur.

Le jour où le marquis s'était mis en route pour Gagny, Jacquinot Frimousset avait commencé dès le matin ses visites au cabaret, et il était déjà complétement gris, lorsqu'un de ses amis vint l'avertir que l'équipage du marquis de Grandvilain était devant sa porte.

« Bon! » dit Jacquinot, « c'est mon ami M. Jasmin qui vient nous » voir... il n'est pas fier du tout, quoique valet de chambre de grande » maison: nous allons vider quelques chopines ensemble. »

Et le mari de la nourrice parvient, tout en trébuchant, à arriver chez lui; il entre dans la salle basse où M. de Grandvilain était alors occupé à faire sauter sur ses genoux son fils, qui avait déjà un an et qui semblait rire beaucoup du menton de son cher père qui ne restait pas un moment en repos.

« Quoi que c'est que ce vieux-là? » s'écrie Frimousset en essayant d'ouvrir ses yeux et en s'appuyant sur la muraille.

« C'est M. le marquis de Grandvilain, lui-même! » crie Nicolle en faisant de loin signe à son mari, afin qu'il ait un air plus respectueux; mais celui-ci part d'un gros rire en disant:

« Ça, le père de Chérubin?... allons donc! pas possible!... c'est » son grand-père... son trisaïeul... pour le moins!... est-ce qu'on » peut avoir des marmots si jeunes quand on est ratatiné comme » ça?... »

M. de Grandvilain devient pourpre de colère; il a un moment l'envie d'emporter son fils et de ne plus remettre les pieds chez ce grossier paysan, qui vient de lui dire des choses aussi désagréables; mais déjà Nicolle est parvenue à pousser son mari hors de la salle, et Jasmin, qui était occupé à se rafraîchir un peu plus loin, se rapproche en disant:

« Ne faites pas attention, mon cher maître, le père nourricier a » bu... il est gris... il ne voit plus clair... sans cela il ne vous aurait » jamais dit ces choses-là; il les aurait peut-être pensées, mais il ne » les aurait pas dites.

» — Mon mari est un ivrogne, et pas autre chose! » reprend Nicolle. « Je vous demandons bien pardon pour lui, monsieur le marquis. Aller croire que vous n'êtes pas le père de votre fils!... Eh » mon Dieu... on voit ben qu'il a les yeux troublés par la boisson... » Mais c'est que c'est vous tout craché, le cher petit!... il a vot' nez, » vot' bouche... vos yeux, il a tout, quoi! »

L'éloge était d'une exagération ridicule et fort peu flatteur pour le petit Chérubin. Mais le marquis de Grandvilain, qui ne voulait pas vieillir, prend tout cela pour l'expression de la vérité, il regarde encore son fils et murmure:

« Oui, il me ressemble... ce sera un fort joli garçon. » Et il se lève et met sa bourse dans la main de la nourrice, en lui disant: « Je » suis content, mais je vous le porte fort bien, continuez de lui donner » vos soins; puisque l'air de ce pays lui convient, je pense que je » ferai bien de vous le laisser tard... très-tard même... Les enfants » ont toujours le temps d'étudier... la santé avant tout il... n'est-ce pas, » Jasmin?

» — Oh! oui, monsieur... la santé! vous avez bien raison, car à » quoi sert d'être savant quand on est mort?... »

M. de Grandvilain sourit de la réflexion de son valet de chambre, puis après avoir encore embrassé Chérubin, il regagne sa voiture. Jacquinot s'est tapi dans un coin de la cour d'où il n'osait plus bouger; il se contente de s'incliner devant le marquis, et celui-ci, en passant devant le paysan, se redresse et fait tout son possible pour que sa démarche ait encore l'aisance et la fermeté de la jeunesse.

Quelques mois s'écoulent. M. de Grandvilain disait souvent:

« Je vais aller à Gagny. »

Mais il n'y allait pas; la crainte de rencontrer encore le père nourricier et de s'entendre adresser de nouveaux compliments dans le genre des premiers, retenait le marquis, qui se contentait alors d'envoyer chercher son fils, devenu assez fort pour supporter sans danger un si court voyage.

Nicolle passait plusieurs heures à l'hôtel, mais Chérubin ne s'y plaisait pas; il pleurait et demandait à retourner au village; alors le marquis embrassait son fils et disait à la nourrice:

« Partez vite, il ne faut pas le contrarier; cela le rendrait peut-être malade. »

Et deux autres années s'écoulèrent ainsi. Chérubin était d'une belle santé, sans cependant être gros et robuste comme les enfants de la plupart des paysans; il était gai, il aimait à jouer, à courir; mais aussitôt qu'on l'amenait à Paris, dès qu'il se voyait près de son père

dans l'hôtel de Grandvilain, le petit garçon perdait sa gaieté, il est vrai que l'hôtel du faubourg Saint-Germain n'était pas gai, et que le vieux marquis, presque toujours tourmenté par la goutte, était assez triste aussi.

On faisait cependant tout ce que l'on pouvait pour que le séjour de l'hôtel fût agréable au bambin; on avait rempli une chambre de joujoux, on couvrait une table de friandises. Chérubin avait le droit de tout manger, de tout briser; on le laissait entièrement libre de faire ses volontés; mais après avoir regardé quelques joujoux et mangé quelques gâteaux, l'enfant allait près de sa nourrice, il la prenait par son tablier, la regardait avec tendresse et lui disait d'une voix suppliante:

« Ma mère Nicolle... est-ce que nous n'allons pas bientôt retour- » ner cheux nous! »

Un jour le marquis prit un air grave, et faisant venir son fils à côté de son fauteuil, lui dit:

« Mais, Chérubin, tu es ici chez toi... quand tu es au village, » tu es chez ta nourrice... ici tu es chez ton père... et par conséquent » chez toi. »

L'enfant hochait la tête en répondant:

« — Oh! non, ce n'est pas cheux nous ici.

» — Chérubin, vous êtes un petit entêté; tu ne te crois pas chez toi » ici, parce que tu n'as pas l'habitude d'y être... mais si tu y restais » seulement quinze jours, tu aurais oublié le village; car enfin, c'es » plus beau ici que chez ta nourrice, j'espère?

» — Oh! non, c'est plus joli cheux nous!

» — Cheux nous! cheux nous! c'est impatientant à la fin!... Eh » bien, puisqu'il en est ainsi... puisque vous vous déplaisez chez votre » père, vous allez rester ici, Chérubin, vous ne retournerez plus chez » votre nourrice, je vous garde avec moi... vous ne me quitterez plus, » et au moins je vous apprendrai à parler français et à ne plus dire » cheux nous! »

L'enfant n'ose pas répondre; le ton sévère que son père vient de prendre avec lui pour la première fois l'a tellement saisi, qu'il demeure muet, immobile, mais au bout d'un instant, ses traits se contractent, ses pleurs se font jour, et il éclate en sanglots.

Alors Jasmin, qui d'une pièce voisine entendait tout ce que l'on disait, accourt vers son maître comme un furibond en s'écriant:

« Eh ben! qu'est-ce que ça veut dire? vous faites pleurer notre en- » fant à c't'heure!... c'est joli!... est-ce que vous allez devenir un tyran » à présent?...

» — Allons, Jasmin, taisez-vous...

» — Non, monsieur, je ne souffrirai pas que vous fassiez du chagrin » à notre petit!... par exemple!... Je m'y oppose même... Tenez... » il est tout en larmes, ce cher ami... Ah çà! mais, qu'est-ce que vous » avez donc aujourd'hui, monsieur? est-ce que la goutte vous est re- » montée dans le cœur?

» — Jasmin...

» — Monsieur, ça m'est égal!... battez-moi, chassez-moi... mettez- » moi à l'écurie... faites-moi coucher dans les chevaux... tout ce que » vous voudrez; mais ne faites pas pleurer cet enfant... car... voyez- » vous... alors... je... »

Jasmin s'arrête, il ne pouvait plus parler, parce qu'il pleurait aussi.

M. de Grandvilain qui voit son fidèle domestique couvrir ses yeux de son mouchoir, lui tend la main au lieu de le gronder, et lui dit:

« — Allons, ne te fâche pas... j'avais tort... oui, j'avais tort, puisque » j'ai affligé ce cher enfant. Après tout, ma société n'est pas bien gaie, » la goutte me rend souvent grondeur. Que ferait-il dans cet hôtel, ce » pauvre petit? il est trop jeune pour qu'on le fasse étudier!... et » puisqu'il n'a plus sa mère, laissons-lui sa nourrice le plus longtemps » possible. D'ailleurs l'air de Paris ne vaut pas celui qu'il respire au » village. Remmenez donc votre élève, nourrice: puisqu'il vous aime » tant, c'est que vous le rendez heureux. Viens m'embrasser, Ché- » rubin, et ne pleure plus, tu vas retourner avec tes bons amis; ils ne » t'aiment pas plus que nous, mais tu les aimes davantage, toi. Je tâ- » cherai de prendre patience, et peut-être qu'un jour j'aurai aussi » mon tour. »

» — Bravo!... bravo!... » s'écrie Jasmin tandis que son maître em- brasse son fils. « Ah! voilà qui est parlé... je vous reconnais à pré- » sent, monsieur! Eh! certainement que votre Chérubin vous aimera, » qu'il vous chérira même... mais dame! plus tard, ça ne peut pas ve- » nir tout de suite... laissons-le grandir un peu... et s'il ne vous aimait » pas alors, je lui parlerais, moi! »

La nourrice a donc encore emmené Chérubin au village. Nicolle est bien contente de garder un enfant qui pour elle est une fortune, mais elle promet au vieux marquis de lui amener son fils la semaine suivante, car le vieillard semble plus triste que de coutume en se séparant de lui.

On dit qu'il y a des pressentiments, des avertissements secrets qui nous font deviner lorsqu'un malheur nous menace, et que notre cœur bat avec plus de force lorsque nous quittons une personne chérie que nous ne devons jamais revoir. Pourquoi ne croirions-nous pas aux pressentiments? Les anciens croyaient aux augures; les gens d'esprit sont quelquefois très-superstitieux, il vaut infiniment mieux croire à beaucoup de choses que de ne croire à rien; et les esprits forts ne sont pas toujours de grands esprits.

Le marquis de Grandvilain avait il un pressentiment en ne laissant qu'à regret partir son fils, c'est ce qu'il ne put dire; mais je fait est qu'il ne devait plus le revoir; trois jours après la scène que nous venons de rapporter, un accès de goutte emporta en quelques heures le noble vieillard, qui n'eut que le temps de balbutier à Jasmin le nom de son notaire, et de soupirer celui de son fils.

La douleur du valet de chambre du marquis fut plus vive, plus touchante, plus sincère que ne l'aurait été celle d'une foule de parents et d'amis. Quand nos domestiques nous aiment, ils nous aiment beaucoup, car ils connaissent nos défauts aussi bien que nos qualités, et ils nous pardonnent les uns en faveur des autres; ce que nos amis et nos connaissances ne font jamais.

Jasmin était surtout désolé d'avoir grondé son maître de vouloir garder son fils avec lui; il se disait :

« — Je suis cause qu'il n'a pas pu l'embrasser avant de mourir...
» Mon pauvre maître!... il pressentait sa fin prochaine en ne voulant
» plus renvoyer son enfant au village... et moi qui me suis permis de
» le gronder... drôle que je suis!... et il ne m'a pas assommé comme
» je le méritais!... au contraire, il m'a tendu la main!... Ah! quel
» maître j'ai perdu là! je me laisserais mourir de chagrin, si je ne devais
» pas veiller sur le petit Chérubin. »

Jasmin se rappelle alors qu'avant de fermer les yeux, son maître avait balbutié le nom de son notaire, et présumant que celui-ci est chargé d'exécuter les dernières volontés du marquis, il se hâte d'aller lui apprendre sa mort.

Le notaire de M. de Grandvilain était un homme jeune encore, mais d'un aspect grave et même un peu sévère; il était en effet dépositaire du testament du marquis, et chargé de l'exécution de ses dernières volontés: il se hâte d'ouvrir l'acte qu'il a entre les mains, et lit ce qui suit :

« J'ai trente mille francs de rente. Toute ma fortune revient à mon fils,
» mon unique héritier. A quinze ans je veux qu'il soit mis en posses-
» sion de ses biens. Jusque-là c'est mon notaire qui voudra bien les
» gérer. Je veux pas que l'on change rien à l'intérieur de ma maison
» ni que l'on renvoie aucun de mes domestiques. C'est Jasmin, mon
» fidèle valet de chambre, que je nomme intendant de ma maison.
» Tous les mois mon notaire lui comptera la somme qu'il demandera
» pour les dépenses de l'hôtel et celles nécessaires à l'éducation de
» mon fils.

Sigismond Venceslas, marquis de Grandvilain.

Le notaire ne peut s'empêcher de sourire après avoir lu ce testament singulier, et Jasmin, qui a écouté de toutes ses oreilles, le regarde d'un air étonné en balbutiant :

« — Dans tout ça, monsieur le notaire, je n'ai pas compris qui est-ce
» qui sera le tuteur du petit.

» — Il n'y a pas, Jasmin, son père ne lui en a pas donné; il s'en
» est reposé sur moi et sur vous : sur moi pour l'administration de sa
» fortune ; sur vous pour surveiller sa conduite. Il paraît que M. de
» Grandvilain avait une grande confiance en vous... vous la méritez,
» je n'en doute pas... mais je vous engage à redoubler de zèle près
» du jeune marquis... songez que c'est vous, maintenant, qui devez
» veiller sur lui. Quant à sa fortune, son père veut qu'à quinze ans il
» soit maître d'en disposer... C'est être riche de bien bonne heure!...
» mais puisque telle est la volonté de son père, tâchez du moins en
» sorte, Jasmin, qu'à quinze ans le jeune marquis soit déjà un homme
» pour la forme, le caractère et l'instruction. »

Jasmin écoute ce discours d'un air pénétré; il veut répondre quelque chose, il s'embrouille, se perd dans une phrase qu'il ne peut pas finir, et sort enfin de chez le notaire après avoir reçu de celui-ci une somme d'argent pour commencer à tenir la maison de son maître.

En rentrant à l'hôtel Jasmin était grandi de trois pouces et enflé comme un ballon; la vanité se loge partout, chez les grands comme chez les petits, et elle est encore plus forte chez ces derniers qui n'ont pas l'habitude des grandeurs.

Tous les domestiques de l'hôtel entourent le valet de chambre, curieux de savoir ce que contenait le testament; Jasmin fait une grosse figure bête et parle du nez en répondant :

« — Soyez tranquilles, mes amis, il n'y a rien de changé ici ; je vous
» garde tous à mon service...

» — Vous, monsieur Jasmin!... est-ce que c'est vous qui héritez de
» notre maître?...

» — Non, non, je n'hérite pas... mais je représente l'héritier, enfin
» je suis l'intendant de la maison... Je garde tout le monde... cuisinier,
» cocher... femme de charge... parce que M. le marquis l'a voulu...
» sans quoi je vous aurais tous renvoyés... car c'est fort inutile des
» domestiques sans maître. Ah! pourtant, je me trompe, notre maître
» nous en a présenté un le jeune marquis... et quand il voudra venir habiter
» son hôtel il trouvera sa maison toute montée; voilà sans doute quel
» était le désir de feu son père, et nous devons nous y conformer. »

Tous les valets s'inclinent devant Jasmin, qui est devenu un homme prépondérant, et celui-ci, après avoir reçu les félicitations de ceux qui sont maintenant ses inférieurs, se retire dans sa chambre et réflé-

chissant à ce que lui a dit le notaire, se met la tête à la torture pour savoir ce qu'il doit faire de Chérubin, afin de remplir dignement les intentions de son maître.

Après avoir passé plusieurs heures à se creuser la tête sans y rien trouver, Jasmin s'écrie :

« — Ma foi, je crois que ce qu'il y a de mieux à faire, c'est de lais-
» ser le petit Chérubin en nourrice. »

VII. — LA PETITE LOUISE.

Chérubin est toujours au village, il habite toujours chez sa nourrice. Nicolle Frimousset, et pourtant Chérubin a dix ans; quoique mignon, il est bien portant, et les soins d'une nourrice ont depuis longtemps cessé de lui être nécessaires. Mais l'héritier du marquis de Grandvilain a conservé la même affection pour le séjour où il a passé son enfance, et il se fâche quand on lui propose de le quitter.

Cependant Jacquinot le père nourricier est plus ivrogne que jamais, et en prenant des années Nicolle, forcée de crier sans cesse après son mari, est rarement de bonne humeur; ensuite ses deux garçons ont quitté le village : l'un est maçon à Orléans, l'autre est en apprentissage chez un charpentier à Livry.

Malgré cela Chérubin se plaît toujours chez sa nourrice, où il a pour compagnie une petite fille qui n'a que deux ans de moins que lui.

C'était peu de jours avant la mort du marquis de Grandvilain, qu'un matin, une toute jeune dame de la ville, dont la mise était assez élégante, était descendue d'un fiacre devant la demeure de Nicolle. Cette jeune dame, qui était belle et avait l'air distingué, était fort pâle et semblait très-émue; elle tenait dans ses bras une petite fille qui pouvait avoir un an, et s'adressant à la femme de Jacquinot, lui dit d'une voix entrecoupée par les pleurs :

« Voilà ma fille... elle n'a qu'un an, cependant depuis quelques mois
» déjà elle ne prend plus le sein. Je désirerais la laisser en sevrage
» chez de braves gens qui en auraient grand soin, qui la traiteraient
» comme leur enfant. Voulez-vous vous charger d'elle, madame, je ne
» puis plus garder ma fille avec moi.... il est même possible que je ne
» puisse pas la reprendre de longtemps... Voilà trois cents francs
» dans ce rouleau... c'est tout ce dont je puis disposer maintenant, mais
» avant un an je vous enverrai une pareille somme... si je ne suis
» pas venue auparavant embrasser ma petite. »

Nicolle, qui se trouvait fort bien d'avoir élevé déjà un enfant, crut qu'il lui arrivait une seconde fortune, et accepta de grand cœur la proposition qu'on lui faisait. La jeune dame lui remit la petite fille, l'argent, un paquet assez volumineux, contenant les effets de l'enfant, puis, après avoir embrassé encore une fois sa fille, remonta vivement dans la voiture, qui repartit aussitôt.

Alors, seulement, Nicolle songea qu'elle n'avait demandé à la jeune dame ni son nom, ni son adresse, ni le nom de l'enfant ; mais il n'était plus temps, la voiture était déjà bien loin, Nicolle se consola vite de cet oubli et se dit :

« Après tout ! cette dame reviendra... elle ne veut pas sans doute
» abandonner sa fille... Elle m'a donné cent écus !... j'ai de quoi prendre
» patience, et puis elle est gentille tout plein cette petite, et il me
» semble que je l'aurais mieux gardée pour rien. Comment donc que je
» vas l'appeler?.... Pardine! Louise, puisque c'est aujourd'hui la Saint-
» Louis... Quand ma mère viendra, si ce nom-là ne lui déplaît elle me
» dira celui qu'elle porte... Faut-il que j'aie été bête de ne pas le lui
» avoir demandé!... Mais aussi elle avait l'air si pressé, si agité c'te
» dame... Allons! Louise, c'est décidé, ce sera une compagnie pour mon
» Chérubin, ça fait qu'il ne s'ennuiera pas chez nous, ce cher enfant...
» et dam' pus je le garderons et mieux je nous en trouverons. »

Et en effet la petite fille était devenue la compagne fidèle de Chérubin; elle avait grandi avec lui, elle partageait tous ses jeux, tous ses plaisirs; Chérubin n'était pas content lorsque Louise n'était pas près de lui ; la vivacité de la jeune fille s'alliait très-bien avec la douceur naturelle du petit marquis; enfin lorsque celui-ci commençait à devenir un charmant garçon, Louise promettait aussi d'être une fort jolie fille. Cependant la jeune dame qui avait apporté chez Nicolle cette enfant, dont elle se disait la mère, n'était plus revenue à Gagny, une seule fois, un an après sa visite, une espèce de commissionnaire venant de Paris s'était présenté chez les Frimousset, il leur avait remis un rouleau, qui cette fois ne contenait que cent cinquante francs, en leur disant :

« C'est de la part de la mère de la petite fille, qu'on vous a apportée
» il y a un an; elle vous recommande toujours son enfant. »

Alors Nicolle avait questionné cet homme, lui avait demandé le nom et l'adresse de la dame qui l'envoyait, mais le commissionnaire avait répondu qu'il ne la connaissait pas, qu'on était venu le trouver à Paris, à la place où il se tenait, et qu'on l'avait chargé de cette commission en le payant d'avance, et après s'être assuré qu'il avait une plaque.

Nicolle n'en avait pas su davantage, et depuis elle n'avait plus reçu ni nouvelles ni argent. Mais Louise était si gentille qu'il ne lui était pas venu une seule fois à la pensée de la renvoyer. D'ailleurs, Chérubin la chérissait, la petite fille devait être un nouveau lien qui le retiendrait chez sa nourrice, et lorsque par hasard Jacquinot se permettait de faire quelques réflexions sur l'enfant qu'ils élevaient alors gratis, sa femme lui répondait :

« Tais-toi, ivrogne, ça ne te regarde pas, si la mère de cette
» petite ne vient pas la rechercher, c'est qu'il faut qu'elle soit
» morte ou que ce soit une bien mauvaise mère ; si elle est
» morte, faut bien que je la remplace près de cette enfant ; si c'est
» une mauvaise mère, Louise serait malheureuse avec elle, et
» j'aime encore mieux qu'elle reste avec moi. »

Pendant que Chérubin grandissait près de sa petite amie, Jasmin
continuait à gouverner l'hôtel du marquis de Grandvilain ; il avait de
l'ordre dans ses dépenses ; les domestiques ne pouvaient faire aucun
excès, et lui-même ne se grisait plus qu'une fois par semaine, ce qui
était bien modeste pour un homme qui avait les clefs de la cave. Mais
Jasmin pensait continuellement à son jeune maître ; il allait le voir
souvent ; il passait parfois des journées entières à Gagny ; il demandait
toujours à Chérubin s'il voulait revenir avec lui à Paris, dans son
hôtel ; le petit garçon refusait constamment, et Jasmin se consolait et
s'en revenait seul à Paris, en se disant :
« Le jeune marquis se porte fort bien, voilà le principal. »

Lorsque Jasmin se rendait chez le notaire pour y demander de l'argent, ce qu'il ne faisait jamais qu'en présentant une note exacte de ce
qu'il avait eu à payer, le notaire, après avoir loué le fidèle valet sur la
probité et l'économie qu'il apportait dans les dépenses de l'hôtel, ne
manquait le lui dire :
« Et notre jeune marquis, comment va-t-il ?
» — Il se porte supérieurement ! » répondait Jasmin. « — Il doit être
» grand maintenant, le voilà qui doit avoir près de onze ans. — Il est
» d'une fort jolie taille... il a une charmante figure... ce sera un petit
» bijou dont toutes les femmes raffoleront, j'en suis sûr, comme elles
» raffolaient de feu son père... si ce n'est que je présume que ce ne
» seront pas les mêmes femmes !
» — C'est fort bien ; mais les études marchent-elles ?... avez-vous
» placé le petit marquis dans une bonne institution ?
» — Excellente, monsieur, oh ! il est dans une très-bonne mai-
» son !... il y mange tant qu'il veut !
» — Je ne doute pas qu'il ne soit bien nourri, mais cela ne suffit
» pas, à son âge il faut surtout la nourriture de l'esprit ; est-on con-
» tent de lui ?
» — On en est enchanté... on voudrait ne jamais se séparer de
» lui !... il est si gentil !
» — A-t-il eu des prix ?
» — Des prix !... il a tout ce qu'il veut ! il n'a qu'à demander ; on
» ne lui refuse rien.
» — Vous ne comprenez pas ; je veux dire a-t-il obtenu des prix par
» son travail ? Est-il fort en latin, en grec, en histoire ?... »

A ces questions, Jasmin était un peu embarrassé, il toussait, et bal-
butiait quelques mots que l'on n'entendait pas.
Mais le notaire, qui attribuait son embarras à une autre cause, reprenait :
« Vous parle de choses auxquelles vous ne comprenez rien,
» n'est-ce pas, mon vieux Jasmin ? le latin, le grec !... tout cela n'est
» pas de votre compétence. Au reste, lorsque j'aurai quelques moments
» à moi, j'irai vous trouver et vous me mènerez voir le jeune marquis. »
Jasmin s'éloignait en se disant :
« — Diable ! diable !... s'il va un jour voir mon petit Chérubin, il
» ne sera peut-être pas satisfait de ses études ; ce n'est pourtant pas
» ma faute si M. le marquis ne veut pas quitter sa nourrice. Ce notaire
» me parle sans cesse de la nourriture de l'esprit... Il me semble que
» quand un enfant fait ses quatre repas par jour avec appétit, son es-
» prit ne doit pas plus être à je m que son estomac, ou alors c'est qu'il
» y met de la mauvaise volonté. »

Un jour cependant, après une visite chez le notaire, dans laquelle
celui-ci avait encore engagé le vieux valet de chambre à bien recommander le jeune marquis à ses professeurs, Jasmin se rend sur-le-
champ à Gagny, en se disant tout le long de la route :
« — Le notaire est une vieille brute... il laisse dans l'ignorance le fils
» de mes maîtres, car enfin je sais lire, moi... et je crois que
» Chérubin ne sait pas même lire... Décidément ça ne peut pas
» durer comme cela... Plus tard on dirait :
» — Jasmin n'a pas eu soin de l'enfant qu'on lui avait confié...
» Jasmin n'est pas digne de la confiance de feu M. de Grandvilain !
» — Je ne veux pas qu'on dise cela de moi... J'ai la soixantaine
» maintenant, mais ce n'est pas une raison pour être un imbé-
» cile... Je vais montrer du caractère. »

Jasmin arrive chez Nicolle, qu'il trouve travaillant dans la salle
basse, tandis que Jacquinot dormait à demi dans un vieux fauteuil.
« Mes amis, » dit Jasmin en entrant d'un air très-affairé et en
roulant ses gros yeux autour de lui, « ça ne peut pas rester comme
» cela !... oh !... il faut que nous changions complètement ! »
Nicolle regarde le vieux domestique avec surprise en disant :
« — Vous voulez changer notre maison... Vous trouvez cette
» salle trop sombre. Ah ! dame ! j'y sommes habitués, nous autres.
« — Est-ce que nous ne buvons pas un coup ? » dit Jacquinot
en ouvrant et se frottant les yeux.
« — Tout à l'heure, Jacquinot, tout à l'heure, mes amis, vous ne
» me comprenez pas. Il s'agit de votre élève, de mon jeune Chéru-
» bin, auquel vous ne donnez pas même que la nourriture... que vous prenez...

» — Est-ce qu'il n'est pas content ce cher enfant ? » s'écrie Nicolle ;
» mon Dieu, mais je lui donnerai tout ce qu'il voudra, moi ; il n'a
» qu'à parler ! Je lui ferai des tartes, des galettes, des flans...
» — Ce n'est pas cela, Nicolle, ce n'est pas de cette nourriture qu'il
» s'agit. C'est l'esprit de Chérubin qui a besoin d'une foule de choses
» — Son esprit... quelque chose de léger. vous voulez dire... Je lui
» ferai du fromage à la crème.
» — Encore une fois, dame Frimousset, laissez-moi donc parler. Il
» faut que mon jeune maître devienne savant... ou à peu près ; il n'est
» pas question de manger, mais d'étudier... Qu'apprend-il chez vous
» sait-il lire, écrire, compter seulement ?
» — Ma fine, non, » dit Nicolle, « vous ne nous avez pas parlé de
» ça, nous avons cru que ce n'était pas nécessaire... d'autant plus que
» Chérubin devant être très-riche, nous pensions qu'il n'avait pas be-
» soin d'apprendre un état.
» — Il n'est pas question d'apprendre un état, mais de devenir
» savant.
» — Ah ! je comprends, comme le maître d'école, qui fourre
» toujours dans sa conversation des mots qu'on ne sait pas ce
» que ça veut dire.
» — C'est cela même... Oh ! si Chérubin disait de ces belles
» phrases... qu'on ne comprend pas, serait-il bien heureux ! Vous
» avez donc un maître d'école savant dans ce village ?
» — Certainement. M. Gérondif.
» — Gérondif !... ce nom seul annonce un homme fort instruit. Est-
» ce que vous croyez qu'il consentirait à venir donner chez vous des
» leçons à mon jeune maître ? car il est impossible que M. le marquis
» aille en classe avec tous les marmots du village.
» — Pourquoi donc que M. Gérondif ne viendrait pas ?... Il a déjà
» éduqué deux ou trois enfants de bourgeois qui viennent à Gagny
» passer l'été... D'ailleurs il n'est pas bien calé en fait d'homme, et
» pour gagner de l'argent...
» — Qu'à cela ne tienne, je le payerai le prix qu'il voudra... Est-ce
» que je ne pourrais pas causer... voir M. Gérondif ?
» — C'est bien facile... Jacquinot va aller le chercher... Il est cinq
» heures passées, sa classe est finie... Jacquinot, tu trouveras le maître
» d'école chez Manon, la boulangère, où il va chez elle tous les
» jours faire cuire des pommes de terre dans son four, quand il est en-
» core chaud.
» — Allez, mon cher Jacquinot amenez-moi ce savant, et nous vi-
» derons ensuite quelques bouteilles dont je régalerai aussi M. Géron-
» dif. »
Cette promesse réveille Jacquinot ; il sort en promettant de se hâter, et Jasmin dit alors à Nicolle :
« — Où est mon jeune maître ?
» — Mon fieu ?...
» — Mon maître, le jeune marquis de Grandvilain... Il a onze ans !
» Maintenant, ma chère Nicolle, il me semble qu'il est un peu grand
» pour que vous l'appeliez encore mon fieu ?
» — Oh ! dame ! l'habitude... que voulez-vous ? Il est dans le jardin,
» sous les pruniers.
» — Seul ?
» — Oh ! que nenni... Louise est avec lui, toujours avec lui. Est-ce
» qu'il peut se passer d'elle ?
» — Ah ! c'est cette petite fille qu'on a laissée et dont vous ne con-
» naissez pas les parents...
» — Mon Dieu, oui.
» — Et vous en avez toujours bien soin ?
» — Pardi ! un enfant de plus... Quand il y a pour trois, il y a
» pour quatre.
» — C'est ce que me disait mon père, lorsqu'il rognait la portion de
» mon déjeuner ; et chez nous, au contraire, quand on était quatre, il
» n'y avait que pour deux. C'est égal, dame Frimousset, vous
» êtes une brave femme, et quand Chérubin sortira de chez vous,
» vous fera un joli cadeau.
» — Ah ! ne parlez pas de ça, j'aimerais bien mieux pas de ca-
» deau et que mon fieu ne me quittât jamais.
» — Ah ! je conçois cela... pourtant nous ne pouvons pas le laisser
» jusqu'à trente ans en nourrice ; ce n'est pas l'usage. Je vais aller
» lui présenter mes devoirs en attendant l'arrivée de M. Géron-
» dif et lui annoncer qu'il faut qu'il devienne savant. »

Chérubin était assis au fond du jardin où se terminait un petit
verger. Là, des arbres que l'on ne taillait jamais étendaient en liberté
leurs branches chargées de fruits, comme pour apprendre à l'homme
que la nature n'a pas besoin de ses secours pour croître et produire.
Le fils du marquis de Grandvilain avait des traits agréables et réguliers ; ses grands yeux bleus étaient surtout d'une extrême beauté
et par leur expression douce et langoureuse semblaient plutôt
appartenir à une femme qu'à un homme, de longs cils bruns om-
brageaient ces charmants yeux-là, qui selon toute apparence devaient réaliser les prédictions de Jasmin faire un jour bien des
conquêtes. Le reste de la figure était bien, si ce n'est que le teint
du petit Chérubin était aussi blanc que celui d'une jeune fille ;
le séjour à la campagne n'avait point bruni le jeune marquis,
parce que Nicolle, qui avait toujours eu les plus grands soins

de son nourrisson, ne le laissait jamais exposé au soleil, et que le petit garçon, qui n'était point occupé aux durs travaux des champs, avait toujours le loisir de rechercher l'ombrage et la fraîcheur.

La petite Louise, qui avait alors neuf ans, avait une de ces jolies têtes tour à tour gaies et mélancoliques que les peintres sont heureux de copier, lorsqu'ils veulent nous représenter une jeune fille de la Suisse ou des environs du lac de Genève. C'était une délicieuse figure dans le goût des vierges de Raphaël, où il y avait pourtant aussi de la mélancolie et de la grâce française. Louise avait les yeux et les cheveux d'un noir de jais, mais des cils fort longs tempéraient leur éclat et leur donnaient quelque chose de velouté qui avait un charme indéfinissable; un front haut et fier, une bouche fort petite, des dents blanches et enchâssées comme des perles, achevaient de faire de cette enfant une des plus jolies petites filles qu'il fût possible de rencontrer; enfin, lorsque Louise riait, deux petites fossettes qui se formaient dans ses joues donnaient encore un nouveau charme à toute sa personne, et la jeune fille riait souvent, car elle n'avait que neuf ans; Nicolle la traitait comme son enfant, Chérubin comme sa sœur, et elle ne se doutait pas encore qu'elle avait été abandonnée par sa mère.

Lorsque Jasmin dirigea ses pas vers le verger, Chérubin et Louise étaient en train de manger des prunes. La petite fille en cueillait et en jetait à son compagnon, qui était assis au pied d'un arbre chargé de fruits, à tel point que ses branches semblaient prêtes à se casser sous le poids qu'elles portaient.

Jasmin ôte son chapeau et salue humblement son jeune maître, mettant à sa tête presque entièrement chauve, quoique les cheveux qui restaient encore au-dessus de ses oreilles fussent rassemblés et collés avec beaucoup de soin sur le devant du front, ce qui de loin donnait au vieux domestique l'air de s'être noué un bandeau autour de la tête.

« — Je présente mes hommages à monsieur le marquis, » dit Jasmin.

Au même instant la petite fille secoue une branche de prunier qui s'étendait au-dessus de la tête du valet de chambre, et une pluie de prunes arrose le chef de Jasmin.

Alors de grands éclats de rire partent de derrière l'arbre et Chérubin y mêle les siens; tandis que le vieux serviteur, qui pour tout au monde n'aurait pas gardé son chapeau sur sa tête en présence de son jeune maître, reçoit avec résignation la pluie de prunes qui tombe sur lui.

« La santé de mon jeune maître me paraît toujours florissante, » reprend Jasmin après avoir rejeté à terre quelques prunes qui s'étaient logées entre sa cravate et le collet de son habit.

« — Oui, oui, Jasmin, oui... Mais vois-tu comme elles sont belles... si bonnes avec cela. Manges-en donc, Jasmin, tu n'as qu'à te baisser » et en ramasser.

« — Monsieur est bien bon; mais les prunes... cela occasionne des » inconvénients... Je viens d'abord savoir si monsieur veut enfin retour- » ner à Paris avec moi... son hôtel est toujours disposé pour le rece- » voir, et... »

Jasmin ne peut achever sa phrase parce qu'une nouvelle pluie de prunes lui tombe sur la tête. Cette fois il regarde avec humeur autour de lui, mais l'espiègle petite fille s'était vivement cachée derrière un arbre, et Chérubin s'écrie:

« — Eh! non, Jasmin, non, je ne veux pas aller à Paris, je me trouve » si bien ici; je t'ai déjà dit que je m'ennuierais à Paris.... et je m'a- » muse tant chez ma bonne Nicolle..

« — Soit, monsieur le marquis, je ne veux pas vous contrarier sur » ce point; mais alors il s'agit de ne plus passer votre temps à jouer; » il faut étudier, monsieur le marquis, il faut devenir savant... c'est in- » dispensable, et... »

Une pluie de prunes plus forte que les deux autres coupe encore la parole à Jasmin, qui, sentant qu'il en a deux d'escarbouillées sur son bandeau de cheveux, se retourne avec colère, en s'écriant:

« — Oh! c'est trop fort, à la fin... on veut donc faire de la marme- » lade sur ma tête... Ah! c'est cette petite fille qui est encore des tours- » là... C'est joli, mademoiselle, je vous conseille de rire encore... Il y » a bien de quoi!... »

Louise est allée en riant se cacher derrière Chérubin, et celui-ci, tout en riant aussi de la mine que fait son vieux serviteur, lui dit:

« — C'est la faute, Jasmin, laisse-nous tranquilles... Nous man- » gions des prunes, nous nous amusions bien, Louise et moi; pour- » quoi viens-tu nous déranger... pour me dire un tas de choses!... » qu'il faut que je sois savant... que j'étudie!... je ne veux pas étu- » dier, moi!... va-t'en donc boire avec Jacquinot, va! va... Je n'ai » pas besoin de toi. »

Jasmin semble assez embarrassé; enfin il reprend:

« Je suis fâché de vous contrarier, monsieur le marquis, mais vous » voilà trop grand pour ne savoir ni lire ni écrire... il faut même que » vous sachiez une foule de choses... parce que vous êtes marquis et » que. Enfin un notaire de feu votre respectable père dit que vous de- » vez avoir des prix de latin et de grec... et il paraît que pour avoir » des prix il est d'usage d'étudier... Je viens de faire avertir le maître » d'écoles de ce village, M. Gérondif; il va venir, et c'est lui qui » vous instruira, car Nicolle m'a assuré que c'était un savant, quoi- » qu'il soit obligé d'aller faire cuire ses pommes de terre dans le four

Le front de Chérubin se rembrunit; le petit garçon fait une moue très-prononcée, en répondant:

« Je ne veux pas que le maître d'école vienne ici... je n'ai pas be- » soin d'être savant... Vous m'ennuyez, Jasmin, avec votre monsieur » Gérondif... »

Jasmin souffrait beaucoup de causer du chagrin à son jeune maître. Il ne savait plus que dire, que faire; il tournait et retournait son chapeau dans ses mains; il sentait qu'il fallait enfin forcer le jeune marquis à ne pas être un âne, mais il ne savait quel moyen employer pour cela, et dans ce moment une nouvelle pluie de prunes lui serait tombée sur la tête qu'elle ne l'aurait pas tiré de sa stupeur.

Mais Nicolle avait de loin suivi le vieux domestique; la nourrice avait compris que si Chérubin ne voulait rien apprendre chez elle, on serait obligé de le faire aller apprendre à Paris; craignant de perdre un enfant qu'elle aimait et qui depuis onze ans avait ramené l'abondance dans son ménage, Nicolle sentit qu'il fallait trouver un moyen pour faire consentir le petit garçon à prendre des leçons du maître d'école.

Les femmes, même celles de la campagne, devinent bien vite quel est notre côté vulnérable. Nicolle, qui, petit à petit, s'était avancée et se trouvait alors derrière Jasmin, qui ne bougeait plus et ne soufflait plus mot, fait encore quelques pas vers les enfants, puis prend Louise par le bras et s'écrie:

« Tenez, monsieur Jasmin, je vois bien ce qui est cause que Ché- » rubin ne veut pas travailler, c'est parce qu'il joue toute la journée » avec cette petite; c'est parce qu'il y tient trop aussi, moi, à ce que mon » fieu devienne un savant, j'allons emmener Louise chez une de nos » parentes à deux lieues d'ici; on y aura bon soin d'elle, et elle n'em- » pêchera plus Chérubin d'étudier. »

Nicolle n'a pas fini de parler que le petit garçon court à elle et, l'ar- rêtant par sa robe, s'écrie d'une voix touchante et avec des larmes dans ses yeux:

« Non!... non!... n'emmenez pas Louise... j'étudierai... j'appren- » drai tout ce qu'on voudra avec M. Gérondif... mais n'emmenez pas » Louise... oh! je vous en prie, ne l'emmenez pas! »

Le moyen de Nicolle avait réussi. Elle embrasse son nourrisson. Louise saute de joie en voyant qu'on ne l'emmènera point, et Jasmin en ferait autant si son âge lui enlaissait la faculté; mais il jette son chapeau en l'air en s'écriant:

« Vive M. le marquis de Grandvilain cadet!... ah! je savais bien, » moi, qu'il consentirait à devenir un savant! »

En ce moment Jacquinot paraît du côté de la maison, à l'entrée de l'ardi, et s'écrie:

V'là M. Gérondif que je viens d'apporter avec moi! »

VIII. — GÉRONDIF.

Le nouveau personnage qui venait d'arriver chez Nicolle était un homme d'une quarantaine d'années, d'une taille moyenne, plutôt gras que maigre, d'une figure commune, dans laquelle perçait le désir de se donner de l'importance et l'habitude de s'incliner servilement devant tous ceux qui par leur position ou leur fortune étaient au-dessus de lui.

M. Gérondif avait des cheveux bruns, épais, longs et gras, qui étaient taillés droits par devant, un peu au-dessus des sourcils, et qui, par derrière, cachaient le collet de son habit; sur les côtés ils étaient retenus par les oreilles, qui les maintenaient en respect. Le professeur avait des yeux gris, dont il était difficile de savoir la grandeur, parce qu'il les tenait continuellement baissés, même en vous parlant. Il avait une grande bouche, mais qui était parfaitement garnie par de très-belles dents, soit, pour montrer cette marque de son individu, soit pour donner une idée avantageuse de l'aménité de son caractère, le maître d'école souriait presque toujours en parlant, et il ne manquait pas alors d'ouvrir la bouche de manière à vous faire voir son râtelier tout entier.

Un nez beaucoup trop gros pour le reste de la figure et qui était presque toujours orné d'une quantité de petits boutons, nuisant infiniment à la physionomie du professeur, et l'habitude où celui-ci avait prise de le gratter ou de le bourrer de tabac donnait continuellement à cette proéminence un aspect rouge et noir tranchant, qui aurait eu même quelque chose de rébarbatif, si la voix douce et mielleuse de M. Gérondif n'eût adouci l'impression fâcheuse produite d'abord par son nez.

Le costume du maître d'école était sévère, car il avait la prétention d'être tout noir; l'habit, le pantalon et le gilet étaient en drap de cette couleur, mais le temps avait exercé de tels ravages sur tout cela, qu'il avait fallu souvent apposer des pièces sur chacune de ces parties du costume, soit, soit inadvertance de la part de celui qui avait fait cette réparation, soit que le drap noir fût plus rare que les autres dans le pays, on avait employé des morceaux bleus, verts, gris et même noisettes, pour mettre des pièces à l'habit, au pantalon et au gilet de M. Gérondif, ce qui lui donnait une certaine ressemblance avec un arlequin; joignez à cela des chaussons et des sabots pour chaussure et une tenue généralement fort sale, vous aurez une idée du personnage que l'on venait de quérir pour servir de professeur au jeune marquis de Grandvilain.

Quant à ce qu'il portait sur sa tête, nous n'en avons pas parlé par la raison que M. Gérondif ne mettait jamais de chapeau ni de casquette, et qu'on ne se rappelait même pas lui avoir vu aucune espèce de coiffure à la main. Lorsqu'il pleuvait, il avait un vieux parapluie qui ne possédait que trois baleines, mais sous lequel notre maître d'école mettait bravement sa tête, sans craindre que son riflard fit la tulipe, parce qu'il était divisé en plusieurs morceaux.

Le maître d'école, qui souffrait beaucoup de durillons et de cors aux pieds, était venu en s'appuyant fortement sur le bras de Jacquinot, ce qui était sans doute cause que le mari de Nicolle avait annoncé qu'il venait d'apporter M. Gérondif. En apprenant qu'on le demandait de la part du marquis de Grandvilain, le professeur ne s'était pas donné le temps de retirer ses pommes de terre du four de la boulangère, et il n'avait pas plus jugé nécessaire de se laver les mains, besogne qu'il ne faisait du reste que les dimanches et jours de fête.

Jasmin fait passer son jeune maître devant lui. Chérubin ne quitte pas la main de Louise, comme s'il eût craint encore qu'on ne voulût le séparer de sa compagne chérie. Le vieux valet de chambre les suit tenant toujours son chapeau à sa main. Nicolle marche après eux, et l'on va recevoir le professeur, qui s'était arrêté sur le seuil de la porte de la rue, très-embarrassé de savoir s'il ôterait ou s'il garderait ses sabots pour se présenter devant les personnes de distinction qui le faisaient demander ; enfin il se décide à se présenter en chaussons.

En apercevant la tête chauve de Jasmin, dont le costume aisé n'a rien qui annonce un domestique, M. Gérondif se précipite au-devant de lui, en souriant de la façon la plus capable de faire voir ses molaires et ses incisives, et le salue en disant :

« — A tout seigneur, tout honneur... » *Salutem vos...* Monsieur le marquis, je m'estime bien heureux d'être en ce moment devant vous... présentement. »

Pendant que M. Gérondif fait son compliment en s'inclinant jusqu'à terre, Jasmin, qui voit bien que le professeur se trompe et le prend pour le marquis, se hâte de faire passer son jeune maître à sa place, ce que Chérubin fait sans lâcher la main de Louise, de façon qu'en relevant le nez M. Gérondif se trouve avoir les deux enfants devant lui ; il croit s'être trompé et repousse assez incivilement le petit garçon et sa compagne pour courir se replacer devant Jasmin, qui est à un autre bout de la salle, en lui disant :

« — Excusez la méprise... *errare humanum est...* Je me rends à vos ordres, monsieur le marquis... je n'ai même pas pris le temps de terminer ma légère réfection... afin d'être vivement... prêt à vos commandements. »

Pendant que le maître d'école parle, Jasmin a encore quitté la place, pour aller se mettre derrière son maître, et M. Gérondif parait disposé à le traquer dans tous les coins de la chambre, lorsque Nicolle dit en riant :

« — Mais vous vous trompez, monsieur Gérondif ; le marquis, c'est mon fieu, mon nourrisson... ce joli garçon que v'là...

» — Et je ne suis que son très-humble serviteur, ancien valet de chambre de M. le marquis, son père, qui a daigné, en mourant, me charger de veiller sur son héritier ; » dit Jasmin en saluant Chérubin.

M. Gérondif prend fort bien la chose, il fait un nouveau sourire et court se placer devant Chérubin, en lui disant :

« — Je fais mes excuses *ut interim*, et cela ne m'empêche pas de me dire de nouveau le très-humble serviteur de M. le marquis ju-» nior.

» — Non pas Junior !... de Grandvilain, » dit Jasmin avec gravité.

« — L'un n'empêche pas l'autre, » répond M. Gérondif en souriant avec une certaine malignité... « permettez-moi de vous le dire, brave » *Eumée,* car vous me rappelez beaucoup ce vertueux et fidèle servi-
» teur d'Ulysse roi
» d'Ithaque... j'ignore
» cependant s'il était
» chauve aussi. Homère
» ne le dit pas, mais
» c'est probable... Je
» suis donc aux ordres
» de M. le marquis de
» Grandvilain, qui peut
» me dire présentement
» ce qu'il me veut in-
» continent. »

Les phrases du maître d'école, et les citations dont il assaisonne ses discours, produisent le meilleur effet sur Jasmin, qui, ainsi que la plupart des sots, trouvait fort beau ce qu'il ne comprenait pas ; il fait donc un signe de tête à la nourrice, en murmurant :

« C'est un savant !...
» un fort savant !... ça
» me... ça fera bien
» notre affaire. »

Quant à Chérubin qui n'est pas de l'avis de son vieux domestique, et qui trouve M. Gérondif très-ennuyeux, il lui répond sans hésiter :

« Je ne vous veux
» rien du tout, moi,
» c'est Jasmin qui a voulu
» lu absolument vous
» faire venir pour je ne
» vous me fassiez être
» dier... je ne sais
» quoi!... Je veux bien
» apprendre ; mais
» Louise restera à côté
» de moi pendant mes
» leçons. »

Après avoir dit cela Chérubin tourne brusquement le dos au maître d'école. Louise fait autant en riant beaucoup du nez de M. Gérondif, et les deux enfants quittent la salle en courant pour retourner manger des prunes au jardin.

On juge convenable de les laisser aller, et Jasmin s'approche de M. Gérondif, auquel il demande d'un air respectueux, s'il peut venir donner des leçons à son jeune maître, qui n'a encore rien pris et dont il est temps de s'occuper si l'on veut qu'il soit instruit.

M. Gérondif reçoit avec joie cette proposition, il serre la main à Jasmin, en lui disant :

« — Fiez-vous à moi, nous réparerons le temps perdu. Je ferai » vailler le jeune marquis comme un cheval.

» — Oh ! non, » s'écrie le vieux domestique, « mon jeune maître » délicat, il n'est pas habitué à étudier, vous le rendriez malade » faudra aller doucement au contraire.

» — Cela va sans dire ! » reprend Gérondif en se grattant le « Quand je dis comme un cheval, je me sers d'une figure... » métaphore si vous aimez mieux ; nous irons *piano et sano,* » *rem !* J'apprendrai à M. le marquis outre l'écriture et les mathé-

« Ça, le père de Chérubin?... allons donc! pas possible!... — Page 12.

» tiques, sa langue à fond, de manière à ce qu'il puisse la parler comme
» moi, je veux dire avec élégance... de plus le latin, le grec, l'italien,
» la philosophie, l'histoire, tant ancienne que nouvelle ; la mythologie,
» la rhétorique, l'art de la versification... la géographie, l'astronomie,
» un peu de physique et de chimie, de minéralogie... de...

» — Oh! assez, monsieur le professeur!... assez » s'écrie Jasmin
qui est étourdi de tout ce qu'il entend et dans l'admiration du savoir
de M. Gérondif. « Quand mon jeune maître saura tout cela, il sera
» bien assez savant.

» — Si vous désirez encore autre chose, vous n'aurez qu'à parler...
» j'ose dire que pour le
» savoir je suis un puits...
» un véritable puits... à
» cinq ans j'avais un prix
» de mémoire, et à sept
» ans j'avais trois cou-
» ronnes sur la tête... en
» chêne... comme les
» Druides, anciens prê-
» tres gaulois qui véné-
» raient Teutatès et Mer-
» cure et le gui, plante
» parasite, qui selon eux,
» guérissait tous les
» maux. Je ne suis pas
» de leur avis, j'ai des
» cors dont je souffre
» beaucoup, j'ai mis du
» gui dessus, et ils me
» font encore plus mal.»

Jasmin n'osait pas res-
pirer pendant que M. Gé-
rondif parlait, la nour-
rice et son mari parta-
geaient son admiration,
et le maître d'école, sa-
tisfait de l'effet qu'il pro-
duisait, s'écoutait lui-
même parler avec beau-
coup de complaisance,
lorsque le vieux domes-
tique l'interrompt pour
dire :

« Mille pardons, mon-
» sieur, si je me permets
» de glisser un mot, mais
» il me semble néces-
» saire de bien arrêter
» nos conventions : pour
» enseigner tant de cho-
» ses à mon jeune maî-
» tre, combien lui pren-
» drez-vous par mois ;
» bien entendu que vous
» viendrez tous les jours
» excepté le dimanche?»

M. Gérondif réflé-
chit quelques moments
et répond enfin d'un air
craintif :

« — Pour inculquer à
» monsieur de Grandvi-
» lain le plus de science
» qu'il me sera possible,
» il me semble qu'en
» vous demandant quinze
» francs par mois... je...

« — Quinze francs ! »
s'écrie Jasmin d'un air
révolté. « Quinze francs
» pour tout cela... mais vous plaisantez sans doute, monsieur? »
Monsieur Gérondif ne sourit plus, il baisse les yeux en murmurant :

« — Alors... si vous trouvez que ce soit trop, nous réduirons la
» somme, je...

» — Trouver que c'est trop! » reprend Jasmin, « oh! c'est qu'au con-
» traire, monsieur, je trouve que ce n'est pas assez!... Grâce au ciel,
» mon jeune maître est riche, il a le moyen de payer ceux qui lui
» donnent des leçons. Comment! moi, son valet de chambre, je gagne-
» rais six cents francs de gage tout étant logé, nourri, chauffé... tan-
» dis qu'un homme aussi savant que vous, et qui va enseigner tant de
» belles choses à mon maître recevrait moins... Oh! non pas!... je
» vous offre cent cinquante francs par mois, monsieur, et je trouve
» que ce n'est pas trop pour tout ce que vous savez.

» — Cent cinquante francs... par mois!... » s'écrie M. Gérondif
dont les traits expriment une ivresse indicible. « Cent cinquante

L. DEGNOUY

F. BARRIAS

M. G...if.

» francs... je les accepte, monsieur Jasmin... je les accepte avec re-
» connaissance... et je m'en rendrai digne... je passerai presque
» toute ma journée avec mon élève... ma classe ne me génera pas...
» j'ai un sous-maître, d'ailleurs, auquel je donne trois francs par mois...
» je l'augmenterai si c'est nécessaire, et au besoin je quitterai ma
» classe pour me consacrer entièrement à l'enfant intéressant que
» vous me confiez. »

Et le professeur court prendre les mains de Jasmin qu'il presse avec
effusion ; puis il va prendre celles de Jacquinot, puis celles de Nicolle,
et ensuite, ne trouvant plus de mains à serrer, il se met à frapper les
siennes l'une contre l'au-
tre en s'écriant :

« Hosanna! hosan-
» na!... applaudite, ci-
» ves!... »

Et Jasmin dit tout bas
à Jacquinot :

« Je crois que M. Gé-
» rondif dit : apportez
» du civet.

» — Nous n'avons pas
» de civet, » répond Jac-
» quinot, « mais j'avons
» de notre petit vin à
» boire, et M. le maître
» d'école trinquera ben
» avec nous. »

Nicolle a apporté du
vin, des verres. M. Gé-
rondif accepte volontiers
à boire, mais il demande
à la paysanne une croûte
de pain, parce que
n'ayant pas eu le temps
de faire cuire ses pommes
de terre, il se sent l'estomac creux. Nicolle va
chercher ce qu'elle a de
provisions et les place
sur une table; alors
M. Gérondif commence
par se couper un énorme
morceau de pain et atta-
que un plat de bœuf et
de haricots avec une vi-
vacité qui a quelque
chose d'effrayant.

Tout en mangeant, le
maître d'école trouve ce-
pendant le temps de
causer; il dit à Jasmin :

« Nous avons parlé
» de science, mais il y a
» un autre article dont
» nous n'avons pas en-
» core parlé... c'est celui
» de Gérondif. De ce côté
» vous pouvez aussi vous
» reposer sur moi. Je
» suis extrêmement sé-
» vère sur ce point, car
» les mœurs, voyez-vous,
» monsieur Jasmin, c'est
» le frein de la société.
» J'ose dire que les
» miennes sont irrépro-
» chables! Je veux qu'il
» en soit de même de
» mon élève.

» — Oh! quant à ce-
» la! » dit le vieux domestique en souriant, « il me semble qu'à l'âge
» de mon jeune maître on n'a encore rien à craindre... plus tard!...
» dame!... écoutez donc, un jeune homme ce n'est pas une demoi-
» selle !...

» — C'est bien pis, monsieur Jasmin, oh! c'est plus dangereux!
» parce que le jeune homme étant plus libre peut faire plus de fautes...
» mais je lui inculquerai des principes qui le maintiendront... je serai
» le Mentor de cet autre Télémaque!... Mais pardon; je fais une ré-
» flexion, pour commencer les études de monsieur le marquis, il me faut
» acheter des livres élémentaires... des grammaires... des diction-
» naires... ceux de ma classe sont usés... je ne me crois pas assez en
» fonds en ce moment pour faire ces achats... si monsieur Jasmin pou-
» vait m'avancer un mois d'avance, alors...

» — Très-volontiers, monsieur Gérondif, j'apporte toujours de l'ar-
» gent quand je viens ici, dans le cas où mon maître m'en demande-

» rait. Tenez, voici cent vingt francs en or et trente francs en pièces
» de cent sous. »

Le maître d'école regarde d'un œil avide la somme que l'on vient de
lui compter. Il la prend, la compte et la recompte plusieurs fois; il la
met dans sa poche, la retire pour la compter de nouveau ! il ne peut
se lasser de manier cet or et cet argent. Jamais encore il ne s'était vu
à la tête d'une pareille somme. On lui parle, il n'entend pas, il ne
répond pas, mais il fait sonner ses pièces d'or et ses écus de cinq francs,
et après avoir enfin remis la somme dans une poche de son pantalon,
il y met sa main qu'il laisse continuellement dessus.

Cependant la soirée étant avancée, Jasmin, après avoir pris congé
de son maître et reçu encore de lui la promesse qu'il étudiera, remonte
ans le cabriolet qui l'a amené et retourne à Paris, très-content d'avoir
trouvé le moyen de faire un savant de Chérubin.

Quant à M. Gérondif, après avoir salué son futur élève en lui annonçant qu'il viendrait le lendemain, il sort de chez la nourrice et s'en
retourne chez lui, sans avoir ôté de sa poche sa main qui tâte continuellement la somme qui est dedans.

IX. — UNE COALITION.

Nous passerons rapidement sur les années qui suivirent celle où
M. Gérondif était devenu le précepteur du jeune marquis; Chérubin avait tenu sa promesse, il avait consenti à étudier; mais il
avait exigé que Louise fût présente pendant qu'il prenait ses leçons:
d'abord M. Gérondif avait voulu faire retirer la petite fille; mais Chérubin avait crié, pleuré et refusé alors d'écouter son précepteur; il
avait donc fallu lui céder. Petit à petit, la présence de Louise avait
paru sans doute moins importune à M. Gérondif, car lorsqu'elle n'était
pas là quand il arrivait, il était le premier à la faire chercher.

C'est que Louise grandissait aussi et qu'elle embellissait encore. A
treize ans, elle paraissait en avoir quinze; elle était svelte, bien faite,
remplie de grâce. Non pas de cette grâce étudiée, affectée, que tant
de demoiselles se donnent à Paris, en croyant qu'on prendra cela pour
du naturel, mais de cette grâce naïve, simple, que l'on reconnaît tout
de suite et que l'on essaie en vain d'imiter.

M. Gérondif n'était point un vrai savant; mais il aurait pu passer
pour tel aux yeux de bien des gens. Il avait essayé de tout, ayant voulu dans sa jeunesse tenter une foule de professions et ne se fixant à
aucune; ayant eu le désir d'être médecin, pharmacien, chimiste, astro-
nome, géomètre, commerçant et même poète, après s'être fourré dans
la tête les premières notions de diverses connaissances, ne réussissant
à rien, il avait fini par se faire maître d'école. Celui qui sait à fond
une science a bien plus de mérite que celui qui bavarde sur toutes; et
cependant, dans le monde, c'est souvent au bavard que l'on donnera la
préférence.

A quinze ans, Chérubin savait un peu de beaucoup de choses; pour
le village, pour les Frimousset, le jeune homme était un phénomène
qui avait appris avec une facilité extraordinaire. Quant à Jasmin, émerveillé lorsqu'il entendait dire un mot en latin, ou
citer quelque chose de l'histoire et de la mythologie, il s'inclinait devant M. Gérondif, en s'écriant:

« Il est aussi savant que vous !... et ce n'est pas peu dire. »

M. Gérondif se rengorgeait, car il s'était acheté un costume entièrement neuf; il ne ressemblait plus à un arlequin, et on le rencontrait
maintenant avec un chapeau et un véritable parapluie.

Cependant avec l'aisance était venue l'ambition; c'est l'usage.
Quand on n'a rien, on s'habitue à ne former aucun vœu, il ne point
regarder au-dessus de soi, on reste dans sa coquille et l'on tâche de
s'y trouver toujours heureux: on y parvient même quelquefois. Quand
on devient à son aise, on se donne une foule de petites douceurs dont
on était privé, mais cela ne contente plus; chaque jour on en veut
d'autres; on forme mille nouveaux désirs, enfin on devient ambitieux,
et l'on est souvent moins satisfait que lorsque l'on ne possédait rien.

Telle était, à peu près, l'histoire de M. Gérondif; lorsqu'il n'avait
pour vivre que le faible produit de sa classe, il portait des sabots, se
passait de chapeau et même de casquette, dînait fort souvent rien
qu'avec des pommes de terre cuites au four, et cependant paraissait
assez heureux de sa situation.

Depuis qu'il est devenu professeur du jeune Grandvilain et qu'il
gagne dix-huit cents francs par an, somme qu'il est assez difficile de
dépenser dans le village de Gagny, le professeur a formé de nouveaux
désirs et il a surtout l'espérance de ne point rester continuellement
dans un village où l'on ne peut pas même trouver à dépenser son argent, ce qui est fort ennuyeux pour quelqu'un qui n'a pas l'habitude
d'en avoir.

M. Gérondif a eu le talent de gagner la confiance de son élève et de
lui inspirer même de l'amitié, car Chérubin a le cœur facile à gagner;
il vole au-devant de tous ceux qui lui témoignent de l'attachement.
Tout en recommandant chaque jour au jeune homme la sagesse et les
bonnes mœurs, M. Gérondif, qui voit très-bien, quoiqu'il regarde
constamment en dessous, s'est aperçu que Louise grandissait, se formait et devenait charmante, et plus d'une fois, en regardant la jolie
enfant, il s'est écrié:

« — Les beaux yeux! Quel délicieux ovale... quel menton correct! »

Puis, soit pour s'assurer si en effet le menton de Louise était bien
correct, soit pour tout autre motif, le professeur passait alors sa main
sur les contours du visage de la jeune fille, quelquefois même il allait
jusqu'à lui pincer légèrement la joue, ce qui n'amusait pas du tout
Louise, tandis qu'au contraire Chérubin était bien aise d'entendre une
parole flatteuse adressée à sa fidèle compagne.

L'adolescent disait alors:

« — N'est-ce pas, mon cher maître, que Louise est bien gentille? »

M. Gérondif s'empressait de reprendre son air doucereux et répondait, en baissant les yeux:

« Oui, cette petite a le type de Guei ans toute sa pureté; elle
» me fait l'effet d'une madone. »

Et Chérubin sourit encore en regardant Louise; et M. Gérondif qui
pense à tout autre chose qu'à des madones, se dit en lui-même:

« — Cette petite deviendra ravissante !... Mais si mon élève reste
» encore quelque temps près d'elle... hum!... la chair est faible... le
» démon est bien fort... surtout quand il prend la figure d'une jolie
» fille... Je ne suis pas constamment là... Jacquinot est presque tou-
» jours soûl; la mère Nicolle laisse ces adolescents courir seuls en-
» semble dans les champs... chercher des bluets dans les blés... se
» rouler sur l'herbe !... toutes choses extrêmement dangereuses... Il
» faut absolument que je mette ordre à cela. Le meilleur moyen se-
» rait de faire retourner mon élève à Paris. Je l'y suivrais, il n'y a pas
» le moindre doute, parce que son éducation n'est point assez parfaite
» pour qu'il se passe déjà de professeur... J'aurai soin qu'il en ait be-
» soin fort longtemps... qu'il en ait besoin toujours, si c'est possible.
» Je demeurerai à Paris dans l'hôtel de mon élève... Ce sera infini-
» ment plus agréable que de vivre dans ce village. Et puis, de loin, je
» veillerai toujours sur la petite Louise... Je la protégerai... Je la pous-
» serai. Quant à Chérubin, après quelques mois de séjour à Paris, il
» aura bien vite oublié sa petite compagne des champs. Tout ceci est
» raisonné avec la sagesse de Caton, il ne s'agit que d'en venir à l'exé-
» cution. »

Et pour arriver à ses fins, depuis quelque temps, tout en donnant
ses leçons à Chérubin, M. Gérondif ne manquait pas de parler de
Paris; il faisait de cette ville un tableau séduisant, enchanteur; il
vantait ses théâtres, ses promenades, ses monuments et les plaisirs
sans nombre que l'on y rencontre à chaque pas.

Le jeune Chérubin commençait à prêter l'oreille à ces discours.
L'idée d'aller à Paris l'effrayait moins; et son professeur lui disait
alors:

« — Venez au moins faire un tour dans la capitale, venez voir votre
» hôtel, la maison de votre père. Tout cela est si près d'ici... nous re-
» viendrons incontinent. »

Mais Louise pleurait lorsqu'elle voyait Chérubin sur le point de consentir à se rendre à Paris. Elle prenait la main de son ami d'enfance,
en s'écriant:

« Si vous allez à Paris, je suis bien sûre que vous ne reviendrez
» plus ici... que vous oublierez Gagny et ceux qui l'habitent. »

Nicolle en disait autant, en embrassant tendrement celui qu'elle
avait nourri, et Chérubin s'écriait aussitôt:

« Non, non... je n'irai pas, puisque cela vous fait de la peine, je
» suis heureux ici... j'y resterai toujours. »

M. Gérondif se mordait les lèvres, tout en essayant de sourire, et,
dans le fond du cœur, il envoyait au diable les nourrices et les amies
d'enfance.

Quant à Jasmin, lorsque le professeur lui reprochait de ne
point le seconder, de ne point engager aussi son jeune maître
à aller à Paris, il répondait avec cet air bonasse qui lui était ha-
bituel:

« — Que voulez-vous que j'y fasse? Maintenant que M. le marquis a
» passé ses quinze années, il est son maître... il peut faire tout ce
» qu'il veut... il peut même disposer de toute sa fortune... de ses trente
» mille francs de rente. Mais si c'est son idée de rester chez sa nour-
» rice, je n'ai pas le droit de m'y opposer.

» — Quand on a une si jolie fortune, cela n'a pas le sens commun
» de passer ses plus belles années en nourrice, » s'écriait le profes-
» seur; « et alors à quoi sert à mon élève de devenir savant, d'appren-
» dre tant de belles choses, s'il continue à vivre dans le droit des paysans !
» Monsieur Jasmin, l'histoire ne nous offre pas d'exemple d'hommes
» remarquables qui soient restés en nourrice jusqu'à quinze ans. C'est
» fort bien d'aimer celle qui nous a donné son lait, mais... est me-
» dius in rebus!

» — Monsieur le professeur, je ne sais pas deviner le rébus... mais
» je suis très humble valet de mon maître, et je n'ai pas d'ordre à
» lui donner. »

A Paris, Jasmin avait aussi, au sujet de son jeune maître, des dis-
cussions fréquentes avec Mlle Turlurette. La ci-devant femme de
chambre était devenue femme de charge; elle avait pris tellement
d'embonpoint, quoique n'ayant pas encore atteint la quarantaine, que
ce n'était plus qu'avec difficulté qu'elle passait d'une chambre dans une
autre; cet état d'obésité la clouait dans son fauteuil et l'avait empê-
chée d'aller voir son jeune maître à Gagny, et du reste, Jasmin se so-
rait peu soucié de l'emmener avec lui, parce qu'il craignait toujours

que Mme Turlurette ne lui enlevât une partie de son autorité, chose sur laquelle il n'entendait pas raison. La grosse femme de charge demandait tous les jours au vieux domestique pourquoi leur jeune maître ne quittait pas sa nourrice; quelquefois des querelles assez vives s'élevaient à ce sujet, mais Jasmin y mettait toujours fin, en disant d'un air hargneux :

« —Mademoiselle, après tout, c'est à moi que feu M. le marquis de Grandvilain a laissé le soin de veiller sur son fils; j'ai même le droit de vous mettre à la porte de l'hôtel si cela me convient; ayez donc la bonté de ne laisser diriger, comme je l'entends, le jeune Chérubin. »

Alors Turlurette se taisait, quoiqu'elle sût bien que Jasmin n'était point capable de la renvoyer; mais elle murmurait entre ses dents :

« — Un nourrisson de seize ans!... c'est drôle! Je voudrais bien savoir s'il tette toujours, le petit! »

Les choses en étaient là, lorsqu'un matin un domestique entre dans l'hôtel de Grandvilain, demande Jasmin et lui dit que le notaire de M. le marquis doit passer chez lui dans la journée, parce qu'il est urgent qu'il lui parle.

Le vieux valet de chambre se demande ce que le notaire peut avoir à lui dire, puis il se rappelle que son maître a depuis longtemps passé ses quinze ans, et que c'était l'époque où son père voulait qu'il fût mis en possession de sa fortune. Tout cela inquiète Jasmin, qui se dit :

« Trente mille francs de revenu... sans compter que l'héritage a dû s'augmenter de toutes les économies que j'ai faites depuis quatorze » ans... Le fait est qu'il serait fâcheux de manger cela chez son père » nourricier... Mais cependant si M. Chérubin veut rester chez Nicolle, » je ne puis pas le violenter pour le ramener à Paris, car après tout » il est son maître. »

Jasmin se décide à se rendre aux désirs du notaire. Il met son plus bel habit, fait sortir un bout de jabot de dessous son gilet, se chausse avec des souliers à boucles, quoique depuis longtemps on n'en porte plus, et dans cette tenue, digne d'un valet de confiance d'une grande maison, il se rend chez M. d'Hurbain, c'est le nom du notaire.

Au moment où Jasmin se présente à l'étude, le notaire n'est pas seul dans son cabinet, deux personnes y sont avec lui.

L'un de ces deux personnages, que l'on nomme Edouard de Monfréville, est un homme qui peut avoir de trente-sept ans, mais qui a encore la tournure, les manières et toute l'élégance d'un jeune homme. Il est grand, bien fait, aussi mince que s'il n'avait que vingt ans, et porte avec beaucoup de grâce une toilette de petit-maître. Sa figure est belle et agréable à la fois, ses traits sont réguliers, et ses cheveux bruns d'une finesse et d'un brillant que les dames pourraient envier; seulement dans ses grands yeux, qui sont noirs et perçants, on lit parfois une expression de raillerie qui s'accorde parfaitement avec le léger sourire que sa bouche laisse échapper; puis sur son front, fatigué comme son visage, il y a des lignes qui indiquent que l'ennui et la tristesse ont aussi passé par là.

L'autre personnage est un homme de vingt-huit ans; blond fade, blanc de peau, ayant des yeux bleu clair, un nez dont les narines sont très-ouvertes, et une grande bouche avec de grosses lèvres. Cet ensemble de traits ne fait pas précisément un joli garçon; mais il y a dans la physionomie de ce monsieur une succession continuelle d'expressions qui l'animent singulièrement : c'est à la fois un composé de gaieté, de moquerie, de finesse, de libertinage, d'insouciance et de ruse; tout cela est accompagné de manières extrêmement distinguées, et quoique la toilette de ce personnage soit loin d'approcher de l'élégance qu'on admire chez M. de Monfréville, et que même certaines parties de sa toilette soient trop négligées, il porte avec tant d'aisance son habit taché et fripé en plusieurs endroits, il tient si bien son col dans sa cravate toute fanée, qu'il est impossible de ne point reconnaître en lui un homme bien né.

Ce dernier personnage est le comte Virgile Daréna.

Lorsqu'un clerc se présente dans le cabinet et annonce que le vieux Jasmin se rend à l'invitation qu'il a reçue, Daréna part d'un éclat de rire en disant :

« Jasmin!... qui diable peut donc s'appeler Jasmin?... Comment, » mon cher notaire, vous avez des clients qui se nomment Jasmin?... » mais c'est un valet de comédie, ça!

» — Non, monsieur Daréna, » répond le notaire en souriant; » celui-ci est un valet de fort bonne maison... c'est un de ces types de » vieux serviteurs comme il y en avait autrefois, et dont malheureuse-» ment la race s'éteint de nos jours.

» — Ah! ça doit être plaisant, un vieux groom!... n'est-ce pas, » Monfréville? »

Celui à qui s'adresse cette question sourit à peine en répondant :

« — Je ne vois pas ce qu'il y a de drôle dans tout cela!...

» — Oh! mais ne vous déride, vous!... quoi! vous êtes dans » vos jours d'humour, comme disent les Anglais... Eh bien! voyons, » m'achetez-vous ma petite maison du faubourg Saint-Antoine?... je » vous la donne pour trente mille francs...

» — Non... je rougirais d'accepter un pareil marché... votre maison » vaut près sa double, et je ne voudrais pas profiter de ce que vous » avez besoin d'argent pour vous l'acheter à vil prix.

» — Eh! mon Dieu! il ne s'agit pas de tout ça!... Si le marché me » convient comme cela, pourquoi ne voulez-vous pas en profiter?... Je » vous fais la proposition par devant notaire... il me semble que votre » conscience doit être tranquille... Cette maison me déplaît.., c'est » habité par des porteurs d'eau, des Savoyards, oh! tout ce qu'il y a » de plus populace! Que diable voulez-vous que j'aille faire là?... Ils » déménagent sans payer, ou bien ils restent et ne payent pas davan-» tage; ils disent des injures quand on va leur demander de l'argent, » ou ils vous offrent de vous rosser!... C'est charmant des locataires » comme cela!

» — Mais on a un principal locataire qui se charge de tous ces dé-» tails.

» — Non, non, je vous dis que je veux vendre, ce sera plus vite » fini... tout cela m'ennuie trop! Et puis, autre inconvénient : si j'ai » parmi mes locataires quelques jolies grisettes, quelques minois aga-» çants... vous comprenez bien que je leur donne sur quittance après » avoir palpé, non pas leurs espèces, mais tout autre chose..... D'hon-» neur, je ne puis pas être propriétaire, moi, j'ai le cœur trop sen-» sible!

» — Vous vous arrangez bien de façon à ne plus l'être! » dit le notaire en secouant la tête. « Vous n'êtes pas raisonnable, monsieur » Daréna!... et cependant, il y a six ans, votre père vous avait laissé » une jolie fortune!

» — Dont il ne me reste plus que la petite maison que je veux » vendre! » reprend Daréna en riant. « Eh bien! c'est le sort de toutes » les fortunes... ça s'en va... mais on en refait une autre!... je ne » suis jamais inquiet, moi! Enfin, Monfréville ne veut pas de ma » maison, M. d'Hurbain me la fera vendre. Mais recevez donc votre » vieux Jasmin, je suis curieux de voir cette croûte-là !...

» — Chez qui ce modèle des serviteurs? » demande Monfréville.

« — Il était attaché à M. le marquis de Grandvilain, qui est mort » il y a dix ou onze ans.

» — Le marquis de Grandvilain! » s'écrie Daréna en se jetant dans » un fauteuil et riant aux larmes. « Ils ont des noms délicieux, ça doit » faire une jolie lignée!

» — Grandvilain! » murmure Monfréville, « mais j'ai connu ce vieux » marquis; mon père était de ses amis... il m'a parlé souvent d'une » fête, d'un feu d'artifice donné pour la naissance d'un fils... d'une » léchefrite qui sauta en l'air... de couvercles de casseroles qui bles-» sèrent plusieurs personnes.

« — Allons! allons! ce n'est pas possible!... voilà Monfréville qui » se fiche de nous! » dit Daréna en s'étendant dans le fauteuil.

« — Tout cela est vrai, reprend le notaire, ce que dit M. de » Monfréville est réellement arrivé. Mais le marquis de Grandvilain » est mort, ainsi que sa femme; il ne reste de toute cette famille qu'un » fils qui a seize ans et demi maintenant, et qui jouit déjà de plus de » trente mille francs de rente, c'est-à-dire qu'il gère sa fortune. Mais son » père, par une bizarrerie... une folie inconcevable, a voulu qu'à » quinze ans son fils pût disposer de son bien, et ne lui a laissé pour » mentor que le vieux Jasmin, son valet de chambre. »

Daréna se redresse dans son fauteuil et fait une singulière figure, en s'écriant :

« — Trente mille francs de rente à quinze ans!... voilà qui mérite » considération...

» — Ce pauvre vieux marquis était donc fou? dit Monfréville.

» — Non, mais il avait eu cet enfant étant déjà fort âgé, et il désirait » qu'il fût son maître de bonne heure.

» — Pardieu! je ne trouve pas ça si bête! dit Daréna. D'ailleurs » pourquoi ne serait-on pas raisonnable à quinze ans puisqu'on l'est » si peu à soixante! Et comment l'héritier mène-t-il sa fortune... Il la » mange sans doute en pralines, en marrons glacés?

» — Grâce au ciel, il n'est encore, à ce que je pense, occupé qu'à » faire sa rhétorique et ses humanités. Au reste, c'est pour avoir de » ses nouvelles que j'ai fait demander le fidèle Jasmin; si vous per-» mettez, on va leur dire d'entrer...

» — Nous vous en prions même. Je suis pour mon compte fort cu-» rieux de savoir comment se comporte le petit Grandvilain... Eh! » oh !... quel fichu nom! c'est égal, il changerais bien avec lui main » tenant, s'il me laissait aussi les écus de son père! Et vous, Monfré-» ville?... Oh! mais, vous êtes philosophe!... ou d'ailleurs vous êtes » riche .. ce qui rend la philosophie très-facile! »

L'arrivée de Jasmin met fin à cette conversation; le vieux serviteur salue profondément toute la compagnie, puis dit au notaire :

« — Monsieur a quelque chose à me demander?

» — Oui, mon cher Jasmin, je veux d'abord savoir des nouvelles » de notre jeune maître.

» — Il se porte très-bien, monsieur, oh! il jouit d'une bonne santé » c'est un fort joli garçon.

» — C'est bien, et les études?

» — Dame, monsieur, d'après ce que j'entends dire, il paraît qu'il » est très-savant.

» — Savez-vous, Jasmin, que votre jeune maître a eu seize ans il y » a plus de six mois?

» — Oh! oui, monsieur, je le sais bien.

» — A-t-il connaissance du testament de son père?

» — Mais... oui, monsieur.

» — Je pense qu'il est trop raisonnable pour songer déjà à entrer en possession de sa fortune; mais malgré cela, il est de mon devoir d'aller lui rendre compte de l'emploi que j'en ai fait, et de lui demander si c'est son intention que je continue à la gérer. D'ailleurs il y a longtemps que je désire voir le jeune marquis, je ne veux point retarder davantage. A quel collège est-il? »

Jasmin fait de gros yeux effarés et regarde du côté de la porte.

» — Est-ce que vous ne m'entendez pas? » reprend le notaire... « Je vous demande à quel collège je dois aller demander M. Chérubin de Grandvillain. »

» — Le valet modèle me fait l'effet d'être sourd, » dit Daréna en riant de la figure de Jasmin, tandis que M. de Monfréville, qui examine avec attention le vieux domestique, s'approche de lui et le regardant fixement lui dit d'un ton moitié grave, moitié railleur :

» — Est-ce que vous ne savez pas ce que vous avez fait de votre jeune maître? »

» — Si monsieur, si! » répond Jasmin, « M. le marquis est à Gagny.

» — A Gagny?.. est-ce qu'il y a un collège là? » demande le notaire.

» — Gagny!... près de Villemomble!... oh! je connais ça, » dit Daréna, c'est un petit village... quelques propriétés assez belles aux environs... mais pas un traiteur dans tout le pays... j'y étais allé avec deux petites femmes de l'Opéra... nous n'avons pas pu y obtenir même une gibelotte... le plat de fondation à la campagne. Mais il n'y a jamais eu de collège à Gagny... je n'y connais même pas de pensionnat.

» — Voyons, monsieur Jasmin, » reprend le notaire d'un ton sévère, « chez qui donc le jeune Grandvilain fait-il ses études à Gagny? »

Le vieux domestique prend son parti, et répond d'un air presque fier:

» — Chez sa nourrice, monsieur. »

A ces mots, le notaire reste stupéfait, Monfréville se met à rire, et Daréna se roule dans son fauteuil.

» — Chez sa nourrice! » reprend enfin le notaire. « Est-il bien possible, Jasmin! le jeune marquis serait encore chez sa nourrice, à seize ans et demi!

» — Oui, monsieur; mais soyez tranquille, il n'en est pas moins savant, je lui ai donné un professeur... le maître d'école de l'endroit, M. Gérondif, qui lui montre tout ce qu'il est possible de montrer. »

Daréna part d'un nouvel éclat de rire, en entendant prononcer le nom du professeur, et s'écrie:

» — Faire son éducation en nourrice!... Voilà qui est ravissant... c'est une nouvelle méthode... Ça prendra peut-être... J'ai envie de retourner en nourrice, moi.

» — Monsieur Jasmin, » reprend le notaire, je ne conçois pas que vous ayez laissé jusqu'à présent le fils de votre maître avec des paysans... Je vous trouve très-blâmable... Vous auriez au moins dû me consulter. »

Le vieux serviteur, qui est très-vexé, se met à crier de toutes ses forces.

« — Monsieur, je suis le domestique de mon maître! Je ne suis pas fait pour le contrarier et lui faire violence, et ce n'est pas ma faute si M. Chérubin ne veut pas quitter sa nourrice Nicolle... et sa petite sœur de lait!

» — Ah! s'il y a une petite sœur de lait! je commence à comprendre la ténacité du jeune homme, » dit Daréna; « et quel âge a-t-elle, la sœur de lait?

» — Deux ans de moins que mon jeune maître, environ quatorze ans et demi.

» — Et est-elle jolie?

» — Dame... oui, monsieur, c'est un beau brin de fille.

» — Monsieur Jasmin, » reprend le notaire, cela ne peut point durer ainsi; il est de mon devoir de mettre ordre à tout ceci; l'amitié que je portais à feu M. de Grandvilain m'en fait une loi, et vous devriez comprendre aussi qu'un enfant de bonne maison, le fils de vos anciens maîtres ne doit point passer ses plus belles années dans un village.

» — Je vous assure, monsieur le notaire, que je dis cela très-souvent à mon maître. Je lui dis:

» A Paris, vous avez un hôtel, un bel appartement avec des tentures cramoisies, des meubles en acajou massif, une table de nuit à coins ciselés... l'intérieur en porcelaine dorée... Tout ça ne le tente pas... Il me tourne le dos et ne m'écoute pas.

» — Je le crois bien! » s'écrie Daréna, « ce vieux bêta qui espère tenter son maître avec une table de nuit et tous ses accessoires; si vous le voulez, moi, monsieur d'Hurbain, je me charge de décider le jeune marquis à revenir à Paris.

» — Vous, monsieur Daréna, et par quel moyen?

» — Ceci me regarde; voulez-vous vous en rapporter à moi?

» — Je vous serai fort obligé de me seconder, mais je veux agir aussi de mon côté. Monsieur de Monfréville, est-ce que vous ne nous prêterez pas également votre secours, est-ce que vous ne m'accompagnerez pas à Gagny, vous, dont le père était un ami de mon vieux marquis?

» — Je suis au contraire tout disposé à être des vôtres. Je cherche

» même déjà par quel moyen nous pourrons décider ce jeune homme à nous suivre... car enfin, il ne s'agit point ici d'employer la violence. Après tout, ce jeune héritier est son maître, il l'est même par la volonté de son père; et s'il s'obstinait à vouloir rester chez sa nourrice, nous serions bien obligés de l'y laisser.

» — Mais il est impossible que le fils du marquis ne se rende pas à nos raisons... à nos sollicitations.

» — Des raisons!..... ah! mon cher monsieur d'Hurbain, je crois qu'il faudra mieux que cela pour séduire un adolescent.

» — Messieurs, » s'écrie Daréna, « je propose une gageure. Un dîner magnifique, au Rocher de Cancale, sera offert par deux de nous à celui qui aura triomphé et qui ramènera le jeune Chérubin à Paris. Est-ce convenu?

» — Oh! très-volontiers...

» — Quand partons-nous pour Gagny?

» — Demain matin, messieurs, je m'arrangerai pour quitter mon étude à midi; viendrez-vous me prendre? dois-je vous attendre?

» — Non, » dit Monfréville, « nous irons chacun de notre côté, nous trouverons bien la demeure de cette nourrice.

» — Nicolle Frimousset... une petite rue qui donne sur la grande place... Tout le monde vous enseignera sa demeure.

» — Très-bien, » dit Daréna, « Nicolle Frimousset... Les noms sont à graver!... Monfréville a raison, il vaut mieux aller chacun de son côté.

» — Mais prenez garde, messieurs, » reprend le notaire, « si vous tardez, vous pourrez bien faire le voyage pour rien, et je serai déjà reparti avec Chérubin.

» — Oh! c'est ce que je ne crois pas! » dit Monfréville.

« — Quant à moi, messieurs, je suis beau joueur, » reprend Daréna, « je vous donne de l'avance... Je ne partirai qu'une bonne heure après vous, et je suis encore certain d'arriver à temps. »

Jasmin que tout ce qu'il entend étourdit et inquiète, s'écrie d'un air effrayé:

« — Ah çà! messieurs... dans tout ça, j'espère bien que vous ne ferez pas de mal à mon jeune maître... je veux dire que vous ne le chagrinerez pas?

» — Ah! ah! ah!... ce vieux bonhomme est ravissant d'ingénuité!... » dit Daréna. « Soyez tranquille, respectable serviteur... nous n'emploierons que des moyens aimables. Quant à vous, il faudra seulement que pour demain matin, vous trouviez moyen d'éloigner la petite sœur de lait de M. Chérubin... Ceci est indispensable pour la réussite de notre voyage.

» — Vous entendez, Jasmin, » dit le notaire, « songez qu'il y va de l'avenir, du bonheur de votre jeune maître, et que vous seriez coupable en ne cherchant pas à nous seconder. »

Le vieux domestique s'incline et sort en disant qu'il obéira.

Monfréville et Daréna quittent aussi le notaire en disant encore:

« — A demain, à Gagny. »

X. — LES ARMES D'ACHILLE.

Jasmin est entré à l'hôtel tout bouleversé; le vieux domestique ne sait pas s'il doit se réjouir ou s'affliger; il serait fort content de voir son maître à Paris, afin d'être près de lui sans cesse, de le servir comme il servait le vieux marquis; mais il craint ensuite qu'on ne fasse de la peine à celui qu'il appelle son cher enfant; et il a peur que le séjour de Paris ne soit pas aussi bon que celui du village pour la santé de Chérubin.

C'est en faisant ces réflexions qu'il rassemble près de lui tous les valets de l'hôtel, on doit se rappeler que Jasmin avait gardé tous les domestiques qui avaient appartenu à ses anciens maîtres, c'est pourquoi toute la maison de Chérubin se composait de gens très-mûrs. Le cuisinier avait passé la soixantaine; le cocher touchait à son treizième lustre; il y avait un petit jockey de cinquante ans et Mlle Turlurette, qui était un enfant au milieu de tout ce monde-là, était cependant dans sa trente-septième année.

« — Mes enfants, » dit Jasmin aux domestiques, « je crois devoir vous avertir que notre jeune maître reviendra parmi nous demain....

» — Demain! » s'écrie Turlurette en poussant un cri de joie, « est-ce bien sûr?

» — C'est bien sûr... peut-être. Enfin disposez toujours tout pour que M. Chérubin soit content; que ce soit partout frotté, ciré avec plus de soin que jamais... Cuisinier, préparez un dîner succulent... Cocher, que la voiture et les chevaux soient prêts dans le cas où l'on voudrait s'en servir... que l'on mette des fleurs dans l'escalier... comme le jour où feu mon maître donnait bal...

» — Est-ce qu'on tirera un feu d'artifice? » demande Turlurette d'un air goguenard.

« — Non, mademoiselle, non.., j'en ai assez de feu d'artifice! » répond Jasmin en passant la main sur sa figure, « et à moins que M. Chérubin ne l'ordonne, on ne tirera jamais le plus petit pétard dans la cour; mais du reste, il faut que ce soit très-gai ici... Ah!

» nous ferons venir de la musique... trois joueurs d'orgues et autant
» de joueurs de vielles que l'on fera rester dans la cour... ils joueront
» leurs plus beaux morceaux quand notre jeune maître entrera dans
» l'hôtel, ça ne pourra pas manquer de lui être agréable.

» — Voulez-vous aussi des chanteuses ? » demande le vieux
jockey.

« — Dame ! si tu trouves des chanteuses et des chanteurs, il me sem-
» ble que cela m'irait... tout cela dans l'après-midi. »

Le lendemain, Jasmin part de bonne heure pour Gagny, où il arrive
sur les dix heures du matin. Son premier soin est de demander Chérubin, et Nicolle lui apprend qu'il est allé se promener avec Louise du
côté de Maison-Rouge. Le vieux domestique se dispose à aller à
la recherche des jeunes gens, lorsque sur la place il rencontre M Gérondif, qu'il se hâte de mettre au fait de ce qui doit arriver dans la
journée.

Le professeur frappe dans ses mains, jette son chapeau neuf en l'air,
semble vouloir passer un entrechat en s'écriant :

« — Tandem !... denique !... Ultima Cumæi venit jam carminis
ætas !... Jam nova progenies cælo demittitur alto !... »

Et Jasmin lui répond :

« — Mais non, ce n'est pas tout ça !..... je vous dis que c'est le no-
» taire et deux messieurs de ses amis qui vont arriver.

» — Très-bien !... parfait !... plus que parfait !... il faut présente-
» ment trouver mon élève subitement.

» — J'allais le chercher, il se promène avec la petite Louise du côté
» de Maison-Rouge.

» — Avec la petite... qui est déjà grande. Comme c'est im-
» prudent !.... et comme il est temps de séparer l'homme du ser-
» pent !....

» — Vous avez vu un serpent ?...

» — Le serpent, brave Jasmin, c'est la femme, c'est la pomme...
» c'est le péché !... Vous ne pouvez pas me comprendre, je vous ex-
» pliquerai cela un autre jour, maintenant il faut nous mettre bien vite
» à la recherche des enfants.

» — D'autant plus que ces messieurs m'ont prié d'éloigner ce ma-
» tin la jeune fille pendant qu'ils parleront à monsieur mon maître.

» — Voyez-vous ? ces messieurs pensent comme moi !... ils devi-
» nent que cette petite est maintenant dangereuse assurément. Nous
» l'éloignerons, vertueux Jasmin, nous trouverons un prétexte... un
» faux-fuyant... Allons, donnez-moi le bras et courons.

» — Courir !... diable !... c'est facile à dire... enfin j'essayerai.

» — On court à tout âge, digne Jasmin, et vous étiez taillé pour
» être coureur. »

En achevant ces mots, le professeur prend le bras du vieux serviteur
et l'entraîne du côté où ils espèrent retrouver Chérubin ; tout en marchant au pas redoublé Jasmin disait à M. Gérondif : « Avez-vous
» trouvé un prétexte pour éloigner la petite ?

» — Non, et vous ?

» — Ni moi non plus.

» — Marchons toujours, ça va venir. »

Il y avait trois quarts d'heure que cette marche forcée durait. Jasmin n'en pouvait plus, il était devenu poussif ; cependant le professeur
le tirait toujours en lui disant :

« Macte, puer ! Macte animo !... Il y a du bonheur de ce charmant
» Chérubin... Prenez garde, brave Jasmin, vous trébuchez... vous met-
» tez vos pieds dans les ornières !... dans les mares... »

Le brave Jasmin n'avait plus de rate, plus de respiration, et il se décide à se laisser tomber tout à fait au milieu d'une route, en balbutiant :

« — Je ne peux plus aller... il faut que je reprenne haleine. »

Mais en ce moment M. Gérondif venait de jeter un coup d'œil sous
un bosquet d'arbres situé à peu de distance de la route, et il s'écrie :

« — Les voilà !... Le petit mange des abricots... c'est-à-dire il en tend
» un à mon élève, qui reste en admiration devant son abricot !... Il est
» temps que nous arrivions. »

Ce jour-là Chérubin était sorti de bonne heure avec Louise ; ils
avaient emporté un panier dans lequel étaient du pain et des fruits, et
ils se faisaient une fête d'aller déjeuner dans les bois ; ce repas frugal
leur semblait délicieux... Et en effet, que pouvaient-ils désirer de plus ?
ils étaient ensemble et ils s'aimaient : le plus beau repas est celui auquel on apporte un cœur content.

Le sentiment qui unissait alors Chérubin à Louise était si doux, si
pur qu'ils étaient heureux d'être ensemble, et ne cherchaient point un
autre bonheur. Peut-être cependant l'affection de la jeune Louise se
montrait-elle plus vive, plus expansive ; c'est qu'il y avait déjà de la
tristesse dans son amour ! Elle craignait que Chérubin ne se décidât à
aller à Paris, elle redoutait de perdre son ami, et cette appréhension le lui
faisait encore aimer davantage, car nos affections se fortifient par les
peines qu'elles nous causent.

Les deux adolescents sont fort surpris, lorsqu'au milieu de leur repas champêtre, ils voient tout à coup le professeur et Jasmin paraître
devant eux.

« — Nous vous cherchions, aimables adultes, dit M. Gérondif ;
» nous étions inquiets... L'aventure de Pyrame et Thisbé me trottait
» par la tête !... je prenais pour des lionnes tous les chiens que je ren-

» contrais... Je sais bien que mon noble élève n'a point envie de fuir
» comme le jeune Assyrien avec Thisbé... mais on peut faire un
» faux pas...

» — Enfin, pourquoi venez-vous nous chercher ? » dit Chérubin ;
« il me semble que j'ai le temps d'étudier... J'en sais déjà bien assez...
» est-ce qu'il y a quelqu'un de malade... quelque accident d'arriv'
» que Jasmin accourt avec vous ? »

M. Gérondif semble frappé d'une idée soudaine ; il lance un coup
d'œil à Jasmin, en disant :

« — En effet, mon noble élève... c'est un accident, peu grave j'es-
» père... c'est le fils aîné de votre nourrice qui s'est blessé... il a
» écrit... il est à Montfermeil... et Nicolle voudrait bien que Louise
» se rendît tout de suite près de lui... elle ira la rejoindre tantôt.

» — Nous allons y aller avec Louise, » dit Chérubin.

« — Non, il vaut mieux aller retrouver cette pauvre Nicolle qui se
» lamente... qui ne sait où chercher un médecin ! Louise ira bien seule
» jusqu'à Montfermeil, on voit d'ici les premières maisons du village.

» — Oh ! oui, oui, j'y serai bien vite, dit Louise ; « mais chez qui
» est le fils de ma bonne mère Nicolle ?

» — Chez Mme Patineau... Grande-Rue ; tenez, voici son adresse et
» mot pour elle. »

M. Gérondif avait écrit à la hâte quelques mots au crayon par
lesquels il priait la dame chez laquelle il envoyait la petite de la garder chez elle et de ne point la laisser revenir avant qu'on allât la
chercher. La jeune fille prend le billet, dit adieu à Chérubin et se met
à courir vers Montfermeil, et le professeur se frotte les mains en regardant Jasmin qui se dit à lui-même :

« Je n'aurais jamais trouvé cela. »

On retourne à Gagny ; en approchant de la place on aperçoit un remise arrêté ; un monsieur en descend. C'était M. d'Hurbain le notaire.

« — Voilà une visite qui vous arrive ; » dit Jasmin à son maître.
« Ce monsieur est votre notaire, celui que monsieur votre père avait
» chargé de son testament.

» — Et c'est pour que vous ne soyez point distrait, et que vous
» puissiez recevoir les personnes qui vont venir vous voir de Paris que
» nous avons envoyé la petite Louise à Montfermeil, » dit M. Gérondif
en souriant.

« — Comment, cet accident arrivé au fils de Nicolle ?

» — Ce n'est qu'une plaisanterie... »

Avant que Chérubin ait le temps de répondre, M. d'Hurbain s'est
approché et lui fait un profond salut. L'air grave du notaire impose
au jeune homme, qui balbutie quelques mots pour répondre aux compliments qu'on lui adresse. On se dirige vers la demeure de la nourrice, et pour la première fois Chérubin éprouve comme une espèce de
honte lorsque le notaire lui dit :

« — Comment, monsieur le marquis, c'est ici que vous faites vos
» études ?..... Vous avez seize ans et demi ; vous êtes d'une noble fa-
» mille ; vous avez de la fortune, et vous passez votre vie sous le
» toit de ces villageois. J'honore les laboureurs, j'estime tous les gens
» honnêtes ; mais il faut que chacun garde son rang, monsieur le mar-
» quis, sans quoi la société ne serait plus que confusion, qu'anarchie ;
» et il n'y aurait plus chez les hommes ce désir de s'élever, de par-
» venir, en mettant dans leur cœur une louable ambition, les rend
» capables de faire de nobles efforts pour atteindre le but où ils brûlent
» d'arriver.

» — Bravo !... recte dicis !... » s'écrie M. Gérondif en souriant au
notaire, « monsieur parle à présent comme moi ci-devant. »

Chérubin rougit et ne sait trop que répondre. M. d'Hurbain cherche
de nouveau à faire entendre raison au jeune homme, en mettant dans
ses représentations toute l'aménité possible. Il a soin cependant d'appuyer sur le rang, la fortune que possède le marquis, et il termine
toujours ses discours par ces mots :

« — Vous êtes donc de mon avis, n'est-ce pas, et vous allez
» revenir à Paris avec moi ? »

Mais Chérubin, qui a paru écouter avec déférence les discours
du notaire, lui répond d'une voix bien douce :

« — Non, monsieur, j'aime mieux rester ici.

» — Ce n'est pas ma faute certainement ! » s'écrie M. Gérondif
en levant les yeux au ciel. « Je dis tous les jours à mon élève les
» mêmes choses que vous... monsieur ; seulement, j'y joins des
» exemples de l'histoire, tant ancienne que moderne... c'est
» comme si j'apprenais le dessin à un aveugle ! »

M. d'Hurbain commence à douter du succès de sa visite, lorsqu'un bruit de chevaux se fait entendre. On court à la porte voir
ce que c'est, et l'on aperçoit dans un joli tilbury un monsieur
fort élégant, qui n'a près de lui que son jockey.

C'est M. Édouard de Monfreville qui conduit lui-même son tilbury ; il s'arrête, saute lestement à terre et s'approche en saluant
Chérubin avec courtoisie, tandis que le notaire dit au jeune
marquis :

« — Permettez-moi de vous présenter le fils d'un ancien ami
» de votre père, M. de Monfreville, qui vient joindre ses instances
» aux miennes pour vous décider à retourner à Paris. »

Monfreville va prendre la main de Chérubin, il la presse dans le sienne, et après avoir considéré quelque temps le jeune homme, lui dit :

« — Quand avec un nom et de la fortune on est porteur d'une aussi jolie figure, on est vraiment impardonnable de se cacher dans le fond d'un village.

» Certainement ! » murmure Gérondif en souriant à Monfréville, « si Hélène s'était cachée, nous n'aurions pas eu le siège de Troie, » Dunois était resté chez sa nourrice, il n'est pas probable qu'on » aurait surnommé le beau Dunois ! »

Monfréville lance un regard ironique au professeur et continue de s'adresser à Chérubin ;

« — Mon cher monsieur, mon père était ami du vôtre, cela m'a » donné le désir de faire votre connaissance, il ne tiendra qu'à vous que » nous soyons amis comme nos pères. Oh ! je comprends que la diffé- » rence qui existe entre mon âge et le vôtre peut vous faire trouver ma » proposition ridicule ; mais quand vous connaîtrez le monde, vous » saurez que ces différences s'effacent devant les sympathies de goût et » de caractère ; je suis déjà certain que nous nous entendrions fort » bien. Mais comment diable êtes-vous habillé ?... un jeune homme » gentil, bien bâti, être fagoté de la sorte !... c'est pitoyable !

» — Mon jeune maître a le tailleur de feu son père, » murmure Jas- min, « je n'ai pas cru devoir lui en donner un autre...

» — Vous avez eu tort, fidèle serviteur ; un tailleur n'est pas une » relique que l'on doive conserver avec respect... je vois que ce- » lui-ci ne connaît plus rien aux modes du jour. Holà !... Franck ! ap- » portez ce que j'ai fait placer dans le coffre du tilbury. »

Le domestique de Monfréville revient bientôt chargé d'effets ; il étale sur un meuble un charmant habit fait dans le dernier goût, un gilet d'une étoffe ravissante, des cols de satin noir, de jolies cravates, et une petite toque en velours bleu avec une torsade et un gland d'or.

En voyant tout cela, Chérubin ne peut retenir un cri d'admiration ; sans lui demander s'il le veut bien, Monfréville lui ôte sa veste, son gilet du matin, et lui fait mettre ce qu'il vient d'apporter, il entoure son col d'une riche cravate brochée, qu'il lui noue avec coquetterie ; enfin il pose sur la tête la délicieuse toque de velours, puis il conduit l'adolescent devant une glace, en lui disant :

« — Regardez-vous ! est-ce que vous n'êtes pas cent fois mieux ? »

Chérubin rougit de plaisir en se voyant si gentil ; et en effet sa nou- velle toilette a donné une tout autre expression à sa jolie figure ; il est si bien bâti que Nicolle, quoique attristée en voyant qu'on veut lui en- lever son fieu, ne peut s'empêcher de crier :

« — Ah ! jarni qu'il est beau !... oh ! mais c'est qu'il est superbe » comme ça !... il est encore cent fois plus gentil !...

» — Il ne ressemble pas du tout à leu son père, » murmure Jasmin.

» — Il ressemble au fils de Jupiter et de Latone, frère de Diane, » autrement dit Apollon... Phœbus si vous l'aimez mieux, » s'écrie M. Gérondif en souriant toujours.

M. d'Hurbain regarde Monfréville d'un air satisfait, comme pour le féliciter d'avoir trouvé le moyen de séduire Chérubin ; celui-ci semble en effet enchanté de son costume, il ne cesse pas de se regarder, de se mirer, et pour entretenir ses bonnes dispositions, M. de Monfréville se hâte de lui dire :

« — On m'a assuré que vous habitiez un village... je ne voulais pas » le croire !... le fils du marquis de Grandvilain qui doit se faire re- » marquer par son élégance, par sa mise, par ses manières, qui est » fait enfin pour briller à Paris, ne peut rester enfoui dans une » maison de paysans ! c'est une anomalie ! ce léger échan- » tillon de toilette doit vous donner une idée de tout ce que vous au- » rez à Paris. Je viens vous chercher dans mon tilbury, et je veux » qu'avant huit jours vous soyez le jeune homme le mieux mis, le plus » élégant de la capitale ; vous donnerez le ton, vous êtes assez riche et » assez joli garçon pour cela. »

Chérubin paraît séduit par les discours de Monfréville, et celui-ci, qui ne doute pas de son triomphe, lui dit bientôt :

« — Partons, mon jeune ami, ne tardons pas davantage... le tilbury » nous attend et Paris nous appelle. »

Mais en ce moment la figure de Chérubin se rembrunit, et au lieu de suivre M. de Monfréville et le notaire qui se sont levés, il se rassied en disant :

« — Non, je ne veux pas m'en aller... car je veux que Louise me voie » comme cela. »

Les deux habitants de la ville sont désolés ; ils croient avoir entiè- rement décidé le jeune marquis à les suivre, et celui-ci refuse de nouveau.

Le notaire parle raison, Monfréville déploie toute son éloquence, il fait des peintures charmantes des plaisirs de Paris, et Chérubin refuse de partir avec eux.

M. Gérondif est consterné. Nicolle triomphe, et Jasmin dit à demi- voix :

« — Je me doutais bien que tous ces gens ne seraient pas plus ma- » lins que moi. »

Chacun gardait le silence ; on ne savait plus à quel parti s'arrêter, lorsque le bruit d'une voiture se fait entendre de nouveau.

Alors une lueur d'espoir brille dans les yeux de Monfréville, et M. d'Hurbain s'écrie :

« — Ma foi, il est temps que M. Daréna arrive ; mais je doute fort » qu'il soit plus heureux que nous.

» — Peut-être, » murmure Monfréville ; « Daréna est de ces gens qui » osent tout ! »

La voiture s'est arrêtée également devant la maison de la nourrice, et la société rassemblée chez Nicolle court sur la porte pour savoir quelles sont les personnes qui vont en descendre.

Le fiacre, car cette fois, c'est un simple fiacre qui vient d'arriver, a, semble contenir beaucoup de monde, à en juger par le bruit que l'on fait dans l'intérieur. On entend plusieurs voix qui parlent à la fois et des éclats de rire continuels. Enfin la portière s'ouvre. M. Daréna descend d'abord, et il a une toilette encore plus fripée que la veille, ce qui ne l'empêche pas de déployer les manières les plus distinguées, en aidant à descendre de la voiture les personnes qu'il amène.

C'est d'abord une jeune femme vêtue en Espagnole, puis une autre habillée en odalisque, puis une troisième est en Suissesse, et enfin une quatrième qui a le costume piquant d'une Napolitaine. Et toutes ces femmes sont jeunes, jolies, gracieuses, bien faites ; leurs yeux sont vifs, mutins et très-agaçants ; et il y a dans la manière dont elles s'é- lancent hors de la voiture, une légèreté, une grâce qui étonne, et dans leur démarche une désinvolture qui n'est pas ordinaire.

Les habitants du village ouvrent de grands yeux. M. Gérondif affecte de baisser les siens, mais il en risque un à tous moments ; le notaire regarde Monfréville d'un air surpris en murmurant :

« Qu'est-ce que c'est que tout cela ? »

Monfréville part d'un éclat de rire, et répond :

« — Ma foi ! je crois qu'il est plus adroit que nous !... »

Cependant Daréna prend deux de ces dames par la main, en di- sant :

« — Venez, Rosina, Malvina... suivez-nous, Cœlina et Fœdora ! » nous venons présenter nos hommages au jeune marquis de Grand- » vilain. Où est-il ?... bon, je le vois, c'est ce charmant jeune homme, » qui a des yeux si langoureux ! Peste ! tenez-vous bien, mesdames, » voilà des yeux qui feront un terrible ravage dans vos rangs. »

Tout en disant cela, Daréna était entré dans la maison avec la société qu'il amenait ; après avoir introduit ses quatre dames, qui n'ont nulle- ment l'air embarrassé, et qui examinent, en riant, l'intérieur de la maison rustique, Daréna va saluer Chérubin, qu'il voyait une ancienne connaissance, et lui dit :

« — Mon cher marquis, M. d'Hurbain, votre notaire, est aussi le » mien ; M. de Monfréville, votre ami, est également fort lié avec moi, » d'après cela, vous voyez que je dois être aussi de vos amis, c'est » un titre que je m'estimerais heureux de mériter.... Touchez là, mar- » quis, des hommes comme nous s'entendent tout de suite... Vous êtes » jeune, mais nous vous formerons. »

Chérubin est tout étourdi de ce qu'il voit, de ce qu'il entend, et puis l'Espagnole et la Napolitaine lui lancent déjà des regards auxquels il n'est pas accoutumé ; tandis que l'odalisque lui sourit d'une façon très-provocante, et que la Suissesse passe sans cesse le bout de sa langue sur ses lèvres, en lui faisant de petits clignements d'yeux ; et tout cela lui cause un trouble qu'il ne peut définir.

« — Marquis Chérubin, » reprend Daréna ; « je me suis permis d'a- » mener avec moi quatre dames charmantes ; ce sont des artistes, des » danseuses du premier talent, attachées à notre Grand-Opéra de Pa- » ris ; elles avaient le plus vif désir de vous voir et de boire du lait à » la campagne..... Y a-t-il moyen d'avoir du lait ici, vertueux villa- » geois ?... »

Pendant que Daréna adresse cette demande à Nicolle, qui s'empresse de courir à l'étable, la petite femme habillée en Suissesse fait un bond sur sa chaise, en s'écriant :

« — Oh ! oui... du lait, c'est fameux !.... Je veux m'en donner une » tapée, moi ! »

Daréna s'approche de la Suissesse, à laquelle il donne un coup de coude, en lui disant à l'oreille :

« — Malvina, fais-moi le plaisir de te taire, car tu ne dirais que des » bêtises. »

Et Monfréville, qui se mord les lèvres pour ne point éclater de rire, dit tout bas à Daréna :

» — Vous osez dire que ce sont des femmes de l'Opéra ?

» — Il y en a trois, mon cher ; je vous jure que ces trois-là y sont » figurantes ; la Suissesse est à un théâtre du boulevard, c'est vrai, mais » elle a une jambe ravissante.

» — J'ai emmené ces dames dans des costumes de leurs rôles, » re- prend Daréna, en s'adressant à Chérubin, « parce qu'elles m'ont pro- » mis de vous donner un léger échantillon de leur talent. Voyons, mes » déesses, un joli pas de quatre sur le jeune marquis, qui ne se » doute pas de ce que l'on voit à l'Opéra. Je sais bien que ce n'est » pas aussi commode de danser ici sur un théâtre.... ce n'est » pas parqueté ; mais il n'y aura que plus de mérite.

» — C'est pas même carrelé ! » s'écrie la Suissesse, en regardant ses pieds ; « faites donc des glissés là-dessus !... merci !... en voilà du » tirage... Nous allons nous f... par terre...

» — Ah ! très-joli !... très-joli !... » s'écrie Daréna, s'empressant de rire pour tâcher d'amortir l'effet produit par l'expression que la Suissesse vient d'employer ; « enfin, mesdame, elle n'est pas de Paris,

» elle ne connaît pas bien notre langue... elle ne comprend pas la valeur des mots.

» — Tibulle, Pétrone et Ovide emploient quelquefois l'équivalent, » dit M. Gérondif, en faisant un énorme sourire, pour que les quatre danseuses puissent voir toutes ses dents.

« — Je ne suis pas de Paris! » s'écrie Mlle Malvina; par » exemple !... je suis née rue Mouffetard... même que ma mère y vend » du fromage de Brie... »

Daréna marche sur le pied de la danseuse, en lui disant tout bas :

« Malvina, si tu ne te tais pas, je te remets dans le fiacre, tu n'auras pas de lait, et tu ne seras pas du dîner. »

La Suissesse se tait, et le comte tirant une pochette de sa poche se dispose à en jouer, en disant :

« — C'est moi qui ferai l'orchestre ; vous voyez que j'ai pensé à tout. Allons, mesdames, apprêtez-vous. »

Cependant, M. d'Hurbain s'est approché de Monfréville, auquel il dit à demi-voix :

« — Mais en vérité, M. le comte Daréna a employé un expé- » dient... Je ne sais si je dois tolérer cela. Cette tentative me paraît » un peu leste.

» — Et pourquoi donc ? » répond Monfréville. « Daréna est plus » adroit que nous... Je crois que son moyen de séduction est le » bon... Après tout, à Paris, ce jeune homme irait à l'Opéra ; quel » mal de voir danser ici ce qu'il verrait exécuter sur un théâtre. Il me » semble même que de près il y a beaucoup moins d'illusion.

» — Soit, » répond le notaire en s'asseyant ; « après tout, qui veut » la fin veut les moyens. »

Les quatre danseuses se disposent à exécuter un pas, lorsque Nicolle revient avec des tasses et du lait. Alors ces dames courent aux tasses, et s'écrient qu'elles veulent d'abord se rafraîchir.

Pendant qu'elles boivent, Chérubin ne peut se lasser de considérer ces femmes qui ne ressemblent pas à toutes celles qu'il a vues jusqu'à ce jour, et M. Gérondif va verser lui-même du lait aux danseuses, en leur disant :

« — De Ganymède, assurément, j'ai quelque chose en ce moment... » Il servait Jupin, je sers Terpsichore et ses sœurs. »

Et Malvina prend la boîte au lait des mains du professeur, en lui disant :

« — Tenez, vous nous embêtez, vous nous servez goutte à goutte !... » j'aime mieux boire à ma plus vite. »

Et le vieux Jasmin dit en roulant de gros yeux d'un air étonné :

« — Pour des femmes comme il faut, c'est étonnant comme elles » avaient soif. »

Quand il n'y a plus de lait, les quatre danseuses se mettent en place. La société s'est assise, Daréna a pris sa pochette. Il joue l'air de la Jota aragonaise, et ces dames s'élancent et se mettent à danser un pas avec beaucoup de grâce et de légèreté.

Les paysans sont en admiration.

Jasmin applaudit, M. Gérondif ne baisse plus les yeux, il a toute la figure aussi rouge, aussi enflammée que son nez.

Le notaire et Monfréville examinent Chérubin ; celui-ci semble ravi, enchanté du spectacle nouveau qui lui est offert, et ses regards ne peuvent se lasser d'admirer ces femmes jeunes et jolies, dont les pas, les poses et les moindres mouvements expriment le plaisir et la volupté. Daréna, qui s'aperçoit de l'effet produit par la danse, joue un air plus animé, puis un autre plus pressé encore. Les danseuses suivent la mesure, leur danse devient plus vive, plus séduisante. Chacune d'elles semble lutter de grâce, de souplesse ; leurs yeux animés par l'exercice auquel elles se livrent ont encore plus d'éclat, plus de feu. Jasmin applaudit à outrance, M. Gérondif se gratte le nez comme s'il voulait se l'arracher, Chérubin est très-ému. En ce moment, échauffée par l'ardeur de la danse, Mlle Malvina se met à lancer ses jambes dans l'espace avec une telle vigueur, qu'il est impossible que la société ne s'aperçoive point qu'elle n'a point de caleçon.

M. Gérondif, qui s'est presque sorti de la tête, s'écrie :

« — Ce sont des bayadères... c'est la danse mozambique !... c'est » très-curieux. »

Mais M. d'Hurbain, qui trouve que la danse mozambique va trop loin, se lève en disant :

« — Fort bien, mesdames, en voilà assez, vous devez être fatiguées.

» — Ah! bah ! » s'écrie Mlle Malvina, je danserais bien le cancan, » moi !...... C'est que je le pince un peu, le cancan. »

Daréna, qui ne veut point laisser se dissiper l'effet produit par la danse, court à Chérubin et lui prend le bras en lui disant :

« — Maintenant nous retournons à Paris, nous dînons au Rocher de Cancale avec ces dames, et elles espèrent que vous voudrez bien être des nôtres... car la fête ne serait pas complète sans vous. »

Chérubin est ému, indécis ; il balance ; Daréna fait un signe aux danseuses, qui accourent entourer l'adolescent et lui disent, en lui faisant les petites mines les plus séduisantes :

« — Oh! oui, monsieur, venez avec nous à Paris ! — Vous irez ce soir à l'Opéra... vous nous y verrez danser, et ce sera bien autre chose que dans cette chambre. — Ce serait bien vilain à vous de nous » refuser.

» — Et puis au Rocher de Cancale ! » s'écrie Malvina... « c'est là » qu'on dîne un peu bien... je vais m'empiffrer, moi !...

» — Allons, allons ! vous êtes des nôtres, » s'écrie Daréna. Aussitôt l'Espagnole et la Napolitaine prennent chacune un bras de Chérubin ; celui-ci se laisse entraîner, et on l'emmène presque en dansant jusqu'au fiacre, dans lequel il monte avec Daréna et les quatre danseuses.

« — Mais j'ai une remise, » s'écrie le notaire, « vous allez être trop » gênés, six là dedans... Que quelques-unes de ces dames montent dans » ma voiture.

» — Non, non ! » crie Daréna ; « nous nous mettrons les uns sur les » autres : c'est bien plus drôle comme ça !... Allons, cocher, crève tes » rosses, on te les paiera... et au Rocher de Cancale ! »

Le fiacre part, emmenant Chérubin, qui n'a pas même eu le temps de dire adieu à sa nourrice.

« — Daréna a réussi ! » dit Monfréville, « voilà l'oiseau qui a quitté » son nid !...

» — Oui, » répond M. d'Hurbain, « mais il ne faut pas que cela aille » trop loin... et ce repas... avec ces dames... je ne puis vraiment » pas me trouver là, moi... un notaire avec des danseuses de » théâtre.

» — Eh mon Dieu !... pour une fois... c'est incognito ; d'ail- » leurs c'est dans un bon motif, et votre présence au contraire empê- » chera ce repas d'être trop décolleté. Prenons mon tilbury, nous les » suivrons mieux. »

M. d'Hurbain monte dans le tilbury avec Monfréville, et M. Gérondif se jette avec Jasmin dans la remise.

« — Ils emmènent mon jeune maître au Rocher de Cancale, » dit le vieux domestique, « mais j'avais fait préparer un repas à l'hôtel et » une réception, et de la musique, et des fleurs, et...

» — Consolez-vous, digne Jasmin, » répond le professeur, « tout » cela servira plus tard ; il faudra toujours bien que mon élève rentre » chez lui. Quant à moi, je suis Mentor, et je ne dois pas abandonner » Télémaque, même lorsqu'il va dîner au Rocher de Cancale. »

XI. — MONFRÉVILLE. — DARÉNA. — POTERNE.

Un beau salon avait été retenu, et un superbe repas commandé au Rocher de Cancale, par le comte Daréna, qui s'était dit avant de partir pour Gagny :

« Telle chose qui arrive, nous reviendrons toujours dîner ; à la vé- » rité, si je me trouve au nombre de ceux qui doivent le payer, cela » me sera assez difficile en ce moment... mais ceci m'inquiète peu ! » commandons toujours le repas. »

Ne songer qu'au plaisir, ne point s'occuper de l'avenir, être souvent même fort insouciant pour les choses présentes : telle était l'humeur de Daréna. Issu d'une noble famille, il avait fait de bonnes études et reçu une éducation soignée. Son père, qui était d'un caractère hautain et sévère, ayant remarqué de bonne heure dans son fils un vif penchant pour le plaisir et l'indépendance, avait cru pouvoir l'en corriger en le privant de ces récréations, de cette liberté qui sont ordinairement le délassement du travail et de l'étude. Daréna était ainsi arrivé jusqu'à près de dix-neuf ans, n'ayant jamais eu un écu à sa disposition, ni une demi-heure de liberté. A cette époque son père était mort, depuis longtemps sa mère n'existait plus, et il s'était tout à coup trouvé son maître et à la tête d'une assez jolie fortune. Il s'était jeté à corps perdu dans les plaisirs et la dissipation, voulant regagner tous les instants que la sévérité de son père lui avait fait perdre ; il avait dit adieu pour jamais à l'étude et aux choses sérieuses.

Le jeu, les femmes, les chevaux, la table, étaient devenus ses idoles. D'abord lancé dans la haute société, parmi laquelle sa fortune lui donnaient entrée, il avait eu dès son début une foule d'aventures galantes ; mais Daréna n'était point dans le plaisir : il ne cherchait dans une intrigue que le plaisir, et rompait dès qu'il entrevoyait la moindre sujétion ou la plus légère contrariété.

Comme les dames de la bonne société ne sont pas toujours disposées à ne former qu'une liaison de quelques jours, et que la conduite du comte Daréna n'était point un mystère, puisque lui-même se faisait gloire de ne s'attacher à aucune femme, petit à petit ses succès galants étaient devenus moins nombreux dans le grand monde, et force avait été à Daréna de s'adresser aux petites bourgeoises, puis aux femmes de théâtre, puis aux grisettes, puis aux femmes galantes ; puis enfin il était devenu si peu difficile sur ce point, qu'on lui avait vu prendre ses maîtresses dans les plus humbles conditions de la société.

La fortune de Daréna avait fait comme ses amours : elle avait continuellement baissé. Enfin, à vingt-huit ans, il avait tout dissipé, tout mangé ; il ne lui restait plus que cette maison du faubourg Saint-Antoine qu'il allait vendre, et sur laquelle il devait déjà plus qu'elle ne valait.

Mais loin de s'inquiéter de sa position et de son avenir, pourvu qu'il trouvât moyen de bien dîner, de boire du champagne avec une danseuse, une figurante, une grisette, une chanteuse ou même une femme de chambre, Daréna se moquait de tout le reste ; pour se procurer encore tous ces plaisirs, il fallait souvent avoir recours aux expédients ; mais l'homme qui est peu délicat sur le choix de ses connaissances ne l'est pas toujours sur ses moyens d'existence.

Un individu nommé Poterne avait aidé de tout son pouvoir à la ruine et aux désordres de Daréna. Ce Poterne était un homme dont on ne pouvait pas deviner l'âge, tant il était laid et mal bâti : sur un corps sec, pointu, anguleux, porté par des jambes cagneuses et grêles, on apercevait une tête d'un ovale infiniment trop prolongé, un nez cassé vers le milieu, et crochu par le bout, une bouche sans lèvres, un menton avancé et deux petits yeux d'un vert terne, couverts d'énormes sourcils, et dont les prunelles roulaient continuellement de côté et d'autre. Ajoutez à cela une immense quantité de cheveux bruns, sales, épais, et qui étaient toujours taillés comme les poils d'un hérisson. Tel était M. Poterne.

Cet homme s'était attaché au comte Daréna, lorsque celui-ci était encore riche ; il lui avait offert ses services dans tous les genres : il connaissait tous les endroits de Paris où un jeune homme de famille peut se ruiner le plus facilement. Si Daréna avait aperçu au spectacle ou à la promenade une femme qui lui avait plu, c'était Poterne qui se chargeait de la suivre, de lui remettre une lettre, de prendre des renseignements sur son compte. Plus tard, Poterne s'était également chargé de trouver des usuriers, des prêteurs d'argent, des fournisseurs accommodants ; aussi était-il devenu indispensable au comte, qui le traitait tantôt comme son ami, tantôt comme son domestique ; le cajolait quelquefois, le méprisait toujours, et ne pouvait jamais se passer de lui.

On croira peut-être que le but de ce monsieur avait été de s'enrichir aux dépens de celui qu'il aidait à se ruiner. Cette pensée avait d'abord été celle de Poterne, mais ses propres vices ne lui permettaient pas de profiter des fautes d'un autre ; aussi joueur, aussi libertin que Daréna, quand celui-ci perdait des billets de mille francs dans un brillant salon, Poterne jouait dans un cabaret ou dans quelque misérable repaire l'argent qu'il avait soutiré à son intime ami ; lorsque Daréna traitait une jolie femme chez Véfour ou Véry, Poterne allait chez un gargotier manger ce qu'il avait avec une marchande des quatre-saisons, et il était trop laid pour ne pas être forcé de se montrer généreux ; enfin, lorsque Daréna n'avait pas le sou, il lui arrivait quelquefois de maltraiter son compagnon, qu'il accusait d'être l'auteur de sa ruine ; alors il s'appropriait sans façon tout ce que celui-ci possédait, et Poterne, qui était aussi poltron, se laissait sans murmurer dépouiller par son intime, en se promettant de prendre bientôt sa revanche.

Il pourra paraître singulier de voir l'élégant Monfréville en rapport avec un homme dont les goûts, la conduite et même la toilette accusaient chaque jour le désordre. Mais il y a des gens qui, après avoir connu quelqu'un riche et heureux, n'osent point lui tourner le dos quand ils le rencontrent avec un habit sale et un chapeau crasseux. D'ailleurs, Daréna avait encore de beaux moments ; lorsque le jeu lui avait été favorable, ou si son ami Poterne avait découvert une nouvelle ressource, on le voyait aussitôt reparaître élégant, fashionable, courir les spectacles, les bals et les meilleurs restaurants de Paris ; quelques jours après, le relâchement de la toilette, un certain désordre dans quelque partie du costume, annonçaient que la situation était changée ; mais avec un méchant chapeau et du linge sale, Daréna savait si bien conserver les manières de la bonne compagnie, qu'on avait peine à croire qu'il se vautrât dans la mauvaise.

Et d'ailleurs, à Paris, connaît-on la vie intime de la plupart des personnes avec lesquelles on n'a que des relations passagères ? En rencontrant un jour Daréna mis comme aux jours de sa splendeur, on lui voyant faire de folles dépenses dans un lieu de plaisirs, on ne lui demandait pas par quel heureux changement de sort il était devenu riche ; et par la même raison, lorsqu'on le voyait ensuite, mesquinement vêtu, se glisser dans un mauvais restaurant à vingt-deux sous, on ne s'inquiétait pas non plus de ce qui pouvait lui être arrivé de fâcheux. A Paris, on ne cherche point à s'immiscer dans les secrets d'autrui, et de ce côté la discrétion ressemble bien souvent à l'indifférence.

Monfréville, qui avait connu Daréna riche, savait bien qu'il avait dissipé sa fortune ; mais il ne le croyait pas sans ressource et ne le supposait point capable d'employer des moyens peu délicats pour se procurer de l'argent. Souvent cependant le comte lui avait emprunté quelques billets de mille francs, qu'il ne lui avait jamais rendus, mais Edouard de Monfréville avait de la fortune et attachait peu d'importance à ces légers services ; et puis la société de Daréna l'amusait ; ses boutades, son insouciance poussée quelquefois jusqu'au cynisme, le faisaient rire et dissipaient l'humeur mélancolique qui de temps à autre s'emparait de son esprit.

On se demandait quelquefois dans le monde d'où pouvait provenir cet air pensif, ce sourire plutôt amer que moqueur qui errait souvent sur la bouche de Monfréville. Il était riche, il avait tout pour plaire. Dans la société il était recherché, les femmes briguaient sa conquête ; on lui avait connu un grand nombre de bonnes fortunes, et il était encore d'âge à en avoir. Cependant sa gaieté semblait rarement vraie, et dans ses discours il évitait de parler d'un sexe dont il ne devait pas avoir à se plaindre. Quelques personnes pensaient que Monfréville en était arrivé à être blasé sur tous les plaisirs, et attribuaient à cela les nuages qui parfois obscurcissaient son front ; d'autres, en l'entendant se moquer de ceux de ses amis qui croyaient à la constance de leur maîtresse, présumaient que le beau, le séduisant Monfréville avait eu quelque passion malheureuse, avait aussi été victime de quelque trahison ; puis enfin, en voyant cet homme à la mode passer la trentaine et approcher même de quarante ans sans songer à se marier, on avait encore fait une foule de conjectures, et on avait dit :

« Il pense donc bien mal des femmes, puisqu'il ne veut pas faire » comme les autres, et se ranger sous le joug de l'hymen. »

Mais Edouard de Monfréville ne s'occupait aucunement de ce qu'on pouvait penser et dire de lui ; il continuait de vivre suivant son goût, de n'agir qu'à sa fantaisie ; passant quelquefois un mois dans une suite de plaisirs bruyants, au milieu d'un monde joyeux, dissipé, dont il partageait les folies ; il était ensuite pendant des semaines entières sans fréquenter la société, ne se plaisant que dans la solitude. On avait fini par s'habituer à la bizarrerie de son humeur, parce que dans le monde un homme riche a toujours le droit d'être original ; il n'y a que les pauvres diables auxquels on ne reconnaît pas cette faculté.

La petite mange des abricots... elle en présente un à mon élève. — Page 21.

A présent que nous connaissons mieux les personnages avec lesquels nous allons nous trouver, entrons au Rocher de Cancale, où Chérubin vient d'arriver avec les prêtresses de Terpsichore.

XII. — UN DINER AU ROCHER DE CANCALE.

Chérubin s'est trouvé à Paris et au Rocher de Cancale sans avoir eu le temps de se reconnaître; tout le long de la route les dames ont dit tant de folies, leur conversation est si animée, leurs réflexions si drôles, que l'adolescent n'a pas assez de ses oreilles pour entendre, et qu'il regarde tour à tour chacune des danseuses comme pour s'assurer qu'il ne rêve pas.

En montant dans la voiture ces dames se sont enveloppées dans de vastes pelisses qui cachent leurs costumes et elles ont rabattu sur leur tête un capuchon qui ne permet pas de voir leur coiffure. Chérubin dit tout bas à Daréna :

« — Pourquoi donc ces » dames se déguisent-elles » toutes en capucins? »

Et Daréna lui répond tout haut :

« — Mon cher mar- » quis, c'est pour qu'on » ne voie point leur cos- » tume de théâtre quand » elles entreront chez le » traiteur, parce que nous » ne sommes pas encore » dans le carnaval... à » Paris, une tenue décente » est de rigueur! »

» — Oh! moi, je m'en » moque pas mal! » dit Mlle Malvina, « je me pro- » mènerais bien à pied » dans Paris avec un cos- » tume de Suissesse... » Tiens, après tout, est-ce » que je ne peux pas être » une Suissesse pour de » vrai? »

» — Si vous étiez cos- » tumée en écaillère, ma » chère amie, il est bien » plus probable qu'on ne » vous croirait pas dégui- » sée!... »

» — Ah! voyez-vous!... » c'est un calembourg! » Êtes-vous méchant!... » Et vous, quand vous êtes » quelquefois si rafalé, » vous n'avez pas trop » l'air d'un comte!... »

Daréna part d'un éclat de rire, et donne une petite tape sur la joue de Malvina, en disant :

« — Allons, qu'on se » taise, mais que l'on se comporte bien surtout, mesdames ; à la cam- » pagne une douce liberté est permise, mais au Rocher de Cancale, » et dans la compagnie honorable avec laquelle vous allez dîner, » songez, mes petites bergerettes, que si vous n'étiez pas sages je » serais obligé de vous mettre à la porte!... »

» — Mon Dieu! nous savons nous conduire, monsieur!... — Est- » ce que vous croyez que nous n'allons jamais dans le beau monde?... — » Moi qui dîne souvent avec mon protecteur et son frère qui est un » des plus forts bouchers de Paris. — Et moi donc qui tiens quelque- » fois le comptoir de ma cousine qui est boulangère enfin, qui vend de » la pâtisserie... que ce n'est pas que des messieurs à gants serins qui » viennent se délecter à son petit four...

» — C'est bien, mesdames, c'est très-bien, nous voilà certains que » vous êtes dignes d'aller en bonne compagnie... et que vous savez y

» conserver le décorum. Oh! si M. d'Hurbain n'était pas venu dîner » avec nous... mais il est venu, car je le vois qui descend de tilbury » avec Monfréville. Nous sommes arrivés ; allons, jeune marquis, la » main aux dames. »

La voiture s'est arrêtée, on ouvre la portière : une tête de hérisson paraît, avec un corps couvert d'un vieux carrick noisette dont les collets sont parsemés de taches d'huile très-étendues. C'est M. Poterne qui vient offrir sa main aux dames.

Malvina se recule en s'écriant :

« — Ah! mon Dieu! qu'est-ce que c'est que ça?... une chouette, un » porc-épic.

» — C'est mon... » homme d'affaires, » ré- » pond Daréna, « qui » aura veillé à ce que tout » soit bien ordonné... et » qui vient maintenant » vous offrir son bras pour » descendre de voiture : » c'est un homme d'une » complaisance extrême.

» — Il est possible qu'il » soit complaisant, mais » il est bien vilain, n'est- » ce pas, Rosina? — Oui... » ah! que c'est bête d'être » laid comme ça!... Et » quand on regarde en- » suite ce charmant petit » M. Chérubin. — Ah! » Dieu! c'est la diffé- » rence du soleil à une » punaise! — Allons, » mesdames, descendez » donc de la voiture, vous » causerez là-haut. »

La compagnie est bien- tôt réunie dans le salon où le couvert est dressé. M. d'Hurbain et Monfré- ville sont arrivés en même temps que le fiacre ren- fermant Chérubin et les danseuses. Le notaire s'approche de Daréna et lui dit à l'oreille :

« — J'espère, mon cher » comte, que vos dan- » seuses se conduiront ici » convenablement. Je veux » bien que par la grâce » de leur danse et la vi- » vacité de leurs regards » elles aient charmé ce » jeune homme, mais ce » n'est encore qu'un en- » fant, qu'il ne doit pas se » lancer dans les dan- » seuses de théâtre.

» — Mon Dieu! mais » soyez donc tranquille!... » vous êtes étonnant... » c'est grâce à moi que ce » bambin de seize ans et » demi a bien voulu » quitter sa nourrice... et » au lieu de me remer- » cier, vous me faites des » leçons... soyez donc » utile aux gens... ayez » donc de l'imagination,...

Jasmin.

» pour qu'on vous fasse ensuite de la morale.

» — Ah ça, Daréna, » dit Monfréville en examinant M. Poterne qui se glisse alors derrière les dames en leur lançant des regards en cou- lisse auxquels elles répondent par des grimaces, « est-ce que cet hor- » rible monsieur si sale est de vos amis ? est-ce que vous comptez nous » faire dîner avec lui?... je vous avouerai que sa compagnie ne me séduit » pas... Quel est ce personnage ? il ressemble beaucoup à un émouchet.

» — C'est mon intendant. — Ah! vous avez encore un intendant? je » croyais que vous ne teniez plus maison. — Je n'ai conserve que » cela... cet homme-là fait mes affaires, c'est un garçon précieux pour » les ressources. — Il devrait bien en trouver alors pour se donner un » autre carrick.

» — Eh bien!... est-ce qu'on va pas dîner? » dit Malvina, essayant un rond de jambe dans un coin du salon.

« Si fait, madame! Allons, monsieur Chérubin, veuillez vous placer. » M. d'Hurbain se dispose à se placer près de Chérubin, mais Montréville l'arrête en lui disant tout bas:

« Laissez ces jeunes folles se mettre près de notre écolier, sans quoi nous pourrions bien perdre le fruit de nos soins... J'examine Chérubin, au milieu de tout ce monde, il soupire quelquefois; et si le mal du pays allait lui prendre, il voudrait à toute force retourner en nourrice, et nous aurions bien de la peine à le garder à Paris. »

M. d'Hurbain se rend, il laisse Mlles Rosina et Cœlina s'asseoir à côté de Chérubin; Malvina, qui arrive trop tard pour être placée près du jeune homme, veut forcer Rosina à lui céder sa chaise et menace déjà de lui donner un soufflet, mais un regard sévère de Daréna met fin à cette querelle, et Mlle Malvina va s'asseoir à l'autre bout de la table, en fredonnant.

« Tu ne l'emporteras pas, Nicolas!... c'est moi qu'il aimera... tradéra! »

Il restait un couvert vacant, car M. Poterne en avait fait mettre neuf, et déjà, malgré les signes que lui faisait Daréna, le personnage au carrick semblait se disposer à se placer devant, lorsque la porte du salon s'ouvre, et M. Gérondif paraît accompagné de Jasmin.

Le professeur s'incline devant la société, en disant:

« Je salue ces messieurs humblement et je dépose mes hommages aux pieds de ces dames simultanément. »

« Qu'est-ce qu'il fait à nos pieds, ce monsieur? » dit Malvina à Dana, qui est à côté d'elle et qui lui répond qu'on lui donnait un violent coup de genou. Mais en apercevant les nouveaux-venus, la figure de Chérubin s'épanouit et il s'écrie:

« Ah! c'est vous, mon cher professeur... ah! que vous avez bien fait de venir aussi à Paris... Ah! quel dommage que... que vous... »

Chérubin n'achève pas, il pense à Louise.., et quelque chose dont il ne peut pas bien se rendre compte lui dit que sa naïve compagne ne se trouverait pas à sa place dans la compagnie de ces demoiselles qui dansaient si joliment. M. d'Hurbain, à qui la présence du professeur fait grand plaisir, parce qu'il y voit un nouveau motif de sécurité pour Chérubin, adresse un gracieux salut à M. Gérondif, en lui disant:

« Vous avez fort bien fait de suivre votre élève, monsieur, et c'est du reste sur quoi nous comptions; placez-vous donc à table, voilà un couvert qui vous attendait. »

« Oui, oui, mettez-vous là, monsieur Gérondif, » s'écrie Chérubin en montrant à son professeur la place vacante; « et toi, mon bon Jasmin, viens près de moi. »

« Monsieur le marquis, je connais mon devoir et je vais me mettre à mon poste... »

En disant ces mots, le vieux domestique a mis une serviette sur son bras, et il va se planter derrière la chaise de Chérubin: quant à M. Gérondif, il ne se fait pas répéter l'invitation qu'on lui a faite, il s'empresse de repousser M. Poterne, se met à table et avale le potage qu'on lui sert, en s'écriant:

« C'est le festin de Balthazar!... ce sont les fêtes d'Éleusis... les noces de Gamache!... Jamais repas, assurément, ne fut plus beau certainement. »

« Tiens! il parle en vers ce monsieur, » dit Malvina à son voisin.

« Oui, » répond Daréna, « je crois que c'est monsieur qui a fait la tragédie du Tremblement de terre de Lisbonne. »

M. Gérondif adresse un gracieux sourire au comte, en murmurant d'un air modeste: « Je fais les vers assez couramment, quoique je n'ai jamais fait de tragédie... pour sûr, certainement. »

« Pardon, monsieur, je vous pressais pour maître André! vous avez avec lui beaucoup d'affinités... Mais buvons donc à la santé de M. le marquis et au plaisir de le posséder enfin à Paris. »

La proposition de Daréna est acceptée avec empressement; les verres sont remplis de madère; on boit à la santé de Chérubin; les quatre danseuses font rubis sur l'ongle et ingurgitent le madère d'une manière à rendre les Anglais jaloux.

Pendant ce temps, M. Poterne, qui s'est vu repossédé de la place qu'il ambitionnait, s'est décidé, plutôt que de s'éloigner, à rester debout et à servir de second à Jasmin. Il va donc se placer derrière Daréna; mais en ayant l'air de lui présenter de temps à autre une assiette, il lui demande tout bas ce qu'il aperçoit sur la table; Daréna lui passe des assiettes pleines, et au lieu de les faire circuler, M. Poterne se retourne et fait très-lestement disparaître ce qu'il y a dessus.

Le commencement du repas est gai sans que rien blesse les convenances; les demoiselles, auxquelles Daréna a recommandé une tenue sévère, ne sont occupées qu'à faire honneur au dîner, et tout en adressant de gracieux sourires à Chérubin, conservent un maintien irréprochable; Malvina seule lâche de temps à autre une réflexion un peu plaisanterie un peu érotique; mais alors Daréna s'empresse de couvrir cela en prenant la parole; sa conversation toujours piquante ou folle, celle de Monfréville, qui est dans ses jours de gaieté, et les citations de M. Gérondif, qui, tout en mangeant comme quatre trouve moyen de faire étalage de ce qu'il sait, ne laissent pas un moment à Chérubin pour réfléchir; tout surpris de se voir le héros de cette fête inattendue, il se sent étourdi, charmé, captivé, par les œillades qu'on lui lance, les bons mots qu'il entend, les choses flatteuses qu'on lui adresse, ce repas si délicieux, si fin, si friand, qui satisfait à la fois son odorat, son goût et son palais, tout cela ne lui permet pas de penser au village, car lorsque sa figure devient sérieuse et annonce comme l'arrivée d'un souvenir, les personnes qui l'entourent redoublent d'empressement, de gaieté, de soins et de folies pour dissiper le nuage qui a passé dans ses yeux.

« Tiens! » dit tout à coup Malvina en se retournant et apercevant M. Poterne qui enlève une assiette que lui passe Daréna, « votre homme d'affaires vous sert donc à table? c'est donc aussi votre domestique? »

« Il me sert de tout, répond Daréna; je vous dis que c'est un homme précieux... j'en fais ce que je veux! »

« Vous devriez bien en faire un joli garçon alors!... »

« Socrate, Horace, Cicéron et Pélisson étaient d'une laideur repoussante, » dit Gérondif en versant à boire à la petite Suissesse « on peut être très-vilain et avoir beaucoup d'esprit. »

« Ah! malin, vous avez vos raisons pour dire ça, vous! » répond Malvina en avalant son champagne. Le professeur, qui ne s'attendait pas à cette réponse, se gratte le nez et demande des truffes.

Le bruit d'une assiette qui se brise interrompt cette conversation, c'est Jasmin qui, en voulant desservir au jeune maître, vient pour la quatrième fois de laisser tomber une assiette à terre; déjà deux bouteilles et une carafe ont eu le même sort en passant par ses mains.

« Ah ça, mais, c'est donc Jocrisse, ce vieux-là! » s'écrie Malvina en poussant un éclat de rire.

« Voilà un valet de chambre qui doit être très-coûteux! » dit Monfréville en souriant.

« Pardon, mon cher maître, pardon, » dit Jasmin qui devient écarlate à chaque nouvel accident causé par sa maladresse. « C'est qu'il y a longtemps que je n'avais servi à table... mais je m'y referai!... ce n'est qu'une habitude à reprendre. »

« Ah! diable, » dit Daréna, « s'il en veut prendre l'habitude, ce sera gentil. »

« Mais, mon bon Jasmin, pourquoi rester debout derrière moi?.. cela est trop fatigant pour ton âge... va t'asseoir dans un coin là-bas... je t'appellerai si j'ai besoin de toi! »

« Par exemple! » répond Jasmin en tâchant de se redresser. « Est-ce que monsieur croit que je ne connais pas mon devoir? Je ne quitterai mon poste, monsieur... j'y périrai plutôt! »

« C'est-à-dire que c'est toute la vaisselle du traiteur qui y périra! » dit Daréna en riant; puis il reprend en élevant son verre:

« Honneur et courage malheureux! — L'attachement de ce vieux serviteur fait son éloge et celui de ses maîtres, » dit Monfréville. « Je porte un toast à la fidélité: c'est une chose si rare qu'on ne saurait trop l'honorer, sous quelque forme qu'elle se présente. »

Le toast est porté avec empressement par les convives. M. d'Hurbain en propose un en l'honneur de feu M. de Grandvilain. Daréna boit aux danseuses de l'Opéra. M. Gérondif se lève en s'écriant avec enthousiasme:

« Aux progrès de l'art culinaire en France!... Les Romains d'autrefois avaient peut-être plus de plats que nous sur leur table, mais probablement ils étaient moins satisfaisants. »

Mlle Malvina, qui veut porter aussi son toast, élève son verre en s'écriant:

« Je toste pour qu'on fasse des ballets très-longs et des jupons très-courts: ceci est dans l'intérêt des danseuses et de tous ceux qui aiment les ronds de jambes. »

Aucune de ces dames ne veut rester en arrière: Cœlina boit à la santé de son écureuil, Rosina à celle de son chat, et Fœdora à celle de son cousin, qui est dans les chasseurs d'Afrique; M. Poterne ne boit à la santé de personne, mais il a sans cesse le dos tourné à la table et il avale une quantité effrayante de champagne. Les toasts sont interrompus par un bruit formidable: cette fois, c'est une pile d'assiettes que Jasmin vient de laisser tomber, si bien que le parquet est jonché de débris de porcelaine.

« Voilà un repas qui coûtera cher, » dit Daréna, « il faut être riche pour se permettre un domestique comme ce vieux Jasmin. »

Cependant les santés que l'on a portées si fréquemment ont un peu échauffé les têtes. Déjà Malvina, qui ne peut plus tenir en place, se lève et se met à danser un cancan très-dévergondé; Cœlina et Rosina veulent essayer la cracovienne; Fœdora valse avec Daréna, et M. Gérondif, qui voit tout tourner autour de lui, quoiqu'il ne quitte pas sa chaise, demande à grands cris à Malvina une seconde représentation de la danse mozambique, ornée de tous ses agréments.

M. d'Hurbain, devenu sang-froid, pense qu'il est temps d'emmener Chérubin; il prend le bras du jeune marquis, fait un signe à Monfréville, un autre au professeur, puis à table qu'avec regret, et, tâchant de se frayer un chemin à travers la vaisselle cassée, ils sortent tous de chez le traiteur et montent dans la remise qui les conduit à l'hôtel de Grandvilain; sans s'apercevoir que Jasmin, qui les a suivis, est parvenu, en se faisant aider par un commissionnaire, à grimper derrière la voiture.

— Est-ce que nous ne retournons pas à Gagny? » demande Chérubin en se retrouvant dans la voiture.

« — Ce soir c'est impossible, mon cher ami, il est beaucoup trop
» tard, » dit M. d'Hurbain. « Demain... ou dans quelques jours... vous
» verrez; puisque vous voilà à Paris, il faut au moins faire connais-
» sance avec cette ville.

» — Oui, » murmure M. Gérondif, dont la langue est très-épaisse...
» Gras... demain... Gras mané... demain matin... perendinus dies...
» après demain !... ou n'importe quand !...

» — Et si vous le permettez, » dit Monfréville, « je me chargerai
» d'être votre guide et de vous faire voir tout ce qu'un jeune homme
» de votre rang doit connaître. »

Chérubin ne répond rien ; il voudrait bien retourner à Gagny, mais
ce repas délicieux qu'il vient de faire lui a donné des idées nouvelles,
et on lui a tant parlé des plaisirs qui l'attendent à Paris, il en a déjà
eu un si agréable échantillon, qu'il finit par se dire :

« — Au fait... puisque me voilà dans cette ville je ferai aussi bien
» de voir tout de suite ces choses merveilleuses que l'on m'a tant van-
» tées... et quand je retournerai près de Louise, au moins j'aurai tout
» plein de choses à lui conter. »

La voiture est arrivée à l'hôtel du faubourg Saint-Germain, la porte
cochère est ouverte. A peine l'équipage entre-t-il dans la cour qu'une
musique singulière frappe les oreilles du jeune marquis et des personnes qui sont avec lui.

On entend plusieurs orgues, plusieurs vielles et quelques clarinettes
jouer ensemble, dans des airs différents ; puis des voix d'hommes et
de femmes, criardes et fausses, entonnent de vieux airs, des complain-
tes ou des refrains de vaudeville ; tout cela fait un charivari épouvantable. Les personnes qui viennent de descendre de voiture se demandent ce que cela veut dire, lorsqu'un bruit sourd retentit sur le pavé,
comme une masse qui serait tombée, on s'approche et l'on reconnaît
Jasmin, qui en voulant descendre de derrière la voiture s'est laissé
choir au milieu de la cour; mais l'intrépide serviteur se relève déjà, en
s'écriant :

« — Ce n'est rien... j'ai glissé seulement... Monsieur le marquis,
» c'est en l'honneur de votre arrivée dans votre hôtel que j'ai fait ve-
» nir un concert... des musiciens, des chanteurs. Vive M. le mar-
» quis de Grandvilain le nouveau !... »

Chérubin remercie Jasmin de ses bonnes intentions, mais il le prie
de congédier bien vite ces gens qui font un horrible tintamarre à ses
oreilles. M. d'Hurbain et Monfréville disent bonsoir au jeune homme,
le recommandent tout bas à son professeur, qui n'est pas en état d'entendre ce qu'on lui dit, et le laissent goûter un repos dont il doit avoir
besoin.

Quand les étrangers sont partis, Jasmin demande à Chérubin s'il
veut passer en revue les domestiques, et Mlle Turlurette, qui est enchantée de revoir son jeune maître, lui propose de venir visiter la lingerie, l'office, pour prendre connaissance de sa maison et voir comment tout a été tenu depuis la mort de son père ; mais Chérubin n'a nulle
envie de prendre tous ces soins: les plaisirs fatiguent lorsqu'on n'a
pas l'habitude de s'y livrer, et le jeune marquis ne demande qu'à se
reposer.

En voyant l'immense pièce qui est sa chambre à coucher et dans laquelle un lit antique, auquel on arrive par une estrade, est entouré
d'immenses rideaux de velours cramoisi, Chérubin fait la grimace et
s'écrie :

« — Ah! que c'est laid ici!... j'aimais bien mieux ma petite
» chambre chez ma nourrice... c'était plus gai!... Oh! j'y retournerai
» demain... car il me semble que je dormirai mal ici. »

Mais à seize ans, et bien, après une journée fatigante, on dort bien
partout, et c'est qui arrive à Chérubin.

Quant à M. Gérondif, après avoir fait un sourire gracieux à Mlle Turlurette, qu'il appelle mesdames, parce qu'il voyait un trouble, il la prend pour deux personnes, il est radieux en se trouvant
dans une belle pièce qu'on lui a préparée; il s'étend dans un
lit bien moelleux et pose doucement sa tête sur une pile d'oreillers,
en disant :

« — Je n'ai jamais été couché comme cela !... j'enfonce, je fonds !
» C'est ravissant... je voudrais passer ma vie au lit !... et rêver à la
» danse Mozambique! »

XIII. — DEMAIN !

Chérubin s'éveille tard, il regarde avec étonnement autour de lui, il
rappelle ses souvenirs ; il se demande pourquoi il a quitté Gagny, sa
bonne Nicolle et Louise qu'il aimait bien... Puis il pense au magnifique dîner de la veille et à ces quatre jeunes femmes si gentilles, si
aies, si agréable échantillon, qui dansaient avec tant de grâces en lui jetant des
egards si doux... Tout cela était bien fait pour occuper une tête et
un cœur si neufs.

Tout à coup le bruit d'un meuble qui tombe et se brise fait tressaillir
Chérubin ; il tourne la tête et aperçoit Jasmin consterné devant un la-
vabo qu'il vient de briser.

« — Qu'est-ce donc? » s'écrie le jeune homme qui ne peut s'empê-

cher de rire de la figure que fait alors son vieux valet de chambre.

« — Monsieur... c'est moi... c'est parce que je ne voulais pas faire
» de bruit pour ne pas vous réveiller...

» — Ah! tu appelles cela ne pas faire de bruit!

» — C'est en marchant avec précaution que j'ai rencontré ce petit
» meuble... qui a glissé... mais soyez tranquille, on trouve de ça chez
» tous les tapissiers !

» — Oh! je suis très-tranquille... Jasmin, je veux m'habiller et
» retourner à Gagny.

» — Comment! déjà, mon cher maître ?... Mais avez-vous exa-
» miné votre caisse?...

» — Non, pourquoi faire ?...

Jasmin désignant le tiroir à caisse placé dans le secrétaire, dit
à Chérubin :

» — Tout cela est plein d'or, monsieur, et c'est à vous..... Et
» quand vous n'en aurez plus... vous en aurez encore... Vous n'au-
» rez qu'à vous adresser à votre banquier; et avec cela, à Paris, on
» se procure tant d'agréments...

» — Jasmin, vous savez bien que je n'aime pas qu'on me con-
» trarie... Où sont mes habits, mes chaussures?...

» — Monsieur, j'ai jeté tout ça par la fenêtre... excepté ce que
» M. de Monfréville vous avait apporté hier...

» — Qu'est-ce que cela veut dire?..... Je n'ai donc plus de pan-
» talon à mettre ?... vous êtes donc fou, Jasmin?

» — C'est M. de Monfréville qui m'avait bien recommandé de jeter
» toute l'ancienne défroque de monsieur... Mais il y a là un tailleur,
» un bottier, un chemisier, un chapelier, qui apportent les choses les
» plus à la mode... c'est encore M. de Monfréville qui a envoyé tous
» ces marchands, qui depuis une heure attendent votre réveil.

» — Fais-les donc entrer, alors. »

Les marchands sont introduits ; ils sont chacun accompagné d'un
garçon chargé de marchandises. Pendant que Chérubin choisit tout ce
qui lui plaît et ce qu'on lui dit être le plus à la mode, on annonce le
comte Daréna.

Daréna a son vieil habit fripé, son chapeau déformé et sa cravate
chiffonnée de la veille ; mais il se présente avec grâce, son enjoue-
ment habituels, et court presser la main du jeune homme en s'écriant :

« — Me voilà, cher ami, j'ai voulu vous saluer à votre réveil... Je
» viens déjeuner avec vous... Ah! vous faites des emplettes?... Il fal-
» lait donc me charger de tout cela... je vous aurais envoyé mes four-
» nisseurs... Vous êtes parti bien subitement, hier?... toutes ces da-
» mes étaient consternées en ne vous voyant plus.

» — C'est M. d'Hurbain qui m'a dit qu'il était temps de partir... et
» qu'on ne devait pas rester plus tard chez un traiteur, » répond Chérubin avec candeur.

« — Ah! charmant! délicieux!... A Paris, on reste chez un traiteur
» tant qu'on veut... on y passe la nuit même quand cela plaît... ce
» M. d'Hurbain est un homme fort estimable, mais qui n'est plus de notre
» temps ni à la hauteur du siècle... Heureusement, il ne sera pas tou-
» jours avec vous, car ça serait fort ennuyeux... Vous ne prenez pas
» cet habit bien ?...

» — J'ai déjà choisi deux habits et deux redingotes, » répond Chérubin. « — Alors, je le prends, moi... je vois tout de suite qu'il m'ira...
» j'ai aussi envie de cette petite polonaise... une vraie fantaisie... Par-
» bleu! la couleur de ce pantalon me séduit... je l'achète... et ces deux
» gilets... Oh! quand une fois je suis en train, moi, il n'y a plus de
» raison pour que je m'arrête... Voi, des chemises qui doivent aller
» parfaitement... maintenant on vous fait des chemises qui vous collent
» comme un habit... je choisis cette douzaine. Ces bottes me paraissent
» bien faites... vous avez un très-joli pied, mon cher Chérubin, dans
» le genre du mien... je prends cette paire de bottes... Est-ce la même
» mesure que celles choisies par M. le marquis?

» — Oui, monsieur, » répond le bottier en s'inclinant.

« — Alors je les garde... Ah ! je suis curieux de voir si ma tête est
» également de la même dimension que la vôtre... voyons le chapeau
» que vous avez choisi... »

Faisant ses efforts pour faire entrer dans sa tête un chapeau
de le chapelier lui présente, et qui est beaucoup trop petit pour lui,
Daréna s'écrie :

« — Il m'irait... Oh! il finirait par m'aner... Chapelier, en avez-vou
» là un semblable..... mais qui soit plus grand?

» — Oui, monsieur.

» — Voyons... c'est parfaitement cela... je le prends aussi. »

Les marchands se regardent d'un air inquiet ; on voit dans leurs
yeux qu'ils se demandent s'ils doivent faire crédit à ce monsieur qui
choisit tant de choses, sans même en demander le prix, et dont la
toilette ne leur inspire pas une grande confiance. Daréna met fin à leur
incertitude en reprenant :

« — A propos!... j'achète!... j'achète... et je n'ai pas de fonds
» sur moi... Ah! parbleu! mon ami le jeune marquis Chérubin vous
» paiera mes emplettes avec les siennes... il est inutile de faire deux
» mémoires... ensuite je réglerai tout cela avec lui... Cela ne vous con-
» trarie pas, mon jeune ami ?

» — Non, monsieur, c'est avec grand plaisir ! » répond Chérubin en
s'habillant; « je suis charmé de vous être agréable!... »

Et Jasmin dit à demi-voix à son jeune maître, tout en l'aidant à passer son gilet :

« — C'est d'ailleurs très-bon genre, très-noble, de prêter à ses
» amis ; feu M. de Grandvilain votre père n'en faisait pas d'autre ! Je
» vais solder les fournisseurs de monsieur. »

Jasmin paye les mémoires aux marchands.

Daréna donne son adresse, afin qu'ils fassent porter chez lui ce qu'il
a choisi, et les fournisseurs s'éloignent fort satisfaits.

Pendant que le vieux domestique va donner les ordres pour le déjeuner, Daréna dit à Chérubin :

« — Vous voilà parfaitement mis, c'est très-bien ; mais cela ne suffit
» pas : je veux que mon jeune ami ait tous ces petits riens, tous ces
» bijoux indispensables à un lion de Paris.

» — Comment ! à un lion ?...

» — C'est le nom qu'on donne aujourd'hui à un jeune homme à la
» mode... Avez-vous une montre ?...

» — Oui, celle-ci, qui me vient de mon père...

En disant cela, Chérubin présente à Daréna une montre d'or
aussi épaisse que large, le comte part d'un éclat de rire en la regardant :

« — Ah ! mon cher ! si on vous voyait un semblable oignon, on vous
» rirait au nez...

» — Comment ?... mais c'est bien en or !

» — Je n'en doute pas, et j'ajoute même que c'est une montre fort
» respectable, puisqu'elle vous vient de votre père ; mais ça ne se porte
» plus. Serrez-la précieusement dans votre secrétaire, et ayez une
» montre à la mode... plate comme une feuille de papier ; j'ai chargé
» mon intendant de vous trouver cela et de vous apporter ce matin
» tous les bijoux qu'il vous faut... Tenez, je l'entends qui vous demande
» dans votre antichambre... Par ici, Poterne, par ici, M. le marquis
» est visible. »

La vilaine figure de M. Poterne se montre à la porte de la chambre
à coucher, Chérubin l'invite à entrer ; en passant près de Daréna, Poterne lui dit vite et bas :

« — Le marchand ne voulait rien me confier... il attend à la porte
» de l'hôtel.

» — C'est bon, tu le payeras. Ce n'est pas du faux, au moins ?...

» — Non, ce sont de vrais bijoux...

» — Combien en veut-on ?

» — Huit cents francs.

» — Fais-les deux mille. »

M. Poterne tire de sa poche une boîte en carton, dans laquelle sont
une jolie montre fort plate, une chaîne en or, qui parait légère, mais
dont le travail est charmant, et une épingle en brillants. Chérubin
pousse un cri d'admiration en voyant ces bijoux.

« — Ceci, monsieur le marquis, c'est ce qu'il y a de plus beau et de
» plus à la mode, » dit Poterne en passant la chaîne autour du cou
du jeune homme, et en faisant son possible pour se donner un air de
probité.

« — Oui, c'est du dernier goût, » s'écrie Daréna. « Mon cher Chérubin, voilà ce qu'il vous faut, un homme qui est bien mis ne saurait se passer de cela... Moi, j'ai plusieurs chaînes, elles sont cassées
» en ce moment, mais on me les raccommode.

» — Oh ! j'achète tous ces bijoux, » s'écrie Chérubin. « Qui croirait
» qu'il y a une montre là dedans ?..... la jolie épingle !.... Combien
» tout cela, monsieur ? »

En voyant l'admiration que les bijoux causent au jeune homme, Poterne pense qu'il est encore enfler le prix et répond :

« — Deux mille cinq cents francs le tout. »

Daréna se retourne en se mordant les lèvres, et Chérubin court à sa
caisse.

En apercevant un tiroir tout rempli d'or, M. Poterne devient bleu,
son front se bride, ses yeux s'élargissent et son nez se crispe. Daréna,
qui remarque cela, profite de ce que Chérubin a le dos tourné, pour
allonger un coup de pied dans le derrière de son ami, en murmurant :

« — J'espère, drôle, que tu n'as pas d'infâmes intentions...
» sans quoi je vous casserais les reins. »

Poterne n'a pas le temps de répondre ; il se frotte la partie de lui-même qui vient d'être attaquée, reçoit la somme que Chérubin lui
compte en or, et s'empresse de prendre congé ; mais à peine a-t-il dépassé la porte de la chambre à coucher, que Daréna court après lui en
s'écriant :

« — Pardon, mon jeune ami.... je reviens, j'ai oublié de donner un
» ordre essentiel à mon intendant. »

Courant après Poterne qui semble avoir peur qu'on ne le rattrape,
Daréna le rejoint sur l'escalier, et l'arrête par un collet de son carrick,
en lui disant :

« — Ne va donc pas si vite... tu es bien pressé, vieux gredin ; allons
» lâche-moi vite deux mille francs...

» — Comment, deux mille francs ? » murmure Poterne, « mais il faut
» déjà que j'en donne huit cents au marchand qui attend en bas.

» — Tu lui en donneras cinq cents : il attendra pour le reste et sera
» encore très-satisfait...

» — Mais moi, je...

» — Toi, je te casse en six morceaux, si tu raisonnes... Allons, Poterne, soyez gentil !... tu sais bien d'ailleurs que quand je suis en
» fonds, tu ne manques jamais de rien. »

M. Poterne s'exécute en ayant l'air de pleurer. Daréna met l'or dans
ses poches et retourne près de Chérubin, qui est en train de se mirer.
Jasmin vient avertir que le déjeuner est servi, et ces messieurs vont
se mettre à table ; ils y sont à peine que l'on annonce M. de Monfréville.

En apercevant Daréna, attablé chez leur jeune ami de la veille,
Monfréville fait un léger mouvement de tête et dit au comte d'un air
railleur :

« — Déjà ici ? diable ! mais il parait que vous y êtes venu de
» matin.

» — Quand j'aime mes amis, je suis toujours pressé de les voir, »
répond Daréna. « Fidèle Jasmin, quel est ce vin-là ?

» Du beaune, monsieur, » répond le vieux domestique en s'inclinant.

« — Il est fort bon, mais au déjeuner j'aime le sauterne, le chambertin... vous devez avoir une bonne cave ici ?

» — Oh ! oui, monsieur, et tous vins vieux.

» — Je le crois bien, s'ils viennent du père de notre jeune ami.

» — Allons, vieux modèle des valets, allez nous chercher plusieurs
» autres bouteilles..... quand une cave s'est reposée pendant toute une
» génération, il me semble qu'il est bien temps de la vider. »

Jasmin s'empresse de faire ce qu'on lui demande, et Monfréville dit
à Daréna :

« — Mais vous demandez... sans même consulter le maître du
» logis.

» — Mon ami m'a donné carte blanche, et j'en use.

» — Oui, monsieur, » dit Chérubin, « oh ! faites tout ce que vous
» voudrez chez moi. »

Daréna se penche vers Monfréville et lui dit à l'oreille ;

« — Il parlait déjà de retourner à Gagny ce matin ; si nous n'étourdissons pas ce jeune homme, il est capable de retourner en nourrice,
» et ce serait vraiment un meurtre !...

» — Est-ce que vous ne déjeunez pas avec nous, monsieur ? » dit
Chérubin à Monfréville.

« — Je vous remercie, mon jeune ami, j'ai déjeuné. Avez-vous été
» satisfait des industriels que je vous ai envoyés ce matin ?

» — Oh ! oui, monsieur,... tout était charmant. J'ai acheté une
» foule de choses... et monsieur le comte aussi. »

Monfréville regarde Daréna, qui fait semblant de ne pas entendre,
et se montre très-occupé à se servir d'un pâté de perdreaux.

« — Et puis, voyez donc ma montre, ma chaîne d'or, une épingle..... c'est M. Daréna qui m'a envoyé tout cela par son intendant... Comme c'est joli... n'est-ce pas ?

» — Avez-vous payé tout cela cher ? » demande Monfréville.

» — Mais non, deux mille cinq cents francs... il me semble que ce
» n'est pas cher !...

Monfréville lance un nouveau regard à Daréna, qui s'obstine à se
bourrer de perdreaux, et répond :

» — Mais si, c'est bien assez... c'est même fort cher... A l'avenir,
» si vous voulez bien me le permettre, je vous guiderai dans vos emplettes ;
» je crois m'y connaître au moins aussi bien que l'intendant de monsieur. »

Jasmin revient avec plusieurs bouteilles ; il en casse une en voulant
la mettre sur la table et renverse un fromage à la crème sur la tête de
Daréna. Chérubin est désolé de la maladresse de son valet, et le
vieux serviteur, tout confus de ce qu'il vient de faire, va se cacher
derrière un paravent ; Daréna est le premier à rire de cet incident.

« — Ce n'est rien, » dit-il, « et je ne suis pas encore habillé....
» Malgré cela, mon cher marquis, si j'ai un conseil à vous donner,
» c'est de dispenser votre vieux Jasmin de nous servir à table.....
» c'est un service qui serait ruineux pour vous et fatal à vos amis ;
» ce brave valet a bien gagné son repos, il faut le lui donner, je
» vais faire ma toilette, et je reviens vous chercher, car nous passons
» la journée ensemble... N'est-ce pas, Monfréville ?

» — C'est aussi mon désir.... si cela ne contrarie pas notre jeune
» ami. »

Chérubin hésite un moment et balbutie enfin :

» — Mais je comptais... aller à Gagny... voir... ma nourrice.

» — Oh ! demain ! demain !.... » s'écrie Daréna ; « aujourd'hui nous
» avons trop de choses à faire... je cours à ma toilette et je reviens. »

Daréna est parti. Monfréville voudrait bien faire entendre à Chérubin qu'il ne doit pas avoir une grande confiance dans l'amitié que lui
témoigne le comte. Mais en cherchant à vite à désillusionner le jeune
homme, en lui disant de se tenir en garde contre les faux amis, les
amours intéressées, la bonne foi des marchands et tous les dangers de
Paris, ne serait-ce pas risquer de le dégoûter de cette ville où il n'est
déjà venu qu'à regret.

Après tout, se dit Monfréville, Daréna est gai, spirituel ; il sait inventer chaque jour quelque plaisir nouveau ; et lors même que sa connaissance coûterait à Chérubin quelques billets de mille francs... ce
jeune homme est riche ! et ne faut-il pas en toute chose que l'on paye

son apprentissage? D'ailleurs, je veillerai sur notre écolier, et je tâcherai d'empêcher que l'on n'abuse trop de son inexpérience.

« — A propos, mon jeune ami, » reprend Monfréville, « qu'avez-vous donc fait de votre professeur?... il doit cependant demeurer avec » vous... est-ce qu'il serait indisposé?

» — Ah! vous avez raison, » s'écrie Chérubin : « j'avais tout » à fait oublié M. Gérondif! Jasmin, va donc t'informer de ce que » fait mon professeur, demande-lui pourquoi il ne vient pas dé- » jeuner. »

Jasmin se rend à la chambre de M. Gérondif; le ci-devant maître d'école était enfoncé dans son lit, profondément endormi, entièrement caché sous la couverture, et les oreillers qui étaient retombés sur sa tête; on entendait seulement un ronflement qui indiquait que le lit était occupé.

Le vieux domestique avance sa main vers l'oreiller; il rencontre le nez proéminent de M. Gérondif; il le saisit et le tire avec violence, en criant :

« Allons, monsieur le savant, réveillez-vous donc, mon maître vous » demande. »

M. Gérondif ouvre les yeux, et retire son nez des mains qui l'ont saisi, en murmurant :

« — Qu'est-ce qu'il y a donc?... Que signifie cette violence, et pour- » quoi me réveiller par le nez?.... Cette façon est nouvelle, assurément; » ce n'est pas ainsi que l'Aurore aux doigts de rose en agit avec le » blond Phœbus. »

Cependant, en apprenant que l'on a déjeuné, M. Gérondif se décide à se lever; il se hâte de faire sa toilette et descend saluer son élève.

« — Les délices de Capoue ont amolli les soldats d'Annibal, » dit le professeur en lorgnant les restes du déjeuner, qui étaient encore très-séduisants, « mon cher élève, je me suis amolli sur le duvet de » ma couche... Recevez mes excuses, à l'avenir certainement je serai » matinal comme un coq. »

Et M. Gérondif se met à table pour réparer le temps perdu, pendant que Chérubin, pour satisfaire Mlle Turlurette, est allé donner un coup d'œil dans différentes parties de l'hôtel. Monfréville, qui a refusé de l'accompagner, s'approche du professeur et lui dit :

« — Monsieur, vous avez une tâche importante à remplir, je ne » doute pas que vous ne fassiez tous vos efforts pour bien réussir. »

M. Gérondif regarde Monfréville, ouvre une bouche énorme, paraît contrarié d'être obligé de répondre au lieu de manger, et dit enfin :

« — Monsieur, en effet, dans ce moment j'ai grand appétit, mais » avec ce qui est sur cette table j'espère réussir à le calmer.

» — Ce n'est pas de cela que je veux vous parler, monsieur, mais de » votre élève, de ce jeune homme qui, à Paris, est l'objet de tous » vos soins, parce que dans cette ville, où il était du reste indispensable » qu'il revint, il faut cependant veiller à ce qu'il ne soit pas la dupe » de sa candeur et de son charmant naturel. »

Après s'être donné le temps d'avaler toute une aile de volaille, le professeur répond d'un ton doctoral :

« — De ce côté, le jeune Chérubin ne pouvait être en meilleures » mains! Soyez tranquille, monsieur, je ferai un homme un tableau » effrayant des séductions vers lesquelles on pourrait vouloir l'en- » traîner; les mœurs avant tout! je ne lasserai que celles... Saint » Paul dit : Oportet sapere ad sobrietatem! mais moi je dis qu'à l'âge » du marquis il faut être sage tout à fait... »

Monfréville hausse les épaules en disant :

« — Eh non, monsieur, ce n'est pas ainsi que je l'entends!.... il » ne s'agit pas d'effrayer ce jeune homme et de vouloir en faire un » Caton!..... laissez-le jouir des plaisirs de son âge que sa for- » tune lui permet... empêchez-le seulement d'en abuser, et veillez à » ce qu'il ne soit pas la dupe des intrigants et des fripons, dont Paris » abonde.

» — C'est justement ce que je dis, monsieur, je veillerai incessam- » ment; j'aurai toujours l'œil au guet, le nez au vent, l'oreille dressée, » et ce ne sera pas ma faute si l'enfant succombe à la tentation; j'ai » d'ailleurs un système d'éducation tout à fait nouveau... et tou- » jours dans l'intérêt des mœurs!...... Pardon, mais je continue à » déjeuner. »

Monfréville s'éloigne de M. Gérondif, en se disant :

« — Décidément cet homme est un sot ou un hypocrite!... pourvu » qu'il ne soit pas tous les deux! »

Chérubin a terminé sa revue de l'hôtel qu'il trouve vieux, triste et sombre; Monfréville lui conseille de faire peindre, meubler et décorer à la moderne l'antique demeure de ses pères.

Daréna revient habillé dans le dernier goût; il a sur lui une partie des emplettes qu'il a faites le matin sans bourse délier, et avec l'or qu'il a repris à Poterne, il s'est acheté ce qui lui manquait encore; aussi a-t-il cette fois une toilette irréprochable, qu'il porte du reste avec autant d'aisance et de laisser-aller qu'il en montrait avec son vieil habit.

Chérubin admire la tournure élégante de Daréna et la grâce avec laquelle il porte ses habits; Monfréville fait les mêmes réflexions en regrettant qu'un homme doué de tant d'avantages descende quelquefois si bas et fréquente si mauvaise société.

« — Me voici à vos ordres, » dit Daréna, « nous emmenons le mar- » quis Chérubin... je ne puis pas me décider à dire... Grandvilain, » nom qui d'ailleurs ne sied pas du tout à notre jeune ami... et » s'il m'en croit, il se contentera de celui de Chérubin qui est fort » galant.

» — Comment... » murmure Jasmin, « est-ce que monsieur va » quitter le nom de son père?... Ah bien! par exemple... je m'y » oppose. »

On ne répond pas au vieux domestique; et Daréna continue :

« — Il faut d'abord que notre ami connaisse de Paris ce qui mérite » d'être vu... cela prendra du temps... pour un observateur, il y a » beaucoup à voir!

» — Ensuite, » dit Monfréville, « Chérubin voudra bien donner » chaque jour quelques heures de sa journée aux maîtres qui lui sont » indispensables, car son éducation est bien incomplète pour aller dans » le monde! »

M. Gérondif arrête sa fourchette, qui était en train de fonctionner, et s'écrie :

« Qui est-ce qui dit que l'éducation de mon élève est incomplète?... » il en saura assurément autant que moi incessamment.

» — Allons, docte maître André! ne vous fâchez pas! » reprend Daréna en riant, « je vous crois très-fort sur les langues mortes... et » la manière de découper une volaille... Oh! vous allez très-bien, mais » enseignerez-vous à notre ami la musique, la danse, l'escrime, l'équi- » tation, la savate?

» — La savate? » murmure Jasmin d'un air stupéfait.

« — Oui, la savate et toutes ces sciences à la mode enfin et qu'un » jeune homme qui a un rang et de la fortune ne peut ignorer sous » peine de se faire moquer de lui.

» — Ayez confiance en moi, » dit Monfréville en prenant le bras de Chérubin, « mon père fut ami du vôtre, et sans cela même votre jeu- » nesse, votre candeur, suffiraient pour m'intéresser et me donner le » désir de faire de vous un cavalier accompli.

» — Et pour commencer, » dit Daréna, « une petite promenade à » cheval, il n'y a rien de meilleur le matin. Savez-vous un peu vous » tenir?

» — Oh! je me tiens fort bien, et je n'ai pas peur, » dit Chérubin » au village je galopais sur tous les chevaux de nos voisins.

» — Bravo! il y a un loueur de chevaux ici près qui en a d'assez » bons, allons en prendre chez lui en attendant que vous en ayez » dans votre écurie, ce qui vous est encore indispensable. »

Chérubin sort avec ses deux amis, il ne se sent pas de joie à l'idée de faire une partie à cheval; neuf encore sur tous les plaisirs, le nourrisson de Nicolle n'avait jusque-là monté que quelques chevaux de labour. On se rend chez un loueur, qui fait seller ses trois meilleurs coursiers. Au moment où les cavaliers montent en selle, on entend une voix s'écrier :

« — Eh bien !... est-ce qu'il n'y a pas aussi un cheval pour moi? »

On aperçoit alors Jasmin qui a rejoint son maître, après avoir serré le plus possible la ceinture de sa culotte, mis sur sa tête une casquette à longue visière qui lui cache entièrement les yeux et la bouche.

Chérubin et ses compagnons ne peuvent s'empêcher de rire de la tenue de Jasmin en jockey, et Monfréville s'écrie :

« — Voilà un vieux domestique dont l'attachement devient cruel.

» — Mais Jasmin, je n'ai pas besoin de toi, » dit Chérubin, « rentre » donc à l'hôtel, tu ne pourrais pas me suivre... cela te fatiguerait trop.

» — Monsieur, je connais mon devoir! » répond Jasmin, « ma » place est constamment à votre derrière.

» — Oui! oui! il a raison, » dit Daréna, « et puisqu'il veut venir » eh bien, qu'il nous suive... Un cheval à ce fidèle serviteur, un bon » petit trotteur, Jasmin me fait l'effet d'un excellent cavalier.

» — Mais, il va se jeter par terre, » dit tout bas Chérubin.

« — C'est aussi ce que je pense, mais ça lui fera du bien... Ce gail- » lard-là a besoin d'une leçon... il est fort entêté; il veut absolument » briser votre vaisselle, coiffer vos amis avec des fromages, grimper » derrière les voitures et aller à cheval; il faut tâcher de le guérir de » cette exubérance de zèle. »

On selle un cheval pour Jasmin, et, à l'aide de deux garçons d'écurie, il parvient à grimper dessus. Les cavaliers partent; dans Paris, on va doucement et le vieux domestique peut suivre son maître, ce qu'il fait avec fierté, se carrant sur sa selle, et s'enfonçant dans les étriers; mais arrivés à l'entrée des Champs-Élysées, Chérubin et ses deux compagnons prennent chacun un temps de galop. Jasmin voyant son jeune maître disparaître à travers un nuage de poussière, veut absolument le suivre et se met à jouer de la cravache sur son coursier; l'animal, qui ne demande pas mieux que de rejoindre ses camarades d'écurie, prend son élan et se lance sur la route.

Mais le vieux cavalier avait trop présumé de ses forces : au bout de quelques secondes le cheval galopait seul et Jasmin roulait dans la poussière.

Arrivé au bois de Boulogne, Chérubin se retourne en disant :

« — Eh bien, où est donc Jasmin?

» — J'étais bien certain qu'il ne pourrait pas nous suivre, » dit Daréna.

« — Pourvu qu'il ne soit pas tombé, qu'il ne soit pas blessé.

» — Rassurez-vous, à son âge on tombe mollement, on l'aura ra-
» massé, et il faut espérer que cette leçon corrigera un peu ce vieux
» serviteur dont l'attachement a besoin d'être modéré. »

Ces messieurs reprennent leur course en admirant l'aplomb de leur
jeune compagnon, auquel il ne manque que quelques leçons de grâce
et d'élégance pour faire un excellent cavalier.

Après la promenade on revient à Paris, on va flâner à pied sur les
boulevards et dans quelques cafés ; on se rend ensuite dans un des
meilleurs restaurants du Palais-Royal, le soir on va au spectacle.
Enfin, Chérubin revient à minuit à son hôtel, sans avoir eu dans la
journée un seul moment de loisir pour penser au village.

Il trouve Jasmin qui ne s'était pas blessé en tombant de cheval,
mais qui pourtant avoue à son jeune maître qu'il n'essayera plus de le
suivre au bois de Boulogne.

Les jours suivants ne sont pas moins bien remplis ; Monfréville et
Daréna sont presque toujours avec Chérubin; le premier lui a envoyé
des professeurs dans tous les arts d'agrément; le second lui parle sans
cesse des charmantes petites danseuses avec lesquelles ils ont dîné, en
lui disant:

« — Laquelle préférez-vous? »

Et Chérubin répond en baissant les yeux :

« — Elles sont bien gentilles toutes les quatre.

» — Je comprends, elles vous plaisent toutes... ça peut s'arranger,
» et quand vous voudrez je vous mènerai chez elles... vous serez reçu...
» à bras ouverts... »

A cette proposition, Chérubin devient rouge comme une cerise et il
balbutie:

« — Oh !... oui... dans quelques jours. »

Et pendant que l'on promène, que l'on amuse, que l'on étourdit son
élève, M. Gérondif se dorlote dans son lit, se prélasse à table, où il
passe des heures entières, montre ses dents à Mlle Turlurette, puis
répète tous les jours à Jasmin :

« — Surtout, digne Eumée, n'oubliez pas la consigne au concierge
» de l'hôtel : si quelque habitant de Gagny... si même Mme Frimousset
» se présente et demande à voir M. le marquis, il faut qu'on lui ré-
» ponde que M. Chérubin de Grandvilain... est absent... est en voyage...
» car, si mon élève la revoyait... s'il apercevait surtout la petite Louise,
» quoiqu'il commence à prendre goût à la ville, il pourrait se laisser
» entraîner encore... et tout le fruit de nos soins serait perdu !... et ce
» serait d'autant plus dommage que grâce aux conseils de ses deux
» amis et aux leçons que je lui donne, il doit nécessairement devenir
» incessamment un cavalier prépondérant. »

Jasmin, qui s'humilie toujours devant la science du professeur, ne
manque pas de faire exactement ce qu'il lui a recommandé, en se disant que ce ne peut pas être malhonnête de renvoyer la nourrice sans
la laisser parler à son maître, parce qu'un homme qui fait l'éducation
des enfants doit savoir parfaitement les règles de la politesse.

Et les jours, les semaines, puis les mois s'écoulent dans cette vie de
plaisirs, d'occupations, de dissipation que Chérubin mène à Paris.
Chaque fois qu'il parle d'aller au village, ses nouveaux amis lui répondent:

« — Oui, demain... aujourd'hui nous n'avez pas le temps. »

Mais quand Daréna propose à Chérubin de le mener chez l'une des
petites danseuses qu'il trouve si gentilles, celui-ci répond aussi en
rougissant :

« — Oui... demain !... demain !... »

XIV. — L'AMOUR D'UNE ENFANT.

Pendant qu'à Paris on s'amusait, on riait, et que l'on ne s'occupait
que de plaisirs, à Gagny, on s'ennuyait, on était triste, et l'on versait
des larmes ; il en est souvent ainsi dans la vie. Le bonheur des uns ne
s'acquiert qu'aux dépens du chagrin des autres : n'est-ce pas le payer
trop cher ?... Si l'on réfléchissait toujours sur les effets et les causes,
on se repentirait quelquefois d'être heureux.

En revenant de Montfermeil, où l'on doit se rappeler que M. Gérondif l'avait envoyée, Louise, qui s'était aperçue qu'on avait cherché
qu'à l'éloigner, avait demandé avec inquiétude où était Chérubin, et
Nicolle, tout en pleurant, lui avait appris que celui qu'elle se plaisait à
appeler encore son fieu, venait de partir pour Paris avec plusieurs
messieurs et de jolies dames, étrangères sans doute, à en juger par
leurs costumes, et qui étaient venues danser chez elle d'une manière
qui ne ressemblait pas du tout aux danses du village.

Louise avait sangloté longtemps ; son cœur était déchiré. Il y avait
dans ce qu'elle souffrait une peine plus forte que les autres ; à quatorze ans et demi, une jeune fille peut déjà savoir aimer, et, avec l'a-
mour, la jalousie venait aussi d'arriver.

« — Vous l'avez laissé partir ! » disait Louise en pleurant ; « mais
» il avait omis cependant de ne jamais me quitter... Ces gens-là l'ont
» donc emmené de force ?

» — Non, mon enfant, Chérubin est parti de bonne volonté, fort

gaiement même, et presque en dansant avec ces petites pimpantes qui
» faisaient des pirouettes que ça tournait plus longtemps que les tou-
» pies de nos garçons, quand ils étaient des mioches. »

Les pleurs de Louise redoublaient et elle s'écriait:

« — Pourquoi donc avez-vous laissé entrer ces vilaines femmes-là
» chez vous ?... Oh ! je les déteste ces femmes-là !

» — Dame, ma petite, c'est un de ces messieurs qui les a amenées;
» elles ont bu du lait comme de vraies chattes ! et puis elles ont dansé
» comme des cabris !

» — Et Chérubin est parti avec elles !... Oh ! mais il reviendra d'
» main, n'est-ce pas, ma bonne mère?

» — Espérons-le, mon enfant ! »

Mais le lendemain et plusieurs jours s'étaient écoulés sans ramener
Chérubin au village. Louise était si triste que Nicolle oubliait son propre chagrin pour la consoler.

La jeune fille s'écriait à chaque instant:

« — Mais il lui est peut-être arrivé quelque chose... On le retien
» sans doute à Paris malgré lui... car, sans cela, il serait déjà revenu.
» Allons le chercher, ma mère; allons le chercher.

Nicolle tâchait de faire entendre raison à Louise, en lui disant:

« — Ecoute donc, ma petite, il y a déjà bien longtemps que M. Jas-
» min me répétait : il faut pourtant que mon jeune maître retourne à
» Paris, il ne peut point passer toute sa vie en nourrice !... Si on
» savait qu'il est encore chez vous, on me gronderait... Et un tas de
» choses comme ça... Le fait est, mon enfant, qu'ordinairement on
» vous retire les nourrissons quand ils commencent à parler... à
» moins... à moins... »

La bonne femme s'était arrêtée, car elle avait été sur le point de
dire :

« — A moins qu'on ne se fasse comme ta mère, et qu'on ne les retire
» pas du tout. »

Louise avait cet instinct du cœur, qui sait lire au fond de l'âme ;
elle avait deviné la pensée qui était venue mourir sur les lèvres
de Nicolle, et lui pressant la main avec force, elle lui avait dit en sanglotant :

« — On n'est pas revenu me chercher, moi, je le sais bien... Ma
» mère n'a plus voulu de moi... et pourtant je ne pouvais pas encore
» avoir été méchante alors... j'étais trop jeune... et sans vous... sans
» votre bonté... que serais-je devenue?... Ah ! ma bonne Nicolle, com-
» ment se fait-il qu'une mère abandonne son enfant? J'aurais tant
» aimé ma mère, et elle n'a pas voulu me reprendre... ni m'embras-
» ser... Ah ! c'est qu'elle est morte sans doute, sans cela je suis bien
» sûre qu'elle serait revenue me chercher... ou du moins me voir
» quelquefois.

» — Oui, » disait Nicolle en embrassant Louise ; « tu as raison
» ma petite, ta mère sera morte sans avoir eu le temps de te faire venir
» près d'elle..., sans avoir pu dire peut-être où était son enfant....,
» Eh ! mon Dieu !... on mourt si vite quelquefois ! oh ! il faut que
» cela soit ainsi... Mais ne parlons plus de cela ; tu sais bien que
» je n'aime pas que nous revenions sur ce sujet qui te rend toujours
» triste.

» — Aussi, ma bonne Nicolle, je vous en parle rarement, quoique
» j'y pense presque sans cesse; mais du moins quand Chérubin
» était avec moi, cela me faisait oublier que je ne connais pas mes
» parents... il me disait qu'il m'aimerait toujours... et lui aussi m'a
» abandonnée. »

Et après cet entretien, Louise s'en allait au fond du jardin, afin de
pouvoir y pleurer à son aise ; Nicolle lui disait en vain : « — Il revien-
» dra, ma chère enfant, il reviendra ! » le temps se passait, et l'on ne
voyait pas revenir Chérubin.

Enfin, cédant aux instances de la jeune fille, un matin Nicolle
était partie avec elle pour Paris, et tout le long du chemin Louise
répétait :

« — Nous allons le voir... je lui dirai combien je suis triste loin
» lui, je lui dirai que je pleure presque toujours, qu'il n'y a plus ri
» qui m'amuse au village, et il reviendra avec nous, ma mère; oh !
» suis sûre qu'il reviendra. »

Nicolle secouait la tête d'un air de doute et murmurait:

« — Enfin, nous saurons au moins s'il est content et s'il se porte
» bien ; c'est le principal. »

Elles étaient arrivées ainsi devant le vieil hôtel du faubourg Saint-
Germain.

« — C'est là sa maison, » avait dit Nicolle. « Oh ! je la reconnais
» ben... c'est là où je suis venue le prendre quand il était tout petit
» et tout maigre... tout chétif ! Dieu merci, j'en avons fait un beau
» garçon; et puis je sommes revenue l'amener plusieurs fois à so
» père, quand le vieux monsieur vivait encore. »

Louise regardait avec surprise ce vieil hôtel, dont l'aspect sévère
et les murs noircis par le temps lui causaient presque de la
frayeur. Cependant on était entré dans la cour, et Nicolle avait dit
au concierge :

« — Monsieur, je venons voir mon fieu... mon nourrisson... le jeune
» Chérubin, votre maître... Il nous a quittées pour venir ici... mais
» ça nous ennuie de ne pas l'avoir embrassé depuis longtemps ; nou
» n'y tenons plus, et nous v'là. »

Le concierge, qui a sa consigne, répond :

« — Vous ne pouvez pas voir monsieur le marquis, mon maître, car il n'est pas à l'hôtel ?

» — Il est sorti !..... Ah ben, il reviendra..... Nous l'attendrons, n'est-ce pas, Louise ?

» — Oh ! oui, ma mère, nous l'attendrons, car il faut que nous le voyions, puisque nous sommes venues à Paris pour cela. »

Le concierge reprend avec un flegme désespérant :

« — Vous attendriez en vain ; M. de Grandvilain est en voyage, il ne reviendra peut-être pas de dix ou quinze jours.

» — En voyage ! » s'écrie Louise, oh ! mon Dieu... mais c'est bien ennuyeux... et où donc, monsieur, de quel côté..... est-ce loin ?

» — Mon maître ne me l'a pas dit.

» — Mais du moins, » reprend Nicolle, « se porte-t-il bien ?... est-il bien heureux ?... s'amuse-t-il à Paris ?

» — Monsieur le marquis jouit d'une parfaite santé.

» — Mon Dieu !... mais pourquoi donc se mettre en voyage sans être revenu nous voir ?... Monsieur... est-ce que ces jeunes dames étrangères qui dansent si bien voyagent avec... monsieur Chérubin ?

» — Je ne pourrais pas vous dire. »

Alors Nicolle et la jeune fille s'en étaient retournées à Gagny, bien tristes de n'avoir pu embrasser Chérubin ; cependant la nourrice disait à Louise :

« — C'est égal, nous savons qu'il se porte bien, et c'est beaucoup.

» — Oui, ma bonne mère... et sans doute qu'au retour de ce voyage, il viendra nous voir, et s'il ne venait pas nous retournerions à Paris, car il ne sera pas toujours absent. »

Mais les jours, les semaines s'étaient écoulés de nouveau sans que l'on entendît parler de celui que l'on aimait tant et que l'on attendait toujours. Vaincue par les prières et les larmes de Louise, Nicolle avait consenti à retourner encore à Paris, et ce second voyage n'avait pas été plus heureux. Seulement, cette fois le concierge avait répondu que M. le marquis était allé passer quelque temps dans le château d'un de ses amis.

Alors les deux femmes étaient revenues plus tristes encore que la première fois.

« — Ma chère enfant, » avait dit Nicolle en pleurant aussi, je crois que celui que j'ai nourri ne veut plus me recevoir... tu vois bien d'ailleurs qu'il nous a oubliées, puisqu'il ne vient plus au village et ne nous donne pas de ses nouvelles... et vois-tu, quand les gens de Paris ne veulent pas recevoir quelqu'un, ils font dire tout uniment qu'ils n'y sont pas !

» — O ma mère ! vous penseriez que Chérubin ne veut plus nous voir... qu'il rougit de nous, peut-être ?...

» — Je ne dis pas ça, mon enfant ; mais ce qu'il y a de certain, c'est que je ne retournerai plus chez lui à Paris... car on a dû lui dire que nous étions venues... et s'il nous aimait encore, il me semble, moi, qu'il serait bien vite accouru nous embrasser. »

Louise n'avait rien trouvé à répondre ; elle désirait défendre Chérubin dans l'esprit de Nicolle, lorsqu'au fond du cœur elle ne conservait plus qu'une faible espérance. Depuis ce second voyage à Paris, la tristesse de la jeune fille n'avait fait qu'augmenter ; devant celle qui lui avait servi de mère, elle tâchait de dissimuler son abattement, son chagrin, mais, seule, elle s'y abandonnait avec une espèce de jouissance ; car dans l'extrême peine c'est presque une consolation de n'être pas troublé dans ses rêveries, dans ses regrets, dans ses souvenirs.

Louise faisait comme tous ceux qui ont perdu un objet chéri, elle se rendait dans les endroits qu'elle avait souvent visités, parcourus, admirés avec lui. En se retrouvant dans les lieux où l'on a été heureux, il semble que l'on doive l'être encore ; notre mémoire nous rappelle toutes les circonstances passées ; les plus légères, les plus futiles deviennent précieuses quand elles ont rapport à la personne aimée. A force de s'identifier avec ses souvenirs, on croit tenir encore ce passé tant regretté, le cœur s'ouvre à un sentiment de bonheur... Mais hélas ! qu'il dure peu !... le présent revient avec son accablante vérité ! on regarde autour de soi... on est seul... bien seul... on ne retrouve au fond de son âme qu'un vide affreux... et pas une joie pure pour l'avenir.

Un matin, Nicolle travaillait, Jacquinot dormait et Louise était dans le jardin, où, comme de coutume, elle rêvait à Chérubin, lorsqu'un homme entre dans la maison rustique en s'écriant :

« O séjour... agrestus et rusticus !... je te salue... mais je ne te regrette pas... je ne suis pas du goût de Virgile... je préfère la ville à la campagne. »

Nicolle a poussé un cri de joie en reconnaissant M. Gérondif, et elle se hâte d'appeler Louise en lui disant :

« Viens donc vite, mon enfant, v'là monsieur le maître d'école revenu... sans doute que Chérubin reviendra bientôt aussi. »

C'était en effet le professeur qui était mis avec beaucoup de recherche, qui avait un chapeau tellement luisant qu'il paraissait verni, et sous lequel il pommadait avec soin, qui portait des gants glacés et de l'eau de Portugal sur son mouchoir, mais qui avait le nez encore plus rouge qu'autrefois.

Louise est accourue, jamais la présence de M. Gérondif ne lui avait causé un tel plaisir ; elle brûle et elle craint de lui parler, mais elle lui tend la main en balbutiant :

« — Ah ! quel bonheur, monsieur... vous allez nous parler de lui. »

De son côté, M. Gérondif est resté en admiration à la vue de la jeune fille, car il y avait déjà huit mois qu'il avait quitté Gagny, et cet espace de temps avait amené chez Louise un changement prodigieux et tout à son avantage. Ce n'était plus une enfant, une adolescente ; c'était une fille grande, bien faite, charmante, qui avait tout pour plaire, et à laquelle on aurait donné dix-sept ans et beaucoup d'amoureux.

« C'est extraordinaire ! » s'écrie le professeur, « c'est magique » assurément... quel changement satisfaisant !

» — Vous trouvez Louise grandie, n'est-ce pas, monsieur ? » dit Nicolle.

» — Grandie d'au moins douze centimètres... et les formes très-» amassées... très-palpables...

» — Mais Chérubin, monsieur, parlez-nous donc de Chérubin !... ce » n'est pas de moi qu'il faut s'occuper : va-t-il venir, monsieur... le » verrons-nous bientôt... pense-t-il à nous... en parle-t-il quelque-» fois ?...

» — Est-il ben gras... ben portant !... ben content, ce cher fieu ? » et quand l'embrasserons-nous ?... Pourquoi donc ne vient-il pas à » Gagny ?...

» — M. le marquis se porte fort bien, » répond Gérondif en lorgnant toujours Louise. « Vous demandez pourquoi il ne vient pas vous » voir !... mais, ma chère madame Frimousset, on voit bien que vous » ne connaissez pas la vie de Paris, et surtout la vie que doit mener » un jeune homme du grand monde!... Mon élève n'a pas un moment » à lui ; dès le matin il fait des armes, monte à cheval... chante, danse, » tire la savate !... c'est à peine s'il a le temps de prendre ses repas, » ensuite, il faut bien aller dans le monde, au spectacle, aux concerts, » au bal... Comment diable voulez-vous qu'il trouve un moment pour » venir dans ce village ?... C'est impossible ! moi-même j'ai eu infini-» ment de peine à faire aujourd'hui ce voyage... j'ai été obligé de me » presser pour déjeuner... et je n'aime pas à manger vite...

» — Nous ne le verrons donc plus ! » murmure Louise dont le cœur est redevenu bien gros et dont les yeux se sont emplis de larmes.

» — Je ne vous dis pas cela... adorable pastourelle !... seulement je » vous dis qu'il faut être raisonnable et ne pas exiger que M. le mar-» quis se dérange pour vous de ses importantes occupations.

» — Oh ! je n'exigeons rien ! je serions bien encore retournées à Pa-» ris pour le voir... mais on nous dit toujours qu'il est absent.

» — Ne venez pas à Paris, vous prendriez une peine inutile ; com-» ment voulez-vous saisir au vol un jeune homme qui a cent » courses à faire dans la journée ?

» — Cinq cents courses !... eh ! mon Dieu, mais il doit s'éreinter, ce » pauvre garçon !

» — Est-ce qu'il va à pied... il est toujours en voiture ou à cheval... » et il va ventre à terre.

» — Et il ne peut pas venir jusqu'ici ! » dit Louise en poussant un gros soupir. « Et ces belles dames qui dansent si bien... il va les » voir sans doute ?

» — Les danseuses !... fi donc !... et les mœurs !... on s'est servi de » ces baladines comme on se sert de l'aimant pour attirer une foule de » choses, mais ensuite... vade satanas !

» — Enfin, pourvu qu'il pense un peu à nous ! » reprend Nicolle.

» — La preuve qu'il pense à vous, dame Nicolle, c'est qu'il m'a » chargé de vous remettre ceci... car il veut que vous soyez heureuse » que vous ne manquiez de rien... et il est fort généreux, mon élève » tenez, prenez... il y a là dedans mille francs... c'est fort gentil. »

En disant ces mots, M. Gérondif présente un sac d'argent à Nicolle celle-ci le prend en s'écriant :

« Mille francs !... oh ! mais c'est trop, ça ! mille francs... Ah ! c'es » un beau cadeau... mais si j'avais pu l'embrasser avec ça, c'eût été » ben pus agréable. »

Jacquinot, qui vient de s'éveiller, regarde le sac d'argent en balbutiant :

« — Mille francs !... A six sous le litre... combien donc que ça fait » de tonneaux ?

» — Et il ne vous a chargé de rien pour moi, monsieur ! » reprend Louise.

Puis elle ajoute bien vite en rougissant :

« — Oh ! monsieur, ce n'est pas un cadeau... de l'argent que je veux » dire !... mais un mot d'amitié, de souvenir... un mot qui me prouve » qu'il ne m'a pas oubliée. Voyons, monsieur, rappelez-vous donc. »

M. Gérondif se gratte le nez et répond :

« — Non, ma belle amie le marquis mon élève, ne m'a chargé de » rien pour vous en particulier, mais il m'a dit de vous souhaiter à » tous une bonne santé. »

Louise pâlit et détourne les yeux. Le professeur s'approche d'elle, et lui dit alors à demi-voix :

« — Mais ne vous chagrinez pas, mia cara bella !... si le marquis » vous oubliait, il y a quelqu'un qui ne vous oubliera pas, qui veillera » sur votre avenir et qui ne vous laissera pas végéter obscurément dans » ce village. Patience, vous êtes encore bien jeune, quoique déjà par-

» faitement formée ; attendons un peu, Pénélope attendit longtemps le
» retour d'Ulysse, mais il arriva et tua les amants... Cet homme-là
» tirait parfaitement de l'arc ! »

Louise regarde M. Gérondif d'un air surpris et comme pour lui demander ce qu'il veut dire ; mais le professeur se retourne vers Nicolle,
en s'écriant :

« Maintenant, il faut que je vous fasse mes adieux.

» — Quoi ! déjà ? monsieur Gérondif, sans rien prendre, sans vous
» rafraîchir ?...

» — Un coup de piqueton. » dit Jacquinot en se levant, « ça ne
» se refuse pas.

» — Pardonnez-moi, mon cher Frimousset, cela se refuse très-fa-
» cilement, lorsqu'on est habitué comme moi à boire à Paris des vins
» excellents, maintenant votre piqueton me ferait mal à l'estomac.

» — Mais qui vous presse donc pour partir si vite ?

» — Ma digne Nicolle, je sais qu'il y a des cailles en caisse au dî-
» ner d'aujourd'hui ; c'est Mlle Turlurette qui me l'a dit, et ce serait
» me faire malhonnêteté à moi-même que de ne point en prendre
» ma part. Au revoir, vertueux campagnard ; Nicolle, veillez sur
» cette jolie perle... *Margarita*... je vous la recommande, et vous,
» belle Louise, ne vous livrez pas au chagrin ; votre avenir sera beau
» assurément ! Cet oracle est plus sûr que celui de *Calchas !* Je vous
» souhaite à tous une parfaite santé, et je cours à Villemomble pren-
» dre la voiture. »

En disant cela, M. Gérondif adresse à chacun un énorme sourire, il
y ajoute pour la jeune fille un regard extrêmement chaud, et s'éloigne
en remettant son chapeau luisant et ses gants glacés.

« Il veut que je ne me livre pas au chagrin, » se dit Louise lorsque
M. Gérondif est parti ; « et Chérubin ne lui a rien dit pour moi. »

XV. — L'INDUSTRIE DE M. POTERNE.

Chérubin doit paraître ingrat et léger dans ses affections, car il semble oublier bien vite cette bonne Nicolle qui l'a élevé, et cette petite

Échauffée par l'ardeur de la danse, Mlle Malvina se met à lancer ses jambes avec
vigueur. — Page 25.

Louise, compagne de ses jeux, et qu'il disait aimer si tendrement.
Mais cette inconstance, cette ingratitude sont trop naturelles à l'homme
pour que l'on puisse s'étonner de les rencontrer chez un adolescent.
Chérubin venait d'entrer dans sa dix-huitième année ; il était entouré
de personnes qui ne cherchaient qu'à lui rendre agréable le séjour de
Paris, qui s'occupaient sans cesse de lui procurer de nouveaux plai-

sirs, et qui ne manquaient pas surtout de tourner en ridicule et en
plaisanteries le temps qu'il avait passé chez sa nourrice. Le ridicule
est une arme bien puissante chez les Français ; les hommes faits le re-
doutent et font tout pour l'éviter, un enfant de dix-sept ans pouvait-
il le braver ?

Cependant Chérubin n'était pas aussi oublieux qu'on pourrait le

M. Poterne.

croire ; souvent il avait voulu aller revoir Nicolle et Louise ; mais pour
le détourner de ce dessein, on lui avait d'abord soigneusement caché
les deux visites de la nourrice à l'hôtel, puis on lui avait dit que
Mme Frimousset avait envoyé Louise chez une de ses parentes qui habitait la Bretagne, afin de la distraire du chagrin que lui avait causé
le départ de son jeune ami.

L'idée de ne plus retrouver Louise à Gagny avait considérablement
diminué, chez le jeune homme, l'envie de revoir le village. Cependant,
voulant toujours que sa nourrice fût heureuse, il avait, comme nous
l'avons vu, chargé M. Gérondif d'aller lui porter de l'argent, en le priant
de s'informer aussi de Louise, de savoir si elle reviendrait bientôt
à Gagny, de s'assurer enfin de son sort.

En revenant de voir Nicolle, M. Gérondif n'avait pas manqué de
dire à son jeune élève que Louise était toujours en Bretagne, chez de
bons fermiers, riches, aisés, qui la traitaient comme leur fille et avec
lesquels elle se plaisait beaucoup.

Alors Chérubin avait légèrement soupiré en songeant que sans doute
l'ancienne compagne de ses jeux l'aurait bientôt entièrement oublié ; il
avait senti dans son cœur un sentiment de tristesse et de regret, et un
moment il avait pensé à se rendre en Bretagne pour reprocher à Louise
d'avoir changé, de ne plus l'aimer.

Car, voilà comme nous sommes à tout âge : nous voulons bien oublier les autres, mais nous ne voulons pas qu'ils nous oublient ; nous
sommes inconstants, infidèles, mais nous espérons que l'on sera cons-
tant et fidèle pour nous ; enfin nous ne nous faisons pas faute de tromper, et nous ne voudrions pas l'être.

L'arrivée de Daréna ramenait toujours la gaieté à l'hôtel de Grandvilain ; et tout en s'occupant de distraire Chérubin, il tirait parti de
sa connaissance pour exercer le génie de M. Poterne.

Ainsi, le vilain monsieur avait un matin amené deux chevaux de
selle à l'hôtel du jeune marquis, et, lui assurant que c'était une occasion magnifique qu'il fallait saisir, lui avait fait payer trois mille francs
deux poneys qui en valaient tout au plus cinq cents.

Une autre fois, c'était un tilbury que M. Poterne avait eu d'un prince russe ; c'étaient d'excellents chiens de chasse, d'une race fort rare ; c'était un fusil extraordinaire qui ne pouvait jamais rater ; enfin, M. Poterne en était venu à faire commerce de tout ; il ne se présentait jamais à l'hôtel sans offrir quelque chose à Chérubin ; il apportait jusqu'à des chiens, des foulards, des perroquets et des chats. Le jeune homme achetait toujours et payait avec la plus grande confiance. Mais Jasmin, qui commençait à trouver que les occasions de M. Poterne étaient horriblement coûteuses, était de fort mauvaise humeur lorsqu'il le voyait entrer à l'hôtel et cherchait dans sa tête par quel moyen il pourrait débarrasser son maître de ses visites. Malheureusement le vieux domestique n'avait jamais brillé par son imagination, et en vieillissant cette faculté, loin de se développer chez lui, s'était encore rétrécie.

Monfréville aurait pu contrarier les desseins de Daréna et le petit commerce de M. Poterne, mais il avait été obligé d'aller passer quelque temps dans une propriété qu'il possédait aux environs de Fontainebleau, et qui avait besoin de réparations. En partant il avait cependant engagé son jeune ami à se méfier des services et de l'obligeance de M. Poterne ; mais Chérubin était trop jeune pour n'être pas confiant, et d'ailleurs Daréna semblait toujours émerveillé des bonnes occasions que son intendant avait trouvées pour le jeune marquis.

Depuis que Monfréville était absent, l'hôtel se remplissait de chevaux, de chiens de chasse, d'oiseaux de toutes espèces, de vases gothiques, d'objets soi-disant rares ou curieux, que M. Poterne apportait chaque jour.

Enfin, un matin Jasmin dit à son jeune maître :

« —Monsieur, si cela continue, votre hôtel aura l'air d'une boutique de bric-à-brac !... On ne sait plus où se retourner ici !... M. Poterne vous fait acheter trop de choses ; ces vases antiques ou curieux me paraissent très-vilains !... les chiens de chasse font un vacarme épouvantable. Quand on les lâche, ils mordent les jambes à tout le monde ; les perroquets crient de leur côté... vous en avez cinq !... Ce soi-disant chat d'Espagne qu'il vous a fait acheter, a déjà changé de couleur et n'est plus qu'un chat tout blanc et très ordinaire... et puis, vous, mon cher maître, vous avez dix-neuf cannes !... nes à présent, je les ai comptées... Qu'est-ce que vous voulez faire de dix-neuf cannes ?... M. le marquis votre père n'en avait qu'une, et il n'en portait jamais plus à la fois.

» — Allons, tais-toi, Jasmin, » répond Chérubin, en riant du désespoir de son vieux domestique ; « est-ce que je ne suis pas riche ?... est-ce que je n'ai pas le moyen de contenter mes fantaisies ?

» —Pardonnez-moi, mon cher maître, mais vous achetez tout cela parce que M. Poterne vous dit que c'est superbe, que ce sont des occasions... et mille choses pour vous tenter ; mais vous n'auriez jamais eu la fantaisie d'avoir dix chiens, dix-neuf cannes, cinq per-

Par conséquent, vous êtes la comtesse Globeska ! — Page 43.

roquets et une tortue... et de remplir cet hôtel de vieux vases... de cruches... étrangères... que je trouve fort vilaines, ainsi que la tortue qui me fait peur !

» — Parce que tu ne t'y connais pas. M. Daréna me fait toujours compliment de mes achats ; il trouve tout cela fort beau et pas cher. »
Jasmin secoue la tête en disant :

« — Oh !... M. Daréna... je ne le crois pas économe ce monsieur-là ! A propos, mon cher maître, vous a-t-il remboursé l'argent que vous avez payé pour lui au tailleur, au chemisier, au bottier ?
» — Non !... mais cela n'est pas bien important... il l'aura oublié... D'ailleurs, Jasmin, tu m'as dit alors que c'était très-bon genre de prêter de l'argent à ses amis, et que mon père en prêtait souvent.
» — C'est vrai, monsieur, mais toute la différence, c'est que les amis de monsieur votre père lui rendaient ce qu'ils lui avaient emprunté... »
Cette conversation est interrompue par l'arrivée de Poterne, qui a toujours son vilain carrick, sous lequel cette fois il tient quelque chose qui semble assez gros et qu'il cache avec soin. Jasmin fait une grimace très-significative, en voyant arriver la personne dont il parlait. M. Poterne se présente cependant d'un air fort humble, saluant jusqu'à terre, et tâchant de se donner une figure agréable.

« — Ah ! c'est M. Poterne ! » dit Chérubin en riant de la mine que fait son vieux domestique : « nous parlions de vous avec Jasmin, qui prétend que mon chat d'Espagne devient tout blanc. »
M. Poterne fait entendre un ricanement qui ressemble au son que rendraient des gros sous secoués dans une casserole, et répond

« — M. Jasmin veut rire ! le chat que j'ai eu l'honneur de vous vendre est très-précieux... il v mait d'un grand d'Espagne... il est possible qu'il blanchisse momentanément... il pourrait être indisposé, mais cela reviendra... si on a bien soin de lui.
» —? Est-ce que vous croyez que les bêtes ne sont pas bien nourries chez nous ? » répond Jasmin avec fierté.
« — Je n'ai pas voulu dire cela, mon cher monsieur ; seulement les chats d'Espagne sont fort délicats, et...
» —C'est bien, » dit Chérubin, « c'est assez nous occuper de ce chat. Vous venez sans doute m'offrir quelque chose de nouveau, monsieur Poterne, car vous êtes un homme précieux, avec vous on n'a pas le temps de désirer.
» — Monsieur le marquis est trop bon ; en effet, j'ai quelque chose. »
En disant cela, M. Poterne jette un coup d'œil fauve sur le vieux valet, dont la présence le contrarie ; mais Jasmin ne bouge pas, et comme son maître ne lui dit pas de s'en aller, il faut bien que M. Poterne se décide à montrer devant lui ce qu'il tient sous son carrick.
«—Eh bien, que m'apportez-vous aujourd'hui ? » reprend Chérubin.

3

» — Monsieur le marquis... ce que je vous apporte... c'est... c'est
» une occasion.

» — Toujours des occasions, » murmure Jasmin, « on connaît ça.

» — Je viens de la vente qui a eu lieu chez un ancien ministre...
qui était très-gourmand... A votre âge, monsieur le marquis, on
doit aimer les friandises... les bonnes choses... surtout celles qui
sont rares? Ma foi, quand on a mis celle-ci à l'enchère, j'ai pensé
que cela pourrait vous être agréable... »

En disant ces mots, M. Poterne sort de dessous son carrick un grand
pot en faïence bleue, qui est soigneusement fermé avec du parche-
min.

« — Qu'est-ce qu'il y a là-dedans, monsieur Poterne?

» — De la conserve des Indes, monsieur le marquis; c'est une con-
fiture que l'on adore dans les pays chauds, et qui est très-rare en
France, vu la difficulté pour en faire venir : cela est fait avec des
» ananas.

» — Allons, bon ! » dit tout bas Jasmin, « il va nous apporter des
» comestibles, à présent !... il manquait plus que cela.

» — Un pot de cette grandeur vaut ordinairement cent francs chez
» Chevet, quand il en a !... J'ai eu celui-ci pour cinquante, et je l'ai
» pris dans l'intention de vous l'offrir.

» — Merci, monsieur Poterne; des conserves d'ananas, en effet,
» cela doit être délicieux. Jasmin, donne cinquante francs à M. Poterne,
» tu porteras ensuite ces conserves à l'office. »

Jasmin prend le pot que lui tend le vilain monsieur, en murmurant :
« — On ne manque pourtant pas de confitures à l'hôtel, Mlle Turlurette les fait très-bonnes... et ce n'était pas la peine. »

Un regard de Chérubin fait taire le vieux domestique qui, tout en
marronnant, va prendre de l'argent au secrétaire, tandis que Poterne
dit au jeune homme :

« — Oh! mais j'aurai bientôt quelque chose de fort curieux à pro-
» poser à monsieur le marquis... C'est un singe de la grande espèce,
» qui est rempli d'esprit et d'intelligence, et dont le propriétaire ne
» consent à se défaire que par suite d'une faillite... Je saisirai l'occa-
» sion, et vous aurez un singe digne d'un roi.

» — Un singe! » s'écrie Jasmin. « Ce serait le bouquet ! notre
» hôtel sera donc une ménagerie, alors?

» — Jasmin, taisez-vous, » dit Chérubin; « et vous, monsieur Po-
» terne, apportez-moi ce singe s'il sort de son hôtel sans faire attention
» à la voix de Jasmin, qui lui crie d'une fenêtre de l'office :

« — Monsieur... Il nous a encore mis dedans... C'est du raisiné et
pas autre chose. »

XVI. — M. POTERNE CONTINUE SES ESPIÈGLERIES.

Chérubin a trouvé au café de Paris Daréna et deux jeunes dandys
dont il a fait connaissance au foyer de l'Opéra; on se lie très-vite à
dix-huit ans ; on offre et donne son amitié comme la chose du monde
la plus commune ; en avançant dans la vie on s'aperçoit souvent que
l'on n'a rien donné, ni rien reçu.

Les deux nouveaux amis de Chérubin n'ont que quelques années de
plus que lui. L'un, qui se nomme Benoît Mousserand, se fait appeler
de Mousserand, sans dire son nom de baptême qu'il trouve commun;
l'autre, qui se nomme Oscar Choplnard, ne se fait au contraire appeler
que par son prénom, ne prononçant jamais celui de sa famille.

Le premier est un grand et mince jeune homme de vingt-deux ans,
assez beau garçon quoique ses yeux soient sans expression et que ses
cheveux, qu'il dit blonds, tirent assez fortement sur le rouge ; blagueur
sans esprit, et ayant la prétention de faire la conquête de toutes les
femmes et d'être l'homme le mieux mis de Paris.

Le second a vingt-quatre ans; il est petit brun, jaune de peau, et
serait assez laid si ses yeux noirs n'étaient d'une vivacité, d'un brillant
qui donne de l'expression à sa physionomie; celui-là pourrait passer
pour spirituel, s'il n'avait pas la sottise de rougir de sa famille et de se
fâcher lorsqu'on l'appelle du nom de son père.

Ces messieurs sont riches tous deux par leur famille. Le premier
est fils d'un notaire de province et doit acheter à Paris une charge d'a-
gent de change; le second, dont le père est un ancien horloger retiré du commerce, compte bien ne rien faire du tout.

Ces deux jeunes gens font beaucoup d'amitié à Daréna parce qu'il
est noble, et celui-ci leur en fait autant parce qu'ils sont riches.
C'est ainsi que dans la société, il se fait presque continuellement un
échange de procédés intéressants.

« — Arrivez donc, marquis Chérubin, » dit Daréna, « nous vous
» attendions, le déjeuner est commandé... il sera exquis, je m'y en-
» tends...

» — Vous êtes un peu en retard, » dit Oscar.

» — Il aura été dire un bonjour à l'une de ses maîtresses! » reprend
le grand Mousserand en se caressant le menton.

« — Mes maîtresses? » répond Chérubin avec naïveté, « oh! mais
» je n'en ai pas, moi »

Daréna lui pousse le bras en s'écriant :

« — Il n'en a pas, j'espère bien que vous ne croyez pas cela ! c'est-
» à-dire qu'il en a dans tous les quartiers. c'est déjà un scélérat pro-
» fond avec les femmes. »

Et le comte ajoute bas à l'oreille de Chérubin :

« — Ne dites donc point que vous n'avez pas de maîtresses! ou
» bien on se moquera de vous, on vous montrera au doigt comme
» une pièce curieuse... et le fait est, mon cher ami, que pour dix-huit
» ans vous êtes très-arriéré. »

Chérubin rougit et s'empresse de se mettre à table. Pendant le déjeuner, Mousserand ne cesse pas de parler de ses bonnes fortunes; de
temps à autre Oscar fait des réflexions malignes sur ce que dit son
ami. Daréna mange, boit et rit des discours de ces messieurs. Chérubin écoute tout de la meilleure foi du monde et se contente de pousser
des exclamations de surprise lorsque les aventures lui paraissent extraordinaires.

« — Oui, messieurs, » dit le grand blond-roux, « dans ce mom
» j'ai cinq maîtresses ! sans compter deux qui sont en train.

» — En train de quoi? » demande Oscar en ricanant.

» — Parbleu ! cela se comprend bien, l'intrigue est en train de se
» nouer, cela va se finir cette semaine ou l'autre au plus tard.

» — Alors cela te fera sept maîtresses !... absolument comme un
» coq !

» — Oh ! tu as l'air de rire, Oscar, mais c'est la vérité... après tout
» j'en ai eu quelquefois davantage !

» — Monsieur de Mousserand, vous devenez effrayant ! » dit Daréna;
» du reste, si vos conquêtes sont jolies, recevez mon compliment !

» — Il y en a quatre de ravissantes, deux de gentilles et une de
» passable... mais je lâcherai les trois dernières, je ne veux garder
» que du premier choix.

» — Comment... est-ce que ça se lâche une maîtresse? » dit Chéru-
» bin d'un air tout surpris.

» — Ah çà, marquis, d'où venez-vous donc? On croirait, à vous en-
» tendre, que vous êtes un novice en amour... et M. le comte assure
» que vous êtes son élève... Cela ne lui ferait pas honneur ! »

Daréna vide son verre, et s'écrie :

« — Est-ce que vous croyez notre jeune Adonis?... Vous ne voyez
» pas qu'il se moque de vous... lui, qui garde une belle trois jours au
» plus... Il nous met dedans avec son petit air candide ! et s'il nous
» trompe, nous, je vous demande un peu si les femmes doivent s'y
» laisser prendre.

» — M. Chérubin est favorisé de toutes les façons, » dit Oscar.

» — Monsieur n'est pas le seul ! » reprend le grand Mousserand
d'un air suffisant ; « moi je le dis, parce que cela est, mais, parole
» d'honneur, je n'ai pas connu de femme qui m'ait résisté.

» — Oh ! mais toi, cela n'est pas étonnant, » répond Oscar d'un ton
moqueur, « tu as l'air tellement brûlant... cela se voit rien qu'à la
» couleur de tes cheveux.

» — Qu'est-ce que vous entendez par là ? » dit le grand jeune homme dont les joues deviennent de la couleur de sa chevelure. « Est-ce
» que vous osez dire que j'ai les cheveux rouges ?

» — Il me semble que je n'ai pas besoin de le dire !

» — Allons ! messieurs, est-ce que vous allez nous quereller? » dit
Daréna ; « nous sommes réunis pour déjeuner, pour rire... pour dire
» des folies, et on se fâche... on a de l'humeur... c'est du plus mau-
» vais genre, cela ; et pour les cheveux... Mais, mon Dieu, je voudrais
» être rouge, moi, j'en serais enchanté... C'est beaucoup moins
» commun en France que les bruns et les blonds !... Et ça prouve au
» contraire qu'on n'a pas les cheveux teints. Oscar, versez-moi à boire;
» et vous, de Mousserand, servez-nous de ce plat.

» — Oui, oui, » s'écrie Chérubin, au lieu de vous fâcher, dites-moi
» donc ce que vous faites de vos tant de maîtresses...

» — Eh parbleu ! ce que vous faites des vôtres, probablement.

» — Moi, mais j'en ai... »

Un regard de Daréna arrête Chérubin, qui reprend :

« — Je n'en fais rien du tout des miennes.

» — Alors elles doivent vous faire de drôles de traits !...

» — Moi, » dit Oscar, « j'ai dans ce moment une petite grisette ra-
» vissante, je lui donne un bonnet toutes les semaines, une robe tous
» les mois et elle est très-contente.

» — Moi, dit le grand Mousserand, j'ai, dans mes sept maî-
» tresses, une Anglaise qui me coûte fort cher... mais elle est ad-
» mirable !...

» — Est-il blagueur avec ses sept femmes, celui-là ! Il me fait l'effet
» de Barbe Bleue. Promène-toi donc avec elles toutes un jour, tu
» auras l'air d'un maître de pension.

» — Je ne donne plus aux femmes que mon cœur ! » dit Daréna, « et

» elles m'aiment beaucoup plus depuis que je les ai mises à ce ré-
» gime-là. »

» — Et vous, Chérubin, faites-vous des folies pour vos belles? »
Chérubin joue avec son couteau, tout en balbutiant :

» — Moi... je ne sais pas... c'est selon.

» — Décidément, vous êtes trop discret, » reprend Mousserand ;
» on ne peut rien tirer de vous. »

» Chérubin, que cette conversation embarrasse, tire sa montre en
» étextant un rendez-vous.

Pendant qu'il regarde l'heure, Oscar Chopinard, qui est à côté de
lui, examine sa montre.

« — Elle est bien jolie... bien plate, n'est-ce pas? » dit Chérubin, en
» présentant sa montre à son voisin.

Celui-ci la prend, l'examine de nouveau très-attentivement, puis s'écrie:
« — C'est singulier... est-ce une gageure?.... Tiens! voyons la chaî-
» ne... Oh! parbleu! la chaîne aussi... Ah! il serait curieux que l'é-
» pingle... Permettez, mon cher Chérubin. »

Et M. Oscar, qui, après avoir examiné la montre de Chérubin, a
touché et pesé la chaîne qu'il porte autour de son cou, se met alors à
regarder de très-près son épingle en brillants.

« — Mais qu'avez-vous donc à m'examiner ainsi? » dit Chérubin ;
qu'est-ce que j'ai sur moi d'extraordinaire?

» — Ce que vous avez, » répond Oscar, « des choses que je m'é-
tonne beaucoup de vous voir porter... Un jeune homme riche comme
» vous l'êtes... Vous ne devez pas avoir payé cher cette montre, cette
» chaîne et cette épingle? »

» — Mais non, pas trop cher... deux mille cinq cents francs le tout;
» il est vrai que c'était une occasion... »

» — Deux mille cinq cents francs! » répond Oscar, en frappant
dans ses mains avec force; « eh bien! alors, mon cher ami, vous avez
» été volé... oh! mais volé complètement... Les trois objets valent
» bien à peu près soixante francs; les brillants sont faux... la chaîne
» et la montre sont en cuivre doré.

» — En cuivre! » s'écrie Chérubin, tandis que Daréna murmure
entre ses dents :

» — Ah! le gredin!... je m'en doutais presque!

» — Mais ce n'est pas possible; c'est l'homme d'affaires de M. Daréna qui m'a vendu tous ces objets...

» — Je vous certifie que j'en suis sûr.

» — Parbleu! » s'écrie le grand Mousserand d'un air moqueur,
Oscar doit s'y connaître; son père était horloger... il a été élevé là
dedans, lui. »

Chérubin regarde Daréna, en disant :

« — Comment cela se peut-il?... vous savez bien que c'est M. Po-
» terne qui m'a apporté tout cela. »

Daréna brise une assiette avec son verre, en s'écriant :

« — Si cela est, ce Poterne est un misérable qui m'a indignement
» trompé ; mais je le briserai comme cette assiette. »

Chérubin ne peut encore se persuader qu'on lui ait dit la vérité. On
sort de chez le traiteur et l'on entre dans la première boutique de bi-
jouterie que l'on aperçoit. Le bijoutier n'a pas plutôt examiné les
objets que porte le jeune homme qu'il lui dit d'un ton fort poli, mais un
peu railleur :

« — Ah! monsieur, comment pouvez-vous porter de tels objets?... Je
» ne donnerais pas quinze francs de tout cela. »

Chérubin ôte sa chaîne, son épingle, sa montre, et jette le tout à ses
pieds avec une colère qui ne venait point de la perte de son argent,
mais du dépit d'avoir été trompé. Il donne ensuite son adresse au bijoutier en lui disant :

« — Veuillez m'apporter demain tout ce que je croyais réellement
» posséder... ce que vous avez de plus beau; vous verrez, monsieur,
» que j'ai le moyen de payer de vrais bijoux. »

Le bijoutier s'incline en assurant que l'on sera satisfait, et l'on sort
de sa boutique.

« — Quant à votre M. Poterne, » s'écrie Chérubin en s'adressant à Daréna, « je ne lui conseille pas de se présenter encore chez
» moi !.. »

Daréna qui fait semblant d'être furieux, prend la main de Chérubin
et la presse fortement, en murmurant:

« — Mon ami, c'est moi qui suis involontairement cause de tout
» ceci, ce misérable Poterne m'a trompé comme vous... je suis sûr
» qu'il me vole horriblement aussi !... mais c'est à moi de le punir...
» je vais le trouver et je lui briserai les reins. »

En disant ces mots il quitte vivement les trois jeunes gens et se rend
en effet chez lui.

Daréna habite alors un petit appartement assez joli dans la rue Neuve
Bréda. Grâce au commerce que fait Poterne avec le jeune marquis,
commerce dans lequel Daréna touchait une partie des bénéfices, il était
en fonds depuis quelque temps, et son homme d'affaires occupait une
petite chambre au-dessus de son appartement.

» — Poterne est-il chez moi? » dit Daréna en passant devant son
concierge.

« — Chez vous ou chez lui, monsieur, » répond le concierge, « mais
» il y est... je l'ai vu rentrer avec le petit garçon qui depuis quinze
» jours vient le voir tous les matins :

» — Ah! un petit garçon vient le voir tous les matins!... Et de quel
» âge est à peu près cet enfant?

» — Dame! il a bon dix ou douze ans!... mais il a une figure très-
» espiègle... Il n'est pas beau... et malgré ça il a l'air si futé qu'on le
» trouve presque gentil. »

Daréna monte l'escalier en se disant :

« — Qu'est-ce que Poterne peut donc faire de ce petit garçon?...
» serait-ce son fils?... oh! non, un homme comme lui ne se connaît
» aucun enfant... il faudrait en avoir soin ; c'est quelque gamin qu'il
» aura pris pour faire les commissions et cirer ses bottes... Je croyais
» pourtant qu'il faisait tout cela lui-même. »

Daréna entre chez lui et n'y trouvant pas Poterne, monte un éta-
de plus et frappe à la porte de la chambre de son homme d'affaires.

Un grand mouvement se fait aussitôt entendre dans la chambre, il
semble que l'on bouleverse des chaises, que l'on ouvre et ferme des
armoires, puis enfin la voix creuse et fausse de M. Poterne fait entendre ces mots :

« — Qui est-ce qui est là?

» — Eh parbleu! c'est moi; allons, ouvre donc, vieux coquin! »

Poterne ouvre la porte, en disant :

« — Pourquoi ne vous faites-vous pas tout de suite reconnaître?... j'é-
» tais très-occupé... cela m'a dérangé... quand on ne sait pas qui
» c'est!... »

Daréna promène ses regards dans la chambre, qui est fort en désordre, et, les ramenant sur Poterne, qui a l'air de vouloir ranger, lui dit:

« — Tu n'étais pas seul ici?... tu avais un petit garçon avec toi?...
» Quel diable de mystère tripotes-tu maintenant avec cet enfant?...
» voyons, réponds vivement, je ne suis pas en train de rire, moi. »

Pour toute réponse, M. Poterne se met à crier:

« — Allons, viens, Bruno, viens, tu peux te montrer... c'est mon
» intime ami qui est là... il n'y a pas de danger! »

Aussitôt une armoire s'ouvre, un petit garçon d'une douzaine d'années en sort et vient se rouler au milieu de la chambre en poussant un
ricanement aigre, qui ressemble à un cri sauvage ; ce qui ajoute à la
singularité de sa présence, c'est qu'il est vêtu entièrement d'une espèce de peau verdâtre poilue par endroits, que cette peau, qui recouvre aussi ses pieds, ses mains; que ses pieds, se terminent là, par des espèces de grif-
fes, et qu'au bas des reins pend une queue fort mince et infiniment
prolongée ; son visage seul est à découvert.

« — Que diable est-ce que cela? » murmure Daréna en considérant le petit garçon qui se livre sur le parquet à une foule de cabrioles,
de sauts, et semble parfaitement habitué à marcher sur ses mains. »

M. Poterne fait un sourd grognement, comme s'il riait en dedans, et
répond :

« — C'est un singe que je suis en train de faire

» — Un singe?... et pour qui?

» — Pour notre jeune marquis. Je voulais lui vendre un grand et
» beau singe... mais je n'avais pas envie d'en acheter. J'avais remar-
» qué au coin de la rue ce petit décrotteur... le drôle s'acquittait par-
» faitement des commissions dont on le chargeait ; j'ai vu qu'il avait
» de l'esprit et je lui ai proposé, moyennant une récompense honnête,
» de faire le singe. J'avais acheté le costume d'orang-outang... qui est
» très-naturel, Bruno vient le mettre tous les matins, puis il s'exerce à
» sauter, à cabrioler ; il va très-bien, il est plus drôle qu'un singe na
» turel... Il a le masque, mais je n'étais pas bien décidé à lui en
» mettre un...Comme Bruno était très-laid, en lui teignant la figure, en
» lui collant du poil aux sourcils, au menton... je crois qu'il aurait fait
» un très beau singe ch! ch! »

Daréna se jette sur un siège et ne peut s'empêcher de se mettre aussi
à rire tout en disant :

« — C'est affreux! c'est épouvantable, et je ne peux pas faire au-
» trement que de rire. C'est que vraiment, cette idée de faire un singe...
» Poterne, il est fâcheux que vous soyez une grande canaille, car vous
» avez beaucoup d'imagination ; mais admettons que Chérubin ait
» acheté ce singe de contrebande, est-ce que M. Bruno avait envie de
» rester animal toute sa vie? »

» — Mais non, » reprend Poterne, « une fois dans l'hôtel, il saura
» adroitement choisir le moment pour prendre sa volée, il se serait
» échappé n'importe par où... par une cheminée au besoin... il à été ra
» moneur et il grimpé parfaitement dans les cheminées !... Moi, vous
» concevez que je ne le regarde plus ; je vends un singe, on me le
» paye... ce n'est pas ma faute ensuite si vous le laissez échapper, eh!
» ch! ch! »

Le petit garçon, qui entend rire Poterne, en fait autant en imitant
de nouveau le cri sauvage du singe et en sautant sur tous les meubles
de la chambre afin de développer encore son talent.

« — Allons, » dit Daréna au bout d'un moment, « tu en seras pour
» tes frais d'éducation, Poterne, et ce petit drôle pourra faire le singe
» sur les boulevards, mais il ne le fera pas chez notre jeune écolier!

» — Et pourquoi donc cela?

» — Pourquoi? parce que tu es un misérable... un escroc... un
» voleur! »

M. Poterne regarde le comte d'un air qui signifie: « Il y a longtemps que vous savez tout cela, pourquoi en paraissez-vous étonné? »

Daréna continue :

» — Je veux bien que l'on vende un peu cher à mon jeune ami les
» objets qu'on lui propose, parce qu'après tout les marchands vendent
le plus cher qu'ils peuvent... ceci est du commerce et pas autre chose ;
mais je ne veux pas que l'on abuse de la confiance de Chérubin au
point de le tromper indignement, c'est ce que vous avez fait, monsieur le voleur ! »

Poterne roule ses yeux d'un air surpris, en murmurant:

« — Je ne vois pas où est le grand mal... je lui ai dit que c'étaient
des ananas confits... ce sont des navets ; mais, après tout, ça ne
peut pas lui faire de mal, au contraire... c'est moins échauffant.

» — Il n'est pas question de navets... je ne connais pas cet épisode...
» vous me l'expliquerez ! mais il s'agit de la montre, de la chaîne ; de
» l'épingle : tout cela est faux... horriblement faux... et vous avez eu
» l'effronterie de me dire que cela valait huit cents francs ! Drôle, vous
» m'avez volé aussi, moi !

» — C'est bien heureux que ces bijoux n'aient pas valu cette somme ! »
répond froidement Poterne, « car sur les deux mille cinq cents
» francs que j'avais reçus vous ne m'en avez laissé que cinq cents pour
» donner à compte au marchand, et puis vous ne m'avez jamais
» donné le reste !

» — Parce que j'avais comme un pressentiment de ta friponnerie !
» Vendre de la drogue, du cuivre doré à mon jeune ami... c'est infâme
» cela !

» — Ah ça, dites donc, mais il me semble que depuis dix-huit mois
» vous vivez joliment aux dépens de votre jeune ami.

» — Taisez-vous, Poterne, taisez-vous... j'ai envie de vous rom-
» pre les os... et je le mériteriez bien... Voyez quelle belle chose
» vous avez faite en ne vous contentant pas des bénéfices honnêtes
» que vous pouviez réaliser sur les objets que vendiez à Chéru-
» bin, maintenant vous ne pouvez plus vous retourner chez lui... Je vous
» avais procuré une excellente maison, et par votre soif de l'or vous
» vous l'êtes fermée... et par contre-coup vous me faites un tort con-
» sidérable... j'avais quelques bénéfices dans ce petit commerce...
» c'était bien juste, puisque c'était moi qui vous avais procuré la
» connaissance du petit richard.

» — Quelques bénéfices !... c'est-à-dire que vous prenez tout !
» murmura Poterne en faisant une horrible grimace.

« — Encore une fois taisez-vous... ou je ne me modérerai pas ! Et
» maintenant comment soutiendrai-je mon luxe... mon rang !... je
» puis bien emprunter quelquefois à Chérubin, mais cette ressource
» me manquera bientôt... les gens les plus obligeants se lassent de
» prêter, surtout quand on ne leur rend jamais. J'ai voulu donner à
» mon jeune ami le goût du jeu, en lui disant que c'était la passion
» des gens comme il faut, mais je n'ai pu y parvenir, le jeu l'ennuie...
» ensuite ce diable de Monfréville lui a justement conseillé de ne
» point s'y livrer. Il ne me reste donc plus qu'une voie de salut pour
» faire mes affaires en me rendant utile à Chérubin, c'est... l'amour.
» Quand un jeune homme riche est amoureux, ordinairement il fait
» mille folies pour celle qu'il aime... s'il y a des obstacles, il sème
» l'or à pleines mains pour les surmonter... et nous aurions su en faire
» naître quand nous l'aurions voulu. Eh bien ! par une fatalité que
» je ne comprends pas, Chérubin, qui depuis deux ans cris d'admiration
» lorsqu'il voit un joli minois, qui avait eu l' air épris de mes quatre
» petites danseuses..... qui ne peut pas apercevoir une grisette gen-
» tille sans en être troublé, enfin qui a l' air d'être très-amoureux
» de toutes les femmes; Chérubin n'a encore formé aucune intrigue,
» pris aucune maîtresse. Je lui ai proposé vingt fois de le mener
» chez Malvina, chez Rosina, chez Fœdora; il a d'abord accepté, puis en-
» suite il n'a plus voulu, en me disant : Plus tard, nous verrons, je
» n'ose pas !... et mes railleries, mes plaisanteries n'ont pu vaincre sa
» timidité. Voilà où j'en suis, monsieur : vous voyez que j'ai raison de
» dire que votre friponnerie me met dans une fâcheuse position.

Poterne, qui a écouté Daréna très-attentivement, semble réfléchir sur
qu'il vient d'entendre et répond enfin :

« — Si le jeune homme n'a point d'intrigue galante, c'est que pro-
» bablement il n'a pas encore rencontré une femme qui l'ait rendu vrai-
» ment amoureux... et puis vos danseuses qui ont eu l'air de se jeter
» à sa tête... ce n'est pas comme ça que l'on séduit un cœur tout
» neuf... qui veut des illusions, de la passion. Soyez tranquille, je
» lui trouverai ce qu'il lui faut... et avant peu je l'engagerai dans une
» intrigue bien romanesque, bien entortillée.

» — Songe que tu ne peux plus te présenter devant Chérubin, qui
» est capable de te donner sa botte... où tu sais bien... il était furieux
» contre toi, je t'en préviens.

» — Oh ! soyez tranquille, si je me présente encore à lui, j'aurai
» soin qu'il ne puisse pas me reconnaître.

» — Poterne, si tu parviens à faire naître un amour bien pas-
» sionné dans le cœur de notre une homme, je te rends mon estime.

» — Oui, oui, j'y parviendrai !... mais il faut me laisser le temps
» de trouver d'abord un joli minois... et de savoir ensuite si ?... Eh
» bien, Bruno !... Bruno !... où vas-tu donc, petit drôle ? »

Pendant la conversation qui avait lieu entre Daréna et Poterne, le
petit garçon, qui avait fort bien compris qu'il ne jouerait pas le rôle
de singe, comme on le lui avait dit, avait remis ses habits ; mais cette
toilette terminée, M. Bruno présumant qu'on ne ferait pas attention à

lui, avait roulé sous son bras la peau de singe, dans laquelle il avait
fourré le masque, et il venait avec cela de sortir de la chambre.

« — Ma peau ! ma peau de singe ! Bruno !... » s'écrie M. Poterne
en courant sur le carré. « Ah ! petit gueux... veux-tu me la rendre ? »

Mais M. Bruno, qui est devenu très-habile dans les exercices gym-
nastiques, grâce aux leçons qu'il a prises pour faire le singe, descend
l'escalier si lestement, qu'il est en bas avant que Poterne ait descendu
quelques marches ; celui-ci n'en court pas moins après son jeune
voleur ; et tandis que Daréna rentre chez lui en riant de cette aventure,
M. Poterne court dans la rue après le petit décrotteur en criant :

« — Ma peau !... ma peau !... Arrêtez ce petit drôle qui me vole ma
» peau ! »

XVII. — CONSEILS D'UN AMI.

En rentrant à son hôtel, Chérubin fait venir Jasmin et lui dit :
« — Si M. Poterne osait encore se présenter ici ; je t'ordonne de le
» faire jeter à la porte ; tu pourras même lui faire donner quelques
» coups de bâton par le concierge... mais tu ne les lui donneras pas
» toi-même, parce que tu es trop vieux et qu'il te les rendrait. »

Jasmin pousse un cri de joie, en disant :

« — Quoi ! vraiment, monsieur ?.... et sans prendre le singe ?

» — Oh ! je te défends surtout de prendre de lui la moindre chose. »

Et Chérubin raconte à son vieux domestique ce qui vient de lui arriver.

« — Voyez-vous, monsieur, » répond Jasmin, « ce Poterne est un
» indigne fripon, j'en étais sûr ; ses soi-disant confitures de l'Inde, j'en
» ai fait goûter à Mlle Turlurette, cela lui a donné très-mal au ventre,
» et depuis elle est encore... dérangée. J'ai bien peur, monsieur,
» que tout ce que vous avez acheté à ce Poterne ne soit comme
» votre montre !... Et ce M. Daréna dont il est l'homme d'affaires !
» ham !

» — Daréna était encore plus furieux que moi contre cet homme...
» il doit l'assommer. Il a été trompé aussi ; ce n'est pas sa faute.

» — C'est égal, mon cher maître, j'aime bien mieux votre autre
» ami, M. de Monfréville. Ah ! quelle différence : il ne vous emprunte
» pas votre tailleur celui-là... il ne vous fait rien acheter, il n'a pas lâ-
» ché sur vous son intendant. »

Chérubin sourit des réflexions de Jasmin, mais il ne lui vient pas à
la pensée que Daréna puisse être complice des méfaits de son homme
d'affaires ; son cœur est trop franc, trop confiant, pour soupçonner
la ruse et la perfidie, et il n'aurait pu croire à l'indigne friponnerie de M. Poterne, si ce ne lui avait pas été si positivement
prouvée.

Quant à M. Gérondif, qui passe une partie de son temps au lit,
l'autre à table, en disant du latin à Mlle Turlur des vers de Vol-
taire, ou de Racine, en disant qu'il les a composés le matin, lorsqu'il
apprend ce que M. Poterne a tant fait, il s'écrie:

« Cet homme n'avait pas lu le Deutéronome, qui dit : non furtum
» facies !... ou il l'avait mal traduit. »

Quelques jours après cette aventure, Monfréville, de retour de la
campagne, ne tarde pas à venir voir Chérubin. En apercevant la
meute, les perroquets, la tortue, les cannes, les vases gothiques et
tous les objets soi-disant curieux qui encombrent l'hôtel de son
jeune ami, il pousse un cri qui n'est pas d'admiration, et dit à Chérubin :

« — Eh ! mon Dieu, quelle fantaisie avez-vous eue d'acheter tout
» cela ?

» — Ce sont des occasions.... on me disait q c'était superbe.

» — Superbe ! tout cela est affreux, de mauvais goût... de nulle va-
» leur !... Vos perroquets sont de vieilles erriaches, vos chiens sont de
» misérables bâtards dont je ne voudrais pas pour garder des moutons...
» jusqu'à vos cannes qui ne sont que de méchants bâtons ; ce rotin est
» faux... ceci n'a jamais été un jonc.

» — Qu'est-ce que j'avais dit ! » s'écrie Jasmin ; « ce Poterne était un
» misérable filou... il nous toujours mis dedans... comme pour nos
» bijoux.

» — Mon cher maître, racontez donc à monsieur l'histoire de notre
» montre. »

Chérubin fait à Monfréville le récit de ce qui lui est arrivé.

« — Du moment que c'est M. Poterne qui vous a vendu tout cela, »
dit Monfréville, « cela ne m'étonne plus ! Mais Daréna, le voyez-vous
» toujours ?

» — Toujours, » répond Chérubin. « Il a été indigné de la conduite
» de son homme d'affaires, et il m'a même dit depuis qu'il l'avait as-
» sommé et chassé de chez lui. »

Monfréville laisse échapper un léger sourire, puis, prenant la main
de Chérubin :

« — Mon ami, vous êtes bien jeune encore ! et vous ne pouvez pas
» connaître les hommes ; cette connaissance du monde que l'on n'ac-
» quiert que par l'expérience et l'habitude, à moins d'être doué tout
» jeune d'un esprit très-observateur, cette connaissance est plus triste
» qu'agréable à faire !... car les hommes sont rarement ce qu'ils veu-
» lent paraître ; la franchise n'est pas estimée dans la société comme

» une vertu; au contraire, on regarderait comme un sot ou comme un
» rustre celui qui dirait franchement sa pensée au risque de blesser
» l'amour-propre des uns et la susceptibilité des autres; on trouve
» charmants les gens qui n'ont à la bouche que des choses aimables,
» flatteuses, et l'on ne s'inquiète pas s'ils pensent ce qu'ils disent.
» Chacun dans le monde agit suivant qu'il y est poussé par ses intérêts
ou ses passions, et ceux qui font le plus de parade de leurs vertus,
de leur honneur, de leur bonne foi, sont ceux auxquels il faut le
moins se fier; car les gens vraiment vertueux et probes trouvent tout
naturel de l'être et fort inutile de le proclamer. Je ne vous ai pas dit
tout cela plus tôt, car c'est à regret que je vous ai fait perdre ces illusions qui font le charme de la jeunesse, et avec lesquelles on commence la vie, mais je prends trop d'intérêt à vous pour ne pas chercher à vous mettre en garde contre les piéges que l'on pourra vous
tendre.

» — Comment, mon cher Monfréville, « dit Chérubin d'un air attristé,
est-ce qu'il ne faut se fier à personne dans le monde?

» — Je ne prétends pas dire cela... Je veux faire de vous
un misanthrope, Dieu m'en garde! mais je vous avertis qu'il faut être
» fort difficile dans le choix de ses amis.

» — M. Gérondif m'avait répété souvent qu'en devenant savant on
» devenait à craindre, parce qu'un savant ne pouvait jamais être at-
» trapé par personne, vu qu'il en savait plus que les autres.

» — Je ne sais pas si votre professeur est très-fort sur ses auteurs,
» mais il ne l'est guère dans la connaissance du cœur humain. D'a-
» bord, on peut être très-savant sans avoir une étincelle d'esprit, nous en
» avons la preuve chaque jour; ensuite les gens qui ont le plus d'es-
» prit sont presque toujours ceux qui se laissent attraper le plus faci-
» lement; c'est sans doute une indemnité que la Providence a voulu
» établir en faveur des sots.

» — Ainsi vous êtes certain que l'on voudra m'attraper, moi?

» — Vous êtes jeune, vous êtes riche, vous avez fort peu d'expé-
» rience. Il y a une foule de gens qui voudront mettre cela à profit.
» Tout ce que je vous dis là est affligeant....... mais vous reconnaîtrez
» plus tard que j'avais raison.

» — Est-ce que vous avez été souvent attrapé, vous, monsieur de
» Monfréville? »

Cette question naïve fait sourire celui auquel elle s'adresse; cependant il pousse un soupir en répondant:

« — Tout comme un autre, mon ami. Tenez, croyez-moi, ne vous
» liez pas intimement avec Daréna... je n'aime pas à dire du mal de
» quelqu'un... mais j'observe le comte, plus je pense que sa con-
» naissance vous convient peu.

» — Il est cependant bien aimable, bien amusant, bien spirituel!

» — Je le sais bien, et c'est ce qui le rend plus dangereux... il a
» dû déjà vous emprunter de l'argent, n'est-ce pas?

» — Mais oui... quelquefois...

» — Il ne vous le rendra jamais.

» — Vous croyez?

» — J'en suis sûr, il vous engagera à jouer.

» — Oui, il me l'a souvent proposé.

» — C'est la passion la plus funeste... Il est joueur, lui... et s'il s'est
» ruiné... Quand on en est venu là, on cherche trop souvent à ruiner
» les autres; car pour trouver les moyens de satisfaire sa passion, un
» joueur malheureux est parfois fort peu délicat dans les moyens qu'il
» emploie pour se procurer de l'argent... Et Daréna en est venu là.

» — Puisque vous avez si mauvaise opinion de Daréna, comment
» se fait-il qu'il soit de vos amis... pourquoi cet hiver avec vous à
» Gagny?

» — Votre réflexion est fort juste; mais dans le monde on prend de
» quelqu'un ce qu'il a de bon et on ne s'inquiète pas assez de ce qu'il
» a de mauvais. Daréna a un nom honorable; il sait, quand il le veut,
» se tenir fort bien, il a même des manières qui plaisent, qui sédui-
» sent; on n'en demande pas davantage dans la société; mais je vous
» le répète, il faut chercher encore autre chose dans un ami.

» — Et les femmes, mon cher Monfréville... les femmes?... est-ce
» qu'il faut aussi que je m'en méfie?... ah! ce serait dommage, c'est
» si joli une femme!

» — Les femmes! c'est différent! En général, les hommes sont trop
» volages pour être bien difficiles dans le choix de leurs maîtresses, et
» du reste, on a si peu de ces liaisons sont peu dangereuses...
» Qu'importe que vous soyez épris d'une coquette, d'une femme dont
» la réputation soit plus équivoque, d'une actrice qui se moquera
» de vous!... Cet amour sera bientôt remplacé par un autre, qui
» sera, à son tour, aussi vite oublié!... La réputation d'un homme n'a
» rien à craindre de tout cela; au contraire, plus vous aurez eu de
» bonnes fortunes, plus les dames se montreront flattées de faire
» votre conquête; cela fait plus d'honneur à leur amour-propre qu'à
» leur cœur.

» — Comment, pour plaire aux femmes, il faut les tromper! » s'é-
crie Chérubin d'un air incrédule... « cela leur est donc égal qu'on les
» oublie, qu'on les abandonne? »

Monfréville pâlit, son front devient soucieux, ses yeux restent longtemps baissés, et il ne répond qu'après quelques moments:

« — Il y a des femmes qui ne pardonnent pas l'inconstance... mais

» ce ne sont pas ordinairement celles-là qui vous aiment le plus! car
» le véritable amour rend indulgent... Il pardonne, pourvu que l'on
» revienne sincèrement à lui. Tenez, Chérubin, l'homme le plus habile
» ne connaît rien au cœur d'une femme... On a beaucoup raisonné là-
» dessus, et personne n'a été du même avis. Tertullien prétend que le dia-
» ble n'a pas autant de malice que la femme, et Confucius a dit que l'âme
» d'une femme était le chef-d'œuvre de la création. Caton soutient que
» la sagesse et la raison sont incompatibles avec l'esprit de la femme,
» et Tibulle dit que leur amour nous ramène à la vertu. Formez-vous
» donc une opinion là-dessus!... Mais il me semble qu'en ce moment
» je ressemble à votre professeur qui vous accable de son érudition.
» Je termine, mon jeune ami, en vous disant que le meilleur moyen
» d'être heureux, c'est de ne point vous attacher. Aimez toutes les
» femmes! votre vie s'écoulera au sein des plaisirs, de la folie. Mais
» si vous n'en aimiez qu'une, il faudrait vous attendre à bien des
» peines contre un peu de bonheur!

» — Que j'aime toutes les femmes!... Oh! je ne demande pas
» mieux!... je suis amoureux de toutes celles que je vois... quand elles
» sont jolies!

» — Il me semble cependant que vous n'avez encore formé aucune
» liaison... Je ne vous connais pas de maîtresse.

» — Non... c'est que... il me semble que je n'oserai jamais dire à
» une femme que je l'aime... Savez-vous qu'il faut être bien hardi pour
» dire cela?

» — Ah! ah!... voilà le résultat d'un séjour de seize ans chez votre
» nourrice!... Mais il faut cependant perdre cette timidité qui vous
» serait plus nuisible qu'avantageuse, surtout près du beau sexe.
» Vous avez plus de dix-huit ans... il faut vous lancer, vous produire
» dans le monde... Ce n'est pas avec des grisettes ou des figurantes
» de théâtre qu'il faut faire votre apprentissage en amour!... Vous
» trouverez mieux que cela; dans la haute société où je veux vous
» conduire, mille femmes se disputeront votre conquête, et du moins
» celles-là vous feront honneur. Il est temps d'ailleurs que vous con-
» naissiez autre chose que les théâtres, les cafés et les restaurants de
» Paris; c'est dans les salons que l'on se forme, et je vous mènerai
» dans ceux où l'on prend les manières de la bonne compagnie. Avec
» votre nom vous serez bien reçu partout. Nous voici dans la saison
» des soirées, Mme Célival a repris ses réunions qui sont fort bril-
» lantes. On y trouve la meilleure société de Paris; je vous présente-
» rai chez elle. »

Chérubin tremble à l'idée d'aller dans le monde; il craint d'être
gauche, emprunté, de ne savoir pas parler; mais Monfréville le rassure, lui promet d'être son guide, de rester près de lui, et le
jeune marquis consent à se laisser conduire à la soirée de Mme Célival.

Ce jour arrive trop-vite pour Chérubin, qui, n'ayant pas encore
été en soirée, est fort ému rien qu'à la pensée de se trouver au
milieu d'une grande société, exposé aux regards, aux observations de
chacun.

« — Qu'est-ce que je dirai?... » Voilà quel est toujours le résultat
des réflexions de Chérubin; et en attendant l'arrivée de Monfréville il
va trouver M. Gérondif pour le consulter sur ce que peut dire un jeune
homme qui fait son entrée dans le monde.

M. Gérondif est en train d'apprendre par cœur des vers de Lafon-
taine qu'il récitera ensuite à Mlle Turlurette, en disant qu'ils sont
de lui.

Le professeur n'est point amoureux de la femme de confiance, il la
trouve trop développée pour lui; et d'ailleurs il porte ses vues ailleurs;
mais Mlle Turlurette a dans ses attributions le département des confitures, des liqueurs, des sucreries, et M. Gérondif est très-friand de
toutes ces douceurs.

En voyant son élève entrer dans sa chambre, le professeur reste
tout saisi; depuis qu'ils sont à Paris, c'est la première fois que Chérubin vient le trouver; il s'imagine qu'il veut reprendre le cours de ses
études, et lui dit:

« — Mon noble élève, tout est prêt... Je vous attends toujours... Je
» vous ai préparé des extraits de l'histoire, de la mythologie, de la
» géologie... Je travaille constamment pour vous. En ce moment, comme
» vous préparez des leçons de savate, je cherche l'origine de cet exercice
» dans les Hommes illustres de Plutarque... Je trouve bien le ceste, le
» pugilat, la lutte, mais je n'ai pas encore trouvé la savate.

» — Je vous remercie, monsieur Gérondif, » reprend Chérubin, « mais
» ce n'est pas de cela qu'il s'agit: Ce soir M. de Monfréville me mène
» dans le grand monde... il prétend qu'il est nécessaire que j'y aille,
» que j'y prendrai le ton de la bonne compagnie; il doit avoir raison,
» et j'ai promis de me laisser conduire. Mais que dit-on dans une belle
» réunion?... Comment doit-on se tenir?... Va-t-on causer avec des
» personnes que l'on ne connaît pas?... J'ai pensé que vous pourriez
» m'apprendre cela, vous qui savez tant de choses... car je n'ai en-
» core été qu'au spectacle, aux concerts, dans des cafés... et, je dois
» vous l'avouer, j'ai très-peur d'avoir l'air bête en société.

» — Bête! » s'écrie Gérondif, « c'est impossible!... Vous oubliez
» donc que vous êtes mon élève?... vous n'êtes pas de ma force sur
» Horace et Virgile, mais vous en savez quelques passages... vous
» les direz quand vous causerez avec les hommes. Avec les dames,

» c'est autre chose ; employez dans votre langage ces figures, ces mé-
» taphores qui embellissent le discours... comparez-les à Vénus, à
» Diane, à Junon, à Hébé, et vous devez assurément avoir un succès
» surprenant. Ensuite, si vous voulez que je vous accompagne, je me
» tiendrai derrière vous, et je vous soufflerai. »

Chérubin ne juge pas nécessaire de se faire accompagner dans le
monde par son professeur ; il pense que Monfréville tiendra sa promesse, et ne le quittera pas. Celui-ci arrive à l'heure indiquée pour
ercher son jeune ami.

Monfréville a une toilette du meilleur goût ; sa taille mince et bien
prise est parfaitement enfermée dans un habit qu'il porte avec une extrême élégance ; en voyant sa tournure jeune, ses beaux cheveux bruns
et sa figure encore séduisante, c'est à peine si l'on donnerait trente ans
à cet homme qui approche de la quarantaine.

Chérubin, qui est mis à la dernière mode, a dans la tournure encore
un peu de cette lourdeur que l'on conserve au village ; cependant,
comme il est bien fait et d'une charmante figure, la gaucherie de sa
démarche ressemble quelquefois à la naïve coquetterie d'un écolier.

On monte en voiture, et Monfréville dit à son jeune ami :

« — Je vous mène dans le grand monde ; mais pour chasser une ti-
» midité qui pourrait vous nuire, dites-vous d'abord que vous êtes
» d'aussi bonne maison que tous ceux que vous allez trouver là ; dites-
» vous ensuite que par votre fortune et votre position, vous n'avez
» besoin de personne. Quand on peut se dire cela, mon cher Chérubin,
» on a beaucoup d'aplomb dans le monde ; il y a même alors des gens
» qui en ont trop. A défaut des avantages que vous avez et que tout
» le monde ne peut pas posséder, un philosophe se dirait : Pourquoi
» donc me laisserais-je intimider par le titre de celui-ci ... la fortune
» de celui-là ?... ne sont-ce pas après tout des hommes comme moi ?
» Figurons-nous tous ces gens si vains, si fiers, dans le costume de
» nos premiers parents au jardin d'Eden ; dépouillons-les de ces dé-
» corations, de ces diamants, de ces riches habits qui font quelque-
» fois tout leur mérite, est-ce qu'ils m'imposeront alors ? non vrai-
» ment, il est probable qu'ils me feront rire, et voilà tout. Mon cher
» ami, il suffit de quelques réflexions de ce genre pour se trouver fort
» à son aise dans la plus haute société.

» — Vous me rassurez, » dit Chérubin ; « ensuite avec les hommes
» je parlerai latin, avec les dames je citerai Vénus, Diane, Phœbé.....
» M. Gérondif m'a conseillé cela.

» — Si vous vouliez vous faire moquer de vous, ce serait le meilleur
» moyen..... je me doutais déjà que votre professeur était un sot,
» maintenant j'en suis persuadé.

» — Mais, mon Dieu... que dirai-je, moi, si l'on me parle ?

» — Vous répondrez à ce que l'on vous dira.

» — Mais si je ne sais pas bien répondre... si je ne trouve rien à
» dire.

» — Alors gardez le silence. On n'est jamais bête dans le monde
» quand on sait se taire ; il y a même des gens qui doivent à leur
» silence leur réputation d'esprit.

» — Mais avec les dames, si j'en vois de jolies, qui me plaisent ?

» — Vous leur direz cela avec vos yeux, elles vous comprendront
» très-bien.

» — Mais si je veux faire connaissance..... faire ma cour ?

» — Dites tout ce qui vous viendra à la tête, surtout ne cherchez
» pas à faire de l'esprit, car vous deviendriez fort ennuyeux.

» — Mais......... s'il ne me vient rien dans la tête ?

» — Vous avez toujours la ressource du silence et des œillades : il y
» a beaucoup de gens qui s'en tiennent là.

» — Mais cette dame chez qui vous me conduisez...

» — Ah ! c'est juste, je dois vous la faire connaître : Mme Célival
» doit avoir trente-six ans environ, mais elle est fort bien ; c'est une
» brune piquante, dont les yeux sont remplis d'expression ; sa taille
» est charmante, ses formes gracieuses ; il y a dans sa personne quel-
» que chose de séduisant, de voluptueux, qui charme tous les hommes.
» Ensuite Mme Célival est coquette, elle ne passe point pour être d'une
» excessive cruauté avec ceux qui soupirent pour elle. Ceci cependant
» entre nous tout bas ; cette dame est, du reste, maîtresse d'elle-
» même ; elle est veuve d'un général...... oh ! mais d'un vrai général
» qui a existé et lui a laissé une belle fortune et point d'enfants. Vous
» jugez de la belle veuve ne manque pas d'adorateurs... mais atten-
» tion, nous sommes arrivés. »

XVIII. — L'ENTRÉE DANS LE MONDE.

Dans un fort bel appartement de la rue Saint-Lazare, resplendissant
alors de lumières, une société élégante, et qui est déjà nombreuse, se
livre à des causeries rarement intimes, mais souvent piquantes et rail-
leuses. Les gens d'esprit jettent de temps à autre quelques mots dans
la conversation, tandis que les bavards intrépides, qui n'ont jamais
rien de spirituel à dire, s'obstinent toujours à garder la parole.

Mme Célival est mise telle que Monfréville l'a dépeinte : belle, gracieuse, coquette, jetant de temps à autre les yeux dans une glace pour
s'assurer de l'effet de sa parure ; s'occupant de toutes les personnes
qui sont chez elle avec ce talent d'une femme habituée à vivre dans le

monde, mais conservant quelques sourires plus tendres, plus doux que
les autres pour les hommes qui lui font la cour.

Près du divan sur lequel la maîtresse de la maison vient de s'asseoir,
est une jeune et jolie blonde tout habillée de gaze, de crêpe, entortillée dans des voiles, des écharpes qui laissent à peine voir sa charmante physionomie ; et toute cette parure est blanche et rose ; et cela
encadre si bien cette dame, que de loin elle ressemble à ces gravures
où une tête de femme apparaît au milieu des nuages.

Mme Célival remercie la jolie blonde d'avoir bien voulu venir à sa
soirée, et cela malgré l'état de souffrance dans lequel la jettent ses
nerfs. A quelques pas est un grand monsieur décoré, fort laid, fort
long, fort maigre, dont le menton est entouré par un mince collier de
favoris d'un noir d'ébène ; des moustaches également brillantes, et qui
sont soigneusement cirées et retroussées par le bout, donnent à la
physionomie de ce monsieur quelque chose de celle d'un chat. En lui
parlant on le nomme Colonel.

Un jeune homme dont les cheveux sont séparés et bouclés avec autant de soin que pourrait en prendre une femme, et dont les traits réguliers, mais un peu durs, rappellent ces têtes antiques que nos peintres d'histoire aiment à donner aux héros de l'ancienne Rome, est
debout contre une cheminée ; il n'ôte guère les yeux de dessus ces dames qui causent sur le divan, mais sans paraître cependant arrêter ses
regards plus particulièrement sur l'une que sur l'autre.

Près d'un piano, car il y a nécessairement un piano dans le salon,
plusieurs jeunes personnes sont rassemblées, feuilletant des *albums*
ou regardant de la musique ; elles ne sont pas toutes bien, mais elles
sont toutes mises avec cette élégance simple, de bon goût, qui convient
à décente que celles qui ne sont pas jolies ont pourtant encore du
charme.

Des mamans causent plus loin ; les unes sont mises avec une coquetterie qui semble annoncer la prétention d'éclipser leur fille, les autres
ont une élégance simple, de bon goût, qui convient à leur âge et qui ne
les rend que plus séduisantes, lorsqu'elles sont encore dans l'âge de
plaire.

Des jeunes gens papillonnent autour des demoiselles, d'autres se
contentent de se tenir bien raides afin de faire admirer le fin de leur
toilette, le bon goût de leur coiffure : quelques-uns ont adopté un sourire qui reste stéréotypé sur leur figure pendant tout le courant de la
soirée. Enfin, des hommes entre deux âges causent debout au milieu
du salon ; parmi ceux-là on remarque un monsieur dont les cheveux
gris, déjà rares sur son front, frisent avec luxe du côté des tempes ;
il porte une physionomie distinguée et spirituelle, mais quelque chose
de trop curieux, de trop inquisiteur, brille dans ses petits yeux, qui
ont une vivacité toute juvénile, quoique son visage annonce la soixantaine. Ce monsieur cause sans cesse, parle avec beaucoup de feu, et,
tout en faisant la conversation dans un coin du salon, trouve moyen
d'entendre ce que l'on dit plus loin et se mêle ainsi à la plupart des
causeries, soutenant en même temps plusieurs entretiens sur différents
sujets avec la même facilité que César, qui dictait à la fois plusieurs
lettres dans des langues différentes.

Un autre salon, moins grand que celui où se tiennent les dames, et
auquel on se rend en traversant une charmante petite pièce meublée
avec un luxe ravissant, est destiné aux personnes qui veulent jouer ;
des tables de whist, de bouillotte sont préparées, mais il n'y a pas
encore d'amateurs.

On annonce M. de Monfréville et le marquis Chérubin de Grandvilain. Tous les regards se portent vers l'entrée du salon. Le nom de
Chérubin et celui de Grandvilain forment un contraste si singulier
qu'on est très-curieux de voir celui qui les porte.

« — M. de Grandvilain, » disent les jeunes personnes, « oh !
» comme il doit être laid ce monsieur-là... ne peut être qu'un
» homme âgé...

» — Mais on a dit aussi... Chérubin... c'est très-gentil, ce nom-là
» — Ce ne peut pas être le même.

» — C'est sans doute le père et le fils. »

Et pendant que l'on se livre à ces réflexions, Mme Célival dit aux
personnes qui l'entourent, mais de manière à être entendue par tout
sa société :

« — M. de Monfréville m'a en effet demandé la permission de lui
» présenter un jeune homme qui n'a pas encore été dans le monde, et
» je la lui ai accordée d'autant plus volontiers, que ce jeune homme,
» dernier rejeton d'une noble famille, mérite, dit-on, tout l'intérêt que
» M. de Monfréville prend à lui.

» — Ah ! très-bien ! » murmure le monsieur aux cheveux gris...
« Ceci est un petit avertissement avant l'introduction. »

En ce moment Chérubin entre dans le salon avec Monfréville ; malgré tout ce que lui a dit son mentor, il est fort peu rassuré, et l'incar-
nat qui couvre son visage laisse assez voir l'embarras qu'il éprouve.
Cependant ses yeux sont si doux, si beaux, ses traits si délicats, sa
physionomie si intéressante, qu'un murmure flatteur accueille son entrée dans le salon, et que chacun se sent déjà porté en sa faveur.
Les jeunes gens, qui se tenaient bien raides pour se faire admirer, sont les seuls qui ne paraissent pas partager le sentiment général.

« — Il a l'air bien gauche ! » dit l'un,

« — Il se tient fort mal ! » dit un autre.

« — Il ressemble à une femme en homme ! » murmure un jeune lion hérissé de barbe, de moustaches et de favoris.

Et M. Trichet, c'est le monsieur aux cheveux gris, sourit d'un air malin, en disant :

« — Chérubin !... c'est bien cela !... C'est bien le petit page du » comte Almaviva... Il ne lui manque encore que la galanterie, l'as- » surance de son homonyme... Mais cela viendra vite !... On ne de- » mandera pas mieux que de le former. »

Mme Célival accueille avec un charmant sourire le jeune homme que Monfréville lui présente, elle lui dit de ces choses flatteuses qui subjuguent sur-le-champ celui auquel on les adresse. Chérubin veut répondre aux compliments de cette dame, mais il s'embrouille, s'en- tortille dans une phrase dont il ne peut plus sortir. Heureusement Monfréville lui qui prend vite la parole pour le tirer d'embarras, et Mme Célival a trop d'usage du monde, pour ne pas chercher aussi à le mettre à son aise. Enfin, au bout de quelques minutes, Chérubin commence à oser regarder autour de lui, et il dit tout bas à son intro- ducteur :

« — Que de jolies femmes ici !... Ah ! mon ami, est-ce qu'on peut » les aimer toutes ?

» — On est parfaitement libre de les aimer toutes, mais je ne vous » réponds pas que toutes vous aimeront.

» — La maîtresse de la maison est fort belle... elle a des yeux... » qui vous... je n'ose pas dire...

» — Dites toujours.

» — Qui vous étourdissent, qui vous grisent... pardon... c'est que » je ne trouve pas le mot...

» — Ces mots qui grisent n'est pas mauvais, et, sans vous en dou- » ter, vous avez peut-être trouvé l'expression la plus juste, car si le » vin nous fait perdre la raison, les yeux d'une jolie femme font abso- » lument le même effet. J'ai envie de rapporter à Mme Célival ce que » vous venez de dire de ses yeux ; je gage qu'elle en sera flattée.

» — Oh ! mon ami, n'allez pas faire cela, je n'oserais plus re- » garder cette dame. Mais en voilà une en face de nous qui est bien » jolie aussi... Belle blonde presque cachée sous des voiles blancs et » roses...

» — C'est Mme la comtesse Emma de Valdieri. Elle est ravissante » en effet ; elle a quelque chose d'une sylphide, d'une fille de l'air ! » Elle est faite dans la perfection ; petits pieds, petites mains, petite » bouche, petites oreilles, ses yeux seuls sont grands. C'est le modèle » des femmes mignonnes. Mais elle est excessivement nerveuse, vapo- » reuse, et surtout capricieuse ; aujourd'hui elle vous accueillera avec » un tendre regard, demain elle n'aura pas l'air de vous connaître ; les » adulations l'ont gâtée. La comtesse Emma est Française, mais son » mari est Corse. C'est ce gros monsieur à favoris épais qui vocalise » près du piano. Il a une magnifique voix de basse, aussi veut-il tou- » jours faire de la musique, et, quoique Corse, semble-t-il s'inquiéter » fort peu des hommages que l'on adresse à sa femme. »

M. Trichet, qui était assez éloigné de Monfréville, a cependant trouvé moyen d'entendre ce que celui-ci vient de dire à Chérubin, et il s'ap- proche des deux amis, en disant d'un air railleur :

« — Oui, oui, le beau chanteur Valdieri est fort peu jaloux... » mais il ne faut pas s'y fier pourtant !... Avec ces Corses, il y a tou- » jours des vendetta à craindre... Et votre santé est bonne, monsieur » du Monfréville ?

» — Très-bonne, monsieur, et je vous remercie.

» — Il y avait quelque temps qu'on ne vous avait vu dans les réu- » nions.

» — J'ai été obligé de rester longtemps à ma propriété près de Fon- » tainebleau.

» — Ah ! très-bien... Vous produisez monsieur dans le monde... il » ne pouvait rencontrer un meilleur guide. »

Chérubin s'incline et veut répondre quelques mots, mais, après avoir essayé, juge plus prudent de se taire. M. Trichet va conti- nuer la conversation, lorsqu'il aperçoit un autre bout du salon trois messieurs qui causent avec feu ; aussitôt il court vers eux, en s'écriant :

« — Ce n'est pas cela... vous n'y êtes pas ! Je sais l'histoire mieux » que vous, et je vais vous la conter. »

Monfréville regarde Chérubin en souriant, et lui dit :

« — Il n'ai pas besoin de vous apprendre que ce monsieur, que l'on » appelle Trichet, est l'être le plus curieux et le plus bavard que l'on » puisse rencontrer ; il ne peut voir deux personnes causer ensemble » sans venir se mêler à leur conversation, ce qui n'est pas toujours » agréable. »

» Cependant, comme M. Trichet est un vieux garçon fort riche, qui » donne de très-belles fêtes, et qu'à part sa curiosité, il ne manque » pas d'esprit et raconte assez bien, il a ses entrées partout, dans les » salons comme dans les théâtres. »

Chérubin continuait de promener ses regards sur les personnes rassemblées dans le salon, lorsque la porte s'ouvre et on annonce :

« — Monsieur, madame et mademoiselle de Noirmont. »

Une dame d'une taille élevée, mais dont la tournure est noble et élégante, entre d'abord avec une jeune personne de quatorze à quinze

ans. Cette dame, dont la toilette, quoique riche, est d'une simplicité presque sévère, semble avoir un peu plus de trente ans ; ses traits sont beaux, mais sérieux ; ses grands yeux bruns, surmontés de sourcils assez épais, ont une expression vague et pensive qui ferait croire que la personne est souvent préoccupée de tout autre chose que de ce qu'elle dit. Sa bouche un peu serrée ne laisse presque jamais échapper un sourire ; enfin, de belles nattes de cheveux noirs, qui descendent très-bas, accompagnent bien cette figure froide et fière.

La jeune personne a la gentillesse de son âge ; sans être très-jolis, ses traits plaisent par une expression charmante d'espièglerie et de malice que tempèrent souvent les regards sévères de sa mère.

M. de Noirmont, qui vient ensuite, est un homme de cinquante ans bien sonnés ; il est très-grand et se tient un peu voûté ; il a quel- ques cheveux bruns qui ombragent ses tempes, mais le milieu de sa tête est entièrement chauve ; son aspect est dur, hautain et peu agréable ; ses traits réguliers ont dû être assez beaux, mais son regard fixe, sa voix sèche et sa parole brève, ne provoquent ni l'amitié ni la confiance.

L'arrivée de ces trois personnes a paru causer à Monfréville une émotion assez vive ; son front se plisse, ses sourcils se rapprochent, et un voile de tristesse couvre ses yeux ; mais bientôt, surmontant le sen- timent qu'il vient d'éprouver, il parvient à retrouver l'air aimable et satisfait qu'il avait en arrivant ; on dirait même qu'il affecte de paraître plus gai qu'il ne l'était auparavant.

M. Trichet, qui était revenu rôder près de Chérubin, ne manque pas de faire ses réflexions sur les personnes qui arrivent :

« — C'est la famille de Noirmont ; ils ont quitté leur terre de Nor- » mandie, ils habitent Paris maintenant... ils devaient s'ennuyer beau- » coup dans leur domaine !... ils ne sont pas gais !... Ce de Noirmont » est sec, roide, hautain !... parce qu'il a été dans la magistrature, on » croirait qu'il veut toujours vous juger... du reste, c'est un homme » d'une probité sévère... oh ! il mérite sa réputation, mais il n'est pas » aimable. Quant à sa femme, elle est la digne compagne de son mari, » parlant fort peu, ne souriant jamais... je ne sais pas si elle a de » l'esprit... mais elle ne le compromet pas !... quant à sa vertu, oh ! » intacte ! irréprochable comme la probité de son époux. Et cepen- » dant Mme de Noirmont, qui est fort belle encore, quoiqu'elle puisse » avoir de trente-trois à trente-quatre ans, a dû, lui donne cela, a » dû être ravissante à dix-huit ans, si toutefois alors elle daignait » sourire ! Pour leur fille, la jeune Ernestine, c'est encore un enfant... » elle est gentille, elle a l'air gai, espiègle... ce qui prouverait qu'elle » ne tient ni de son père, ni de sa mère... mais cela se voit souvent » et... Ah ! attendez donc, colonel, j'ai connu la personne dont vous » parlez... je vais vous expliquer le fait qui vous occupe... »

M. Trichet court alors près du grand monsieur aux moustaches re- troussées qui cause avec deux dames ; et Chérubin, se retournant, s'a- perçoit que Monfréville n'est plus à côté de lui.

En se trouvant seul au milieu de cette nombreuse société, le jeune homme se sent tout troublé et perd l'assurance qu'il puisait dans le voisinage de son ami. Ne voulant pas rester gauche, embarrassé près de la cheminée où il est exposé à tous les regards, il parvient à se faufiler hors du cercle en se glissant derrière un fauteuil, puis il gagne une embrasure de croisée ; mais là, des personnes qui sont assises l'empêchent d'aller plus loin. Il vent encore se rapprocher, mais Mme de Noirmont et sa fille sont venues s'asseoir devant lui et ont fermé la route par laquelle il est arrivé là, si bien qu'il se trouve bloqué dans un tout petit espace d'où il ne pourrait sortir qu'en faisant lever les dames qui sont devant lui. Comme il est incapable d'une telle har- diesse, il se décide à rester dans le coin où il se trouve jusqu'à ce qu'il plaise au hasard ou à Monfréville de venir le tirer de sa prison.

Les dames qui sont assises devant l'encoignure où Chérubin se tient debout ne se doutent pas qu'il y a quelqu'un derrière elles. Les con- versations continuent dans le salon ; on va ; on vient, on se pro- mène. Chérubin seul ne peut pas bouger et il ne sait trop quelle figure faire dans son petit coin. Mme Célival a passé plusieurs fois de- vant les personnes qui tiennent Chérubin bloqué, mais elle ne l'a pas aperçu. En le félicite, car il n'aurait su que répondre si cette dame lui avait demandé ce qu'il faisait là. Monfréville n'a pas reparu dans le salon, mais il n'a pas vu les regards suppliants que lui jette son jeune ami, et loin de s'approcher de lui, il semble éviter de venir du côté où Mme de Noirmont vient de s'asseoir.

Près d'une heure s'écoule ainsi, le pauvre Chérubin est très-fatigué de se tenir sur ses jambes, et s'ennuie horriblement dans son petit coin. Cependant il peut entendre ce que Mme de Noirmont dit à sa fille, mais cette dame ne fait pas de longues conversations, se con- tente de répondre brièvement à ce que lui dit la jeune Ernestine.

« — Maman, » dit Mlle de Noirmont après qu'une jeune personne a chanté une romance, « est-ce que vous ne voulez pas que je chante, » moi ?

» — Non, ma fille, vous êtes trop jeune pour vous mettre en évidence et d'ailleurs, à moins que votre père ne l'exige, vous ne chanterez ja- mais dans le monde...

» — Pourquoi donc cela, maman ?...

» — Parce que j'aime mieux dans une jeune personne la modestie qui se cache, que la vanité qui brille.

» — Mais alors, maman, pourquoi m'avoir donné un maître de mu-
» sique et de chant?

» — Ces talents-là sont plus utiles dans la solitude que dans le
» monde.

» — Ah! mais pourtant, maman...

» — C'est assez, ma fille! »

Un regard de Mᵐᵉ de Noirmont impose silence à la jeune fille, mais
au bout de quelques minutes elle reprend :

« On ne danse donc pas ici, maman?

» — Non, sans doute... est-ce que je vous ai dit que nous allions au
» bal?

» — Oh! non, mais quelquefois on danse dans les soirées... c'est
» bien plus amusant alors!

» — Vous ne pensez qu'aux plaisirs, qu'à la danse!

» — Oh! j'aime tout cela ;
» mon père ma dit que cet
» hiver il donnerait un grand
» bal.

» — Un grand bal!... ah!
» j'aime à croire qu'il chan-
» gera d'idée!

» — Pourquoi donc ne
» voulez-vous pas, maman ?

» — C'est bien, taisez-
» vous. »

La jeune fille se tait en
faisant une petite moue bien
gentille ; alors sa mère lui
prend vivement la main, la
presse dans les siennes et
lui dit d'un ton plus doux
et avec une expression de
tristesse profondément sentie :

« — Je t'afflige, Ernes-
tine, tu n'aimeras pas ta
mère... »

Pour toute réponse, la
jeune fille porte à ses lèvres
la main de sa mère en
murmurant :

« — Oh! tu sais bien que
» si!... »

Tout à coup, en se retournant, la fille de Mᵐᵉ de
Noirmont aperçoit Chérubin
qui ne sait plus sur quelle
jambe se tenir. En voyant
debout derrière elle ce jeune
homme qui fait une si drôle
de figure, la jeune Ernestine ne retient qu'à moitié
une envie de rire. Sa mère
lui dit :

« — Qu'avez-vous donc?...
» que vous prend-il? on ne
» rit pas ainsi en société,
» c'est inconvenant... »

Pour toute réponse, la
jeune fille pousse douce-
ment sa mère, en balbu-
tiant :

« — Tenez... un petit mon-
» sieur... derrière nous !...»

Mᵐᵉ de Noirmont se re-
tourne et voit alors Chérubin
qui, ne sachant plus quelle
contenance tenir , lui fait
un profond salut. Étonnée de voir un jeune homme blotti dans l'embrasure d'une fenêtre , Mᵐᵉ de Noirmont va lui livrer passage... mais
en ce moment Monfréville, qui vient de découvrir son jeune ami qu'il
cherchait en vain dans les salons, s'avance pour l'aider à sortir de sa
prison.

En apercevant Monfréville qui vient droit à elle, Mᵐᵉ de Noirmont
semble éprouver un mouvement convulsif, cependant son visage reste
à peu près le même.

« — Pardon, madame, » dit Monfréville, mais permettez-moi de
» délivrer un jeune homme qui, j'en suis certain, est là depuis long-
» temps sans oser bouger, parce qu'il aurait craint de vous déranger. »

Pour toute réponse, Mᵐᵉ de Noirmont fait signe à sa fille de se lever, ce que celle-ci fait aussitôt. Chérubin se hâte alors de profiter du
passage en adressant mille excuses à la jeune Ernestine, puis il s'é-
loigne vivement avec Monfréville, sans remarquer l'extrême pâleur qui
couvre le visage de Mᵐᵉ de Noirmont et la gaieté forcée de son ami.

« — Il y a plus d'une heure que je suis là ! » dit tout bas Chérubin

en suivant son mentor. « Ah! j'étais bien mal à mon aise !... quel sup-
» plice !...

» — Eh! mon cher ami, pourquoi donc allez-vous vous fourrer dans
» les petits coins ?... Est-ce que... Mᵐᵉ de Noirmont vous a parlé?

» — Cette dame qui a l'air si sévère... qui était devant moi?... non
» vraiment, elle venait seulement de m'apercevoir... oh ! pour cette
» dame-là je n'en serai pas amoureux... quoiqu'elle soit fort belle!...
» mais je lui trouve l'air peu aimable... quelle différence avec la com-
» tesse Valdieri... et Mᵐᵉ Célival... et puis celle-ci... et puis celle-
» là... »

Pendant que Chérubin promène ses regards amoureux sur les
dames qui lui plaisent, M. de Noirmont, qui causait avec M. Trichet, quitte celui-ci et vient se placer devant le petit marquis, auquel
il fait un salut grave et cérémonieux en lui disant :

« — On vient de m'ap-
» prendre que le fils de feu
» M. le marquis de Grand-
» vilain était ici, et je viens
» lui dire que je suis charmé
» de voir le fils d'une per-
» sonne que j'estimais à tous
» égards. Oui, monsieur ,
» j'ai beaucoup connu M. vo-
» tre père... c'était un bien
» galant homme, je ne doute
» pas que son fils lui res-
» semble, et j'espère qu'il
» voudra bien me faire l'hon-
» neur de venir chez moi...
» voici ma carte, monsieur ,
» je compte sur le plaisir de
» votre visite. »

Chérubin, tout étourdi de
cette nouvelle invitation ,
salue en disant quelques
phrases banales; mais M. de
Noirmont , lui prenant la
main, l'entraîne avec lui en
lui disant :

« — Permettez-moi de
» vous présenter à Mᵐᵉ de
» Noirmont. »

Chérubin se laisse entraîner, il se revoit en frémissant ramené près du petit
coin où il est resté si longtemps, mais cette fois on ne
l'y fait pas rentrer. M. de
Noirmont le présente à sa
femme, en lui disant :

» — Monsieur est le
» marquis de Grandvilain...
» fils d'un homme par qui je
» m'honorais d'être distin-
» gué. »

Mᵐᵉ de Noirmont, qui re-
connaît le jeune homme
qui était son prisonnier,
réprime un mouvement de
surprise, salue froidement
Chérubin et semble hésiter
à le regarder, comme si elle
eût craint de voir encore
Monfréville avec lui.

La petite Ernestine se
mord les lèvres pour ne pas

— Eh! mon Dieu, quelle fantaisie avez-vous eue d'acheter tout cela? — Page 36.

donner au jeune homme qu'il présente le nom de Grandvilain.

Enfin Chérubin est parvenu à se retrouver libre, il va rejoindre
Monfréville qui lui dit :

« — On vous a présenté à Mᵐᵉ de Noirmont?

» — Oui, mon ami.

» — Que vous a-t-elle dit?

» — Rien, elle m'a fait même un salut assez froid.

» — Est-ce que vous irez dans cette maison ?

» — Ma foi, je n'en ai nulle envie, il me semble qu'on doit s'y en-
» nuyer horriblement, ce M. de Noirmont a une politesse sévère qui
» vous glace !... Après tout, je ne suis pas obligé de voir tous les amis
» de mon père... ils ne sont guère de mon âge.

» — Vous mettrez votre carte chez ce monsieur, et cela suffira ; je
» pense aussi que vous ferez tout aussi bien de ne point aller dans
» cette maison. Mais Mᵐᵉ Célival vous cherche, elle demandait tout
» à l'heure ce que vous étiez devenu... je crois que vous avez fait une
» conquête. »

» — Vraiment ?... oh ! si cela était vrai !...

» — Tenez, la voilà là-bas... allez donc lui dire quelque chose...

» — Mais quoi ?

» — Tout ce que vous voudrez... elle vous aidera d'ailleurs à soutenir la conversation ; ne soyez pas timide, mon cher ami, ce ne serait pas le moyen de faire votre chemin dans le monde. »

Chérubin fait un effort sur lui-même, il se décide à s'approcher de Mme Célival ; celle-ci, qui le voit venir vers elle, lui adresse un char-

Mlle Chichette, comtesse du Globeska, au Cirque-Olympique.

mant sourire et s'empresse de lui faire signe de venir s'asseoir à son côté ; encouragé par cet accueil, Chérubin va prendre place près de la belle brune, en balbutiant quelques paroles qu'il est impossible d'entendre, mais auxquelles Mme Célival répond cependant comme si elle les avait entendues. Une femme spirituelle trouve moyen de donner quand elle le veut de l'assurance au plus timide, en faisant à elle seule les frais de presque toute la conversation. Chérubin se sent plus hardi, plus content de lui-même ; il en est venu à être presque tout à fait à son aise près de cette dame, lorsque l'inévitable M. Trichet vient se planter devant eux, en s'écriant :

« — Je ne sais pas de quoi il est question !... Et pourtant je gage que je devine le sujet de votre entretien. »

Mme Célival, qui paraît assez mécontente que M. Trichet soit venu se mêler dans sa conversation avec Chérubin, répond au vieux garçon :

« — Vous voulez toujours deviner ce qu'on dit !... vous pourriez bien vous tromper... Voyons, que me disait monsieur ?

» — Que vous êtes charmante, adorable... car on ne peut pas vous dire autre chose. »

Mme Célival sourit d'un air moins contrarié, tandis que Chérubin, qui rougit jusqu'au blanc des yeux, s'écrie :

« — Mais, non ! je ne disais pas cela à madame !...

» — Alors, vous le pensiez ! » reprend M. Trichet, « et c'est la même chose. »

Chérubin ne sait plus que dire ; il baisse les yeux, et fait une mine si drôle, que Mme Célival, qui a pitié de son embarras, dit en se levant :

« — Allons, mon cher Trichet, vous êtes un vieux fou !... c'est pour cela qu'il faut vous pardonner. »

Le vieux garçon n'a pas entendu ces derniers mots ; il vient de courir près d'un monsieur qui pérore à l'autre bout du salon, et auquel il se fait un plaisir d'aller couper la parole ; et Mme Célival quitte Chérubin en lui disant, avec un regard tout à la fois aimable et tendre :

« — J'espère, monsieur, que ma maison vous sera agréable, vous me le prouverez en venant souvent me voir.

» — Eh bien, » dit Monfréville en rejoignant Chérubin, « il me semble que vos affaires sont en bon train.

» — Ah ! mon ami, cette dame est charmante ; auprès d'elle ; il me semblait que j'avais de l'esprit !... Je n'ai jamais été si content de moi-même.

» — C'est toujours ainsi !... *L'amitié d'un grand homme est un bienfait des dieux !* Mais l'amour d'une femme aimable est le plus grand bonheur sur la terre !' Venez, vous ne jouez pas, ni moi non plus, il est temps de partir. »

Chérubin et Monfréville sortent alors du salon, que la famille Noirmont avait quitté peu de temps auparavant.

XX. — LA COMTESSE DE GLOBESKA.

Il est neuf heures du soir, et deux hommes, qui semblent attendre et observer, se promènent dans la rue Grenétat. L'un, allant depuis le milieu à peu près jusqu'à la fontaine qui fait le coin de la rue Saint-Denis, a une grande redingote qui lui pince parfaitement la taille et qui est boutonnée jusqu'au menton, la tournure d'un petit-maître et des gants paille ; mais, lorsqu'il passe devant une boutique bien éclairée, on s'aperçoit que sa redingote est usée, tachée en plusieurs endroits, et que ses gants paille ne sont plus de la première fraîcheur. Ce monsieur fume un cigare avec toute la grâce d'un habitué de Tortoni.

Le second personnage, qui est enveloppé dans un vieux carrick noisette que nous connaissons déjà, a la tête couverte d'un chapeau rond, dont les bords sont tellement larges et la forme tellement plate, que de loin il semble avoir la coiffure d'un charbonnier. Celui-là ne

Bruno se sauvant avec la peau de singe. — Page 36.

fait que quelques pas, depuis une maison ayant une allée fort sombre, dont la porte reste ouverte, jusqu'à deux ou trois maisons plus loin, mais alors ses yeux ne perdent pas de vue l'allée dont il s'éloigne.

Dans ces deux individus, on a déjà reconnu Daréna et son digne ami, M. Poterne.

Depuis que son homme d'affaires ne peut plus en faire avec le jeune marquis de Grandvilain, Daréna est beaucoup déchu de sa splendeur ; les bénéfices ayant été mangés par lui en fort peu de temps, il est retombé dans ce qu'il appelle une *noble débine*, que M. Poterne qualifie, lui de *panne complète*.

Daréna a bien encore de temps à autre recours à la bourse de son jeune ami, mais en usant trop souvent de ce moyen, il craint de se perdre entièrement dans l'esprit de Chérubin ; car, malgré sa candeur naïve, il y a chez ce jeune homme un bon sens naturel qui lui fait deviner ce qui n'est pas convenable, et Daréna ne voudrait pas se fermer tout à fait l'hôtel de Grandvilain.

« — Ah çà ! est-ce que cet animal de Poterne se fiche de moi ? » dit Daréna en s'arrêtant au coin de la rue pour secouer les cendres de son cigare. « Faire faction dans la rue Grenétat... où il y a constamment de la crotte !... c'est champêtre !... je devrais être au foyer de » l'Opéra maintenant !... Ah ! j'oublie toujours que ma toilette est un » peu rafalée !... Quel fichu cigare !... pouah !... on ne trouve rien de » bon dans ce quartier-ci ! »

Daréna jette le bout de son cigare, revient sur ses pas et s'arrêtant près de Poterne, qui s'est placé contre une borne, les yeux fixés sur l'allée noire qui est en face de lui, le pousse du coude en lui disant :

« — Est-ce que nous allons rester encore là longtemps, vieux ma» tou ? sais-tu que cela commence bigrement à m'ennuyer ? »

» — Quand on veut mener une entreprise à bonne fin, il faut de la » patience, » répond Poterne sans détourner les yeux.

« — A bonne fin !... je crois que ta fin ne sera guère bonne à toi, » vieux drôle. Mais pourquoi se donzelle se fait-elle ainsi attendre ?... » Elle ne sait donc pas que tu es là !... Voyons, Poterne, répondez à » votre ami. »

Poterne se retourne vivement en disant à voix basse : « D'abord ne » me nommez donc pas, je vous en supplie... je n'ai pas besoin que » la petite sache mon vrai nom, elle pourrait le redire par oubli, par bê» tise, et tout le fruit de mon plan serait à vau-l'eau !...

» — Tu devrais bien y être, toi, à vau-l'eau !... mais voyons, re» dis-moi un peu ce que tu as imaginé... que je voie si cela a le sens » commun... car je ne l'ai pas bien écouté ce matin.

« — C'est très-simple : nous voulons tâcher de rendre le jeune » Chérubin amoureux, afin de l'enfoncer dans une intrigue qui puisse » nous être lucrative.

» —Hélas, oui, car si *l'or n'est qu'une chimère !* tous ces polissons » de tailleurs refusent de me faire des habits sans cette chimère-là !

» — Pour rendre notre Adonis bien épris, il fallait d'abord trouver » une jolie fille.

» — C'est juste, c'est comme pour un civet : prenez d'abord un » lièvre.

» — J'ai découvert ce qu'il nous fallait... Là, dans cette maison, » au troisième sur le derrière..... il y a une rose..... une véritable » rose !

» — Une rose dans cette vilaine maison... et sur le derrière?... J'ai » grand'peur que ta rose ne soit qu'un gratte-cul !

» — Vous en jugerez vous-même tout à l'heure... voici l'heure où » les ouvrières quittent leur travail, je suis même étonné qu'elles ne » soient pas encore sorties.

» — Et que fait-elle cette rose purpurine ?

» — Elle fait des chapeaux de paille d'Italie.

» — Ah ! très-bien. Et elle est honnête ?

» — Ah ! je ne veux la donner pour une rosière ; mais elle a » l'air fort décent ; elle adore un petit *pays* à elle, qui a été obligé » de partir comme simple tourlourou, et tout son bonheur serait de » pouvoir amasser de quoi épouser son petit pays quand il reviendra ; » aussi n'écoute-t-elle pas tous les jeunes gens qui courent chaque soir » après elle, parce qu'elle sait bien que ce petit pays si cela a le sens » ne la mettront pas à même de s'établir avec son petit pays.

» — Bravo ! cette jeune fille a d'excellents principes, et comment » as-tu fait sa connaissance ?... en lui payant des marrons ?

» — En la défendant contre un jeune garçon coiffeur qui, pour lui » prendre le bras, s'adressait toujours à un endroit plus bas...

» — Ces coiffeurs sont bien scélérats ! voilà ce qui conduit l'habitude de » faire du crêpé... Et qu'as-tu proposé à ce bouton de rose ?

» — D'abord je me suis donné pour un noble polonais, le comte » Globeski.

» — Faquin ! qui se permet de prendre le titre de comte !... Après ?

» — J'ai dit à la jeune fille que si elle voulait je lui ferais » gagner une somme très-rondelette... Comme elle croyait d'abord » que j'étais amoureux d'elle, elle m'a répondu que j'étais trop » laid.

» — C'est bien, j'aime cette franchise.

» — J'ai rassuré la petite en lui disant qu'il ne s'agissait pas de moi, » mais d'un jeune homme fort gentil... que pour des raisons de famille » nous désirions rendre amoureux d'elle.

» — J'adore les raisons de famille !... Continue.

» — Ma jolie ouvrière ne m'a pas paru avoir l'imagination très-» ouverte, quoique cela a compris à peu près. C'est une Alsacienne, » elle se nomme Chichette Chichemann... elle a un léger accent... mais » qui n'est pas désagréable, et que l'on peut prendre pour l'accent po-» lonais, d'autant plus que cette langue ressemble beaucoup à l'alle-» mand. Enfin, j'ai rendez-vous avec elle ce soir : nous allons la mener

» dans un café, et là nous conviendrons de nos faits ; vous verrez » qu'elle est extrêmement jolie, et qu'elle a un petit air virginal à s'y » méprendre. Quand elle sera habillée en comtesse polonaise, il est » impossible que le jeune marquis n'en devienne pas éperdument » amoureux.

» — Il faut l'espérer, et alors hâtons-nous d'agir, car Montréville » mène maintenant Chérubin dans le grand monde ; nos marquises et » nos comtesses véritables trouveront l'adolescent fort gentil ; de son » côté, il deviendra aussi amoureux de quelqu'une de ces dames, et » si son cœur était bien pris...

» — Nous en serions pour nos frais, nous autres !

» — Ah bah ! pourvu que la petite soit vraiment jolie... cela n'en.-» pêcherait pas : il y a toujours dans le cœur humain de la place pour » un nouvel amour... à dix-huit ans et demi, moi, j'aurais aimé les » quatre parties du monde... Ah ! attention, je crois que voilà le trou-» peau qui sort. »

En effet, plusieurs jeunes filles coiffées de petits bonnets, et ayant un modeste tablier, sortent de l'allée sombre ; quelques-unes sont bientôt rejointes par des jeunes gens qui guettaient aussi l'instant de leur départ ; d'autres s'éloignent seules. Daréna et Poterne, plantés de l'autre côté de la rue, laissent passer toutes ces ouvrières ; enfin, la dernière traverse lestement le ruisseau, et vient à Poterne qui tâche de faire une voix aimable en lui disant :

« — Vous m'avez reconnu, mademoiselle Chichette ?

» — Ah ! je crois bien... fous ressemblez à un charbonnier avec » fotre grand chapeau... »

Daréna part d'un éclat de rire, la jeune ouvrière s'arrête en disant :

» — Ah ! f'ous êtes avec quelqu'un, messié Globesky ?...

» — Oui, un de mes amis intimes, et qui est chargé de conduire » l'affaire dont je vous ai parlé... nous allons causer ensemble quelque » part.

» — Oui, ma chère enfant, » dit Daréna en prenant le bras de la jeune ouvrière qu'il passe sous le sien, « nous allons jaser en buvant » du punch... Aimez-vous le punch ?

» — Oh ! foui, peaucoup !... » répond l'Alsacienne en regardant Daréna.

« — Très-bien, je vois que nous pourrons nous entendre !... Je » suis un peu moins laid que monsieur ; donnez-moi le bras, je vous » ferai moins peur que lui. Y a-t-il un café un peu propre par ici ?... » Gagnons la rue Saint-Denis... Je ne vous ai pas regardée encore ; » on m'a dit que vous étiez ravissante... Je dois cependant m'en as-» surer. Ah ! bon, voilà justement un pharmacien.

» — Est-ce que vous êtes pharmacien aussi ?

Daréna entraîne la petite ouvrière devant la boutique du pharmacien, et, la plaçant devant un de ces globes bleus qui jettent dans la rue une clarté blafarde, la regarde et s'écrie :

« — Fort bien !... ah ! ma foi, fort gentille !... Et vous sommes » comme cela vue à travers un bocal, qu'est-ce que nous serons donc » tout à l'heure ? Ah ! voilà un café, entrons. »

Ces messieurs entrent dans le café avec Mlle Chichette ; ils choisissent une table dans un coin de la salle, afin de pouvoir causer plus à leur aise, et Daréna dit au garçon :

« — Un bol de punch au rhum !... tout ce qu'il y a de plus soigné. »

Poterne fait la grimace et dit tout bas à Daréna :

« — Cette petite se serait bien contentée de bière... Ce n'était pas » la peine de...

» — Qu'est-ce que c'est ?... nous tombons dans la vilenie !... Po-» terne, mon ami, vous savez que je n'aime pas ce genre-là.

» — Mais ne m'appelez donc pas Poterne !...

» — Alors tais-toi, et ne m'ennuie pas avec tes sottes réflexions. »

Mlle Chichette est allée se placer à la table, où elle ne paraît pas s'inquiéter du tout de ce que disent les messieurs qui sont avec elle. L'Alsacienne peut avoir vingt ans ; elle est très-petite, mais elle a déjà un embonpoint fort agréable ; elle a une figure ronde, des yeux bruns, pas très-grands, mais bien fendus et surmontés de légers sourcils fort bien dessinés ; une petite bouche, de jolies dents, un petit menton rond enjolivé d'une légère fossette, des joues un peu rebondies, mais une fraîcheur répandue sur tout cela achève de faire une charmante figure de villageoise ; du reste, point de physionomie, point d'expression dans les yeux... Tenue elle même calme et le même sourire.

Daréna examine de nouveau l'Alsacienne, et dit tout bas à Poterne :

« — Elle est jolie... elle est fraîche comme une rose... elle a l'air » décent... elle a même l'air bête, mais ça passera pour de la candeur. » Allons, tu as fais une véritable trouvaille ; quand ce sera en toi-» lette, il est impossible que Chérubin n'en devienne pas amoureux » — Ah ! voilà le punch... buvons. Buvez, jeune Chichette... Les Alsa-» ciennes ont ordinairement le gosier très-développé. »

Mlle Chichette sourit et prend un verre, en disant

» — Ah ! foui, che bois pien !

» — L'accent est un peu prononcé ! » murmure Daréna. » Enfin » n'importe, c'est du polonais, c'est convenu. Garçon ! des macarons, » donc ! Comment ! vous voyez que nous avons une dame, et vous ou-» bliez les macarons !... Est-ce que vous n'en avez pas ?...Quand on » n'en a pas, on en fait !

» — On est allé en chercher, monsieur.

» — C'est heureux. En attendant, donnez-nous des échaudés, des
croquets... ce que vous aurez. »

Pendant ce dialogue, Poterne pousse des soupirs étouffés. Enfin, on
apporte une corbeille que Daréna place devant la jeune ouvrière, et il
se bourre lui-même d'échaudés comme s'il n'avait pas dîné. Voyant
cela, M. Poterne se décide à puiser aussi dans la corbeille et à dévorer
vous les croquets ; Daréna lui dit avec un sérieux comique :

« — Vous voyez bien, comte de Globeski, que j'ai eu raison de demander ces bagatelles. Mais maintenant, parlons d'affaires, et allons
au fait.

» Mademoiselle Chichette, vous avez une des plus jolies figures que l'on
puisse rencontrer dans Paris et dans la banlieue. Nous voulons
qu'un jeune homme devienne très-amoureux de vous... Ce sera fa-
» cile ; mais nous voulons qu'il y ait des obstacles à son amour ; pour-
» quoi?... cela ne vous regarde pas, l'essentiel est que vous fassiez
» exactement ce que l'on vous dira. D'abord, vous êtes la femme de
» M. le comte de Globeski... par conséquent, vous êtes la comtesse Glo-
» beska ! c'est l'usage polonais ; les hommes prennent un i, les femmes
» un a.

» — Oh ! non, je veux être la femme de mon petit pays ! che lui ai
» promis !

» — Mais, sacrebleu ! ceci est pour la frime, c'est la comédie que
» nous voulons vous faire jouer.

» — Ah ! foui ! foui !... pour rire !... Ah ! che veux pien.

» — Vous êtes donc la comtesse de Globeska, Polonaise réfugiée...
» et votre mari que voilà... monsieur, qui est si vilain, est horrible-
» ment jaloux ; fourrez-vous tout cela dans la tête. On vous donnera
» une jolie toilette, on ne peut pas vous déplaire... et vous logerez avec
» monsieur pendant quelques jours... excepté la nuit, mais en tout
» bien tout honneur !...

» — Ah ! foui ! foui !...

» — Et, quand le jeune homme sera bien amoureux, vous l'aimerez
» aussi si cela vous fait plaisir ; du reste il en vaut bien la peine !
» c'est un charmant garçon... Vous ne haïssez pas les charmants
» garçons ?

» — Ah ! ah ! foui ! foui !...

» — Par tout cela vous aurez vingt-cinq napoléons, autrement
» dit cinq cents francs... »

Poterne pousse Daréna en lui disant à l'oreille :

« — C'est trop ! c'est trop ! elle nous aurait secondés pour deux ou
» trois louis... »

Daréna continue :

« — Oui, vous aurez cinq cents francs... six cents même ! si l'affaire
» marche bien... je vous les garantis, et monsieur vous les payera.....
» hein, c'est gentil cela.

» — Ah ! foui ! foui !

» — Sapristi ! » dit Daréna en se retournant, « elle me fait l'effet
» d'être bête comme plusieurs oies !... enfin ! c'est égal ! l'amour est
» aveugle, il a aussi le droit d'être sourd... Buvons ! Garçon, un autre
» bol.

» — Mais... mais...

» — Taisez-vous, comte de Globeski ! vous êtes libre de ne pas
» boire... mais vous aurez toujours le droit de payer. »

Le second bol est apporté ; la jeune Alsacienne a encore plus
de couleur, ses yeux commencent même à s'animer, et Daréna
s'écrie :

« — Ah ! fichtre ! si Chérubin la voyait maintenant... quel incen-
» die elle allumerait !... Comte de Globeski, vous ferez en sorte que
» Chichette ait demain soir ces yeux-là... vous lui donnerez une lé-
» gère pointe.

» — Oui... avec du coco ! » murmure Poterne en se mouchant.

» — Attention ! comme c'est au spectacle qu'il est le plus facile de
» faire connaissance, demain soir le comte de Globeski mènera son
» épouse au spectacle... au Cirque ; c'est le théâtre favori des étran-
» gers.

» — Soit, » dit Poterne, « nous irons au Cirque ; nous nous place-
» rons à l'amphithéâtre des secondes.

» — Et pourquoi pas au paradis, tout de suite ?..... Hom ! vous me
» faites pitié, Globeski ! vous vous placerez aux premières..... dans
» une loge...

» — Mais...

» — Poin de mais !... Madame sera parfaitement mise !

» — On tâchera.

» — Et vous, comte, vous aurez soin de ne pas ressembler à une
» canaille qui se nomme Poterne...

» — Il n'y a aucun danger.

» — Nous irons nous mettre dans votre loge... derrière vous ; la
» comtesse Globeska assassinera mon jeune ami de ses œillades.....
» vous entendez, petite ?

» — Oh ! foui ! foui !...

» — Surtout elle n'aura pas l'air de me connaître.

» — Foui ! foui !

» — Le comte Globeski sortira dans un entr'acte sans son épouse...
» celle-ci répondra aux jolies choses que mon jeune ami lui dira... elle

» n'en dira pas long, de peur de lâcher quelques bêtises, mais elle sera
» tendre et passionnée.

» — Oh ! foui, foui !...

» — Après le spectacle, le comte emmènera sa femme, nous les sui-
» vrons... Il prendra une voiture, nous les suivrons toujours... le
» reste ira tout seul. C'est bien entendu, bien compris?... Il n'y a plus
» de punch... payez, comte, et partons.

Poterne paye en gémissant, Daréna l'oblige même à donner six sous
au garçon, puis on sort du café. Mlle Chichette demeure dans la
rue Saint-Denis ; on la reconduit jusque chez elle, d'où elle promet de ne pas bouger. Le lendemain pour attendre M. de Globeski
ensuite, Daréna va flâner au Palais-Royal et Poterne va se coucher.

Daréna avait pris ses mesures d'avance, il savait que le lendemain
Monfréville étant d'un grand dîner, que par conséquent Chérubin serait libre ; il l'avait vu le matin et lui avait dit :

« — Demain, je veux passer la soirée avec vous... vous me sacrifie-
» rez bien une soirée de vos grandes dames ! Vous ne sortez plus des
» salons maintenant... on vous accapare... Monfréville ne vous quitte
» plus, mais mon amitié demande son droit, et comme je ne vais plus
» dans le monde... pour le moment !... j'ai des temps comme cela, eh
» bien, nous irons au spectacle. »

Chérubin avait accepté. Cependant il commençait à prendre goût
aux grandes soirées ; l'aimable accueil qu'il recevait partout chassait
peu à peu sa timidité ; Mme Célival était pour lui plus aimable qu'avec
tout autre ; ce qui paraissait contrarier plusieurs messieurs, entre-
autres le colonel qui ressemblait à un chat et le beau jeune homme
qui avait l'air d'un Romain.

Ce n'était pas tout : la délicieuse comtesse Valdieri, si capricieuse,
si nerveuse, si vaporeuse, et qui recevait souvent comme par grâce les
hommages qu'on lui adressait, avait cru d'abord que le marquis Chérubin viendrait grossir la foule de ses adorateurs ; mais le jeune
homme s'était contenté de l'admirer de très-loin. Cette fois sa timidité
l'avait bien servi ; la petite comtesse avait éprouvé un violent dépit de
ce qu'elle attribuait à de l'indifférence, car à moins de n'en peut pas
présumer que les jeunes gens soient timides, et Mme de Valdieri, s'a-
percevant que Chérubin causait beaucoup avec Mme Célival, faisait
tous ses efforts pour enlever à celle-ci cette nouvelle conquête ; et
les femmes, le dépit conduit quelquefois à l'amour, et un autre que
Chérubin eût déjà profité de la rivalité qu'il faisait naître.

La jolie comtesse avait engagé le jeune marquis à venir à ses soirées. M. Valdieri, époux complaisant, avait joint ses instances à
celles de sa femme, et Chérubin allait chez la vaporeuse Emma, qui
près de lui se montrait fort aimable et semblait oublier ses maux de
nerfs.

Puis, dans une rue qui avoisinait l'hôtel, il y avait une assez belle
boutique de lingerie, et dans cette boutique, parmi plusieurs jeunes
filles occupées constamment à travailler dans le comptoir, il y en avait
une aux cheveux blonds-puces, aux yeux un peu roux, qui avait un
petit nez retroussé à la Roxelane et un air extrêmement éveillé ; celle-
ci, lorsque Chérubin passait, trouvait toujours moyen d'être contre la
porte et de lui sourire, ou de sortir un moment dans la rue sous le
moindre prétexte ; et plusieurs fois, en passant tout près du jeune
homme, elle lui avait dit en tenant ses yeux baissés :

« — Je sors tous les soirs à neuf heures... si vous avez envie de me
» parler, attendez-moi un soir au bout de la rue, je m'appelle Céla-
» nire. »

— Enfin Chérubin avait aussi rencontré plusieurs fois Mlle Malvina, qui n'était plus habillée en Suissesse, mais qui était fort agaçante
avec son petit bibi rose, sa robe un peu courte et l'écharpe de soie noire
qui lui serrait la taille de manière à faire rebondir ses hanches d'une
façon très-évidente, et Malvina s'était arrêtée devant le jeune homme,
lui avait lancé une œillade brûlante et lui avait dit :

« — Vous ne voulez donc pas venir me voir, monsieur Chérubin ?
» Savez-vous que c'est bien mal... et que vous êtes un ingrat de ne pas
» cultiver une connaissance ?... Tenez, vous savez mon adresse, venez déjeu-
» ner avec moi... je me lève tard... mais je vous permets d'arriver de
» très-bonne heure. »

Chérubin était ainsi sous le feu roulant de plusieurs conquêtes, lorsque Daréna, qui a trouvé moyen de soigner sa toilette, vient le prendre
et l'emmène au Cirque, boulevard du Temple.

Chemin faisant, le jeune homme ne manque pas de faire à Daréna le
récit de tout ce qui lui arrive, et celui-ci, qui l'a écouté avec attention,
lui dit :

» — Il me paraît, mon cher ami, que décidément vous êtes un Faut-
» blas ! toutes les femmes vous adorent ! Et vous ?

» — Moi ?... je les adore aussi !...

» — Ainsi vous aimez Mme Célival ?

» — Mais... je crois que oui... je la trouve bien séduisante.

» — Et la langoureuse comtesse de Valdieri ?...

» — Oh !... elle me plaît aussi beaucoup.

» — Et la grisette... autrement dit la lingère ?

» — Je la trouve très-gentille !

» — Et Malvina... qui fait si bien les pirouettes ?

» — Elle est fort à mon goût !

» — Eh bien, alors... où en êtes-vous avec toutes ces dames?...
» entre homme, parbleu ! on ne fait pas mystère de tout ça !...
» — Où j'en suis ?... mais... je... je n'en suis pas plus avancé... »

Daréna part d'un éclat de rire qui contrarie beaucoup Chérubin, et
reprend enfin :

« — Alors, mon cher, c'est que vous ne l'avez pas voulu ! et
• d'après cela, je dois penser que toutes ces dames n'ont fait que
» fort peu d'impression sur votre cœur. Après tout, je comprends
» cela... des conquêtes de salon... des grisettes.... des lorettes...
» cela n'a rien de piquant !..... quelquefois le hasard nous fait ren-
» contrer beaucoup mieux que cela.... mais nous voici au théâtre du
» Cirque. »

Chérubin va prendre des billets, Daréna lui laisse toujours ce soin;
ils entrent dans la salle.

« — Nous serons bien ici, » dit Chérubin en s'arrêtant à l'entrée du
balcon.

Mais Daréna, qui vient d'apercevoir dans une loge les personnes
qu'il cherche, répond à son jeune ami :

« — Nous serons mieux dans une loge..... d'ailleurs c'est plus
, convenable; venez... dans celle-ci, par exemple. »

Et Daréna se fait ouvrir la loge dans laquelle il a reconnu Poterne
et Mlle Chichette Chichemann.

Pour reconnaître ces deux personnes il fallait avoir le coup d'œil de
Daréna, il fallait surtout être certain qu'elles seraient là, car elles sont
parfaitement déguisées ; mais c'est surtout Poterne qui est mécon
naissable.

L'ami intime de Daréna a fait le sacrifice des cheveux hérissés qui
couvraient son chef; il s'est fait tondre, et tellement près qu'il ressemble à un caniche revenant du Pont-Neuf; il a adapté sur son nez des
lunettes vertes dont un sur le côté sont fermées par un taffetas de même
couleur; enfin il a fourré dans l'intérieur de sa bouche quelque chose
qui de ses joues creuses fait continuellement des joues bouffies. Le
changement est complet; un paletot bleu à brandebourgs, qui est boutonné jusqu'au menton et qui lui sert presque de cravate, habille assez
convenablement le faux comte de Globeski.

Quant à Mlle Chichette, elle a une robe de soie rose tanée, une
grande pèlerine bordée de poil et une espèce de petite toque de velours vert, avec des glands et des ganses de soie de même couleur, qui
retombent sur son oreille gauche. Sa toilette n'est pas fraîche, mais
sous la toque de velours sa figure ronde est encore plus jolie, et l'étonnement qu'elle éprouve de se voir si belle donne à ses yeux une expression presque piquante.

Daréna a vu tout cela d'un coup d'œil et il se dit :

« — Ce misérable Poterne lui a acheté cette toilette-là au Temple !
» Enfin la petite est fort jolie heureusement, et si mon jeune Cupidon
» ne prend pas feu, je commencerai à croire qu'il y a quelque chose
» de malheureux dans son organisation. »

Poterne a donné un coup de genou à Mlle Chichette, en lui indi-
quant du regard le jeune homme qui vient de s'asseoir derrière elle ;
la soi-disant Polonaise s'est retournée, et après avoir lorgné Chérubin,
elle murmure :

« — Il est pien choli... presque autant que mon petit pays ! »

De son côté Chérubin a regardé la dame qui est devant lui, et il dit
tout bas à Daréna :

« — Mon ami, voyez donc cette jolie personne !... »

Daréna avance la tête, feint de paraître frappé d'admiration, et répond à Chérubin :

« — C'est-à-dire que je n'ai encore rien vu d'aussi parfait... la fraî-
» cheur de la rose et l'éclat du lis!... c'est une perle... à votre âge,
» j'aurais attaqué la lune pour posséder cette femme-là. »

Chérubin ne répond pas, mais il s'occupe plutôt de la jeune femme
en toque verte que de la pièce que l'on joue ; de son côté Mlle Chiche-
chette, fidèle à ses instructions, se retourne à chaque instant pour
regarder Chérubin, cela dure même quelque fois si longtemps que Poterne est obligé de la pousser, en lui disant à voix basse :

« — Assez... vous allez trop loin... on croirait que vous ne faites pas
» autre chose sur les boulevards ! »

Au bout de quelque temps, Daréna dit à son jeune ami :

« — Il me semble que cela va très-bien... et que vos affaires sont
» en bon chemin avec ce bouton de rose. »

» — Mais... en effet... elle me regarde souvent... Je ne sais pas si
» je dois espérer. »

» — Comment, vous ne savez pas ! et que diable voulez-vous donc
» qu'une dame fasse de plus à la première revue que vous rendre vos
» œillades..... avec de très-gros intérêts même !... Vous avez fait sa
» conquête... c'est évident... Ah ! que vous êtes heureux ! ... J'ai
» idée que c'est une étrangère... cet homme-là n'est pas Français; ce
» doit être le mari... »

» — Vous croyez...

» — Du reste il a l'air très comme il faut.

» — Vous trouvez?

» — Il me semble que cela saute aux yeux. »

Dans un entr'acte, M. Poterne ne manque pas de sortir seul ; alors
Daréna sort aussi, en disant à Chérubin :

» — voilà une occasion excellente pour entamer l'entretien... allez
» hardiment.

» — Vous croyez que je puis...

» — Je vous réponds que la dame le désire aussi... D'ailleurs il est
» difficile d'être plus laid que ce monsieur qui est avec elle, et elle ne
» serait pas sa femme si elle ne le trompait pas. »

Chérubin, resté seul avec la jolie personne dont il se sent très-amoureux, se demande comment il va entamer l'entretien ; cependant ni
lui fait des yeux qui doivent l'inviter à parler, et l'on y joint même des
sourires fort tendres. Le jeune homme se risque enfin :

« — Madame aime le spectacle?

» — Foui, messié.

» — Madame y va souvent?

» — Non, messié ; ah ! j'y allais autrefois beaucoup avec ma cuisine.

Chérubin ouvre ses oreilles et cherche à comprendre; Mlle Chiche
poursuivit :

« — Ma cuisine, il aimait pien le spectacle.

» — C'est sans doute d'une cousine que vous voulez parler ?

» — Foui, foui, ma cuisine.

» — Et ce monsieur qui est avec vous... est-ce que c'est votr
» mari ?

» — Ah ! foui... le comte Globe.., Globe... ah ! tiens !... je sais blus
» son nom !... je suis pête !...

» — Vous n'êtes pas Française, madame?

» — Oh ! non... che suis d'Alsa... non, non, che suis d'autre part !
» J'ai encore ouplié... che suis pien pête. »

Mlle Chichette dit tout cela si drôlement, et en reposant si souvent
ses regards sur Chérubin, que le jeune homme ne fait pas attention à
l'incohérence de ses discours, mais s'enflamme de plus en plus pour la
jolie étrangère.

« — Maintenant, madame, vous plaisez-vous à Paris ?

» — Oh ! foui, che me plais... mais che pense touchours à mon pe-
» tit pays !...

» — Ah ! vous le regrettez?

» — Foui ! che voudrais revoir mon petit pays!

» — Vous aimez votre pays... C'est bien naturel !...

» — Oh ! foui... Il est turluru, maintenant. »

Ici, Chérubin ne comprend plus, mais Poterne revient, ce qui est
très-heureux pour Mlle Chichette, qui oublie son personnage et commence à dire des bêtises.

Daréna ne tarde pas à revenir aussi ; il demande à Chérubin s'il a
avancé ses affaires avec la jolie femme.

» — Oui, nous causions... elle ne demandait pas mieux. Vous ne
» vous êtes pas trompé, le monsieur est son mari... elle est étrangère,
» elle a un accent très-fort.

» — Ce sont des Polonais, je l'ai appris dans le foyer...

» — Il paraît qu'elle aime beaucoup son pays, car elle le regrette et
» en parle sans cesse !

» — Son pays ?... Ah ! oui, la Pologne... Enfin, avez-vous pris ren-
» dez-vous avec elle ?...

» — Un rendez-vous? oh! nous n'en étions pas là !...

» — A quoi donc vous amusez-vous alors !... Une femme qui est
» folle de vous ! qui vous mange des yeux !...

» — Vous croyez?... Quel bonheur !... elle est si jolie... et son ac-
» cent est si gentil !...

» — Oui, l'accent polonais a beaucoup de charmes.

» J'en suis tout à fait fou, mon ami.

» — Et vous avez raison ; ce serait un meurtre de ne pas enlever ce
» bouton de rose à cette vieille chenille !

» — L'enlever ! Comment, vous croyez qu'il faudra...

» — Chut ! laissez-moi faire, je conduirai tout cela. »

Le spectacle finit, M. Poterne met sur sa tête son chapeau-para
pluie, et prend le bras de la belle Chichette. Celle-ci, bien que fort
embarrassée dans sa toilette, trouve cependant moyen de tenir sa main
droite derrière elle.

Daréna et son compagnon marchent sur les talons des Polonais, qui
n'ont garde de se retourner. Daréna force presque Chérubin à saisir la
main que la dame tient complaisamment sur le bas de sa taille, et le
jeune homme devient écarlate en murmurant à l'oreille de son ami :

« — Ah !... elle m'a serré la main ! elle me la serre encore !... elle
» me la serre toujours !

» — Parbleu !... qu'est-ce que je vous disais? » répond Daréna
« La sympathie...... je vous crois faits l'un pour l'autre. »

Et tout en disant cela, Daréna donnait un grand coup de pied dans les
jambes de Poterne pour le faire avancer et décider Mlle Chichette
à quitter la main de Chérubin, qu'elle avait l'air de ne plus vouloir
lâcher.

Les soi-disants étrangers montent dans un fiacre. Chérubin et
Daréna prennent un cabriolet et lui disent de suivre le fiacre, qui
s'arrête devant un très-modeste hôtel garni de la Vieille-Rue-du-
Temple.

« — Très-bien, dit Daréna, « nous savons où ils logent, cela suf-
» fit pour ce soir. Demain, vous écrirez un billet brûlant à la Polonaise;
» je me fais fort de le lui faire parvenir à l'insu de son mari, et je
» vous rtifie qu'elle y répondra. »

Tout étant convenu entre ces messieurs, Chérubin rentre à son hôtel et Daréna le quitte en se félicitant du succès de sa ruse.

XX. — LOUISE A PARIS.

Quoique lancé dans le grand monde, quoique l'objet des coquetteries de plusieurs femmes dont il enviait la conquête, malgré les œillades des grisettes et les rendez-vous que lui offraient les lorettes, Chérubin n'avait point oublié totalement le village et cette petite Louise près de laquelle il avait passé ses premières années.

Souvent il parlait de se rendre à Gagny pour revoir, pour embrasser sa bonne Nicolle; il avait chargé plusieurs fois M. Gérondif d'aller lui porter de ses nouvelles, en accompagnant cette commission de petits présents pour les habitants du village, et en lui recommandant de s'informer du sort de Louise. Le professeur faisait la commission à moitié : il allait à Gagny, il portait les présents, il dévorait des yeux la jeune Louise, qui embellissait chaque jour, puis il revenait dire à son élève que son ancienne compagne était toujours en Bretagne, où elle se plaisait tant, qu'elle ne voulait pas revenir chez Nicolle.

Cependant la veille du jour où il avait été au Cirque avec Daréna, Chérubin avait encore parlé de se rendre à Gagny, et il avait annoncé positivement, devant M. Gérondif, que la semaine ne s'écoulerait pas sans qu'il allât revoir et embrasser sa nourrice.

Alors le professeur était devenu tout inquiet; il s'était dit :

« — Si M. le marquis va à Gagny, il trouvera la jeune Louise, et par » conséquent il verra que je lui ai menti. Il est capable de me chasser » de chez lui; car, malgré sa douceur habituelle, il a des moments où » il est extrêmement emporté. Je ne me soucie pas de perdre une » place de quinze cents francs dans un bel hôtel où je suis logé, nourri, » dorloté, où mon emploi se borne à dormir, manger et réciter des » vers à l'énorme Turlurette; de plus, si mon élève revoit cette jeune » Louise, il est probable que son amour pour elle renaîtra... et cela » contrarierait encore mes desseins, car cette petite a allumé dans » mon intérieur un brasier... Mes vues sont honnêtes, je veux en faire » ma femme, je veux l'élever à l'honneur de mon nom... Mais pour se » marier il faut avoir quelques avances... En restant encore deux ans » chez le marquis j'amasserai de l'argent, car je puis mettre de côté à » peu près tout ce que je gagne; il ne s'agit que de mettre cette petite » Louise en sûreté, afin qu'on ne me la souffle pas. »

M. Gérondif a rêvé à tout cela toute la journée, et le soir, il est allé rêver à côté de la bonne Turlurette, qui lui fait goûter des fruits à l'eau-de-vie qu'elle sait faire dans la perfection, et pendant que le professeur se délecte sur une troisième prune, le vieux Jasmin, qui devient tous les jours moins ingambe, mais qui est de très-mauvaise humeur de ce que son maître ait pris un jeune jockey, entre chez la femme de charge, et lui dit :

« — Est-ce que vous connaîtriez par hasard une femme de chambre » qui fût sans place ? »

« — Pourquoi cela, monsieur Jasmin ? » demande Mlle Turlurette.

« — Ah ! c'est parce que dernièrement j'avais été attendre mon » maître dans une réunion... Il me le défend toujours... mais cette fois- » là son petit jockey était malade... j'en ai profité pour lui mener le » soir son cabriolet... J'ai même accroché deux boutiques... mais il y » a des gens qui ne se rangent pas.

» — Enfin, monsieur Jasmin ?

» — Eh bien, en causant dans l'antichambre avec les domestiques qui » se trouvaient là... et nous avons eu le temps... on reste si tard à » présent dans les réunions... Bref, il y en a un qui a dit :

» — Nous cherchons une femme de chambre pour mademoiselle... Justement... madame sa mère est allée passer quelque temps à la campagne. Monsieur a voulu garder sa fille avec lui... et puis voilà qu'on a été obligé de renvoyer la femme de chambre... parce qu'on a découvert qu'elle jasait trop avec un frotteur... et comme monsieur est très-sévère... ça n'a pas été long, mais nous cherchons une autre femme de chambre.

» — Là-dessus, moi, j'ai proposé une personne que je connais... et qui est remplie d'intelligence; mais quand j'ai dit qu'elle avait soixante ans, ils m'ont répondu que ce n'était pas la peine de l'envoyer. Ils sont étonnants, à présent, ils veulent des enfants pour les servir.

» — Je ne connais personne à placer, » répond Mlle Turlurette.

M. Gérondif, qui n'a pas perdu un mot de ce que vient de dire Jasmin, prend alors la parole, en affectant un air assez indifférent.

« — Et quelles étaient ces personnes qui avaient besoin d'une femme » de chambre ?... Quelquefois, dans mes connaissances à Paris, je pour- » rais obliger quelqu'un en offrant cette place; mais avant de me mê- » ler de rien, vous comprenez que je veux être certain que c'est chez » des personnes recommandables.

» — Oh ! quant à cela, vous pouvez être tranquille, monsieur Gé- » rondif, » répond Jasmin. « C'est dans une maison tout ce qu'il y a » de plus honnête... Chez M. de Noirmont, un ancien magistrat... un » homme qui ne rit jamais et ne ferait pas de tort à un oiseau... C'é- » tait un ami de feu M. de Grandvilain, père de notre marquis actuel.

» — Et comment est composée la maison ?

» — M. de Noirmont, son épouse, et leur fille qui a quinze ans; une » cuisinière, un domestique pour monsieur, et la femme de chambre que » l'on demande.

» — Est-ce que le domestique est jeune ?

» — Oui... c'est celui avec qui j'ai causé... Il n'a que cinquante-six » ans... mais il a l'air très-raisonnable.

M. Gérondif sourit, et répond :

« — Est-ce une maison où l'on reçoit beaucoup de monde... où l'on » donne des bals ?... de ces gens qui passent leur vie in varietate vo- » luptas ?

» — Non, jamais de bal... ni de voluptés, comme vous dites, » madame n'aime pas le monde, et M. de Noirmont passe sa vie » dans sa bibliothèque. Aussi notre jeune marquis ne veut pas aller » chez elle, quoiqu'il y ait été invité...

» — Ah ! il a été invité à y aller ?

» — Oui, mais je l'ai entendu dire souvent en s'habillant le matin.

» — Je n'ai pas envie d'aller dans cette maison-là : on doit horrible- » ment s'ennuyer.

» — Vous êtes sûr que M. Chérubin a dit cela ?

» — Oui, et même M. de Monfréville lui a répondu :

» — C'est très bien ; c'est une maison qui n'a rien d'agréable pour » votre âge. »

M. Gérondif se frotte les mains et n'en demande pas davantage. Le lendemain, après s'être procuré l'adresse de M. de Noirmont, il se rend à sa demeure, demande à parler au domestique, se présente comme venant de la part du vieux Jasmin, et, ayant une femme de chambre à offrir pour Mlle de Noirmont.

Jasmin était le Nestor des serviteurs ; sa recommandation était toute-puissante, et celle d'un homme aussi grave que paraissait l'être M. Gérondif ne pouvait que confirmer dans la bonne opinion que l'on se formait de leur protégée.

Le jeune domestique de cinquante-six ans (comme avait dit Jasmin) répond au professeur que madame était absente, et que madame étant absente et monsieur ne se mêlant jamais de détails domestiques, on s'en rapportait à lui pour le choix d'une autre femme de chambre ; qu'il accepte de confiance celle que le respectable M. Jasmin veut bien lui adresser, et qu'il désire seulement qu'elle arrive le plus tôt possible.

Sûr de réussir de ce côté, M. Gérondif remercie, promet d'amener bientôt la jeune fille, part aussitôt pour Gagny, et se rend chez Nicolle.

La présence du professeur ramenait toujours la joie dans la demeure des villageois; car il apportait des nouvelles de Paris, et avec lui on parlait sans cesse de Chérubin.

Après avoir répondu aux questions de Nicolle et de Louise, qui s'informent d'abord de la santé de l'objet de leurs affections, M. Gérondif se tourne vers la jeune fille, et lui dit :

« — Ma belle enfant, c'est pour vous principalement que je suis » venu à Gagny, car je m'occupe de votre avenir... de votre sort...... » Vous avez dix-sept ans... vous êtes grande et formée au physique » comme au moral ; j'entends par là que vous avez une raison pré- » coce; ensuite, en assistant aux leçons que je donnais à mon élève, » vous en avez profité ; vous lisez et écrivez fort convenablement et » parlez même votre langue assez correctement... De plus, vous maniez » l'aiguille avec facilité, vous êtes apte à tous les ouvrages de » votre sexe; n'est-il pas vrai, mère Nicolle ?

» — Mais oui que c'est vrai, » répond la bonne femme en ouvrant de grands yeux. « Ah çà, quoi donc que vous manigancez » pour notre Louise ? est-ce que vous voulez en faire une duchesse » aussi !

» — Non, pas tout à fait, mais, je vous le répète, je veux assurer » son sort... En restant dans le village, quel serait l'avenir de » Louise ? Elle n'a point de parents, point de fortune, il faudrait donc » qu'elle se trouvât fort heureuse si quelque rustre sans éducation » voulait bien l'épouser.

» — Oh ! jamais ! jamais !... » s'écrie Louise, « je ne veux pas me » marier, moi.

» — Mais, mon Dieu, ma chère enfant, » reprend Nicolle, « tu sais » ben que je ne te forcerons pas; et que je ne te renverrons jamais de » cheux nous...

» — Tout cela est fort bien, » répond Gérondif. « Mais si Louise » trouvait une bonne place à Paris, dans une maison honorable, » où elle pourrait faire quelques épargnes... puis ensuite trouver un » parti avantageux, il me semble que cela ne serait point à dédai- » gner.

» — A Paris ! » s'écrie Louise en faisant une exclamation de joie. « J'irais à Paris.... Oh ! quel bonheur !... que je serais contente... oh ! » oui, oui, je n'est-ce pas, ma mère, que l'on y fera mon bien ?

» — Comment, mon enfant ! tu veux aussi me quitter ? » dit triste- ment Nicolle. Mais Louise l'embrasse à plusieurs reprises en s'é- criant :

« —Mais songe donc qu'il y est, lui !..., à Paris... En habitant la même » ville que lui, je pense que je pourrais le voir... le rencontrer quel- » quefois... et c'est cette pensée seule qui me fait désirer d'aller à » Paris. N'est-ce pas monsieur Gérondif, qu'on se rencontre... qu'on ne voit quand on habite le même endroit... et que je le verrais si j'étais à Paris?

» — Vous le verriez... qui?

» — Mais Chérubin... M. le marquis... Et de qui donc voulez-vous que je parle, si ce n'est de lui? »

Le professeur comprend que c'est l'espoir seul de revoir Chérubin, qui fait que la jeune fille accueille avec joie sa proposition ; il se garde bien de la détromper et répond :

« — Certainement, quand on habite la même ville il y a bien plus de probabilité à se voir que lorsqu'on est l'un au midi, l'autre au nord... où, si vous aimez mieux, l'un *per fas* et l'autre *nefas*. Eh bien, jeune et intéressante Louise, ce que je désirais rencontrer pour vous, je le tiens ; une place de femme de chambre vous est offerte dans une maison de premier choix... et quand je dis femme de chambre, c'est comme si je disais femme de compagnie! et quand je dis femme de compagnie, c'est comme si je disais amie d'une jeune demoiselle de quinze ans que l'on dit aussi aimable que bonne... seulement vous l'aiderez à s'habiller... et elle ne vous aidera pas... mais entre amies cela se voit tous les jours ; il y en a une qui fait tout et l'autre qui se promène. Enfin, vous serez bien mise... l'amie qui se promène donne ordinairement les robes et les fichus dont elle ne veut plus à l'amie qui l'habille ; puis vous gagnerez de l'argent, ce qui ne gâte jamais rien, car avec l'argent on a de l'or, et l'or est le métal le plus pur... quand il n'y a point d'alliage avec. Eh bien, répondez, que pensez-vous de ma proposition?

» — Oh! moi je ne demande pas mieux... si ma mère adoptive y consent!...

» — Dame! mon enfant, » dit Nicolle, puisque ça te fait tant plaisir d'aller à Paris, je ne veux pas m'y opposer; d'ailleurs je pensons que M. Gérondif, qui a été maître d'école du pays, ne peut rien te proposer que pour ton bien...

» — Vous avez de l'esprit comme Esope, dame Nicolle, quoique vous ne soyez pas bossue! Je ne veux que préparer un sort heureux à cette *puella formosa*... et l'avenir vous le prouvera.

» — Et... M. Chérubin? » reprend Louise, qui n'ose plus dire rien que Chérubin, en parlant de celui qu'elle aime. « Sait-il ce que vous me proposez?... veut-il bien que j'aille à Paris? »

M. Gérondif se gratte le nez un moment, puis répond avec assurance :

« — S'il le sait? mais assurément... et il désire beaucoup que mon offre vous agrée.

» — Oh! alors il n'y a pas à hésiter, n'est-ce pas, ma bonne mère? J'accepte, monsieur ; je partirai quand vous voudrez... je suis prête.

» — Alors nous allons partir sur-le-champ.

» — Quoi! » s'écrie Nicolle, « vous allez l'emmener comme ça tout de suite, cette chère enfant? »

» — Il le faut, dame Frimousset, l'emploi que je lui fais avoir est envié par beaucoup de monde : si nous tardons, il pourrait être donné à une autre. A Paris on ne nage pas dans les bonnes places, il faut donc que je la présente et que je la fasse agréer dès aujourd'hui.

» — Oh! oui, ma mère, laisse-moi partir... Je sais bien que cela te fera du chagrin de ne plus m'avoir près de toi... et moi... ah! j'en ai aussi en te quittant... Mais d'un autre côté je suis si contente de me rapprocher de M. Chérubin... D'ailleurs il désire que j'aille à Paris... il ne faut pas le contrarier... Mais je viendrai te voir, moi; oh! je ne ferai pas comme lui! je n'oublierai pas le village... et ceux qui m'ont tenu lieu de parents. »

Nicolle embrasse tendrement la jeune fille et dit enfin :

« — Pars, mon enfant... je ne suis pas ta mère... je n'ai point de droits sur toi... et quand même j'en aurais, je ne voudrais pas m'opposer à ton bonheur à venir... mais au moins viens quelquefois me voir... On ne l'en empêchera pas monsieur Gérondif?

» — Non, certainement!... elle jouira d'une douce liberté,... à condition qu'elle n'en abusera point. Allons, belle Louise, un paquet de vos effets... les plus nécessaires seulement... il est inutile d'emporter des sabots, vous n'en porterez point où vous allez... Dépêchez-vous, je vous attends. »

Louise se hâte de faire un paquet de ses hardes ; elle est si étonnée, si étourdie de ce qui lui arrive, qu'il lui semble que c'est un rêve; son cœur bondit de joie à l'idée d'aller à Paris, mais ce n'est point aux plaisirs de la grande ville qu'elle pense, ce n'est point une belle toilette, une existence plus douce qu'elle espère, elle ne voit dans ce voyage qu'une chose : c'est qu'elle va demeurer dans la même ville que Chérubin.

Pendant que Louise fait ses préparatifs de départ, M. Gérondif prend la nourrice à part, et lui dit d'un ton grave et imposant :

« — Maintenant, vertueuse Nicolle, je dois vous révéler un secret... si j'emmène Louise à Paris, c'est surtout pour la soustraire aux séductions que l'on voulait employer pour faire succomber sa vertu et cueillir la fleur de son innocence... en deux mots, voilà le fait : notre nourrisson Chérubin est devenu à Paris un grand séducteur, il faut que rien ne lui résiste... dernièrement il s'est rappelé Louise, la compagne de sa jeunesse, et s'est écrié : elle doit être charmante à présent! je veux en faire ma maîtresse e...

» — Ah! mon Dieu! c'est-i ben possible? » s'écrie Nicolle en ou-

vrant de grands yeux. « Mon petit Chérubin est devenu libertin comme ça?

» — C'est comme j'ai l'honneur de vous le dire ; à Paris, avec de la fortune, on apprend très-vite à être ce qu'ils appellent un *lion*, et *lion* se traduit ici par séducteur...

» — Chérubin un lion, lui qui était un agneau!

» — Je vous répète qu'à Paris on ne trouve plus d'agneaux! Bref, j'ai pensé que vous ne donneriez pas les mains à la corruption de votre fille adoptive, et que vous n'approuveriez de mettre cette enfant à l'abri des tentatives de la séduction.

» — Oh! vous avez très-bien fait, monsieur le professeur, et je vous approuve.

» — Or, quand Chérubin viendra pour voir Louise, vous lui direz qu'elle est depuis longtemps en Bretagne, chez une de vos parentes, et qu'elle s'y plaît beaucoup.

» — C'est entendu! je répondrai ça!... Mon Dieu! Chérubin un séducteur! c'est donc ça qu'il a tout à fait oublié le village... »

Louise a bien vite fait son paquet : elle a mis le petit chapeau de gris de paille avec lequel elle se rend quelquefois dans les environs, et dont la forme n'est pas élégante, mais sous lequel pourtant sa figure est toujours charmante.

Elle se jette dans les bras de Nicolle, en lui disant à l'oreille :

« — Quand je le verrai, je lui dirai que c'est bien vilain de ne pas venir vous voir! »

Nicolle couvre Louise de baisers en lui disant :

« — Enfin, mon enfant, si par hasard tu t'ennuyais là-bas... si tu ne t'y trouvais pas bien... tu sais que ceux nous tu as toujours ta place, et que nous serons bien contents si tu veux y revenir. »

M. Gérondif se hâte de mettre fin à ces adieux en prenant le bras de la jeune fille. Jacquinot était au cabaret, comme à son ordinaire ; Louise jette donc un dernier regard à sa mère adoptive, et s'éloigne avec M. Gérondif, qui avait fait la dépense d'une petite citadine à l'heure, afin de conduire plus vite la jeune fille à Paris.

Durant la route, le professeur dit à Louise :

« — Je dois, ma belle amie, vous donner quelques instructions préliminaires sur la conduite que vous devez tenir dans la place que vous occuperez. D'abord, si l'on vous demande ce que vous savez faire, répondez hardiment : tout!

» — Tout! mais monsieur, je mentirais, car je ne sais que bien peu de choses.

» — Mais vous apprendrez les autres ; vous êtes pétrie d'intelligence, et par conséquent, vous apprendrez très-vite, c'est donc comme si vous saviez déjà. Faites ce que je vous dis : cela est nécessaire pour inspirer de la confiance ; dans le monde il ne faut jamais avoir l'air de douter de soi. Ensuite, vous devez comprendre qu'il ne faut point parler du jeune marquis Chérubin, et dire que vous avez été élevée avec lui. Le monde est méchant! on pourrait croire des choses... il ne faut pas badiner avec sa réputation.

» — Comment, monsieur... et que pourrait-on croire?... est-ce que c'est un mal d'aimer son frère de lait?

» — De lait! de lait! tant que vous voudrez!... vous allez mieux me comprendre: mon noble élève ne veut pas maintenant qu'on sache qu'il a été jusqu'à seize ans en nourrice... ça le vexe beaucoup... ensuite vous sentez qu'un marquis ne peut plus être l'ami d'une femme de chambre: et si vous parliez de lui, cela pourrait le faire rougir.

» — Rougir!... » s'écrie Louise en portant son mouchoir sur ses yeux. « Quoi! monsieur... M... Chérubin rougit de mon amitié!... de ma connaissance... oh! soyez tranquille, monsieur, je ne parlerai pas de lui... je ne prononcerai jamais son nom...

» — C'est très-bien, ô *flavia*... non, vous n'êtes pas blonde!... Allons, ne pleurez pas pour cela... ce que je vous dis n'empêche pas que le marquis ne s'intéresse toujours à vous, et moi aussi. Je ne vous en dis pas plus maintenant, jeune Louise, mais soyez toujours sage, honnête... ne riez pas avec les jeunes gens; si on voulait se permettre avec vous quelque liberté... éprouvée... déchirez la figure à l'insolent... car vous devez vous conserver sans tache, comme l'agneau pascal: jusqu'à ce que... Mais *motus*! je ne veux pas encore aller plus avant! »

Louise n'écoutait plus M. Gérondif, elle pensait à Chérubin qui maintenant rougissait de la connaître, et cette idée troublait tout le plaisir qu'elle avait éprouvé à venir à Paris.

Cependant la voiture est entrée dans la ville ; M. Gérondif dit au cocher de les conduire faubourg Saint-Honoré, et Louise s'écrie :

» — Et ce près de la demeure de Chérubin?

» — Pas très-loin, ma chère; d'ailleurs maintenant à Paris, il n'y a plus de distance ; les voitures à six sous vous transportent dans tous les quartiers de la ville; vous n'avez même pas besoin de savoir votre chemin, ce qui est fort commode pour les étrangers. »

La voiture s'arrête devant une belle maison que M. Gérondif désigne au cocher, et qui est tout près de la rue de la Concorde. Le professeur fait descendre Louise, il pousse la galanterie jusqu'à vouloir porter son paquet, puis il lui dit :

« Suivez-moi, c'est dans cette maison... au second, un appartement superbe, ce sont des gens très comme il faut... Comme cet escalier...

» est frotté! cela ne ressemble plus à nos masures de village, qui sont
» parquetées avec de la crotte! »

En disant ces mots, le professeur glisse deux marches et manque de
se casser le nez sur l'escalier ciré, ce qui était peut-être une punition
du ciel pour son ingratitude envers le village; mais il se retient à
la rampe en murmurant : « *ne quid nimis!* on a mis trop de
cire! »

Louise suit M. Gérondif, un peu tremblante et toute honteuse en
songeant qu'elle va se présenter chez des personnes qu'elle ne connaît
pas, et qu'il faudra demeurer seule au milieu de ce monde si nouveau
pour elle; elle pousse un gros soupir et invoque le souvenir de Chérubin pour qu'il soutienne son courage.

C'est Comtois (on nomme ainsi le domestique de M. de Noirmont) qui reçoit M. Gérondif, lorsque celui-ci présente sa protégée. L'aspect de Louise ne pouvait que prévenir en sa faveur,
et le valet de chambre laisse échapper un sourire de satisfaction, en
disant :

« — Oh! mademoiselle a tout ce qui doit convenir ici... l'air doux...
» l'air pas évaporé... je suis certain qu'elle plaira à notre jeune de-
» moiselle Ernestine, qui m'avait dit plusieurs fois : Surtout, Comtois,
» je veux une jeune femme de chambre, parce que si j'en avais une
» vieille, je n'oserais pas lui rien commander, ni rire devant elle!...
» — C'est qu'elle est fort gaie, mademoiselle! un peu vive, un peu
» capricieuse... mais à son âge, c'est bien naturel... et puis avec cela
» pas méchante du tout... Quand elle s'est un peu emportée, elle
» nous en demande excuse... ça n'est pas commun chez les maî-
» tres, ça! »

« — Ce valet est très-loquace! » se dit M. Gérondif en se mouchant.

Comtois, après avoir encore regardé Louise d'un air satisfait, reprend :

« — Je vais tout de suite présenter mademoiselle... Ah! comment
» vous nommez-vous? »

» — Louise, monsieur, » répond timidement la jeune fille.

« — Louise, fort bien..... c'est votre nom de baptême... Et votre
» nom de famille?... quelquefois on est bien aise de le savoir... »

La jeune fille rougit et baisse les yeux sans répondre, mais M. Gérondif se hâte de dire :

« Louise Frimousset est le nom des parents de cette jeune
» adulte. »

Louise jette un regard sur le professeur, mais celui-ci a pris un air
grave, qui semble annoncer qu'il ne serait pas convenable de le dé-
mentir, et que c'est après avoir mûrement réfléchi qu'il a répondu;
la jeune fille se tait et Comtois répond :

« — Frimou... Frimousse... Friquet... c'est un drôle de nom, mais,
» au reste; c'est seulement pour savoir; car, ici, vous comprenez bien
» que l'on appellera toujours mademoiselle par son nom de baptême.
» Nous disons donc que je vais vous présenter. Si madame était ici,
» naturellement ce serait à elle que je devrais vous conduire d'abord;
» mais madame est absente depuis quinze jours; elle est allée voir
» une tante à elle qui est bien malade... Elle voulait emmener sa fille, mais
» monsieur aime beaucoup sa fille, mais monsieur a voulu garder
» Mlle Ernestine avec lui... car, malgré son air sévère, monsieur
» aime beaucoup sa fille... jamais il ne lui refuse rien!... et même
» quelquefois je l'ai entendu se fâcher contre madame... parce qu'il
» prétendait qu'elle parlait à mademoiselle trop durement, qu'elle ne
» l'aimait pas... et pour ce qui est de la justice, je dois dire que mon-
» sieur se trompe!... je suis sûr que madame aime bien sa fille. Ce-
» pendant, c'est vrai que quelquefois elle lui parle à peine... elle ré-
» pond d'un air froid à ses caresses... mais nous avons tous les jours
» où nous sommes plus ou moins de bonne humeur... »

M. Gérondif se mouche fort longuement en se disant :

« — Est-ce que cela ne va pas finir! »

Puis il dit à Comtois :

« — Estimable serviteur... pardon si je vous interromps, mais il
» me semble que je n'ai pas besoin d'assister à la présentation de
» notre jeune Louise, puisque vous m'avez dit que l'affaire était
» convenue; d'après cela je vais prendre congé en vous recomman-
» dant toujours de veiller sur cette enfant comme si c'était votre
» nièce.

» — Soyez tranquille, monsieur, mademoiselle est dans une bonne
» maison... je suis bien sûr qu'elle ne s'y trouvera pas malheu-
» reuse...

» — Adieu donc, Louise... adieu... Je viendrai m'informer de vous...
» savoir de vos nouvelles, enfin je ne vous perdrai pas de vue...
» vous serez constamment mon point de mire, mon but... mon poly-
» gone! »

La jeune fille tend la main à M. Gérondif qui semble vouloir l'embrasser, et lui dit à demi-voix :

« — Vous lui direz que je suis à Paris, n'est-ce pas, monsieur, que
» je n'ai pas hésité à y venir puisqu'il le désirait, mais que je m'ennuie
» bien de ne pas le voir et que mon seul désir... »

» — Je dirai tout ce qu'il est de mon devoir de dire, » reprend le
professeur en montrant ses dents, quoiqu'il n'ait pas envie de sourire;
puis, tout en continuant de parler, il salue Comtois et sort. Le va-

let le reconduit jusqu'à la porte, et là M. Gérondif lui dit encore à
l'oreille :

« — Cette jeune fille est jolie... les hommes sont horriblement
» libertins. à Paris... je n'ai pas besoin de vous engager à veiller
» sur son innocence et à ne point la laisser causer avec les frot-
» teurs. »

» — Monsieur, » répond Comtois d'un air un peu sec, « on ne reçoit
» ici que des gens honnêtes, et ce n'est pas dans cette maison qu'une
» jeune fille se perdra! Si la dernière femme de chambre a été incons-
» quente, ce n'est pas de notre faute, et du reste on l'a renvoyée sur-
» le-champ... ainsi que le susdit frotteur. »

» — Votre réponse dissipe tous les nuages qui auraient pu obscur-
» cir mon firmament. Adieu, honnête Comtois, je vous réitère l'assu-
» rance de mon estime. »

M. Gérondif est parti, et Comtois retourne près de Louise, qui est
restée toute pensive dans la salle d'entrée; il lui fait signe de le suivre, traverse un salon, puis ouvre la porte d'une autre pièce et s'arrête
sur le seuil en disant :

« — Mademoiselle... voilà la femme de chambre que j'attendais pour
» vous... et qui vient d'arriver. »

Une voix répond aussitôt de l'intérieur de la pièce :

« — Oh! qu'elle vienne... qu'elle entre bien vite!... je l'attends
» avec impatience. »

Comtois fait passer devant lui Louise, qui n'avance qu'en tremblant
et n'ose pas lever les yeux, mais qui bientôt se sent plus rassurée en
entendant la jeune Ernestine s'écrier :

« — Oh! qu'elle est gentille!... ah!... elle me plaît beaucoup...
» Avancez, mademoiselle; oh! n'ayez pas peur de moi... je ne suis pas
» effrayante, allez!... n'est-ce pas, Comtois... je n'ai pas l'air sévère,
» moi... ce n'est pas comme maman!... Mais cela n'empêche pas que
» maman est bien bonne aussi... et papa aussi. Comment vous
» appelez-vous?...

» — Louise, mademoiselle.

» — Quel âge avez-vous?

» — Dix-sept ans, mademoiselle.

» — Dix-sept ans!... ah! comme vous êtes grande... forte... moi,
» j'ai quinze ans... je suis un peu petite pour quinze ans... n'est-ce
» pas? »

Louise ne peut s'empêcher de sourire, et levant les yeux sur celle
qui va être sa maîtresse, elle éprouve un sentiment de joie à l'aspect de
cette jeune personne mignonne, si enfant, dont les yeux bleus et
espiègles sont alors fixés sur elle avec une expression de bienveillance qui chasse sur-le-champ la crainte qu'elle ressentait en entrant.

« — N'est-ce pas que je suis bien petite pour quinze ans? » reprend
Ernestine après que Louise l'a regardée.

» — Mademoiselle... vous avez encore bien du temps pour grandir.

» — Oh! oui... c'est ce qui me console.... Avez-vous déjà servi à
» Paris?

» — Non, mademoiselle, j'arrive de mon village... je n'ai encore servi
» nulle part... et sans doute je serai bien gauche dans les commence-
» ments; mais je vous promets de faire bien attention à tout ce que
» vous me direz... afin d'apprendre vite et de pouvoir vous contenter
» plus tôt. »

La jeune Ernestine se met à faire des bonds, des sauts dans la
chambre; elle va prendre la main de Louise et la presse dans la sienne,
en s'écriant :

« — Oh! mais c'est très-bien ce que vous dites là!... je sens que
» je vous aimerai beaucoup... je vous aime déjà... moi, on me plaît
» tout de suite ou jamais!... Vous m'aimerez aussi, n'est-ce pas?

» — Mademoiselle, ce ne doit pas être difficile, vous avez l'air si
» bon!

» — Ah! Comtois, je suis bien contente.... Mais Louise a-t-elle ap-
» porté son paquet, toutes ses affaires... pourra-t-elle rester tout de
» suite ici?

» — Oui, mademoiselle, » répond Louise, « j'ai apporté mes effets
» et je puis rester dès à présent avec vous... si vous voulez bien me
» garder.

» — Certainement je ne veux plus vous laisser partir... Comtois, tu
» lui prépareras sa chambre; tu sais, la petite chambre qui est der-
» rière la mienne... tu auras soin qu'elle ne manque de rien... qu'elle
» ait tout ce qu'il lui faut.

» — Soyez tranquille, mademoiselle.

» — D'ailleurs j'irai m'assurer moi-même si tout cela est bien! »

Et la jeune Ernestine reprend avec une gravité comique :

« — Ah! c'est que, pendant l'absence de maman, c'est moi qui dois
» surveiller tout... et la remplacer ici... Allez, Comtois, allez porter
» les effets de Louise dans sa chambre; mais, pendant ce temps, je vais
» la présenter à mon père. Est-il dans son cabinet?

» — Oui, mademoiselle.

» — Venez, Louise... ne tremblez pas... il a l'air un peu sévère,
» mais il n'est pas méchant.

» — Si je n'allais pas convenir à monsieur votre père? » murmure
Louise d'un air craintif; « s'il allait me trouver trop jeune pour être
à votre service, mademoiselle?

» — Oh! ne craignez rien ; du moment que j'aurai dit que vous me
» plaisez, mon papa n'aura pas envie de vous renvoyer. »

La jeune Ernestine traverse une pièce qui est la chambre à coucher
de sa mère, puis une autre petite pièce, et va frapper à une porte, en
disant :

« — C'est moi, mon papa. »

Et la voix sèche de M. de Noirmont répond :

« — Eh bien ! qu'est-ce qu'il y a donc encore ? »

La gentille espiègle ouvre la porte du cabinet de son père, passe
seulement sa tête, et dit :

« — Est-ce que tu es occupé ? C'est que je viens te présenter quel-
» qu'un...

» — Qu'est-ce que c'est ?...

» — C'est une femme de chambre que l'on a arrêtée pour moi,.. et
» qui vient d'arriver.

» — Me déranger pour
» une femme de cham-
» bre !... est-ce que ces
» détails me regardent ?
» En vérité, Ernestine,
» vous abusez de ma pa-
» tience.

» — Ah ! mon papa,
» ne te fâche pas ! mais
» puisque maman est
» absente, il faut bien
» que tu la voies, cette
» femme de chambre... je
» ne peux pas conduire la
» maison toute seule,
» moi !

M. de Noirmont re-
prend d'un ton plus doux :

« — Eh bien ! voyons...
» où est-elle... finissons-
» en ! »

Ernestine fait entrer
Louise, qui baisse les yeux
et se sent trembler, parce
que la voix de M. de
Noirmont était loin d'avoir
la douceur de celle de sa
fille.

Après avoir considéré
quelque temps la jeune
villageoise qu'on lui présente, M. de Noirmont lui
dit :

« Quel âge avez-vous ? »

Avant que Louise ré-
ponde, la petite Ernes-
tine s'écrie :

« Lise a dix-sept ans ;
» n'est-ce pas, mon papa,
» qu'elle est bien grande
» pour son âge... et
» qu'elle est bien gen-
» tille ?... Oh ! elle me
» plaît beaucoup... elle
» s'appelle Louise, elle n'a
» pas encore servi... mais
» j'aime mieux ça, moi....
» parce que je la formerai
» à mon idée. »

M. de Noirmont retient
avec peine un sourire,
provoqué par le discours
de sa fille, et dit :

« — Je trouve, moi, que cette jeune fille est bien enfant aussi pour
» être placée près de toi...

» — Mais pourquoi donc cela, mon papa ? mais au contraire, voyez
» donc comme elle est raisonnable.... d'ailleurs, puisque je vous dis
» que je la formerai... et puisque Comtois n'a eu que de bons rensei-
» gnements.

» — Allons.... si elle te convient.... De quel pays êtes-vous ?

» — De Gagny, monsieur, » répond Louise en tremblant.

« — Gagny... ah ! c'est tout près de Paris... Vos parents sont la-
» boureurs, sans doute ?... »

Louise balbutie d'une voix à peine intelligible :

« — Oui, oui, monsieur.

» — Et au lieu de garder leur fille avec eux, ils l'envoient en ser-
» vice à Paris !... Enfin ! puisque c'est l'usage dans les campagnes !...
» et puis on viendra nous vanter les mœurs des champs. Du reste,
» vous paraissez honnête, jeune fille, et j'aime à croire que votre
» conduite ne démentira pas ce qu'annonce votre figure. D'ailleurs,

» je connais Comtois, et je m'en rapporte à sa prudence... allez,
» allez ! »

M. de Noirmont fait signe qu'on le laisse, mais sa fille court l'embrasser, puis elle sort bien vite avec Louise, et referme la porte du cabinet en disant :

« — C'est fini ; je savais bien que cela irait tout seul. »

La jeune Ernestine conduit ensuite Louise dans une assez jolie petite
chambre qu'elle doit habiter ; l'aimable enfant examine si rien ne
manque à sa nouvelle femme de chambre, et lui témoigne enfin tant
d'intérêt que Louise, qui en est vivement touchée, remercie le ciel de
l'avoir amenée dans cette maison.

Ce premier jour est employé en instructions qu'Ernestine donne à
Louise, et celle-ci, qui ne sait pas mentir, avoue franchement à sa
jeune maîtresse qu'elle est fort ignorante de ce qu'on doit faire dans
son emploi, et qu'elle ré-
clame toute son indul-
gence. Ernestine répète
avec emphase qu'elle saura
bien la former, et que cela
ne doit pas l'inquiéter.

Dans la maison de M. de
Noirmont, c'est ordinai-
rement le domestique qui
sert à table, à moins qu'il
n'y ait beaucoup de monde
à dîner ; le service de la
femme de chambre se
borne donc à être aux or-
dres des deux dames, à les
aider pour leur toilette, et
enfin à travailler presque
constamment pour elles ou
pour la maison.

Louise sait fort bien
coudre ; elle est active,
adroite, elle a prend très-
vite ce que l'on exige
d'elle ; de plus, la jeune
Ernestine lui montre à bro-
der, à faire de la tapis-
serie et mille petits ou-
vrages de femme que l'on
ignore au village, mais
qu'il faut connaître à Paris.

Louise fait de rapides
progrès, et Ernestine dit à
son père :

« — Oh ! si tu savais
» comme je suis contente
» de ma femme de cham-
» bre !...

» — Elle est donc bien
» habile ? » demande M. de
Noirmont.

« — Habile, oui... mais
» elle ne savait rien du
» tout... c'est moi qui lui
» ait tout montré.

» — Comment ! cette
» jeune fille ne savait rien
» faire ?

» — Qu'est-ce que cela
» fait ?... ce que je lui
» montre, au bout de deux
» jours elle le fait mieux
» que moi... Oh ! je suis
» sûre que maman m'en
» fera compliment ! »

Darèna se jette sur un siége et ne peut s'empêcher de se mettre à r. e. — Page 35.

L'air décent et sérieux de Louise finit aussi par captiver la bienveillance de M. de Noirmont, qui lui adresse la parole d'un ton un peu
moins sec. Comtois est enchanté de sa nouvelle commensale, et la
cuisinière ne cesse de vanter son extrême douceur. Quant à Ernestine, si parfois elle s'impatiente et crie lorsque sa femme de chambre
ne s'y prend pas bien pour l'habiller, l'instant d'après elle court à elle
et l'embrasse, en la priant de ne point se fâcher de sa vivacité.

Enfin, chaque jour qui s'écoule augmente l'attachement qu'elle
éprouve pour Louise, et celle-ci se trouverait heureuse de sa nouvelle position, si le souvenir de Chérubin ne l'occupait pas sans cesse ;
mais elle commence à perdre l'espoir de le voir à Paris, car chez M. de
Noirmont elle sort fort rarement, et seulement pour aller faire quelques emplettes pour sa jeune maîtresse, dans des boutiques voisines.

Il y a trois semaines que Louise est attachée au service d'Ernestine,
lorsque celle-ci lui dit un matin :

« — Maman va revenir, enfin !... papa vient de me dire qu'elle se-

» raît ici dans trois jours... c'est bien heureux, car voilà près de six
» semaines qu'elle est absente, et je m'ennuie de ne pas la voir. Oh!
» quel bonheur! alors il ne me manquera plus rien... Et puis elle
» t'aimera aussi, maman, je suis sûre qu'elle sera aussi bien contente
» de toi. »

Louise ne répond rien, mais elle se sent tout émue, et elle ne peut
pas bien se rendre compte du trouble qui l'agite lorsqu'on lui apprend
qu'elle va voir Mᵐᵉ de Noirmont.

XXI. — LE PRAMIER RENDEZ-VOUS. — LES ODEURS.

Chérubin a suivi les conseils de Daréna; il écrit un petit billet bien
amoureux, mais bien timide, pour la jeune femme qu'il a vue au
spectacle; le lendemain de la soirée passée au Cirque, Daréna se rend
de bonne heure chez son ami; il le trouve terminant son épître galante.

« « Écrivez-vous à la belle étrangère? » demande Daréna en se jetant
dans un fauteuil.

ami... Voyons, lisez-moi ce que vous avez écrit, que je sache si c'est
» bien. »

Chérubin prend la lettre et lit :

« — Madame, je vous demande bien pardon de la liberté que je
» prends en vous écrivant, mais... »

Les éclats de rire de Daréna interrompent Chérubin, qui murmure :

« — Pourquoi riez-vous?... Est-ce que ce n'est pas bien?
» — Ah! ah! ah! c'est ravissant de naïveté... on croirait un neveu
» qui va souhaiter la fête à sa tante... Voyons la suite. »

Chérubin reprend :

« ... mais je m'estimerais bien heureux si je pouvais avoir le plai-
» sir de faire votre connaissance... Ma famille est connue... Je suis
» reçu dans les meilleures sociétés, et...

» — Assez! assez! » s'écrie Daréna en se relevant : « Ça ne peut
pas aller, mon cher ami!... Vous n'êtes pas dans la voie!

» — Vous trouvez cette lettre trop hardie?

» — Au contraire! elle ne l'est pas assez!... On se moquerait de
» vous, en lisant cela.

Chérubin court à un cordon de sonnette qu'il tire avec violence. — Page 51.

« — Oui, mon ami, je viens d'achever ma lettre... que vous m'avez
» promis de faire parvenir.

» — Oh! parbleu! est-ce qu'on ne vient pas à bout de tout avec de
» l'or... Est-ce que tous les obstacles ne s'aplanissent point devant
» lui!... On gagne les valets... les servantes... on corrompt les duè-
» gnes... les concierges.... Je prodiguerai l'or. »

En disant cela, le comte frappe sur toutes ses poches... puis il s'arrête.

« — Tiens! mais pour le prodiguer il faudrait en avoir, et je m'a-
» perçois que mes goussets sont vides. »

Chérubin va prendre plusieurs rouleaux dans son secrétaire, il les
remet à Daréna, en lui disant :

« — En voilà, mon ami, en voilà... ne le ménagez pas... Récom-
pensez généreusement tous ceux qui serviront mon amour.

» — Vous n'avez pas besoin de me recommander cela; je ferai
» le magnifique... le Buckingham!... Après tout, vous êtes riche,
» et si votre fortune ne vous servait pas à satisfaire vos désirs,
» ce ne serait vraiment pas la peine d'en avoir. Votre billet est-il
» bien brûlant?

» — Mais je crois qu'il est bien honnête...

» — Honnête!... Ce n'est pas de cela qu'il est question, mon cher

» — Écoutez donc, c'est la première fois que j'écris un billet doux,
» et je ne sais pas comment cela se tourne.

» — Reprenez la plume, et écrivez ce que je vais vous dicter.

» — A la bonne heure, j'aime mieux cela. »

Chérubin se remet à son bureau, et Daréna lui dicte :

« — Femme plus qu'adorée! je brûle, je sèche, je languis!... Vos
» yeux sont la flamme, votre sourire le brasier, mon âme l'incendie!
» Vous avez mis le feu à tout mon être... Un mot d'amour, d'espé-
» rance, ou je ne réponds plus de rien, ou je vais me tuer à vos ge-
» noux, sous vos yeux, dans vos bras!... Dérision! déception! dam-
» nation! si vous ne répondez pas! »

Chérubin s'arrête en murmurant :

« — Mon Dieu, mon cher comte, mais c'est effrayant tout cela!

» — C'est ce qu'il faut.

» — Et puis je vous avouerai que je ne comprends pas bien cette
» lettre.

» — Si on comprenait, cela n'aurait plus de charme.

» — Pourquoi ne pas écrire tout simplement, comme on parle?

» — Parce que les trois quarts des femmes, qui ne se laisseraient pas
» séduire par le simple et le naturel, sont enchantées quand on a l'air
» d'avoir perdu la tête en les aimant; rapportez-vous-en à moi, ce

» billet... vous livrera le cœur de la délicieuse Polonaise. Signez, et
» donnez-moi cela. »

Chérubin fait ce qu'on lui dit.

« — A propos, » dit Daréna en prenant la lettre, « ne parlez pas de
cette intrigue à votre M. de Monfréville.

« — Pourquoi donc?

» — D'abord parce qu'une intrigue avec des personnages aussi dis-
tingués que ces Polonais veut être conduite avec le plus grand mystère. Monfréville est très-curieux, très-indiscret... il voudrait voir la
belle étrangère, et il gâterait tout.

» — Mais vous vous trompez, M. de Monfréville n'est ni curieux, ni
indiscret!... c'est un homme très-raisonnable, au contraire, et qui
ne me donne que de bons conseils. »

Daréna se mord les lèvres en voyant que c'est en vain qu'il tente-
rait de détruire la bonne opinion que Chérubin a conçue de Monfréville; il reprend d'un ton moqueur.

» — Raisonnable!... sage, Monfréville!... en tous cas il ne l'a pas
» toujours été. Je me rappelle un temps où c'était le plus grand mau-
» vais sujet, on ne parlait que de ses bonnes fortunes; il est vrai qu'il
» y a quinze ou dix-huit ans de cela: quand le diable devient vieux il
» se fait ermite... Moi, du moins, je ne suis pas changé, tel j'étais, tel
» je veux rester... j'aime mieux cela... Enfin, mon cher ami, je vous
» le répète, si je consens à servir vos amours avec la jeune Polonaise,
» c'est uniquement par amitié pour vous, mais vous comprenez que la
» moindre indiscrétion me compromettrait; j'exige le secret ou je ne
» me mêle de rien. »

Chérubin jure de ne parler à personne de sa nouvelle conquête, et
Daréna le quitte en lui promettant de revenir dès qu'il aura quelque
chose à lui annoncer.

Daréna avait à peine quitté l'hôtel de son jeune ami que Jasmin se
présente devant son maître. Le vieux serviteur arrive d'un air affairé,
mystérieux, et en même temps très-satisfait de la mission qu'il va
remplir; il s'avance en tâchant de marcher sur la pointe de ses pieds,
comme s'il craignait d'être entendu, s'approche de son maître, sur lequel il manque de tomber, parce qu'il perd l'équilibre en voulant se
pencher vers lui, et dit d'un air à la fois important et comique :

« — Monsieur... il y a une femme, là... qui demande à vous parler...
» c'est-à-dire à vous parler... si vous êtes seul. »

Chérubin ne peut s'empêcher de rire du figure que fait son vieux
domestique et de l'intention malicieuse qu'il a voulu donner à son
message.

« Quelle est cette femme, Jasmin... la connais-tu?

» — Oui, monsieur, je l'ai reconnue... pour l'avoir vue dans l'anti-
» chambre de la maîtresse chez laquelle vous allez quelquefois...

» — Comment?

» — Sans doute c'est une femme de chambre... oh! elle ne vient
» pas pour elle... c'est sa maîtresse qui l'envoie... je connais ça... il
» en venait beaucoup chez M. le marquis votre père avant qu'il fût
» marié... on était quelquefois à la queue dans notre petit salon...
» Eh! eh!... mon cher, il se folâtrais avec toutes les suivantes.

» — Enfin, de quelle part vient cette femme de chambre?

» — Est-ce que je ne l'ai pas encore dit à monsieur?... c'est de la
» part de Mme de Valdieri.

» — La jolie comtesse!... mais fais donc entrer bien vite, Jas-
» min. »

Chérubin est très-curieux de savoir ce que Mme de Valdieri peut lui
vouloir. Jasmin est allé chercher la femme de chambre, grande et forte
fille de vingt ans, haute en couleur, assez bien de figure, et qui n'a
pas l'air d'être embarrassée pour se présenter chez un monsieur. Après
l'avoir introduite dans la chambre de son maître, le vieux domestique,
qui se croit sans doute encore à l'époque où l'on faisait queue chez le
père de Chérubin, veut, en s'éloignant, prendre doucement dans ses
mains la taille de la belle femme de chambre; mais le pied lui glisse, et
pour ne pas tomber, il est obligé de se retenir après celle qu'il voulait
seulement cajoler. Heureusement la suivante est ferme sur ses jambes
et de force à soutenir les fonctions du vieux valet, auquel elle se contente de rire
au nez tandis qu'il s'éloigne tout confus.

Dès que Jasmin est éloigné, la femme de chambre tire de la poche de
son tablier un petit billet tout parfumé, elle le présente au jeune marquis en disant :

« — Madame m'a dit de remettre cela à monsieur en le priant de
» me donner sur-le-champ une réponse. »

Chérubin prend le billet en frémissant de plaisir, et tandis que la
suivante se tient discrètement à l'écart, il lit avec empressement la
missive de la jolie femme, qui contient ces mots :

« Vous n'êtes pas aimable, il y a plusieurs jours qu'on ne vous a vu
» : pour vous raccommoder avec moi, voulez-vous me donner un
» moment ce matin, et venir me dire votre opinion sur des vers
» qu'on vient de m'adresser; je vous attends à une heure. »

Chérubin ne se sent pas de joie, il relit encore cet aimable billet et
dit à la femme de chambre :

« Mademoiselle, j'accepte avec grand plaisir l'invitation de votre
» maîtresse... je serais chez elle à une heure... oh! je ne manquerai pas.

« — Alors, monsieur ne répond pas par écrit? » dit la femme de
chambre.

Chérubin hésite, il s'approche de son secrétaire; il sent bien qu'il
serait peut-être plus convenable de profiter de cette occasion pour
écrire quelque chose d'aimable à la jolie dame ; mais il se rappelle que
Daréna vient de lui dire qu'il ne s'entendait pas à écrire une lettre
d'amour; craignant de commettre quelques bévues, il jette la plume
de côté, en s'écriant :

« — Non! décidément... je n'ai pas le temps d'écrire... D'ailleurs
» j'ai trop de choses à dire à votre maîtresse... je ne saurais par où
» commencer... assurez-la seulement que je ne me ferai pas atten-
» dre. »

La femme de chambre sourit, fait une jolie petite révérence, semble
attendre que le jeune homme glisse quelque chose dans sa poche et
prenne sur sa joue un à-compte de ce qu'il doit prendre à sa maîtresse,
mais voyant qu'il ne fait rien de tout cela, elle hausse imperceptible-
ment les épaules, sort, ayant soin, en passant dans l'antichambre, de
ne point s'approcher du vieux domestique, qui semble avoir encore le
désir de chercher à la faire tomber, et s'éloigne en disant :

« — Le valet est bien vieux! mais le maître est bien jeune! »

Chérubin est dans le ravissement, le billet de Mme de Valdieri vient
de lui faire entièrement oublier la jolie Polonaise ; à dix-neuf ans,
c'est assez l'ordinaire de ne songer qu'au bonheur qui se présente,
l'amour qui arrive chasse celui que l'on rêvait ; il n'est pas toujours
nécessaire d'avoir dix-neuf ans pour éprouver cela ; mais tous ces sentiments qui se remplacent subitement l'un par l'autre peuvent-ils être
appelés de l'amour?

Chérubin regarde sa pendule, elle marque onze heures et demie ;
c'est à une heure qu'il doit être chez Mme de Valdieri ; mais il veut que
sa toilette soit extrêmement soignée. Il sonne Jasmin, il sonne son
autre jockey, il se fait apporter plusieurs habits, ne sait lequel mettre ;
se fait coiffer, friser, boucler, se lève à chaque instant pour courir devant une glace, dit à son vieux domestique de verser des parfums sur
son mouchoir, et Jasmin vide plusieurs flacons dessus en souriant d'un
air malin, et en murmurant :

« — Qu'est-ce que j'avais dit! voilà nos bonnes fortunes qui com-
» mencent... Allons-nous en faire de ces folies !... Nous sommes assez
» joli garçon pour cela !... »

Tout en s'habillant, Chérubin pense à la jolie dame avec laquelle il
va pour la première fois se trouver en tête-à-tête ; il n'est pas très-
tranquille, il s'inquiète de ce qu'il lui dira ; il est bien aise d'avoir ce
rendez-vous, mais il regrette que Monfréville ne soit pas là pour lui
dire comment on se conduit avec une dame du grand monde qui vous
invite à lui lire ses vers.

Il est trop tard pour aller consulter Monfréville, l'heure du rendez-
vous approche. Chérubin a fini sa toilette ; il ne s'aperçoit pas que
Jasmin l'a imprégné d'odeurs ; son habit est à l'essence de rose, son
gilet au patchouli, son mouchoir à l'eau de Portugal, et outre cela
tous ses autres vêtements sentent le musc. Il se regarde, se trouve
convenablement paré, monte dans son tilbury et arrive bientôt chez la
comtesse.

C'est la femme de chambre qui l'introduit, et cette fois, au lieu de
le conduire dans le salon, on le mène par plusieurs couloirs dérobés
jusqu'à un délicieux boudoir dans lequel règne un jour si doux, si
mystérieux que c'est à peine si l'on y voit. Cependant, au bout de
quelques instants, les yeux se font à cette clarté douteuse, et Chérubin
aperçoit la jolie comtesse à demi couchée sur une causeuse placée
dans le fond d'un petit renfoncement décoré de rideaux et qui semble
devoir faire les fonctions d'une alcôve.

Chérubin fait un profond salut, en disant :

« — Pardon, madame... mais je ne vous avais pas aperçue d'abord,
» il fait si sombre ici.

» — Vous trouvez? » répond la jolie Emma en minaudant, « je
» n'aime le grand jour, cela me fatigue la vue... C'est bien
» aimable, monsieur Chérubin, d'avoir consenti à me sacrifier quel-
» ques instants... vous qui êtes si désiré partout.

» — Madame, c'est un grand plaisir pour moi, et je... je... P
» exemple, je ne vous réponds pas de bien dire des vers... j'en ai pas
» l'habitude. »

La comtesse sourit et lui fait signe de venir s'asseoir près d'elle.
Chérubin se sent extrêmement troublé en pénétrant dans le délicieux renfoncement et en s'asseyant sur la causeuse qui n'est
pas très-large, ce qui l'oblige à être tout près de celle qui est déjà
dessus.

Un moment de silence règne alors. Emma, qui est flattée du trouble,
de l'embarras que Chérubin paraît éprouver près d'elle, se décide à
renouer la première la conversation, ce qui n'est pas son habitude.

« — Comment trouvez-vous mon boudoir?

» — Bien joli, madame, mais, pour lire des vers... il me semble
» qu'il fait un peu sombre ici. »

La dame toute mignonne fait un léger mouvement de tête, et reprend :

« — Est-ce que le boudoir de Mme Célival vous plaît davantage que
» celui-ci?

« — Le boudoir de Mme Célival? mais je n'y suis jamais allé, ma-
» dame; je ne le connais pas.

» — Oh! vous mentez!

« — Je vous assure, madame...

« — Vous mentez ! mais au reste, je ne saurais vous en blâmer, la discrétion est la première condition que l'on doive exiger en amour...

» — La discrétion...

» — Oh ! vous jouez la naïveté, ravir... mais je ne suis pas dupe de cet air de bonhomie... Mon Dieu !... il règne ici un parfum... un mélange d'odeurs... Vous avez de l'essence de rose sur vous ?

» — De la rose... je ne sais pas.... c'est possible... Est-ce que cela vous incommode ?...

» — J'ai les nerfs tellement susceptibles.... mais cela va se passer. »

La jolie comtesse se penche un moment en arrière, en portant son mouchoir contre sa figure et en poussant un profond soupir.

Chérubin la regarde et n'ose bouger. Un assez long silence règne encore ; le jeune homme voudrait dire une foule de choses, et, ne sachant comment s'exprimer, murmure enfin :

» — Monsieur votre époux se porte bien, madame ? »

La jolie petite femme part d'un éclat de rire qui semble un peu forcé, tout en répondant :

« — Oui, monsieur, oui, mon mari chante, lui... Pourvu qu'il fasse de la musique, c'est tout ce qu'il demande. Mon Dieu !... cela seut aussi le patchouli... le musc... Ah ! cela me donne des vertiges !... »

Et, soit l'effet du vertige, soit tout autre cause, la jeune femme se penche à demi sur Chérubin, de manière que sa tête touche presque à celle du jeune homme qui n'aurait qu'à s'approcher bien peu pour l'embrasser, mais qui, se sentant tout ému de voir une bouche charmante si près de lui, qui sent presque le souffle de son haleine, n'ose bouger, et balbutie enfin :

« — Madame.... il me semble que je devais vous lire des vers... »

La petite comtesse relève brusquement la tête et va l'appuyer sur le côté opposé de la causeuse, en répondant avec un air d'humeur.

« — Ah ! mon Dieu ! monsieur, vous avez une mémoire.... Eh bien ! prenez cet album qui est là, devant vous... et lisez. »

Chérubin prend un album placé sur un fauteuil, l'ouvre, voit des dessins, des vers, des portraits, enfin tout ce que l'on trouve dans l'album d'une jolie femme ; après avoir feuilleté un moment, il se tourne vers la comtesse, en lui disant d'un air timide :

« — Que voulez-vous que je vous lise, madame ?

» — Eh ! mon Dieu !... ce que vous voudrez, cela m'est bien égal !... »

Chérubin ouvre de nouveau l'album, et lit au hasard :

« Sur ce livre, belle comtesse,
« De moi vous réclamez des vers :
« A vous obéir je m'empresse.
« Vous feriez rimer l'univers.
« Mais dans mes vers, point ne l'ignore,
« Le bon sens est peu respecté !
« Comment pourrais-je en mettre encore
« Lorsque vous me l'avez ôté ? »

« — Ah ! c'est de ce fou de M. Dalbonne !... » murmure madame Valdieri en se retournant avec impatience sur la causeuse. « Il n'en dit jamais d'autres... il adore toutes les femmes !... Et vous, monsieur Chérubin ? êtes-vous comme cela...

» — Moi, madame ! » répond Chérubin avec embarras, « oh !... non... je... ne... je... mais je continue :

HISTOIRE D'UNE SOURIS.

« — Oh ! c'est beaucoup plus long, cela. »

La jolie Emma, qui ne se soucie pas sans doute d'entendre lire tout au long l'histoire d'une souris, et qui croit que Chérubin se moque d'elle, prend un parti violent ; elle s'étend sur la causeuse en murmurant :

« — Ah ! je ne puis plus y tenir... ces odeurs agacent mes nerfs... je me trouve mal !... »

Chérubin pousse un cri d'effroi, laisse tomber l'album et regarde la charmante blonde qui, tout en se trouvant mal, a choisi la position la plus gracieuse qu'une coquette puisse imaginer, et dont les yeux à demi fermés ont une expression qui n'annonce pas un danger bien sérieux. Mais au lieu d'admirer tout cela, Chérubin se lève, court dans la chambre et cherche des flacons, en s'écriant :

« — Ah ! mon Dieu !... vous perdez connaissance... et c'est moi qui en suis cause... que je suis désolé !... je vais appeler du monde...

» — Mais non, monsieur, délacez-moi plutôt ! » murmure la comtesse en poussant un soupir.

« — Que je vous délace.... mais c'est que je ne sais pas, moi.... cependant si... vous croyez... »

Et Chérubin se rapproche de la jolie femme pour faire ce qu'elle

lui dit ; et celle-ci le voyant se pencher sur elle, ferme les yeux tout à fait, présumant que cela lui donnera plus de courage, et qu'il saura enfin se mieux conduire ; mais en s'apercevant que la comtesse a entièrement fermé les yeux, Chérubin fait un bond en arrière, et court à un cordon de sonnette qu'il tire avec violence, en s'écriant :

« — Elle s'évanouit tout à fait ! maladroit que je suis ! puisque ce sont les odeurs que je porte qui sont cause que madame de Valdieri se trouve mal, tant que je serai près d'elle, elle ne reprendra pas connaissance... »

La femme de chambre arrive toute surprise de s'entendre sonner si brusquement, Chérubin lui montre sa maîtresse étendue sur la causeuse, en lui disant :

« — Venez, secourez vite madame la comtesse... moi je me sauve, ce sont les odeurs que j'ai sur moi qui lui ont fait mal, par conséquent il ne faut pas que je reste près d'elle..... dites-lui bien que je suis désolé de ce qui est arrivé. »

Et, prenant son chapeau, Chérubin sort vivement du boudoir, laissant la femme de chambre tout étonnée, et la jolie petite comtesse dont les yeux étaient parfaitement ouverts.

Chérubin est revenu à son hôtel en maudissant Jasmin qui a fait de lui une boutique de parfumerie. Il trouve Monfréville qui l'attendait et lui raconte ce qui vient de lui arriver.

Lorsque le jeune marquis a fini de parler, Monfréville le regarde d'un air singulier, et lui dit :

« — Mon cher ami, j'ai toujours été franc avec vous, je dois donc vous dire que dans tout cela vous vous êtes conduit comme un niais.

» — Un niais ! » s'écrie Chérubin.

» — Oui, tout ce qu'il y a de plus niais ; quand une jeune et jolie femme veut bien vous recevoir en tête-à-tête dans son boudoir, c'est pour qu'on lui fasse la cour... et non pas pour qu'on lui fasse de la lecture... les vers n'étaient qu'un prétexte !...

» — Vous croyez... mon Dieu, j'en ai eu l'idée aussi... mais je n'osais pas me le permettre... cependant si elle ne s'était pas trouvée mal...

» — Eh ! c'est alors surtout que la victoire vous était offerte... Comment, une femme charmante vous dit de la délacer et vous sonnez sa femme de chambre... Ah ! mon pauvre Chérubin... si cette aventure se sait, cela vous fera bien du tort dans le monde.

» — Mon Dieu ! vous me désespérez.... mais moi, je ne savais pas.... oh ! je réparerai ma faute, d'abord, la première fois que j'irai voir la jolie Emma dans son boudoir, je ne mettrai qu'une odeur sur moi, ensuite.... oh ! je serai très-entreprenant.

» — Je souhaite que vous puissiez vous réhabiliter près de la comtesse, mais j'en doute.

» — Pourquoi donc ?

» — Parce qu'avec les femmes... les femmes coquettes surtout, une occasion perdue ne se retrouve jamais. Ainsi, je gage que madame de Valdieri ne vous parlera plus, et ne vous donnera plus de rendez-vous.

» — Vous croyez... mais si je lui en demande un, moi ?

» — Elle vous refusera.

» — Oh ! je ne puis croire cela ! comment, parce que j'ai eu peur de l'incommoder en restant près d'elle.

» — Pauvre Chérubin ! que vous êtes enfant encore... mais, tenez, allons ce soir chez Mme Célival, ordinairement la petite comtesse s'y trouve ; si elle y est, vous verrez tout de suite si j'ai raison. »

Chérubin accepte cette proposition ; il attend le soir avec impatience, car il brûle de se retrouver avec Mme de Valdieri, il est persuadé que Monfréville se trompe, et ne peut pas croire qu'on l'accueillera mal parce qu'il s'est sauvé de chez cette dame que les odeurs incommodaient.

L'heure de la réunion arrive : Monfréville vient prendre son jeune ami, et tous deux se rendent chez Mme Célival. Les salons sont déjà pleins de monde, mais la jeune comtesse n'y est pas ; Chérubin, qui la cherche et espère la voir arriver chaque fois que l'on ouvre la porte du salon, a un air inquiet et préoccupé qui n'échappe point à Mme Célival ; la sémillante veuve lui en fait la guerre et cherche à le retenir près d'elle, lorsque enfin Mme de Valdieri paraît avec son mari.

Jamais la petite comtesse n'a été mise avec plus de goût, de grâce, de coquetterie ; jamais elle n'a porté de toilette qui ait plus fait valoir ses charmes ; on dirait que pour se venger de ce qui lui est arrivé dans la journée, la séduisante Emma a juré de faire encore plus de conquêtes le soir !

Tous les hommes se répandent en éloges sur la femme charmante qui vient d'arriver ; Chérubin ne souffle pas mot, mais il ne peut se lasser de regarder Emma et se dit en lui-même :

« — Et ce matin... j'étais assis près d'elle... et nous étions seuls dans son boudoir... et elle appuyait presque sa tête sur mon épaule, et... ah ! je crois que Monfréville a raison... j'ai été très-niais. »

Chérubin attend que la comtesse ait reçu les hommages que chacun s'empresse d'aller offrir à une jolie femme; lorsque Mme de Valdieri n'est plus entourée de monde, il saisit un moment pour s'approcher d'elle, et lui dit d'un air presque d'intimité :

« — Et bien, madame, vous trouvez-vous mieux ce soir?... votre
» indisposition n'a pas eu de suite? »

La petite comtesse jette sur Chérubin un regard dédaigneux, et lui répond d'un ton ironique :

« — Je ne sais pas ce que vous voulez dire, monsieur?
» — Vous ne savez pas ce que je veux dire? mais, cependant, ce matin... »

La comtesse se lève sans avoir l'air d'écouter Chérubin, et va s'asseoir près d'une dame avec laquelle elle ne tarde pas à entamer une conversation fort gaie, à en juger par les fréquents accès de rire dont elle est mêlée.

Le jeune homme est resté tout interdit; il va s'asseoir dans un coin, en se disant :

« — Quel ton!... quel regard!... il semblerait qu'elle ne me connaît plus. »

Monfréville, qui était allé se mettre à une table de jeu, ne pouvait venir consoler son ami ; et Chérubin était depuis assez longtemps assis à l'écart, lorsqu'une main vient doucement s'appuyer sur son épaule, tandis qu'une voix pénétrante lui dit presqu'à l'oreille :

« — Qu'avez-vous donc à bouder?... Il me semble
» que Mme de Valdieri ne vous traite pas bien ce soir?...
» — C'est vous, madame?
» — N'est-ce pas que j'ai deviné... vous êtes en brouille avec la pe-
» tite comtesse?
» — Moi! mais je vous assure que vous vous trompez... je ne suis
» pas assez lié avec cette dame, pour...
» — Vous êtes discret; c'est très-bien.... et cela vous servira
» près des dames.
» — Allons! » se dit en lui-même Chérubin, « il paraît que toutes
» les femmes sont d'accord sur cet article-là; Mme Célival me dit à
» peu près la même chose que la comtesse. »

La belle veuve s'asseoit un moment près de Chérubin, en lui disant bien bas :

« — Vous avez donc fait quelque trait bien noir, pour que l'on vous
» traite ainsi... qu'ou se vous regarde plus?
» — Moi, madame? Ah! je vous jure que je n'ai rien fait du
» tout!
» — Mais c'est qu'il vous répond cela avec un air de candeur! on le
» prendrait pour un petit saint!
» — Par exemple, on m'a demandé si votre boudoir était plus
» joli que... le sien.. J'ai dit que je n'en savais rien; on m'a dit
» aussi que je mentais... vous voyez pourtant bien q   je disais la
» vérité.
» — Ah! on vous a demandé si mon boudoir était plus joli! » re-
» prend Mme Célival d'un air de dépit. « Vous convenez donc que
» vous allez chez la sien.... Ah! cette petite comtesse!... mais, en
» vérité, je la trouve bien curieuse de vous demander si vous avez vu
» le mien!... et vous avez dit que non?
» — Mais il me semble, Madame, que je ne pouvais pas dire oui...
» c'eût été mentir.
» — Ah! il est étonnant avec ses scrupules... comme si on ne men-
» tait jamais dans le monde... mais vous savez bien qu'on y est forcé,
» que cela est indispensable quelquefois!... Au reste, je veux que
» vous connaissiez aussi mon boudoir, afin que vous puissiez répondre
» à cette dame lorsqu'elle vous interrogera...... venez demain déjeuner
» avec moi......
» — Ah! madame!... que de bontés!
» — Viendrez-vous, dites-vous, la permettra-t-on?
» — Si on me le permettra, mais ne suis-je pas libre!
» — Peut-être... ainsi demain, à midi, je vous attends.... et nous
» déjeunerons dans mon boudoir, afin que vous ayez tout le temps de
» faire sa connaissance... et de dire à madame la comtesse ce que
» vous en pensez.
» — Oh! je gage d'avance qu'il est plus joli, moins sombre que le
» sien! »

Mme Célival sourit, appuie doucement sa main sur celle de Chérubin, s'éloigne de lui en murmurant bien bas :

« — A demain. »

Chérubin, enchanté du nouveau rendez-vous qu'on vient de lui donner, oublie aussitôt les dédains de Mme de Valdieri ; il redevient gai, reprend de l'assurance, va trouver Monfréville qui est au jeu, et lui dit à l'oreille :

« — Mon ami, j'en ai un autre.
» — Un autre quoi?
» — Un autre rendez-vous dans un boudoir, pour demain.
» — Avec la même personne?
» — Non, avec Mme Célival.
» — Vous n'êtes pas malheureux! mais tâchez de mieux vous
» en tirer que du premier.
» — Oh! soyez tranquille! cette fois je ne mettrai pas d'odeurs
» sur moi!... Est-ce que vous allez jouer encore longtemps?

» — Oui... nous recommençons ce wisth... je ferai deux robs au
» moins.
» — Alors, je vous laisse ; je vais me coucher.
» — Il me semble cependant que vous ne devez pas être fatigué!
» — Mme de Valdieri me regarde toujours d'un air moqueur, j'aime
» mieux m'en aller. »

Chérubin s'éclipse des salons, et regagne son hôtel en ne pensant qu'à madame Célival, et tout occupé du rendez-vous qu'elle lui a donné pour le lendemain.

XXII. — LES PRUNEAUX.

On s'éveille de bonne heure, lorsqu'on est amoureux et que l'on a un rendez-vous avec la femme que l'on aime ; il n'est pas bien certain que Chérubin aimât madame Célival, il est même probable qu'il n'éprouvait pour toutes ses conquêtes que ces désirs passagers que tous les jeunes gens éprouvent près d'une jolie femme ; maladie que l'on ressent souvent encore dans l'âge mûr et dont il est bien agréable de ne pas pouvoir guérir en vieillissant. Mais Chérubin a encore trop peu d'expérience pour savoir faire une distinction dans les sentiments qu'il éprouve, il se croit maintenant très-amoureux de madame Célival.

A peine éveillé, Chérubin sonne. Jasmin, malgré son âge, est toujours un des premiers levés pour accourir près de son maître ; mais celui-ci ne veut plus de ses services pour sa toilette, et lui dit :

« — Vous avez fait de belles choses, hier, Jasmin.
» — Qu'ai-je donc fait, Monsieur? » demande le vieux domestique
tout interdit par l'air d'humeur de Chérubin.
« — Comment, Jasmin, vous m'avez aspergé d'odeurs... vous en
» aviez mis sur tous mes vêtements, j'étais un véritable sachet ambulant.
» — Est-ce que monsieur ne sentait pas bon?
» — Et si ! je sentais trop bon! c'est-à-dire trop fort! je portais à la
» tête enfin, les dames nerveuses ne peuvent pas supporter cela... et
» vous êtes cause qu'une dame s'est trouvée mal ; c'est très-désa-
» gréable. »

Jasmin est désolé ; pour réparer sa bévue de la veille il propose à son maître de lui mettre du camphre dans toutes ses poches, parce qu'on lui a dit que cela était très bon pour les nerfs, et il pense que cela guérira le mal que les odeurs ont causé! Mais Chérubin n'en veut point ; il défend expressément à Jasmin de le parfumer en aucune façon ; et est il est obligé de se fâcher pour empêcher son vieux domestique de lui glisser des morceaux de camphre dans ses poches.

La toilette terminée, Chérubin s'assure qu'il ne sent rien ; et en attendant que le moment soit venu de se présenter chez madame Célival, il pense à la belle veuve, il repasse dans sa tête tout ce qu'il pourra lui dire ; ce qui l'inquiète c'est de déjeuner avec elle, il se dit :

« — Quand on déjeune avec une dame dont on est amoureux,
» mange-t-on?... faut-il satisfaire son appétit?... Mon Dieu ! j'ai oublié
» de demander à Monfréville des instructions là-dessus... J'ai peur de
» faire encore des gaucheries... Après tout, que me reproche-t-on tou-
» jours? d'être trop timide ; si je ne mange pas, j'aurai l'air très bête ;
» au contraire en mangeant et en buvant pas mal, cela me donnera de
» l'aplomb, de la hardiesse... Oh! oui, il faut bien manger. »

L'heure du déjeuner est arrivée enfin. Chérubin se rend chez Mme Célival, son cœur bat bien fort en suivant la femme de chambre qui le conduit dans le boudoir, mais il se dit :

« — Oh! c'est égal, aujourd'hui je ne serai pas timide... et je man-
» gerai beaucoup. »

Le boudoir de la belle veuve est un charmant réduit tendu de tous côtés en velours violet. Un tapis épais et moelleux couvre le parquet et de triples rideaux laissent fort peu de passage au jour.

« — Décidément les dames aiment beaucoup l'obscurité, » se dit Chérubin en entrant dans le boudoir « mais aujourd'hui je ne dois pas » lire des vers... en attendant... pour déjeuner j'y verrai toujours assez... » je comprends... l'obscurité doit rendre plus audacieux... c'est sans » doute pour cela que ces dames bannissent de chez elles le grand » jour. »

Mme Célival attendait Chérubin ; sa toilette est simple mais exécutée de manière à faire ressortir tous ses avantages, ses beaux cheveux noirs retombent en longues boucles de chaque côté de son visage, et ses rubans amarantes, qui ornent le délicieux bonnet dont elle est coiffée donnent encore plus de vivacité à ses yeux déjà si pleins de feu.

La séduisante veuve fait à Chérubin un accueil si aimable qu'un autre que lui se sentirait sur le champ à son aise ; il fait ce qu'il peut cependant pour surmonter son embarras, et ce qu'il fait de mieux c'est de rester en contemplation devant les charmes de celle avec qui il se trouve en tête-à-tête.

« — Eh bien, monsieur Chérubin, » dit bientôt Mme Célival,
« comment trouvez-vous mon boudoir?... moins joli sans doute
» que celui de la comtesse?
» — Mais non, madame, non, je vous assure... le vôtre me
» plaît tout autant... je le trouve même plus beau...
» — Oh! c'est pour me flatter que vous me dites cela!...
» — Seulement ils sont aussi sombres l'un que l'autre!...
» — Le grand jour me fait mal aux yeux, je le déteste.

» — Cependant, madame... vous ne devez pas craindre d'être vue... quand on est aussi belle... »

Chérubin n'ose pas continuer, il est tout étonné d'en avoir tant dit ; mais M̂̂ Célival à laquelle ce compliment semble tout naturel, sourit en répondant :

« — Vraiment ! vous me trouvez bien... oh ! mais les hommes ! cela leur coûte si peu de dire des choses qu'ils ne pensent pas !... »

Et tout en disant cela M̂̂ de Célival se penche négligemment sur le coussin du divan de velours violet sur lequel elle est mollement assise et son sein se gonfle tout en regardant Chérubin, qui, placé sur une chaise près d'elle, baisse les yeux, n'ose plus la regarder et se tait.

Après un assez long silence, M̂̂ de Célival, voyant que Chérubin continue de se taire, s'écrie :

« — Mais j'oublie notre déjeuner !... vous avez faim peut-être ?

» — Oh ! oui, madame, j'ai bien faim, » répondit aussitôt Chérubin.

M̂̂ de Célival sourit en disant :

« — Et il paraît que l'appétit vous ôte la parole ? mais, mon Dieu, que ne le disiez-vous donc ? je veux pas vous voir tomber d'inanition. Voulez-vous tirer cette sonnette ?

Chérubin tire un cordon, la femme de chambre arrive.

« — Qu'on nous serve ! » dit M̂̂ de Célival, et elle ajoute en se tournant vers Chérubin :

« — Nous déjeunerons ici parce que nous n'y serons dérangés par personne ; s'il me vient quelques visites importunes, on dira que je n'y suis pas.... trouvez-vous que j'aie bien fait ?

» — Oh, oui, madame, ce sera bien plus gentil ! »

M̂̂ de Célival sourit encore ; elle pense peut-être aussi que son tête-à-tête deviendra plus gentil, mais ceci n'est qu'une supposition.

La femme de chambre a lestement dressé le déjeuner et mis deux couverts. Chérubin remarque qu'à côté de la table qui est chargée de mets, la suivante a placé le dessert sur un guéridon.

M̂̂ Célival renvoie la femme de chambre en lui disant :

« — Si j'ai besoin, je vous sonnerai.

» — Et maintenant, » dit la séduisante brune, en présentant sa main au jeune homme qui la regarde toujours avec admiration, « prenez place, monsieur le marquis, et pardonnez-moi de vous traiter avec si peu de façon, mais ceci n'est point un déjeuner de cérémonie. »

Le déjeuner sans façon de M̂̂ Célival se composait d'une terrine de Nérac, d'un perdreau farci, de petits pieds aux pistaches et d'un magnifique buisson d'écrevisses ; puis, sur le guéridon, des confitures, des pâtisseries et une compote de pruneaux formaient le dessert ; enfin plusieurs flacons de vins fins annonçaient que l'on ne tenait pas à ce que le jeune convive conservât entièrement son sang-froid.

Chérubin s'est placé à côté de M̂̂ Célival, qui lui sert de tout, mais qui mange fort peu ; en revanche, le jeune homme mange pour deux. Depuis qu'il est à table, il se sent moins embarrassé, plus en train de causer ; il en conclut qu'il avait deviné juste, en pensant que bien manger et bien boire lui donnerait de l'aplomb, et il fait honneur à tout ce qu'on lui présente et boit tout ce qu'on lui verse.

M̂̂ Célival est fort gaie, elle sait adroitement entretenir la conversation, et paraît charmée de la manière dont son convive fait honneur au déjeuner.

« Vraiment, » dit-elle en riant, « je ne m'étonne pas si vous ne me disiez rien tout à l'heure... si vous paraissiez taciturne ! c'est que vous mouriez de faim !

» — Il est vrai, madame, que j'ai assez bon appétit, et puis auprès de vous... il me semble que l'on doit toujours en avoir.

» — Ah ! je ne sais pas trop si je dois prendre cela pour un compliment ! Il y a un proverbe qui ne me serait pas favorable.

» — Quel proverbe, madame ?

» — Puisque vous ne le connaissez pas, je ne veux pas vous l'apprendre. Maintenant, allons passer au dessert ; j'ai fait mettre tout cela près de nous, afin de ne pas avoir besoin de sonner... trouvez-vous que cela soit plus agréable ? »

Ces derniers mots sont accompagnés d'un regard si tendre que Chérubin est tout troublé ; pour se remettre, il se hâte de repousser la table sur laquelle on a déjeuné, et de la remplacer par le guéridon sur lequel le dessert est dressé.

Mme Célival, qui désire voir la fin du déjeuner, se hâte de servir son convive de tout, mais Chérubin examine la compote de pruneaux, en disant :

« — Qu'est-ce que c'est que ceci ?

» — Des pruneaux... comment vous ne connaissez pas cela ?

» — Mon Dieu, non ! Voilà la première fois que j'en vois..... d'abord, chez ma nourrice on n'en mangeait pas. »

Mme Célival part d'un éclat de rire, en disant :

« — Ah ! chez votre nourrice est charmant ! le mot est fort joli ! on croirait à l'entendre, qu'il est resté en nourrice jusqu'à présent. »

Chérubin se mord les lèvres, il croyait avoir dit une bêtise, il est

enchanté de voir que l'on prend cela pour un mot spirituel, et il accepte des pruneaux que lui sert M̂̂ Célival.

« — Eh bien, » dit au bout d'un moment la belle veuve, « comment trouvez-vous ce que l'on ne servait jamais chez votre nourrice ?

» — Oh ! très-bon, délicieux !

» — En voulez-vous encore ?

» — Volontiers. »

M̂̂ Célival sert de nouveau des pruneaux à Chérubin, qui, tout les mangeant, lui dit :

« — Mais vous, madame, vous ne prenez rien ?

» — Oh ! moi... je n'ai pas faim.

» — Pourquoi donc cela ?

» — Pourquoi ! Singulière question !... c'est que les femmes ne ressemblent pas aux hommes... et quand elles ont quelque chose qui les occupe... elles vivent de leurs pensées, de leurs sentiments, et ça leur suffit. »

Ces derniers mots sont dits d'un ton un peu piqué, car M̂̂ Célival commence à trouver que Chérubin tient table bien longtemps ; cependant, en femme du grand monde, et qui sait faire les honneurs de chez elle, elle lui offre encore de différents plats de dessert.

« Merci, » dit Chérubin, « mais j'aime mieux les pruneaux que tout cela...

» — Eh bien, prenez-en donc encore.

» — En vérité, si j'osais...

» — N'allez-vous pas vous gêner !... ce serait me fâcher. »

Chérubin se rappelle qu'en effet il ne faut pas être timide, et que c'est cela qui lui nuit. Il se sert donc des pruneaux ; au bout d'un moment il en prend encore ; et comme M̂̂ Célival rit beaucoup de sa passion pour les pruneaux, et qu'il est enchanté de la mettre en gaieté, il ne cesse d'en manger que lorsqu'il n'y en a plus dans le compotier.

La belle veuve paraît fort satisfaite lorsqu'il n'y a plus de pruneaux sur la table, et ces mots : « C'est bien heureux ! » sortent de sa bouche, mais à peine intelligibles ; Chérubin ne les a pas entendus.

Cependant la jolie femme a doucement éloigné sa chaise de la table, elle boit quelques cuillerées de café, pose sa tasse sur une cheminée, puis va se rasseoir sur son divan, en disant au jeune homme, avec une voix qui doit aller au cœur :

« — Eh bien, est-ce que vous n'allez pas venir vous asseoir près de moi ? »

Chérubin commence à comprendre que le moment est venu où il doit s'occuper d'autre chose que des pruneaux ; il quitte la table, fait quelques tours dans le boudoir, admire de charmantes gravures dont le sujet, sans être trop libre, est pourtant fait pour porter à la volupté. Il s'extasie devant Psyché et l'Amour, devant le fleuve Scamandre, devant une Odalisque étendue sur sa couche, et revient enfin s'asseoir sur le divan près de M̂̂ Célival, qui lui dit :

« — Vous admirez mes gravures.

» — Oui... toutes ces femmes sont si belles... cette Odalisque surtout !

» — Le peintre ne l'a guère voilée... mais pour nous faire admirer sa beauté, il a bien fallu nous la montrer à découvert... en peinture cela est permis... les artistes ont des privilèges, on pardonne tout au talent... ou à l'amour. »

Ces derniers mots sont accompagnés d'un soupir. Chérubin lève les yeux sur la belle veuve, et jamais elle ne lui a paru plus séduisante, car ses yeux brillent alors d'un feu à la fois vif et doux, et sa bouche à demi fermée semble disposée à répondre à beaucoup de choses. Le jeune homme se hasarde à prendre une main qu'on laisse à l'abandon : il admire cette main douce, blanche, effilée, potelée, il n'ose pas encore la porter à ses lèvres, mais il la presse tendrement, et loin de la retirer, une pression très-vive répond à la sienne : encouragé par cette action, Chérubin va couvrir cette main de baisers, lorsqu'il éprouve tout à coup une douleur assez vive dans les régions de l'abdomen.

Chérubin reste tout saisi.

« — Qu'avez-vous ? » lui dit madame Célival, étonnée de le voir tenir sa main en l'air sans la baiser.

« — Rien, oh ! rien, madame. »

Et le jeune homme dissimule une légère grimace causée par une seconde douleur, moins vive, il est vrai, mais qui est suivie, dans les régions intestinales, de bourdonnements, précurseurs d'une horrible tempête.

Cependant, fort préoccupé de ce qu'il éprouve, et inquiet des suites que cela peut avoir, Chérubin n'est déjà plus à la conversation, et il a laissé retomber sur le divan la main de M̂̂ Célival.

« — Mais qu'avez-vous donc, monsieur ? » murmure la jolie veuve d'un ton de reproche et de tendresse. « Vous semblez distrait, préoccupé... vous ne me dites plus rien, savez-vous que ce n'est pas aimable ?

» — Mon Dieu, madame, mais je vous assure que je n'ai rien... vous vous trompez. »

Et Chérubin fait ce qu'il peut pour dissimuler une nouvelle grimace, il éprouve des tortillements qui le mettent au supplice, car il comprend qu'il a la colique, et pour tout au monde, il ne voudrait pas que Mme Célival pût deviner ce qui lui arrive.

Cependant ce n'est point un crime d'être indisposé !... mais nous autres, faibles mortels, qui voudrions parfois nous élever au rang des Dieux, nous rougissons d'être soumis à toutes les infirmités de la simple créature; il y a surtout des circonstances où l'on est bien embarrassé, pour être à la fois l'homme du monde et l'homme de la nature. Le pauvre Chérubin se trouvait alors dans ce cas; les pruneaux lui jouaient un tour bien perfide.

Mme Célival n'a pu se méprendre au ton du jeune marquis; piquée d'ailleurs de ne plus lire dans ses yeux ni tendresse, ni désirs, elle s'écrie au bout d'un moment :

« — Oh! décidément, monsieur, vous vous ennuyez auprès de moi...

» — Mais, madame, je vous jure que je ne m'ennuie pas... au contraire... mais...

» — Mais vous aimeriez mieux être près de Mme Valdieri, n'est-ce pas?

» — Non... oh! ce n'est pas là que je voudrais être en ce moment !...

» — Eh bien, alors où donc voudriez-vous être en ce moment, monsieur?... »

Chérubin ne sait que répondre, il dissimule avec peine une nouvelle douleur, et sent une sueur froide qui humecte son front; il fait en cet instant une fort triste figure, et qui n'est pas du tout celle d'un amoureux.

Mme Célival le regarde, elle se pince la bouche avec dépit, et s'écrie :

« — Ah! mais c'est que vous faites une mine si singulière! on n'a jamais vu chose semblable... moi, du moins!... Voyons, monsieur, parlez... expliquez-vous, certainement vous avez quelque chose. »

Et la belle veuve, mue encore par le tendre sentiment qui lui parlait pour Chérubin, se rapproche de lui et veut lui prendre la main, mais celui-ci se recule vivement, en balbutiant d'une voix étouffée :

« — Ah! madame, ne me touchez pas, je vous en conjure!

» — Qu'est-ce à dire, monsieur, mais je vous prie de croire que je n'ai pas envie de vous toucher, » répond Mme Célival, offensée de la terreur qui vient de se peindre dans les traits du jeune homme. « Seulement, monsieur, j'ai le droit d'être surprise de la mauvaise humeur qui s'est subitement emparée de vous... je croyais qu'en vous témoignant le plaisir que j'avais à vous recevoir, je ne vous causerais pas... de l'effroi... ah! ah!... c'est fort drôle, en vérité. »

Au lieu de répondre à ce qu'on lui dit, Chérubin se lève tout à coup, en murmurant :

« — Pardon, madame... pardon... mais un rendez-vous que j'avais oublié... il faut absolument que je m'en aille...

» — Comment, monsieur, vous donnez un rendez-vous... quand vous savez que vous déjeunez avec moi! c'est extrêmement aimable!... vous ne me ferez pas croire que cela soit tellement pressé qu'il vous faille partir sur-le-champ.

» — Oh! si, madame, si... c'est horriblement pressé... je ne puis plus différer... adieu, madame... adieu! »

Et Chérubin, après avoir fait trois fois le tour du boudoir en courant comme un fou pour chercher son chapeau, l'aperçoit enfin, le saisit, se jette sur la porte, l'ouvre si violemment, qu'il manque de la briser, et s'enfuit en traversant toutes les pièces comme s'il craignait d'être poursuivi, laissant Mme Célival stupéfaite de la manière dont il la quitte.

Enfin, Chérubin est arrivé chez lui en maudissant les pruneaux et le malheur qui semble le poursuivre dans ses bonnes fortunes.

Vers la fin de la journée, Monfréville vient voir son ami, il est fort curieux de savoir s'il s'est mieux tiré de son dernier rendez-vous que du premier. En apercevant le jeune marquis encore pâle et défait, il sourit et lui dit :

« Je vois que, cette fois, votre bonne fortune a été complète, et que vous avez remporté une grande victoire. »

Chérubin regarde son ami en faisant une mine si piteuse, que celui-ci ne sait plus alors que penser. Après avoir fermé avec soin la porte de son appartement, Chérubin raconte à Monfréville ce qui lui est arrivé dans son second tête-à-tête galant. Celui-ci ne peut garder son sérieux en écoutant le récit de son aventure; et quoique Chérubin ne partage pas sa gaieté, il est longtemps, avant de pouvoir la modérer.

« — Vous trouvez donc cela bien drôle? » lui dit Chérubin en soupirant.

« — Ma foi, mon cher ami, il est difficile de ne pas rire de la position dans laquelle vous vous êtes trouvé.

» — Convenez que je suis bien malheureux.

» — C'est votre faute! quand on déjeune en tête-à-tête avec une dame, on ne va pas se bourrer de pruneaux, surtout après avoir déjà mangé assez copieusement, d'après ce que vous m'avez dit.

» — Je le faisais pour me donner de la hardiesse, du nerf!...

» — C'est joli ce que vous êtes donné.

» — Enfin, dans un autre tête-à-tête avec madame Célival, pareil événement n'arrivera pas; je serai plus heureux!

» — Oh! ne vous flattez pas d'obtenir un second rendez-vous de la belle veuve!... vous êtes perdu dans son esprit comme dans celui de la petite comtesse... C'est encore une conquête à laquelle maintenant il vous faut renoncer.

» — Vous croyez... quelle injustice !... comment! une femme cesse de nous aimer, parce qu'il nous arrive une indisposition subite.

» — Ce n'est pas cela, c'est parce que vous avez agi maladroitement.

» — Qu'auriez-vous donc fait à ma place?

» — J'aurais dit franchement que mon déjeuner me faisait mal, que je me sentais fort malade, et alors on eût excusé et compris mon départ.

» — Ah! je serais mort de honte, plutôt que de dire cela!

» — C'est fort mal raisonner, mon ami; souvenez-vous qu'une femme pardonne tout, excepté le mépris ou l'indifférence pour ses charmes. »

Chérubin est tout triste pendant le reste de cette journée; il lui semble qu'il y a une certaine fatalité dans ses amours, et il craint qu'elle ne le poursuive constamment. Mais, le même soir, Daréna vient à son hôtel lui apprendre le résultat de ses démarches près de la jolie femme qu'il a vue au Cirque.

« Victoire ! » s'écrie Daréna en allant frapper sur l'épaule du jeune marquis, cela va bien, mon ami... vos affaires sont en bon chemin.

» — Est-ce que vous avez obtenu un rendez-vous pour moi? » demande Chérubin d'un air presque effrayé.

» — Pas encore; diable! cela ne va pas aussi vite que vous pensez, » cette jeune comtesse polonaise est gardée à vue, entourée de duègnes, » de cerbères.

» — C'est une comtesse polonaise?

» — Oui, la comtesse de Globeski, épouse du comte Globeski... un » homme très comme il faut!... qui a dû fuir son pays pour crime de » haute trahison... et qui est jaloux comme un tigre! C'est un gaillard » qui ne parle que de poignarder son épouse; elle donnait un de ses » cheveux à un homme!

» — C'est effrayant!

» — Ça ne fait rien du tout! les femmes n'ont point la moindre peur » des poignards; au contraire, elles aiment à braver les dangers. J'ai » fait parvenir votre lettre à la belle Globeska... c'était difficile, il m'a » fallu semer l'or à pleines mains... je l'ai semé, j'en ai même emprunté, » parce que je n'en avais pas assez... je sais que vous me le rendrez, » et j'ai pensé que vous ne me blâmeriez pas d'avoir été généreux pour » servir vos amours.

» — Oh! bien au contraire, mon cher Daréna, et je vous en remer- » cie; mais enfin, cette jolie Polonaise m'a-t-elle écrit un mot de ré- » ponse?

» — Non, elle ne vous a pas écrit... peut-être écrit-elle très-mal le » français... c'est excusable chez une étrangère, mais les femmes ont » de l'amour-propre; elles craignent que ce soit mal écrit si elles » font une faute de langue; enfin, la ravissante Globeska a répondu de » vive voix, et ce qu'elle a dit vaut tous les billets doux.

» — Qu'a-t-elle dit, alors?

» — Elle a dit à sa suivante que j'ai séduite, je veux dire que j'ai » gagnée à force d'or... fais savoir à ce jeune Français qui m'écrit, que » je partage sa passion... depuis que je l'ai vu je ne rêve qu'à lui... » même quand je ne dors pas...

» — Elle a dit cela! Ah! quel bonheur!...

» — Laissez-moi donc achever : je suis unie à un tyran que je dé- » teste... que ce Français trouve moyen de m'enlever, et je suis prête à » le suivre... et je me précipite dans ses bras. Hein! que dites-vous de » cela? heureux Lovelace... j'espère que vous lui avez tourné la tête, à » celle-là !...

» — Oui, mon ami, je suis bien content... car je sens que cette jeune » femme me plaît plus que toutes les autres... avec elle il me semble » que je serai plus à mon aise qu'avec ces dames du grand monde... qui » m'imposent toujours.

» — Vous serez fort à votre aise, je vous en réponds !... les Polonais » sont très sans façon.

» — Mais elle me dit de l'enlever... est-ce que cela se peut? est- » qu'il est permis d'enlever une femme?

» — Ah! qu'il est enfant! D'abord on ne demande pas la permission... » ensuite vous voyez bien qu'elle le désire elle-même; soyez tranquille! » c'est moi qui me charge de l'enlèvement, j'en fais mon affaire.

» — Mon cher Daréna, que d'obligations!

» — Mais seulement il s'agit de savoir où je mènerai votre belle... vous » comprenez qu'il ne serait ni convenable ni prudent de la conduire » dans cet hôtel... en vue de vos gens... dé...

» — Oh! certainement, on ne peut la conduire, alors?

» — Rien de plus facile... il n'y a qu'à louer une petite maison... » aux environs de Paris... dans la banlieue... dans un endroit écarté » et tranquille. Voulez-vous que je me charge encore de cela?

» — Oh! oui, je vous en prie. — C'est convenu, je louerai... si ce » n'est pas meublé, je ferai porter des meubles... donnez-moi de l'ar- » gent... il en faudra pas mal.

Chérubin court à son secrétaire, prend des billets de banque, et en remet à Daréna en lui disant :

« — Tenez, voilà deux mille... trois mille francs... est-ce assez?

» — Oui... Ah! donnez-m'en tout de suite quatre mille... il ne faut pas être à court. Maintenant, laissez-moi faire. Je vais d'abord m'assurer d'un local, le faire disposer pour recevoir votre infante, puis je guetterai le moment favorable; dès qu'il sera venu... J'enlève, et je viens vous chercher; vous n'aurez plus qu'à recueillir les fruits de la victoire, c'est assez agréable.

» — C'est charmant.

» — Mais, surtout, pas un mot de tout ceci à Monfréville, où je ne me mêle plus de rien.

» — Soyez tranquille! c'est convenu.

» — Quand votre belle sera hors de nos mains de son tyran, j'aurai soin de faire porter dans votre petit réduit un repas friand... il faut toujours qu'une dame puisse prendre quelque chose en arrivant.

» — Oui, mon ami... commandez un repas. » Ah! mais point de pruneaux... je vous en prie! point de pruneaux, je les ai en horreur!»

Daréna regarde Chérubin avec surprise, tout en lui répondant :

« — Soyez tranquille ; je ne connaissais pas votre aversion pour les pruneaux... On dit pourtant que c'est fort sain...

» — Si j'en vois sur la table, je me sauve sur-le-champ.

» — Allons, calmez-vous... je recommanderai qu'on n'en serve pas.»

Et le comte quitte son jeune ami, après avoir empoché les billets de banque, en se disant :

« — Voilà une conquête qui ne m'échappera pas, cette fois, et qui me » dédommagera de toutes celles que j'ai perdues. »

XXIII. — L'INTÉRIEUR D'UNE FAMILLE.

Ainsi que la jeune Ernestine l'avait annoncé à Louise, Mme de Noirmont est de retour dans sa maison le jour qu'on l'attendait. Son arrivée est une fête pour sa fille, qui du plus loin qu'elle aperçoit sa mère, vole au-devant d'elle et se précipite dans ses bras. Mme de Noirmont répond avec tendresse aux caresses de son enfant: il est facile de voir qu'elle y est sensible, et que c'est aussi avec un véritable bonheur qu'elle se retrouve près d'elle.

M. de Noirmont n'a pas couru au-devant de sa femme; de telles marques d'affection ne sont pas dans son caractère; en s'y livrant, il craindrait de compromettre sa dignité; cependant, lorsqu'il apprend que son épouse est de retour, il se rend près d'elle, la salue avec affabilité, mais ne l'embrasse pas. Puis il lui dit :

« — Vous avez fait un bon voyage, madame?

» — Oui, monsieur, je vous remercie.

» — Et comment va votre tante, Mme Dufréuil ?

» — Elle va beaucoup mieux, monsieur, sa santé est parfaitement rétablie. Mais il était temps que je revinsse! je serais tombée malade d'ennui. Être si longtemps éloignée de ma fille... j'ai beaucoup regretté, monsieur, que vous ne m'ayez pas permis de l'emmener.

» — Cela fait, madame, que vous en avez plus de plaisir à la revoir » et je désire que cela vous la fasse aimer davantage. »

Après avoir dit ces mots, M. de Noirmont salue sa femme et retourne s'enfermer dans son cabinet.

Quand son mari est parti, Mme de Noirmont attire sa fille près d'elle et la presse à plusieurs reprises contre son cœur, en murmurant :

« — Ton père croit que je ne t'aime pas... Est-ce que tu penses » cela aussi, ma fille !

» — Oh! non, maman! non certainement, » s'écrie Ernestine. Mais » papa ne le pense pas non plus... j'en suis sûre... Je suis bien que » vous m'aimez, et pourquoi donc ne m'aimeriez-vous pas ne suis- » je pas votre fille?... »

Il se fait comme un mouvement nerveux dans les traits de Mme de Noirmont, son front s'assombrit, et elle se dégage assez vivement des bras d'Ernestine. Mais bientôt ce nuage se dissipe, elle attire de nouveau sa fille près d'elle, en disant un air mélancolique :

« — Oh! oui... oui! je t'aime bien;

» — Je t'ai jamais douté, moi, maman, et si vous avez quelquefois...... tenez, comme tout à l'heure, des instants où l'on dirait que mes caresses vous ennuient..... je suis bien sûre que c'est seulement parce qu'alors vous avez vos maux de tête... ou bien que vous pensez à autre chose!... Mais vous ne m'en aimez pas moins, n'est-ce pas !

» — Non, sans doute, je ne t'aime jamais moins. Et tu as trouvé long le temps de mon absence?

» — Oh! oui, maman! Mais heureusement, depuis trois semaines, j'ai une nouvelle femme de chambre... Mon père a dû vous écrire qu'il avait renvoyé l'autre?

» — Oui, ma fille.

» — J'ai bien mieux la nouvelle! Si vous saviez comme elle est gentille.... et pas bête du tout !.... pas commune! elle parle fort bien sa langue... et pourtant elle arrivait de son village; elle n'avait jamais servi, mais elle a tout de suite été au fait.

» — Qui est-ce qui l'a fait entrer ici?

» — C'est Comtois. Oh! il aura eu de bons répondants. »

Mme de Noirmont sourit de l'air grave avec lequel sa fille lui dit cela, et répond :

« — Ma chère amie, je sais que l'on peut avoir confiance dans Comtois. Et comment se nomme ta femme de chambre ?

» — Louise... Louise... Fré... Frénet... Je ne me rappelle jamais » son autre nom... C'est égal, c'est un bien bon sujet, allez, maman ; » je suis sûre qu'elle vous plaira aussi... Je vais l'appeler pour vous » la présenter... Elle est très-timide, voilà pourquoi elle n'a pas encore » osé venir vous saluer...

» — Mon Dieu ! me chère amie, j'ai tout le temps de voir ta femme » de chambre ! rien ne presse.

» — Oh ! si, maman, je veux que vous la voyiez tout de suite. »

Ernestine avait tiré le cordon d'une sonnette, bientôt la porte s'ouvre, et Louise paraît sur le seuil, l'air craintif, les yeux baissés, et murmurant :

« — Madame m'a sonné ? »

Mme de Noirmont considère la jeune fille qu'elle voit pour la première fois ; elle est frappée de sa beauté, de la dignité de ses traits, de sa tenue modeste et décente, de tout cet ensemble de sa personne que l'on ne rencontre pas ordinairement dans une femme de chambre, et elle ne peut se lasser de la regarder.

La jeune Ernestine se penche vers sa mère en lui disant à l'oreille :

« — Eh bien ! comment la trouves-tu ? »

» — Bien, ma fille, fort bien... elle a même l'air distingué ; on ne » croirait pas que c'est une domestique.

» — N'est-ce pas... je ne l'avais pas flattée? »

Et la jeune personne reprend en s'adressant à Louise :

« — Maman vous trouve bien, Louise, vous lui plaisez aussi... je » vous disais bien que vous lui plairiez. »

Louise fait une révérence, en murmurant :

« — Madame est bien bonne, je ferai tous mes efforts pour la con- » tenter, ainsi que mademoiselle. »

» — Je n'en doute pas, mon enfant, » répond Mme de Noirmont. » tout en vous prévient en votre faveur, et je suis persuadée que » ma fille ne s'est point trompée dans le bien qu'elle m'a dit de » vous. »

Pendant que la mère d'Ernestine lui parle, Louise a enfin levé les yeux pour la regarder. A l'aspect de cette belle figure, noble et sévère, de ce front pâle et fier, de ces grands yeux noirs dans lesquels on aperçoit toujours une expression de mélancolie, la jeune fille se sent tout émue, toute saisie ; son cœur bat avec force, elle ne sait pas si c'est de plaisir ou de crainte, elle ne peut pas définir ce qu'elle éprouve, mais elle reste immobile ; depuis quelques instants Mme de Noirmont a cessé de parler et elle l'écoute encore ; on lui fait signe qu'elle peut se retirer, et elle reste là ; enfin, il faut qu'Ernestine aille lui toucher le bras en lui disant :

« — Louise, vous pouvez nous laisser, » pour qu'elle revienne à elle-même et quitte l'appartement, en jetant à la dérobée un dernier regard sur Mme de Noirmont.

Après avoir encore dit quelques mots sur sa nouvelle femme de chambre, Mme de Noirmont ne songe plus qu'à reprendre le cours de ses occupations habituelles dans l'intérieur de sa maison, et à surveiller de nouveau l'éducation de sa fille, et les études auxquelles elle se livre avec les différents professeurs qui viennent lui donner des leçons.

La vie de Mme de Noirmont est très-uniforme ; elle sort rarement et ne reçoit pas de nombreuses visites ; elle s'occupe de sa fille, surveille ses études, et lit beaucoup ; c'est son plus grand plaisir, sa plus douce distraction.

M. de Noirmont passe la journée entière dans son cabinet, sa femme et sa fille ne le voient peu avant le dîner ; à ce moment on se réunit et assez souvent un ami de M. de Noirmont vient dîner avec la famille ; mais il est rare que l'on ait plusieurs personnes à la fois. Pendant le repas, Mme de Noirmont cause fort peu, son mari parle politique ou économie politique avec son ami ; c'est Ernestine seule qui est chargée d'égayer le dîner ; elle s'en acquitte assez bien ; souvent ses saillies, ses réflexions enfantines font sourire sa mère, et, malgré sa gravité, M. de Noirmont lui-même ne garde pas toujours son sérieux. Enfin, le soir, les dames travaillent, font de la tapisserie, de la musique, et les hommes une partie d'échecs ou de trictrac. Quand il n'y a point eu d'étrangers au dîner, M. de Noirmont sort assez souvent le soir pour aller dans quelques réunions : quelquefois sa femme et sa fille l'accompagnent ; mais cela est rare. Mme de Noirmont préfère rester chez elle avec sa fille ; et lorsque son mari n'est pas là, il semble qu'elle soit moins sérieuse, moins pensive, et qu'elle témoigne plus de tendresse à Ernestine.

Le service de Louise est fort doux dans cette maison, où l'on ne court pas les bals, et où l'on reçoit fort peu ; c'est Comtois seul qui sert à table. La jeune femme de chambre aide les dames pour leur toilette ; puis, pendant presque tout le courant de la journée, elle travaille dans sa chambre, à des robes pour elle, à celle des maîtresses ou à entretenir le linge de la maison. Le soir, c'est elle qui sert le thé, puis elle veille à ce que ses maîtresses trouvent dans leur appartement ce qui leur est nécessaire. Tout cela n'est pas bien fatigant, et Louise dit parfois à

Ernestine qu'on ne lui donne pas assez d'ouvrage à faire, mais la jeune fille lui répond en souriant:

« — Pourquoi travailles-tu si vite !... à peine t'a-t-on donné quelque » chose à coudre que c'est fait... Maman dit que ton adresse et ton » activité sont extraordinaires. Ah! les autres femmes de chambre » n'allaient pas aussi vite que toi. »

Louise éprouve un sentiment de plaisir toutes les fois qu'elle apprend que Mᵐᵉ de Noirmont est contente d'elle; et quoique cette dame conserve presque toujours avec ses gens un air grave et sérieux, qui ne permet pas la moindre familiarité, elle se sent portée à l'aimer, et il lui semble qu'elle éprouverait un vif chagrin s'il lui fallait maintenant la quitter.

Cependant trois mois se sont écoulés depuis qu'elle est à Paris, et elle n'a pas aperçu une seule fois Chérubin; mais depuis le retour de Mᵐᵉ de Noirmont, Louise, tout occupée à lui plaire, a ressenti moins vivement ses peines d'amour; quoiqu'elle aime toujours autant le compagnon de son enfance, on dirait qu'un autre sentiment s'est glissé dans son cœur pour faire diversion à ses chagrins.

M. Gérondif est venu plusieurs fois s'informer près de Comtois de ce que l'on pensait de Louise chez ses maîtres, et toutes les fois le domestique s'est répandu en éloges sur la jeune femme de chambre, et il a prié le professeur de remercier le vieux Jasmin du cadeau qu'il leur a fait. M. Gérondif s'est éloigné, fort content d'avoir placé Louise à Paris, quoique, tout préoccupé de ses bonnes fortunes, Chérubin n'ait plus songé à se rendre chez Nicolle.

Un matin que M. Gérondif est encore entré dans la maison de M. de Noirmont pour demander à Comtois si l'on est toujours satisfait de Louise, le domestique lui répond : « — Toujours ; » Mˡˡᵉ Louise est un » modèle de sagesse et » d'activité. Mais si vous » désirez la voir, mon- » sieur, elle est seule en » ce moment ; ces dames » sont sorties pour faire » des emplettes. Elle » travaille dans sa cham- » bre, et rien ne s'op- » pose à ce que vous lui » souhaitiez le bon- » jour. »

M. Gérondif accepte avec joie cette proposition : il suit Comtois qui le conduit jusqu'à la chambre de Louise et le laisse avec elle.

Louise montre une vive joie en apercevant le professeur, car elle va pouvoir parler de tous ceux qui lui sont chers. M. Gérondif, sot comme la plupart des pédants, prend pour lui ce dont il n'est que le prétexte; il croit avoir inspiré à la jolie femme de chambre une tendre affection et sourit de manière à se démantibuler la mâchoire en allant s'asseoir près d'elle.

Louise commence par demander des nouvelles de sa mère adoptive.

« — Elle se porte à ravir, et elle est charmée que vous soyez à » Paris dans une si belle position, » répond le professeur qui ment avec un aplomb imperturbable, parce qu'il n'est pas retourné au village depuis que Louise l'a quitté.

Montréville.

« — Et monsieur Chérubin, » reprend la jeune fille « est-il satisfait » de me savoir à Paris comme il le désirait : il n'a donc pas envie de » me voir ? Est-ce qu'il ne vous parle pas quelquefois de moi.... » est-ce lui qui vous envoie aujourd'hui ? »

Le professeur se gratte le nez, tousse, crache, s'essuie le front, toutes choses qui avec lui prennent beaucoup de temps et pendant lesquelles il réfléchit à ce qu'il va dire, ayant enfin pris sa résolution, il répond à Louise:

« Ma belle amie, il est rare que les amours d'enfance aient une , bonne fin !... je pourrais vous citer *Paul et Virginie* et mille autres exemples *ad hoc*, » j'aime mieux vous dire » *ex abrupto*, ce qui » signifie sans préam- » bule, que vous avez » tort de vous occuper » encore de monsieur le » marquis , de Grand- » vilain , parce que ce » jeune homme ne songe » plus du tout à vous, » d'abord lorsque vous » vous présentâtes jadis » pour le voir à son » hôtel... quand vous » vintes à Paris avec » Nicolle...

» — Eh bien, mon- » sieur ?

» — Eh bien, le jeune » marquis était chez lui, » mais comme il ne vou- » lait pas vous rece- » voir, il avait donné à » son suisse l'ordre de » vous dire qu'il était » absent.

» — O mon Dieu! il » serait possible !...

» — Au milieu des » voluptés dans lesquel- » les il est plongé, com- » ment voulez-vous qu'il » se souvienne d'une » jeune fille des champs » avec laquelle il a joué » au *chat coupé* ou à » tout autre jeu plus ou » moins innocent ?... il » est devenu très-liber- » tin, mon élève! ce n'est » pas ma faute; il a une » foule de maîtresses?... » il reçoit des billets » doux que cela en est » scandaleux... et j'au- » rais déjà quitté sa de- » meure si mes intérêts » pécuniaires ne m'obli- » geaient à fermer les » yeux... ce qui ne » m'empêche pas de voir » tout ce qui se passe. »

Louise porte son mou- choir sur ses yeux, en balbutiant:

« — C'en est donc » fait !... il ne m'aime » plus du tout... ah! » qui aurait cru cela de » Chérubin !

» — Il faut tout croi- re!... il faut s'attendre à tout de la part d'un imberbe, » reprend le professeur; puis mettant sa chaise tout contre celle de la jeune fille et appuyant sa main sur son genou, M. Gérondif tâche de , faire une voix mielleuse et dit en pesant ses paroles :

« — Je viens de faire la blessure... je vais y apporter le dictame, » autrement dit, le remède. Belle Louise, si le jeune Chérubin n'a pas » été fidèle à vos charmes, il en est d'autres qui seront trop heureux » de les encenser... de les cultiver ; je vais droit au but!... je vous » aime! céleste fille.... et je ne suis pas volage, moi, parce que grâce » au ciel je suis un homme fait. Je ne viens pas vous faire de viles » propositions... *retro Satanas!*... ce qui veut dire : je n'ai que des » vues honnêtes. Je vous offre ma main, mon cœur, mon nom, mon » rang et mon titre... seulement nous attendrons encore deux ans pour

» convoler: je ferai mes efforts pour contenir mes feux jusque-là;
» mais ce temps m'est nécessaire pour amasser une somme rondelette...
» vous y joindrez vos gages, vos économies... on est fort content de
» vous ici, et il est probable que vous aurez de belles étrennes au
» jour de l'an; nous réunirons tout cela, nous achèterons une maison-
» nette aux environs de Paris... je ferai quelques élèves pour m'en-
» tretenir la main, nous aurons un chien, un chat, des poules, toutes
» les douceurs de la vie, et nous filerons des jours mélangés de miel
» et d'hypocras. »

Pendant ce discours Louise a repoussé la main que l'on avait placée sur son genou, elle a reculé sa chaise, et dès que M. Gérondif a fini de parler, elle se lève et lui dit d'un ton poli mais décidé :

« — Monsieur, je vous remercie de vouloir bien m'offrir le titre de
» votre femme, à moi, pauvre fille du village, sans nom et sans fa-
» mille, mais je ne puis l'accepter. M. Chérubin ne m'aime plus, je
» le conçois, monsieur, et j'étais folle en effet de m'imaginer qu'à
» Paris, au sein des plaisirs, vivant dans le grand monde, il pourrait
» conserver mon souvenir ; mais, moi, oh ! c'est bien différent ! je

» ne suis pas devenue une grande dame, et l'image de celui que je
» chéris ne saurait s'effacer de mon cœur... j'aime Chérubin, je sens
» que je n'aimerai jamais que lui !... Ainsi donc, monsieur, ce serait
» bien mal à moi d'en épouser un autre... puisqu'à cet autre je n'ap-
» porterais pas mon amour. »

M. Gérondif demeure tout surpris à ce discours ; cependant, il se remet et reprend :

« — Ma belle Louise : *Varium et mutabile semper fœmina...* ou
» si vous aimez mieux : *souvent femme varie ! bien fol est qui s'y*
» *fie...* Ces vers sont de François Ier... je préfère ceux de Béranger ;
» enfin, Tirésias prétend que les hommes n'ont que trois onces d'a-
» mour, tandis que les femmes en possèdent neuf ! ce qui leur permet
» de changer bien plus souvent que nous ; et cependant pour trois
» onces nous n'allons déjà pas mal.

» — Qu'est-ce que cela veut dire, monsieur ?

» — Cela veut dire, ma chère amie, que vous ferez comme les au-
» tres, vous changerez, votre amour se passera...

» — Jamais, monsieur !

» — Jamais en amour est un mot qui ne signifie rien du tout ;
» au reste vous aurez tout le temps d'y penser, puisque je vous
» laisse deux ans pour réfléchir... d'ici là, permettez-moi d'espérer.

» — Oh ! c'est inutile, monsieur,

» — Pardonnez-moi !... en espérant on vit content... je tiens à mon
» espérance. Adieu, belle Louise, continuez de bien vous conduire...
» on augmentera sans doute vos émoluments, moi je vais continuer à
» mettre les miens de côté... et comme dit un vieux proverbe popu-
» laire... fort trivial, mais plein de finesse !... laissons bouillir le mou-
» ton ! Je dépose mes hommages à vos genoux. »

M. Gérondif est parti. Louise peut alors pleurer en liberté, elle ne s'occupe plus des propositions du professeur, elle ne songe qu'à Ché-rubin qui ne l'aime plus, qui ne pense plus à elle, et qui a des mai-tresses ; depuis longtemps elle craignait qu'il ne l'eût oublié, mais elle en est certaine, et de la crainte à la certitude il y a en amour une énorme distance.

Le retour de Mme de Noirmont et de sa fille force Louise à ca-cher ses larmes ; elle se hâte d'essuyer ses yeux et tâche de dissimuler sa tristesse, car elle sent bien qu'elle ne doit pas divulguer le secret de son cœur.

Ce jour-là M. de Noirmont sort après dîner. Ernestine reste avec sa mère, à laquelle, tout en travaillant, elle dit tout ce qui lui passe par la tête, surtout lorsqu'elle la voit dans ses moments de bonne

Chérubin va couvrir cette main de baisers, lorsqu'il éprouve tout à coup une douleur assez vive. — Page 53.

humeur. Quand Mme de Noirmont sourit aux discours de sa fille, celle-ci est si contente que souvent elle quitte son ouvrage pour sauter au cou de sa mère qui quelquefois la tient tendrement pressée dans ses bras.

Louise, que l'on a sonnée pour lui demander le thé, entre dans le salon dans un de ces moments où Ernestine est enlacée par les bras de sa mère, et l'aimable enfant, dans sa joie de recevoir de si douces caresses, s'écrie alors :

« — Vois-tu, Louise, comme je suis heureuse, moi !..... comme j'ai
» une bonne mère ! »

Louise est restée immobile au milieu du salon ; elle est satisfaite du bonheur d'Ernestine, et pourtant, dans ce tableau touchant qui est de-vant ses yeux, elle ne comprend pas pourquoi il y a quelque chose qui lui fait mal ; deux grosses larmes s'échappent de ses yeux, mais elle se retourne bien vite pour qu'on ne la voie pas pleurer.

Cependant Mme de Noirmont a déjà repris sa gravité, et Ernestine a dû retourner à sa place. Louise s'est hâtée de servir le thé, puis elle s'éloigne de crainte qu'on ne remarque sa tristesse.

Malgré tous ses efforts pour être raisonnable, Louise pleure encore lorsque le soir, avant de se coucher, Ernestine entre chez sa femme de chambre pour lui demander quelque chose.

Voyant que Louise a le visage baigné de larmes, la jeune Ernestine court à elle, en lui disant avec le plus touchant intérêt :

» — Mon Dieu ! Louise !... tu pleures !..... Qu'est-ce que tu as
» donc ?
» — Oh ! mademoiselle, pardonnez-moi... Je sais que je ne devrais
» pas pleurer ici, où vous êtes si bonne pour moi !... mais je n'ai pu
» m'en empêcher !...
» — Tu as donc eu quelques motifs de chagrin... Tu n'aurais pas
» pleuré ainsi pour rien. Louise, je veux savoir pourquoi tu pleu-
» rais.
» — Eh bien, mademoiselle... c'est que ce soir, en vous voyant dans
» les bras de madame votre mère... le tableau du bonheur dont vous
» jouissiez m'a fait encore plus vivement sentir le malheur de ma po-
» sition..... Oh ! mademoiselle, ce n'est pas par envie que je dis
» cela !... Je bénis le ciel qui vous rend si heureuse... mais je n'ai pu
» m'empêcher de pleurer en songeant que jamais je n'avais été embras-
» sée par ma mère... que jamais je ne pourrais la presser dans mes
» bras !
» — Que dis-tu, ma pauvre Louise?... est-ce que ta mère ne t'aime
» pas ?
» — Ce n'est pas cela, mademoiselle. Mais tenez, je vais vous dire
» la vérité, car je ne sais pas mentir... Et puis, je ne comprends pas
» pourquoi je ferais un mystère de cela... vous ne serez pas moins
» bonne pour moi en sachant que je suis une pauvre fille abandonnée
» par ses parents...
» — Serait-il possible !... tu n'as point de parents ?...
» — Ou du moins, mademoiselle, je ne les connais pas. »
Louise fait alors à Ernestine le récit de la manière dont Nicolle
s'est trouvée chargée de veiller sur elle, et de la bonté des villageois
qui l'ont gardée et traitée comme leur fille, quand ils ont vu qu'elle
était abandonnée par sa mère.
Ernestine a écouté ce récit avec le plus vif intérêt. Lorsque Louise
a cessé de parler, elle l'embrasse avec tendresse en lui disant :
« — Ma pauvre Louise... Ah! que tu as bien fait de me conter
» cela, il me semble que je t'aime encore davantage depuis que je
» sais que tes parents t'ont abandonnée... Et cette bonne Nicolle!
» ces bons paysans ! Ah ! les braves gens... Demain je raconterai tout
» cela à ma mère... Je suis bien sûre que cela l'intéressera aussi.
» — Oh ! c'est inutile, mademoiselle : Mme de Noirmont trouvera
» peut-être mauvais que je vous aie entretenue de mes chagrins.
» — Oh ! tout au contraire; malgré son air sérieux, maman
» est bonne aussi, et d'ailleurs ta lui plais beaucoup. Elle m'a dit
» plusieurs fois que ton air était très-convenable, et dans sa bouche,
» c'est un grand éloge, cela! Allons, bonsoir, Louise, dors bien, et
» surtout ne pleure plus... Si tu n'as point de parents, eh bien ! tu as
» ici des personnes qui t'aiment, et qui auront bien soin de toi. »
Ernestine quitte Louise pour aller se livrer au repos, et celle-ci se
sent moins à plaindre en voyant l'amitié que lui témoigne sa jeune
maîtresse, amitié qu'elle partage avec toute la sincérité de son âme.
Le lendemain, on a réuni la famille de Noirmont pour le déjeuner. Ernestine n'avait pas encore vu sa mère depuis la veille, parce qu'un
mal de tête avait retenu Mme de Noirmont dans son lit plus tard
qu'à l'ordinaire ; mais son père, qui ne se trouvait que rarement au
déjeuner, venait d'y prendre place, lorsque après avoir embrassé sa
mère, Ernestine dit à ses parents d'un air mystérieux :
« — J'ai quelque chose de bien intéressant à vous conter ce matin,
» et je suis contente que mon papa soit venu au déjeuner pour enten-
» dre ce que je vais dire.
» — Vraiment! » dit M. de Noirmont en souriant d'un air un peu
railleur, « du ton dont tu nous dis cela, je crois qu'il s'agit de quel-
» que chose de fort sérieux, en effet.
» — Mais oui, mon papa, c'est très-sérieux ! Oh ! vous avez l'air de
» vous moquer de moi ; mais quand vous saurez ce que c'est , je gage
» bien que vous serez aussi attendri que je l'étais hier au soir en voyant
» pleurer cette pauvre Louise.
» — Comment, il s'agit de Louise ? dit Mme de Noirmont d'un
air d'intérêt ; « lui serait-il arrivé quelque chose de malheureux !...
» j'en serais fâchée, car cette jeune fille est un fort bon sujet, et paraît
» mériter mes bontés.
» — Voilà ce que c'est... écoutez-moi bien... Louise ne voulait pas
que je vous dise cela ; mais moi, je suis bien sûre que vous ne lui en
ferez pas un crime, car c'est une faute à elle. »
M. de Noirmont, que ce préambule commence à intriguer, dit avec
impatience :
» — Voyons, ma fille, finissez-en, et expliquez-vous.
» — Eh bien, mon papa, hier au soir, quand Louise est venue au
» salon pour servir le thé, elle m'a trouvée dans les bras de maman
» que j'embrassais, et qui m'embrassait aussi...
» — C'est très-bien; et là, ma fille ; ensuite?
» — Ensuite, le soir quand je suis rentrée dans ma chambre, ayant
» eu besoin d'un fichu de nuit que je ne trouvais pas, je suis allée
« chez Louise pour lui demander où elle l'avait mis ; là j'ai trouvé
« Louise toute en pleurs ; je lui ai dit : Pourquoi donc pleures-tu ?
» Elle m'a répondu en sanglotant : Ah ! mademoiselle, c'est qu'en
« vous voyant ce soir dans les bras de madame votre mère, j'ai senti
« encore plus vivement mon malheur de n'avoir jamais été embrassée
« par la mienne, et de n'être qu'une enfant abandonnée.

» — Une enfant abandonnée !... » murmure Mme de Noirmont,
dont le visage devient à l'instant d'une pâleur extrême.
» — Mais, dit M. de Noirmont, » il me semble que Comtois nous
» avait dit que les parents de cette jeune fille habitaient dans les envi-
» rons de Paris... je ne me rappelle plus quel village.
» — Oui, mon papa, on avait dit cela à Comtois en lui présentant
» Louise ; mais c'était un mensonge que ses amis avaient cru devoir
» faire. Louise a pensé qu'il valait mieux dire la vérité.
» — Elle a raison, mais appelle la femme de chambre, Ernestine
» je veux apprendre d'elle-même toute cette histoire; cela pique ma
» curiosité. Et vous, madame, n'êtes-vous pas curieuse aussi d'entendr
» cette jeune fille? »
Mme de Noirmont répond quelques mots à peine intelligibles ;
on dirait qu'une souffrance secrète l'oppresse et qu'elle fait ses efforts
pour la cacher.
Cependant, Ernestine n'a pas attendu que son père ait répété sa demande, elle a couru appeler Louise, et celle-ci ne tarde pas à se présenter devant la famille assemblée.
M. de Noirmont regarde Louise avec plus d'intérêt ; Ernestine lui
sourit avec amitié ; Mme de Noirmont baisse les yeux et devient
plus pâle encore. A l'inquiétude qui s'est emparée d'elle, à l'anxiété
qui se peint dans tous ses traits, on la prendrait pour une criminelle qui attend son arrêt.
« — Venez, Louise, approchez, » dit M. de Noirmont en faisant un
» signe à la jeune femme de chambre ; « ma fille nous a parlé de ce que
» vous lui avez avoué hier au soir... ne tremblez pas, mon enfant,
» nous ne vous ferons pas un reproche de nous avoir menti en entrant
» ici...
» — Ah! monsieur, ce n'est pas moi ! » murmure Louise.
« — Oui, je le sais, ce sont les personnes qui vous ont placée chez
» moi qui ont cru devoir faire ce mensonge ; elles ont eu tort, on
» doit toujours dire la vérité. Ainsi donc, pauvre fille, vous ne connais-
» sez pas vos parents?
» — Non, monsieur.
» — Où avez-vous été élevée?
» — A Gagny, monsieur.
» — A Gagny... Ah ! c'est cela, j'avais oublié le nom du village que
» vous m'aviez dit en entrant ici... et ceux qui vous ont élevée ?
» — C'est une brave paysanne... Nicolle Frimousset... Elle nour-
» rissait alors M. Chérubin de Grandvilain...
» — Ah! le jeune marquis de Grandvilain a été nourri par cette
» brave femme?
» — Oui, monsieur, c'est mon frère de lait... et... dans mon en-
» fance, partageais tous ses jeux.
» — Très-bien... mais cela ne nous dit pas comment vous êtes venue
» à Gagny, vous?
» — Mon Dieu, monsieur, on l'a amenée... ma mère, sans doute,
» qui m'apportait chez la bonne Nicolle, en la priant de me nourrir.
» J'avais alors un an. On laissa de l'argent à Nicolle, et l'on par-
» tit en disant qu'on reviendrait. L'année suivante on envoya en-
» core un peu d'argent par un commissionnaire de Paris, mais on
» ne vint pas me voir, et depuis, on ne revint jamais s'informer de
» moi.
» — Mais quel était là, la demeure de cette dame ?...
» — Nicolle n'avait pas songé à lui demander tout cela, car elle ne
» pouvait pas s'imaginer de moi qu'on m'abandonnerait, qu'on ne revien-
» drait pas!... Le commissionnaire envoyé de Paris ne connaissait
» pas la dame qui était venue le prendre au coin d'une rue, il ne put
» rien apprendre à ma bonne nourrice.
» — Mais sur vous, sur vos vêtements, ne trouva-t-on aucun pa-
» pier, aucune marque ?...
» — Rien, monsieur, absolument rien.
» — Voilà qui est fort singulier ; n'êtes-vous pas de mon avis, ma-
» dame ? »
En disant ces mots, M. de Noirmont se tourne vers sa femme
qu'il n'avait pas regardée en questionnant Louise ; Ernestine, qui
vient de faire comme son père, pousse un cri perçant, en murmurant :
» — Oh! mon Dieu ! maman est sans connaissance ! »
La tête de Mme de Noirmont est retombée en arrière, sur le dos de
son fauteuil ; elle avait en effet perdu connaissance, et la pâleur livide de son visage donnait à son état quelque chose d'effrayant.
On s'empresse de la secourir ; Ernestine pleure, se désole et
embrassant sa mère ; Louise partage sa douleur, elle perd la tête,
elle ne sait plus que faire et n'entend pas ce qu'on lui dit. Mais,
M. de Noirmont qui conserve son sang-froid, appelle Comtois, et
avec son aide, transporte son épouse dans sa chambre et la met sur
son lit.
Au bout de quelque temps, Mme de Noirmont revient à elle, mais
il y a dans ses yeux quelque chose de sombre, d'inquiet, qui décèle
que la cause de son mal existe toujours. Elle promène lentement ses
regards sur son mari, sur sa fille ; puis, en apercevant Louise, qui
est un peu plus loin et semble partager l'inquiétude générale, elle referme les yeux et laisse retomber sa tête sur l'oreiller.
« — Maman, ma chère maman, comment vous trouvez-vous

» maintenant? » s'écrie Ernestine, en pressant la main de sa mère.

« — Mieux, ma fille... je me sens mieux.

» — Quel mal subit vous a donc pris, madame? » dit M. de Noirmont avec intérêt. « Vous nous avez causé une grande frayeur.

» — Mais, monsieur, je ne sais... Je me suis sentie tout à coup oppressée... puis une sueur froide m'a saisie... et j'ai perdu l'usage de mes sens...

» — Tu étais déjà mal disposée ce matin, tu avais mal à la tête, » Ernestine.

» — Oui, en effet, » s'écrie vivement Mme de Noirmont. « Déjà ce matin, je souffrais... et c'est cela sans doute qui en cause...

» — Et puis cette histoire... Louise t'aura fait de la peine, serré le cœur... C'est ce qui aura augmenté ton mal.

» — Voulez-vous que l'on fasse venir le médecin, madame?

» — Non, monsieur, c'est inutile, je n'ai besoin que de repos... de tranquillité... de sommeil peut-être.

» — Alors, nous allons vous laisser.

» — Mais je serai là, tout près, » dit Ernestine, « et au moindre bruit je viendrai. »

Mme de Noirmont semble vivement désirer qu'on la laisse; chacun s'éloigne. Ernestine encore tout émue d'avoir vu sa mère évanouie, et Louise bien triste, parce qu'elle craint que l'histoire de ses malheurs n'ait trop vivement touché sa maîtresse.

Mme de Noirmont passe le reste de la journée dans sa chambre, elle garde le lit et désire surtout être seule.

Le lendemain se passe de même, et pendant plusieurs jours elle ne se lève pas.

Cependant, elle refuse de voir un médecin et assure que le malaise qu'elle éprouve ne demande que du repos.

Mais, depuis le premier moment de son état maladif, il est aisé de voir que l'humeur de Mme de Noirmont n'est plus la même; elle parle à peine; la présence de sa fille semble parfois lui être importune; elle lui répond avec sécheresse, et reçoit ses caresses avec froideur. Quant à Louise, depuis qu'elle garde sa chambre, elle a constamment refusé ses services, en prétextant qu'elle n'en avait pas besoin.

La pauvre Louise est toute triste, elle dit à Ernestine:

« — Madame votre mère ne veut plus que je la serve... que j'entre dans sa chambre; ah! mademoiselle, j'ai peur de lui avoir déplu... elle est peut-être mécontente d'avoir chez elle une fille dont on ne connaît pas les parents. »

Ernestine tâche de la consoler en lui disant:

» — Tu te trompes... pourquoi donc veux-tu que maman ait quelque chose contre toi... non, c'est le malaise... ce sont ses nerfs... qui la rendent triste, irascible... moi-même quand je l'embrasse à présent, elle me repousse, elle ne m'embrasse plus, ça me fait bien de la peine aussi; mais pourtant je suis bien sûre que maman m'aime toujours. »

En disant cela, l'aimable enfant verse aussi des larmes et Louise y mêle les siennes, car elle ne se trouve pas d'autres consolations à lui donner.

Enfin Mme de Noirmont s'est décidée à quitter sa chambre; elle est venue au salon; la première fois que Louise la revoit elle brûle de lui demander des nouvelles de sa santé, mais elle n'ose pas, le regard de sa maîtresse semble fuir le sien, elle n'a plus pour elle sa bienveillance d'autrefois.

Maintenant la plus petite chose Mme de Noirmont gronde, s'impatiente et témoigne de l'humeur; elle donne quelquefois à Louise dix ordres contraires dans la même minute; la pauvre fille perd la tête, s'étourdit, ne sait plus que faire et Ernestine regarde sa mère d'un air surpris et chagrin en la voyant traiter si sévèrement sa protégée.

Parfois cependant on dirait qu'un changement extrême s'est opéré chez cette femme singulière: après avoir rudoyé, brusqué Louise, en voyant l'air chagrin de la pauvre fille, Mme de Noirmont change de visage, ses yeux deviennent humides, ils suivent tous les mouvements de Louise, puis sa voix la rappelle, et sa voix est alors douce, tendre même; la jeune fille revient aussitôt joyeuse, empressée... mais déjà sa maîtresse a repris sa figure sévère et d'un geste d'elle lui dit que de s'éloigner, en murmurant d'un ton bref:

« — Que voulez-vous?... je ne vous ai point appelée. »

Quelques semaines s'écoulent de la sorte. Un matin, Mme de Noirmont, qui semble plus soucieuse encore que de coutume, dit à sa fille lorsque celle-ci vient lui demander de l'embrasser:

« — Décidément je ne veux pas garder votre femme de chambre; cette jeune fille n'est bonne à rien... il faut la renvoyer... on lui payera deux, trois mois de plus que ce qui lui est dû... prévenez-la... et engagez-la à retourner dans son village... je crois qu'elle a eu grand tort de venir chercher une place à Paris... ne cherchez pas à changer ma résolution, ce serait inutile. »

Ernestine est désolée, elle aime tendrement Louise et ce serait pour elle un véritable chagrin de ne plus l'avoir près d'elle, mais sa mère a dit cela d'un ton si sévère, si décidé, que la pauvre petite n'ose pas répliquer, elle se tait, baisse les yeux en soupirant et s'éloigne pour remplir la triste commission que sa mère vient de la charger.

En sortant de l'appartement de sa mère, Ernestine rencontre M. de Noirmont qui vient à elle, et remarquant son air chagrin, lui dit en l'embrassant:

« Qu'as-tu donc, ma fille... on dirait que tu as pleuré.

» — Oh! ce n'est rien, mon papa.

» — Ernestine, vous savez que je n'aime ni les détours ni les mystères, je veux savoir sur-le-champ ce qui vous rend triste ce matin.

» — Eh bien... mon papa, c'est que maman veut renvoyer Louise. » cette pauvre Louise; notre femme de chambre... que j'aime tant et qui est si douce... mais maman ne l'aime plus... elle prétend que Louise n'est bonne à rien... cependant Louise travaille tout autant qu'autrefois, et elle coud comme un ange... mais puisque maman le veut... je vais aller la prévenir afin qu'elle...

» — N'y allez pas, ma fille, c'est inutile; Louise restera dans cette maison.

» — Mais, mon papa, puisque maman a dit...

» — Mais je vous dis le contraire moi, ma fille, et je suis le seul maître ici. »

Ernestine se tait, parce que son père vient de prendre un air sévère qui annonce chez lui l'intention que personne ne pourrait changer. M. de Noirmont se rend alors près de sa femme et lui dit d'un ton froid et imposant:

« — Madame, vous avez l'humeur bien capricieuse, et l'on s'en aperçoit par la manière dont vous traitez parfois votre fille; mais vous étendez cela jusque sur de pauvres domestiques, et c'est ce que je ne puis souffrir. Cette jeune Louise, qui est entrée ici pour être placée auprès d'Ernestine, est sage... sa tenue est aussi convenable que ses manières; je crois qu'il serait difficile de trouver aussi bien, et vous voulez la renvoyer, madame... vous voulez que je chasse d'un bon sujet, parce que, sans savoir pourquoi... elle ne vous plaît plus... parce que votre humeur fantasque vous rend plus que jamais difficile à servir! Non; madame, cela ne sera pas; je tiens à être juste avant tout !... et cette jeune fille restera chez moi, car ce serait une injustice de la renvoyer. »

Mme de Noirmont ne répond pas un seul mot; elle baisse la tête, semble atterrée.

XXIV. — L'INTRIGUE POLONAISE.

Chérubin est huit jours sans revoir Daréna; il s'impatiente, il se désole, il craint que son intrigue avec la jolie Polonaise ne soit tout à fait manquée; mais, comme cela arrive toujours, il devient infiniment plus amoureux à mesure qu'il craint de ne point posséder l'objet de ses désirs; et c'est pour qu'il arrive à cet apogée de la passion que Daréna, qui connaît le cœur des hommes, a été plusieurs jours sans reparaître chez lui.

Enfin, un matin, Daréna se présente à l'hôtel, empressé, essoufflé, comme un homme qui aurait galopé douze lieues sans s'arrêter. Il repousse et jette presque à la renverse le vieux Jasmin, qui lui dit qu'il ne sait pas si son maître est déjà visible, qu'il n'est pas encore levé.

« — Levé ou couché... je m'en fiche pas mal, il est toujours visible pour moi, » répond Daréna d'un ton impératif. « Apprenez, vieil âne de valet, à connaître des personnes que votre maître est toujours flatté de recevoir. »

En disant cela, Daréna pénètre précipitamment dans la chambre à coucher du jeune marquis, laissant Jasmin se coller contre la muraille en murmurant d'une voix altérée par la colère:

« — Vieil âne !... Il m'a appelé vieil âne !... c'est un impertinent. Jamais les Grandvillain, père et fils, ne m'ont donné ce nom-là... Ce n'est pas un âne, lui, mais j'ai idée que c'est un bien mauvais animal. »

Daréna arrive devant le lit de Chérubin, il écarte les rideaux, lui criant:

« Debout, Jocrisse! debout, Lovelace... Richelieu, Rochester!... » Il est enfin venu le moment du triomphe! Ah! sap...isti! je puis dire mon cher ami, que je me suis donné du mal pour vous!... Ouf! je n'en puis plus! »

Et Daréna se jette sur une ottomane et s'essuie le visage avec son mouchoir.

« — Mais qu'êtes-vous donc devenu, dis-je, huit grands jours que je ne vous ai pas aperçu une fois et que je ne sais que penser de votre silence? » dit Chérubin en regardant son ami. « Je croyais que vous m'aviez oublié.

» — Ah! voilà bien les hommes... les jeunes gens! parce que les choses ne se font pas à la minute, ils croient qu'on les a oubliés. Est-ce que j'oublie mes amis? Je ne vous dis pas tout dévoué! Si depuis huit jours, vous n'avez reçu aucune nouvelle, et que je n'avais rien de neuf à vous dire; mais je guettais, j'attendais, j'épiais le moment d'agir. Enfin, il est venu, il a agi, et le beau Globeska est en no re puissance.

» — Il serait possible! ah! mon cher Daréna, contez-moi donc comment vous avez fait!

» — Oh! parbleu! mon moyen ordinaire, j'ai semé l'or! Je ne connais que ça, d'autant mieux que cela réussit toujours. Habillez-vous et, pendant ce temps, je vais vous raconter comment tout s'est passé; mais n'appelez point de valet... chambre... vous comprenez bien

» que je ne puis pas parler de tout cela devant témoin... Je me suis
» déjà assez compromis... mais je m'en fiche ! »

Chérubin se lève et s'habille, en disant à Daréna :

« — Parlez, je vous écoute, je ne perds pas un mot.

» — Vous savez que la jolie Polonaise habitait avec son mari un
» hôtel garni dans le Marais ; j'avais remis votre billet doux, en sédui-
» sant une femme de chambre et deux concierges ; la comtesse Globeska
» avait fait répondre qu'elle était folle de vous, et ne demandait qu'à
» quitter son tyran. Tout cela était fort bien ; mais comment enlever
» sa jeune femme à un homme qui ne la quittait pas plus que son om-
» bre ; c'était fort difficile. Sept jours se passèrent ainsi ; M. de
» Globesky n'avait pas quitté sa femme d'un moment. Enfin, hier, j'ap-
» prends par un concierge (toujours à force d'or !) que le comte polo-
» nais est décidé à quitter Paris, et qu'il emmène sa femme en Nor-
» wège ; vous concevez que s'il nous avait fallu poursuivre votre
» conquête jusqu'en Norwège, cela nous aurait menés trop loin. Je
» prends sur-le-champ ma résolution, et je me dis :

» Il ne l'emmènera pas.

» Je sais (toujours en semant l'or) que la chaise de poste doit venir
» prendre nos Polonais à leur hôtel sur les huit heures du soir ; j'ar-
» rive un peu avant l'heure ; la voiture vient, s'arrête devant l'hôtel,
» et moi je vais bravement au postillon que je prends à part, en lui
» disant :

» J'adore la femme que vous allez emmener... Je vais vous suivre
» avec deux amis à une ou deux lieues de Paris, dans un endroit dé-
» sert de la route ; nous ferons semblant de vous attaquer, nous tire-
» rons quelques pistolets chargés à poudre (vous arrêterez ; nous
» ouvrirons la voiture, nous enlèverons la jeune dame, et alors vous
» repartirez ventre à terre avec le vieux monsieur, et s'il vous crie
» d'arrêter, vous ne l'écouterez pas avant d'avoir galopé au moins deux
» bonnes heures.

» Vous pensez bien, mon cher Chérubin, que pour oser faire une
» proposition comme celle-là à un postillon, il faut l'appuyer de rai-
» sons concluantes ; je lui présentai un billet de mille francs, il me
» tourna le dos en me disant :

» — Pour qui me prenez-vous !

» — J'ajoutai cinq cents francs... il me dit que l'affaire était bien
» scabreuse J'ajoutai encore cinq cents francs.. Il consentit à tout. Voi-
» là comment on fait les affaires à Paris. J'allai choisir deux gaillards
» sur lesquels je pouvais compter... moyennant cinq cents francs
» que je leur donnai à chacun. J'avais aussi loué une chaise de poste.
» Quand le comte de Globesky partit avec sa femme, nous le suivi-
» mes... puis à deux lieues d'ici environ... entre Sèvres et Chaville, à
» un endroit où il ne pousse que des melons, nous tirâmes nos coups
» de pistolets. Le postillon gagné s'arrêta. Il était nuit close, tout se
» passa comme je l'avais prévu. Nous enlevâmes la jeune femme...
» Le vieux Polonais la défendait comme un beau diable... et même il
» donna dans la lutte un léger coup de poignard à un de nos hommes,
» ce qui m'obligea à lui compter une gratification de cent écus en
» plus. Enfin, nous avons enlevé la divine Globeska, et je l'ai rame-
» née dans le local que j'ai loué, où elle a passé la nuit, et vous attend
» maintenant.

» — Ah ! mon cher Daréna !... que d'événements... mon Dieu, mais
» enlever une femme à son mari, et à main armée... si l'on savait...
» est-ce que ce n'est pas un crime cela ?

» — Prrrout !... n'allez-vous pas avoir des scrupules à présent !...
» d'ailleurs il n'y a pas d'autres moyens, et puis, au bout du compte,
» s'il y a quelqu'un de compromis, c'est moi seul... mais mon amitié
» brave les périls !

» — Et la jolie Polonaise où l'avez-vous conduite ?

» — Dans une petite maison isolée que j'ai louée tout proche de la
» barrière de la Chopinette... je n'ai pas trouvé mieux... ensuite j'ai
» réfléchi que quelqu'un isolée de Paris, dans de Paris, cela vous dérangerait
» trop... La maisonnette que j'ai louée pour vous est située dans un
» endroit où il passe fort peu de monde, à vue n'est pas très-gaie ;
» mais que vous importe ? vous n'allez pas vous enfermer avec une
» femme pour regarder passer le monde par la fenêtre... n'est-on pas
» toujours bien lorsqu'on est avec ce qu'on aime ?

» — Oh ! oui sans doute, mais dans quel quartier est cette barrière
» de la Chopinette ?

» — Quartier de la Poudrette et des promenades solitaires, du côté
» de Ménilmontant. D'ailleurs un fiacre nous y conduira. Voyons, mon
» cher, songez que votre belle vous attend ; j'ai dit au concierge de la
» maison de faire venir un déjeuner aussi succulent qu'il sera possible
» dans ce quartier, et des vins extraordinaires... hâtez-vous de ter-
» miner votre toilette, parez-vous, parfumez-vous...

» — Me parfumer... non, je m'en garderais bien... les odeurs me
» font mal.

» — Comme vous voudrez, mais enfin... mettez-vous sous les ar-
» mes... heureux Chérubin... vous allez posséder une des plus jolies
» femmes que l'ai jamais rencontrées, et puis son accent polonais est
» bien séduisant !

» — Et elle m'aime, elle l'a avoué ?

» — Parbleu ! combien de fois faut-il vous le dire ? il me semble
» d'ailleurs que sa conduite le prouve assez.

» — Elle n'a pas pleuré d'avoir été enlevée ?

» — Pleuré !... elle a valsé... il paraît qu'elle adore la valse. A pro-
» pos je n'ai pas besoin de vous dire qu'il ne me reste rien des fonds
» que vous m'avez remis... Le postillon, mes hommes à payer... la
» voiture, la maison louée... tout ce monde que j'ai séduit... au con-
» traire vous me redevez quinze cents francs.

» — Quinze cents francs ! » dit Chérubin en allant à son secrétaire,
« cela revient cher d'enlever une femme !

» — Ah ! à qui le dites-vous ! moi qui en ai peut-être enlevé cent
» dans ma vie ; c'est même à cela que j'ai dépensé une partie de ma
» fortune ; mais aussi c'est un plaisir de prince que tout le monde ne
» peut pas se permettre. »

Chérubin donne à Daréna la somme qu'il lui demande, et lui dit :
« Je suis prêt.

» — Fort bien, faites chercher une voiture de place, vous comprenez
» qu'il ne faut pas aller à votre petite maison avec votre tilbury et vo-
» tre jockey... il ne faut jamais mettre ses domestiques dans la confi-
» dence d'une intrigue aussi mystérieuse ; ces gens-là sont trop bavards.

» — Vous avez raison. Holà !... Jasmin. »

Le vieux domestique se présente, la mine encore allongée et jetant
sur Daréna un regard courroucé. Chérubin lui ordonne d'aller chercher un fiacre.

« — Monsieur ne prend donc pas son cabriolet ? » murmure Jasmin
d'un air surpris.

« — Apparemment ! » s'écrie Daréna en riant de la mine de Jasmin, « puisque votre maître demande un fiacre, c'est qu'il ne prendra
» pas son cabriolet ; allez, vieux débris !... et dépêchez-vous si c'est
» possible.

» — Vieux débris !... » se dit Jasmin en s'éloignant. « encore
» une sottise... et il faut que j'avale tout cela !... il bien pour que ce
» mauvais sujet-là me gâte mon jeune maître... je vous demande
» un peu pourquoi il lui fait prendre un fiacre, lorsqu'il a son tilbury
» et son cabriolet. »

Cependant Jasmin a fait la commission dont on l'a chargé, le fiacre
attend ; Chérubin descend avec Daréna, ils montent tous deux dans la
voiture que le vieux domestique regarde s'éloigner d'un air fort peu satisfait.

Daréna dit au cocher où il doit les conduire ; on arrive après une
assez longue course devant une maison de chétive apparence qui est
située en dehors de la barrière de la Chopinette, sur les boulevards extérieurs.

« — C'est ici, » dit Daréna en sautant hors de la voiture. Chérubin
regarde la maison qui n'a qu'un étage et deux fenêtres au rez-de-
chaussée, il s'écrie :

« — Elle n'est pas élégante cette maison-là !

» — L'intérieur est fort propre, » répond Daréna. « Le principal
» c'est qu'elle soit isolée, ce serait bien le diable si le mari venait
» vous déterrer là ! Mon cher ami, quand on enlève une femme, il faut
» prendre beaucoup de précautions ; et après tout, que vous importe
» la maison... c'est la femme que vous venez voir ici..... moi, avec
» l'objet de mes amours je me serais trouvé bien dans une hutte de ber-
» ger ; je vais sonner, renvoyez la voiture. »

Chérubin s'empresse de payer le cocher de fiacre, celui-ci remonte
sur son siège et s'éloigne.

Daréna tire un fil de fer placé contre la porte bâtarde qui sert d'entrée à la maison. Un petit bonhomme de treize ans, à la mine effron-
tée, et dont la tenue insolente et canaille est en harmonie avec une
mise fort sale, se présente, la casquette sur l'oreille, la blouse flot-
tante et les mains noires, il jette un coup d'œil d'intelligence sur Daréna qui vient de reconnaître le petit Bruno, le même gamin dont
Poterne avait essayé de faire un singe, et qui de son côté avait eu
l'idée de s'approprier la peau qui lui servait à étudier son personnage.
Plus tard, Poterne avait retrouvé Bruno, qui avait mangé son dégui-
sement ; l'homme d'affaires se permit d'abord d'appliquer quelques claques au petit garçon, ensuite il lui avait pardonné, et,
séduit par les heureuses dispositions que montrait le jeune Bruno,
s'était promis de l'employer de nouveau lorsque l'occasion se
présenterait. Dans l'intrigue que l'on venait de machiner pour
duper Chérubin, il fallait placer dans la maison qu'on avait louée
quelqu'un d'intelligent et sur qui l'on pût compter ; Poterne
s'était sur-le-champ rappelé le gamin, qu'il ne payait pas cher et
qui avait toutes les qualités nécessaires pour servir leurs desseins.

« — Ah ! c'est le fils du portier, » dit Daréna, et jetant un coup
d'œil sur Bruno et en faisant entrer Chérubin dans une espèce
de vestibule qui conduit à l'escalier. « Et ton père, petit, est-ce
» qu'il est absent ?

» — Oui, monsieur, il a été obligé d'aller à dix lieues d'ici, voir
» sa tante qui est bien malade.

» — Et c'est toi qui gardes la maison ?

» — Oui, monsieur.

» — Et cette dame qui a couché ici, a-t-elle eu tout ce qu'il lui
» fallait ?

» — Oh oui, monsieur... soyez tranquille, cette dame n'a man-
» qué de rien ; elle est là-haut... par exemple, comme elle est
» seule, elle dit que cela commence à l'ennuyer.

» — Patience.... voilà monsieur qui vient lui tenir compagnie. Et
» le déjeuner est-il commandé?

» — Oui, monsieur... oh ! il sera fameux... c'est moi qui a été chez
» le traiteur..

» — Ce petit drôle est rempli d'intelligence ! » dit Daréna en se tournant vers Chérubin, « et je vous le recommande pour tout ce dont vous
» avez besoin. Ah çà, mon cher ami, vous voilà près de votre belle,
» maintenant je vais vous quitter.

» — Comment... vous me laissez ? » s'écrie Chérubin d'un air presque contrarié.

« — Mais il me semble que je n'ai plus rien à faire ici !.... et que le
reste vous regarde.... vous allez déjeuner en tête-à-tête avec une
petite étrangère ravissante, qui est folle de vous.... est-ce qu'un
tiers ne serait pas de trop ?

» — Ah ! oui, sans doute... oui... eh bien, au revoir, alors.

» — Au revoir, mon cher marquis, et que l'amour vous couronne
» de ses plus douces faveurs !... »

Daréna sourit presque d'un air moqueur en serrant la main de Chérubin, puis il lance un regard à Bruno, et sort de la maison en refer-
mant la porte sur lui.

Chérubin se sent tout ému en se trouvant dans cette maison qu'il
ne connaît pas, au milieu d'un quartier qui lui est tout à fait étranger,
et n'ayant près de lui qu'un jeune garçon qui le regarde d'un air goguenard tout en cassant des noix qu'il vient de tirer de dessous sa
blouse.

Le vestibule a deux portes qui sont toutes deux ouvertes, et laissent voir deux pièces où il y a pour tous meubles dans l'une, quelques mauvaises tables, dans l'autre, une table, un fourneau et une
méchante couchette ; les fenêtres qui donnent sur le boulevard sont
garnies de barreaux de fer, mais entièrement dépourvues de rideaux.

Chérubin, qui a jeté un coup d'œil sur tout cela, se dit en lui-même
que Daréna ne doit pas avoir dépensé beaucoup d'argent pour meubler cette maison, puis il s'adresse à Bruno, qui continue de casser
des noix, tantôt avec ses dents, tantôt avec ses pieds, en chanton-
nant par instants un air dont on n'entend que : *tu tu, tu tu, tu tu
r'lu tu tu !...*

« — Où a-t-on logé madame la comtesse ?

» — De quoi ? » répond le ci-devant décrotteur en relevant le nez
d'un air insolent.

« — Je vous demande où on a logé la jeune dame qui est ici depuis
» hier ? »

Le petit garçon pousse sa langue contre une de ses joues, méthode
des gamins lorsqu'ils veulent mentir à quelqu'un puis il répond :

» — Ah ! oui, la jeune dame étrangère, qui a été enlevée... qui a
» couché ici... *tu tu !... tu tu !... tu tu r'lu ! tu !...* elle est là-
» haut, au premier, dans le plus bel appartement de la maison... où
» ce qu'elle soupire et s'embête... *tu tu, tu tu r'lu tu tu.* »

Chérubin n'en demande pas davantage, il monte l'escalier qui n'a
qu'un étage, et s'arrête devant une porte après laquelle on a laissé la
clef, le cœur lui bat très-fort en songeant qu'il va se trouver avec
cette jeune Polonaise qui a consenti si facilement à quitter son mari
pour venir avec lui ; mais il se rappelle combien elle lui a paru jolie,
et il se décide à frapper.

Une voix lui crie :

« — Entrez, la clef il était zur le borté. »

Chérubin a reconnu l'accent de Mme Globeska, il ouvre et se trouve vis-à-vis de la jeune femme.

Chichette Chichemann a une toilette très-simple, dans laquelle elle
a introduit quelques brimborions de dentelles, de fleurs, de fourrures,
pour tâcher de lui donner du relief, ce qui produirait l'effet contraire
près de quelqu'un qui s'y connaîtrait. Mais Chérubin n'est pas encore
bien savant dans ces matières, d'ailleurs un homme amoureux ne s'occupe point de tous ces détails ; ce qui le frappe sur-le-champ, c'est la
jolie figure de Chichette, qui est coiffée de la même toque de velours
vert qu'elle portait au Cirque, et qui, lorsqu'il entre, lui fait un gracieux sourire en s'écriant :

» — Ah ! fous voilà ! c'est pien heureux... car ici, toute seule, che
» commençais à m'ennuyer beaucoup !

Encouragé par cet accueil, Chérubin va s'asseoir près de la jeune
femme, et lui dit d'un ton bien tendre :

« — Ah ! Madame, vous me pardonnez donc ce que l'excès de mon
» amour m'a fait entreprendre. Vous avez donc consenti à vous con-
» fier à ma foi... à fuir celui qui... celui que... enfin ce monsieur qui
» m'a semblé si laid et qui certainement n'est pas digne... de... de...»
M. Chérubin, qui n'en a jamais tant dit à la fois, s'arrête et ne sait plus
comment finir ; mais Chichette ne lui en laisse pas le temps, elle s'empresse de dire :

« — Foui ! foui ! c'hai fui mon tyran... mais barlons d'autre
» chose !

» — Elle ne veut pas que je lui parle de son mari ! » se dit Chérubin, « elle veut que je l'entretienne d'autre chose... de mon amour
» sansdoute... elle est charmante.

» — Ainsi, » reprend le jeune amoureux, « vous ne regrettez pas
» de m'avoir confié le soin de votre bonheur... et d'être maintenant
» ici... loin de votre pays.

» — Mon pays... oh ! si, che regrette touchours mon betit pays ! mais
» j'espère bien le revoir un chour... barlons d'autre chose.

» — Ah ! que vous êtes aimable, madame, et que vous êtes jolie... si
» vous saviez combien... je... je... vous aime. »

Il a fallu un grand effort de courage à Chérubin pour dire cela, et
il n'ose pas regarder la jeune femme, craignant qu'elle ne trouve cette
déclaration un peu brusque ; mais Mlle Chichette, loin de paraître o
fensée, se met à rire assez niaisement, et répond :

« — Foui ! foui, che sais pien... ah ! ah !... c'était gentil de s'ai-
» mer... fous avez aussi de pien beaux yeux !... ah ! ah !... che voulais
» pien rire avec fous... »

Et la soi-disant Polonaise, qui semble en effet très-disposée à rire,
et montre de très-jolies dents, regarde le jeune homme d'une certaine
façon, et ne lui dit plus de lui parler d'autre chose. Chérubin a un
moment envie d'embrasser sa conquête qui lui tend presque ses joues
fraîches et roses, mais il se borne à prendre une main qu'il pose sur
son cœur où il la presse avec force.

Chichette qui se lasse peut-être d'avoir toujours sa main pressée
sur le cœur de Chérubin, lui dit en riant encore :

« — Comme votre chose il faisait dic-dac ! c'était comme une grosse
» horloche.

» — Ah ! madame, c'est l'émotion .. c'est le plaisir... c'est...

» — Est-ce que nous n'allons pas décheuner ? » s'écrie tout à coup
Chichette, « ch'ai faim... che sens mon ventre il crie... il faisait flouc-
» flouc ! »

Ces mots ramènent Chérubin à des idées moins romantiques, il court
ouvrir la porte et crie :

« — Ho hé ! là-bas... et ce déjeuner ?

» — Voilà, monsieur, voilà... tout de suite, servez chaud ! » répond
Bruno, « justement le traiteur arrive à l'instant. »

En effet, un garçon marchand de vin monte bientôt avec le jeune
portier, on dresse une table, on met deux couverts. On apporte un panier rempli de bouteilles ayant des cachets de toutes les couleurs ; on
couvre la table d'huîtres fraîchement ouvertes, puis on pose plusieurs
plats couverts sur un meuble voisin. En voyant les huîtres, la soi-disant comtesse polonaise se livre à des démonstrations de joie tout à
fait roturières, et se met à sauter dans la chambre, en s'écriant :

« — Ah ! des huîtres !...... Ch'aime tant les huîtres... che ferais
» fesser moi pour des huîtres ! »

Chérubin est fort étonné d'entendre Mme de Globeska s'exprimer de la sorte, mais il attribue cela à son ignorance de la langue.

Le garçon marchand de vin est trop habitué à un pareil langage pour
en paraître surpris. Quant au jeune Bruno, il se contente de pousser encore une de ses joues en dehors, en murmurant :

« — Merci ! pus que ça de genre ! ça va se gâter ! »

Le déjeuner était servi. Le garçon s'éloigne avec le gamin, et ils
ont soin de refermer la porte après eux. Mlle Chichette n'attend
pas alors que Chérubin vienne la conduire à table ; oubliant toutes les
leçons qu'on lui a faites de se conduire en femme comme il faut, elle
court s'asseoir devant un des couverts en s'écriant :

« — Mangeons ! mangeons ! Oh ! des huîtres ! c'est gentil.

» — Il paraît qu'elle a très-faim ! se dit Chérubin en se plaçant aussi
à table. Et il s'empresse de présenter des huîtres à la jeune femme ;
mais celle-ci n'attend pas qu'il les lui présente, elle les fait disparaître
avec une rapidité admirable, puis elle tend son verre, en disant :

« — Du vin blanc, s'il vous plaît... ch'aime aussi le vin blanc beau-
» coup ! »

Chérubin lui verse d'un vin blanc que l'on a décoré d'un long bou-
chon pour lui donner l'apparence de Sauterne, mais qui ne peut pas ê-
tre potable qu'avec des huîtres. Le jeune homme trouve qu'en général
ils sont mal servis ; les assiettes sont en faïence commune, les couverts n'ont pas le son de l'argenterie, le linge est loin d'être fin. Enfin
le vin, malgré son cachet jaune, lui semble fort médiocre ; mais sa
conquête le trouve délicieux, elle avale des huîtres, vide son verre,
reprend des huîtres et redemande à boire, et tout cela sans aucun in-
tervalle. Chérubin ne peut pas la suivre, ce n'est que lorsqu'il n'y a plus
d'huîtres sur la table que Mme Chichette se décide à faire une petite
pause.

« — Je vais appeler le petit portier pour qu'il nous ôte tout cela, »
dit Chérubin.

« — Non, non, che les ôterai pien moi-même ! » répond Chichette
qui se lève, et, en un tour de main débarrasse la table des assiettes,
des écailles et des plats couverts. Le jeune homme veut
en vain s'opposer à ce que sa dame se donne cette peine, celle-ci ne
l'écoute pas, et ne reprend sa place que lorsque tout est terminé.

« — Mon Dieu ! madame la comtesse ! combien je suis désolé de
» vous voir prendre cette peine, » dit Chérubin, mais il me paraît que
» vous avez été élevée dans les soins du ménage... en Pologne les de-
» moiselles ont, je le vois, une éducation moins frivole qu'en France,
» et vos nobles parents n'ont pas dédaigné de vous apprendre ces
» petits détails domestiques...... Ils sont morts sans doute, vos nobles
» parents ?

» — Foui, foui, barlons d'autre chose..... voyons ce plat !... ah
» que ça sent pon !... c'est du lapin !... oh ! ch'aimais tant le lapin ! »

Chérubin n'est pas absolument du même avis que sa conquête, il n'aime pas le lapin, et il trouve que ce qu'on a commandé pour le déjeuner ne ressemble pas à ce qu'il mange ordinairement chez les restaurateurs de Paris ; mais sa compagne est beaucoup moins difficile que lui, elle s'est servi du lapin, elle paraît le manger avec délice, et s'écrie de temps à autre :

« — C'est bien chôliment fricassé. » Chérubin lui offre d'un vin qui a un autre cachet. Chichette boit du rouge aussi bien que du blanc, puis elle découvre un autre plat et s'écrie en faisant un bond sur sa chaise :

« — Ah ! de la madelotte !..... Oh ! tant mieux ! ch'aimais tant la madelotte !

» — Il me paraît qu'elle aime tout, » se dit Chérubin ; « décidément, elle a été fort bien élevée ; elle ne fait pas la bégueule. »

Chichette trouve la matelotte délicieuse ; elle en reprend plusieurs fois sans attendre que Chérubin lui en offre ; elle s'extasie surtout sur la sauce ; enfin, dans un moment de ravissement elle se met à lécher son assiette, craignant apparemment d'y laisser le moindre vestige de cette sauce qui lui plaît tant.

Le jeune homme est tout saisi en voyant la comtesse de Globeska porter son assiette à sa bouche et promener sa langue dessus ; mais il se figure qu'en Pologne l'usage permet de se conduire ainsi. Chichette, voyant que son vis-à-vis la regarde, réfléchit qu'elle vient de faire une bêtise, et repose bien vite son assiette sur la table, en disant :

« — Ah ! c'était pour rire !..... Che ferai plus chamais !..... mais voyons sous cet autre plat. »

Chichette découvre le dernier plat qui renferme de la friture ; elle pousse encore une exclamation de joie.

« — Ah ! des kujons frits ! Oh ! ch'aimais tant le friture !.....

» — Je suis charmé, madame, que vous trouviez tout cela à votre goût, » dit Chérubin en servant des goujons à sa belle ; « mais vous n'êtes vraiment pas difficile ; moi, il me semble que notre déjeuner n'est pas digne de vous..... Il me paraît que dans ce quartier il n'y a point de bons traiteurs.

» — Mais si, à la Courtille... il y avait de pons traiteurs.

» — A la Courtille.... Je ne connais pas cet endroit ; votre mari vous menait donc quelquefois dîner de ces côtés ?

» — Mon mari... Oh ! barlons d'autre chose... Che voudrais boire, le kujou il altère tout de suite. »

Chérubin s'empresse de verser à sa dame d'un vin paré d'un autre cachet ; celle-ci boit et le trouve excellent. Le jeune homme voudrait bien ramener la conversation sur son amour ; mais sa conquête est tellement affairée à manger et à boire qu'il n'ose pas la distraire d'une occupation dans laquelle elle paraît goûter tant de plaisir ; ensuite, il se rappelle son déjeuner chez Mme Célival, et se dit :

« — Je mangeais aussi beaucoup pour chasser ma timidité... Cette jolie Polonaise fait peut-être de même... Pourvu qu'elle ne finisse pas comme moi ! »

Quand il n'y a plus de friture on passe au dessert, qui est fort modeste et ne se compose que de biscuits, de fromage et de mendiants ; Chérubin peste encore après le traiteur ; mais Chichette continue de trouver tout excellent, elle se bourre de figues, de raisins secs, de biscuits ; elle boit plusieurs fois de suite pour faire passer tout cela, puis enfin elle cesse de manger, et s'appuie sur le dos de la chaise, en disant :

« — Ah ! c'est singulier, che n'ai plus faim titout.

» — Ce serait bien plus singulier si elle avait encore de l'appétit ! » se dit le jeune homme en repoussant la table pour se rapprocher de sa compagne.

Après avoir mis sa chaise contre celle de Chichette, il se hasarde à lui prendre la main, en balbutiant :

« — Que je suis heureux de... d'être près de vous... Quel heureux hasard m'a conduit à ce théâtre où vous étiez... sans cela je ne vous aurais peut-être jamais rencontrée... et pourtant mon ami... ce monsieur qui était avec moi ce soir-là, dit que nous sommes nés l'un pour l'autre... Pensez-vous cela, madame ? »

Chichette se lève vivement, en disant :

« — Ah ! ch'étouffe un peu... C'est drôle, ch'avais bourtant pas mangé beaucoup... »

La jeune fille fait quelques tours dans la chambre ; Chérubin va à elle, en lui disant :

« — Vous vous sentez indisposée ?

» — Non... Oh ! ça va se passer... »

Chichette va se rasseoir, non pas sur sa chaise, mais sur une espèce de vieux canapé tout couvert de taches et dont les coussins ont l'air d'être rembourrés avec des copeaux ; mais la jeune fille se couche dessus en disant :

« — Tiens, on est chôliment pien comme ça ! »

Chérubin la regarde amoureusement, et s'écrie :

« — Oh ! certainement, il y a de la sympathie !... dans notre rencontre... La sympathie !... mon professeur, M. Gérondif, m'a expliqué ce que c'est... Il a pris une petite pierre d'agate, l'a frottée fortement sur la manche de son habit ; ensuite il l'a approchée d'un brin de paille, et le brin de paille a sur-le-champ sauté après la pierre, et s'y est attaché. Mon professeur m'a dit :

« — Ainsi l'aimant attire le fer ; ainsi la sympathie attire l'un vers l'autre deux cœurs faits pour s'aimer et s'entendre. »

« — Ah ! madame... je ne suis pas Polonais, mais je vous aimerai tout autant... plus, peut-être, car mon cœur tout neuf éprouve le besoin d'aimer... et si... et si... »

Chérubin s'arrête, parce qu'il lui semble qu'un bruit sourd accompagne ses paroles. Ce bruit part du canapé ; il s'est bien aperçu que sa jolie conquête fermait les yeux pendant qu'il parlait, mais il a présumé que c'était par pudeur. Cependant, voulant connaître la cause du bruit qu'il entend, il se rapproche de la jeune femme, et s'aperçoit avec surprise que non-seulement elle dort, mais encore qu'elle ronfle aussi profondément.

Le pauvre amoureux considère quelque temps sa belle endormie ; mais à chaque instant le ronflement devient plus fort ; bientôt c'est comme un soufflet de forge, et Chérubin s'éloigne petit à petit, et il sent même se dissiper ses idées amoureuses ; car une femme qui ronfle comme un Suisse en inspire infiniment moins que celle dont la respiration est douce et légère.

Chérubin va s'asseoir dans un fauteuil en se disant :

« — Elle dort... elle ronfle même... Il me paraît que mes discours » ne l'amusaient pas beaucoup, puisqu'elle s'est endormie tout de » suite en m'écoutant ! C'est singulier... cette jeune femme a des ma-» nières... un langage... Si Daréna ne m'avait pas assuré que c'est » une comtesse polonaise, j'aurais pensé d'elle tout autre chose... » S'endormir pendant que je lui parle de mon amour... Si c'est ainsi » qu'elle est folle de moi... Mon Dieu ! quels ronflements... Jacquinot » aussi ronflait, mais pas si fort que cela !... Je devrais peut-être la » réveiller... l'embrasser... mais elle dort si bien... ce serait dom-» mage... et puis... d'entendre ce bruit monotone... il me semble que » cela m'endort aussi. »

Chérubin laisse tomber sa tête sur le dos du fauteuil ; il ferme les yeux, et au bout d'un moment il en fait autant que Mlle Chichette, si ce n'est pourtant qu'il ne ronfle pas.

Or, pendant que le jeune couple dort profondément, voyons ce que faisaient ceux qui avaient conduit toute cette intrigue.

En quittant Chérubin, Daréna est allé retrouver son ami Poterne, qui, toujours vêtu en noble polonais, l'attend chez un traiteur de Ménilmontant. Là, ces messieurs se mettent à déjeuner, puis causent de leur affaire.

« — Cela marche comme sur des roulettes, dit Daréna. Chérubin » est maintenant avec la petite qu'il croit que j'ai enlevée pour lui... » pourvu que Chichette ne dise pas de bêtises... Mais bah !... avec son » accent !... tout passera ! d'ailleurs, est-ce qu'un amoureux fait » attention aux phrases...

» — Et mon petit Bruno était à son poste ?

» — Oui ; il est censé le fils du portier... il a l'air d'un fameux » gredin, ce drôle-là.

» — C'est un petit garçon plein d'intelligence... il ira loin !

» — D'ailleurs, pour la fin de notre comédie, ne vaut-il pas mieux » n'avoir là qu'un gamin qui ne nous gênera en rien ? Ensuite, il » sera bien plus vraisemblable que j'aie pu pénétrer dans la maison, » gardée seulement par un enfant ; car il faut maintenant frapper » le grand coup... quelques billets de mille francs en passant... c'est » gentil, mais c'est trop peu fini.... L'occasion se présente d'avoir une » bonne somme, il ne faut pas la laisser échapper, elle ne se retrou-» verait plus !

» — Tu as parfaitement raison, Poterne. Ce que nous allons faire » n'est pas très-délicat... mais, après tout, ce petit bonhomme est » riche !... soixante mille francs de moins ne le ruineront pas...

» — Vous ne voulez pas que j'en exige plus...

» — Oh ! non : il ne faut pas l'écorcher... Ainsi, c'est bien en-» tendu ; dans... deux heures d'ici tu vas à la petite maison...

» — Pourquoi plus tôt ?

» — Eh ! mon cher Poterne, que vous êtes vif ! il faut bien laisser » à ces amants le temps de déjeuner et de se livrer aux douceurs de » l'amour... que diable ! il faut que tout le monde s'amuse, après tout » ensuite songe donc, Poterne, qu'en leur laissant plus de temps, tu » les surprendras infailliblement in flagrante delicto !... c'est bien » plus adroit !....tu es censé le mari, on t'a enlevé ta femme, tu la » retrouves dans les bras de son ravisseur ; tu mugis, tu rugis, tu veux » tuer tout le monde...... ta femme surtout !.... Chérubin te de-» mande grâce pour elle, et cette grâce tu ne l'accordes que s'il te » signe pour soixante mille francs de lettres de change.... tu en as » de toutes timbrées sur toi ?

» — Oh ! j'ai tout ce qu'il faut... mais si le jeune marquis se dé-» fendait... s'il ne voulait pas signer !

» — Allons donc !... un enfant !... tu le menaceras d'un procès » criminel pour avoir enlevé ta femme, tu auras ton poignard, tu » voudras toujours tuer ta femme ... Chérubin est trop généreux pour » ne pas vouloir la sauver.

» — C'est ce que je pense.

» — Dans tout cela, monsieur Poterne, prenez bien garde de bles-» ser personne... votre poignard ne pique pas, j'espère ?

» — Eh non ! il n'y a pas de danger.

« — Et en parlant, donne-toi aussi un accent quelconque, qu'il » n'aille pas te reconnaître !

» — Je ferai attention et j'agirai beaucoup en pantomime. »

Tout étant bien convenu, ces messieurs déjeunent longuement, causent de même, demandent ensuite l'un une pipe, l'autre des cigares, et fument pour passer le temps.

Deux heures et plus se sont écoulées, Poterne replace ses lunettes vertes sur son nez en disant :

« — Je puis maintenant aller terminer notre affaire. »

Il se lève ; Daréna en fait autant.

« — Oui, il est temps, partons. »

« — Mais je n'ai pas besoin de vous, » dit Poterne, « d'ailleurs » vous ne pouvez pas entrer avec moi dans la maison, ce serait im- » prudent ; si Chérubin vous voyait, il vous appellerait à son aide...

» — Je sais tout cela, vieux filou ! mais tu ne penses pas sans doute » que je vais te laisser t'éloigner tout seul, avec des valeurs de soixante » mille francs en poche; non pas, cher ami, je vous aime trop pour » vous perdre de vue... je vais te voir entrer dans la maison... je » sais qu'elle n'a qu'une porte; ensuite je guetterai la sortie... et » s'il te prenait envie de courir trop vite je te réponds que je t'aurais » bientôt rattrapé.

» — Ah ! monsieur le comte !... vous avez des pensées.... qui me font » de la peine.

» — Mais non ! c'est du savoir-vivre, c'est de l'usage du monde, » voilà tout ! En route. »

Ces messieurs gagnent les boulevards extérieurs et se dirigent du côté de la barrière de la Chopinette. Arrivés à trois cents pas de la maison où il a conduit Chérubin, Daréna s'arrête en disant à son compagnon :

« — Maintenant allez tout seul, illustre Poterne, et menezcette af- » faire avec grâce ; songez que tout cela doit se passer avec cette po- » litesse et ces formes qui décèlent les gens comme il faut. »

Poterne poursuit son chemin ; il arrive à la maison ; il gratte doucement à la porte, Bruno vient lui ouvrir.

« — Ils sont là-haut ? » demande Poterne à voix basse.

« — Oui.

» — On leur a servi le déjeuner ?

» — Il y a plus de deux heures qu'il est monté.

» — Et ils n'ont pas appelé depuis?

» — Ni vu ni connu... et ils ne font même pas de bruit, on ne les » entend pas bouger.

» — Fort bien. »

Poterne enfonce son immense chapeau sur ses yeux ; il assure ses lunettes, met des pelotons de filasse dans sa bouche pour se tenir les joues et se dirige vers l'escalier. Il monte avec précaution arrive devant la porte, voit la clef en dehors et se dit :

« — Comme les amoureux sont imprudents! que c'est jeune ! »

Il tourne la clef tout doucement, puis entre brusquement dans la chambre en s'écriant :

« — Ah ! perfide.... épouse criminelle !... je vous y prends! Vous » allez périr! »

Poterne s'attendait à des cris de désespoir, cela était convenu avec Chichette ; mais, n'entendant rien du tout, il s'avance... et reste stupéfait en voyant les amants qui dorment profondément à une distance très-respectueuse l'un de l'autre.

« — Ah ! sapristi ! » se dit Poterne, moi qui espérais les prendre, » in flagrant... comme dit M. le comte... ils s'amusent à dor- » mir... si c'est comme cela que le jeune homme est amoureux. Chi- » chette aura fait quelque bêtise... n'importe... je dois agir; d'ailleurs » je les surprends ensemble, c'est le principal, et s'ils dorment c'est » qu'ils le veulent bien. »

Alors Poterne se met à courir dans la chambre en poussant des cris, des imprécations..... Il va tirer l'oreille à Chichette qui se réveille, il lui pince le bras, elle crie aussi ; Chérubin ouvre les yeux, il voit ce monsieur, qu'il reconnaît pour le comte de Globesky, qui tempête, blasphème et tire de son sein une espèce de poignard, dont il menace le jeune femme ; il devient pâle, tremblant, et balbutie :

« — Ah ! mon Dieu !... nous sommes perdus !... Monsieur, ne la tuez » pas, je vous en prie... Tuez-moi plutôt... quoique j'aie respecté vo- » tre épouse.

» — Oui, oui, je veux me venger. Per Dio! ah ! bigre ! Ah ! vi » croyez scélérats! » reprend Poterne en tapant du pied, « m'enle- » ver ma femme! Tartuffe ! sacre mein herr ! Sur la grand'route, » arrêter mon fiacre, non, ma voiture... Oh ! madame, vi périrez de ma » main...... foi de comte polonais! »

Chichette n'avait pas l'air très-effrayée, elle bâillait encore en se frot- tant les yeux ; Poterne, en passant près d'elle, la pince plus fortement; elle pousse un grand cri, en disant :

« — Ah ! que c'est pête ça! Che veux qu'on fasse de ces péti- » ses-là moi ! »

Poterne se met à hurler pour qu'on n'entende pas ce que dit Chichette. Il brandit son poignard d'une main, tandis que de l'autre il refourre dans sa bouche la filasse qui veut s'en échapper. Mais Chérubin a perdu la tête; la présence de cet homme dont il croit avoir enlevé la femme, ses cris, ses imprécations, ce poignard qu'il brandit en l'air, lui causent une terreur extrême. Poterne, s'apercevant qu'il est dans un état à passer par

tout ce qu'il voudra, tire les lettres de change de sa poche, les pose sur la table, prend une écritoire, une plume, et la présente à Chérubin, en lui disant :

« — Si vous voulez sauver cette femme coupable... goddem !... il n'y » a qu'un moyen pour apaiser ma fouror.

» — Ah ! monsieur... parlez.... ordonnez.... Tout ce que vous » voudrez.

» — Remplissez ces lettres de change, en voilà quatre... faites-les de » vingt-cinq mille francs chacune... per Dio! c'est trop poco.

» — Des lettres de change... pour cent mille francs...

» — Oui, signor...

» — Ah ! vous voulez que...

» — Si vous hésitez, sapermann! je tue cette épouse criminelle... je » vous tue... je tue toute la maison... fichtre... et moi ensuite.

» — Oh ! non, monsieur, non... je n'hésite pas... Je vais écrire les » sommes que vous voudrez...

» — A la bonne heure... Vous les ferez de trente mille francs alors.. » Allons... écrivez et signez... per Dio! »

Chérubin se met devant la table ; il prend la plume d'une main trem- blante, jette un regard douloureux sur sa conquête, qui s'est rejetée sur le canapé, où il la croit évanouie, tandis qu'elle cherche à se rendormir; mais Poterne vient encore se placer près de lui; il grince des dents, il fait des jurons effroyables. Le jeune amoureux se met bien vite à écrire. Déjà il a rempli le corps d'une lettre de change, et il s'apprête à la signer, lorsqu'un grand bruit se fait entendre en bas, puis on monte rapidement l'escalier, on ouvre vivement la porte, et Monfréville paraît, suivi du vieux Jasmin, qui, en apercevant son maître, pousse un cri de joie, et s'écrie :

« — Ah ! le voilà !.... grâce au ciel ! ils ne l'ont pas perdu ! »

A l'aspect de son ami, Chérubin se sent renaître, et il court se je- ter dans ses bras, tandis que Monfréville, remarquant son trouble, son désordre, sa pâleur, lui dit :

» — Eh ! mon Dieu, mon cher ami, que faites-vous donc ici... dans » cette maison, espèce de coupe-gorge... dont un petit drôle nous re- » fusait l'entrée ?

» — Ah ! mon ami ! » répond Chérubin d'une voix entrecoupée, » c'est que... je suis bien... coupable... j'ai enlevé madame... l'épouse » de monsieur... c'est-à-dire ce n'est pas moi... c'est Daréna qui a » enlevé pour moi... Monsieur est un comte polonais... qui me faisait » signer des lettres de change pour cent vingt mille francs... sans ça » il tuait sa femme... Ah! que je suis content de vous voir ! »

Pendant que Chérubin dit tout cela, Poterne, qui est fort mal à son aise, essaye de se rapprocher de la porte ; mais Jasmin s'est placé de- vant, ayant eu le soin de la refermer.

En écoutant son jeune ami, Monfréville porte des regards scruta- teurs autour de lui, et examine M.lle Chichette et le soi-disant mari outragé, qui a l'air de vouloir se fourrer sous la table. Chéru- bin finit de parler, que Monfréville court à Poterne, lui enlève son chapeau, ses lunettes vertes, et lève sur lui sa canne, en s'écriant :

« — Ça!... un comte polonais !... mais c'est ce fripon de Poterne, » l'agent de ce méprisable Daréna... ils ont ourdi tous les deux cette » infâme intrigue pour vous extorquer de l'argent !... Ah! j'ai bien » envie de casser ma canne sur les épaules de ce drôle-là ! »

» — Poterne ! » s'écrie Chérubin, « il serait possible... c'est Po- » terne !...

» — Eh, oui ! » dit Jasmin, « c'est le marchand de raisiné, de » chiens, de tortues... Ah ! mon cher maître, que ce monsieur bien que » l'on voulait encore vous mettre dedans ; et que ce monsieur qui m'a » appelé vieil ané manigançait quelque traîtrise pour vous attraper ! »

En voyant Monfréville lever sa canne sur lui, M. Poterne est tombé à genoux ; il balbutie :

« — Grâce, monsieur ; tout ceci n'était qu'une plaisanterie... pas » autre chose !... c'était une comédie !...

» — Une plaisanterie, drôle !... ma!s vos lettres de change étaient » bien timbrées cependant ! Oh ! nous savons maintenant ce dont vous » êtes capables, vous et votre digne ami, le comte Daréna... qui est » tombé assez bas maintenant pour ne rougir de rien, et à qui tous » les moyens sont bons pour se procurer de l'or. Nous voulons bien » ne pas vous traiter comme vous le méritez. Allez rejoindre votre » associé, et dites-lui bien que ce jeune homme sait maintenant le ju- » ger tel qu'il est, et que s'il osait encore se présenter à son hôtel, ses » gens se chargeraient de l'en chasser.

» — Oh ! oui, je m'en chargerai! » dit Jasmin. « Il m'a appelé aussi » un vieux débris !... mais un débris honnête vaut mieux qu'un intri- » gant au grand complet. »

M. Poterne ne demande pas à en entendre davantage; il a ramassé son chapeau, ses lunettes, et il s'empresse d'ouvrir la porte et de se sauver ; mais il ne peut le faire si vite qu'il ne reçoive auparavant la pointe du soulier de Jasmin dans une partie de son individu, et le vieux valet de chambre lui dit en même temps :

« — Tiens, voleur! voilà pour tes confitures !... »

Monfréville s'approche de Chichette, qui est restée assise sur le ca- napé, où elle se tient toute coi sans oser bouger ; il ne peut s'empê- cher de sourire de la figure qu' lle fait et lui dit :

« — Et vous, madame la comtesse, dans quel magasin... quelle
» boutique travaillez-vous habituellement ?
» — Dans la rue Grenétat, où che fais des chapeaux de paille d'Ita-
» lie. Moi, c'était bas mon faute... on m'avait promis beaucoup de
» l'argent, si che faisais la femme de monsir... che avais consenti...
» pour amasser... pour épouser mon p'tit pays... »
Et Mlle Chichette tire son mouchoir et fait mine de vouloir pleurer.
Monfréville la rassure en lui disant :
« — Ce n'est pas à vous que j'en veux, mon enfant... ne pleurez pas,
» et retournez à vos chapeaux de paille d'Italie... Mais croyez-moi,
» il vaut encore mieux
» dans votre état danser
» le cancan que de jouer
» à la grande dame. »
Mlle Chichette se
mouche, fait plusieurs
révérences, puis se sauve
d'un air tout confus sans
oser regarder Chérubin.
« — Et maintenant,
» mon ami, » dit Mon-
fréville au jeune mar-
quis, « il me semble que
» nous pouvons aussi
» quitter cette vilaine bi-
» coque... je pense que
» rien ne vous y retient
» désormais.
» — Oh ! non, mon
» cher Monfréville ; je
» me trouve si heureux
» après avoir eu une si
» grande frayeur... Je
» vous conterai toute
» cette intrigue ; mais,
» d'abord, expliquez-
» moi comment vous
» avez pu savoir que
» j'étais ici, m'y décou-
» vrir, et y arriver si à
» propos.
» — C'est bien sim-
» ple : tenez, voyez-vous
» ce fiacre qui est à la
» porte ?
» — Oui.
» — C'est le même
» qui vous a amené ici.
» Après votre départ de
» l'hôtel, j'allai chez
» vous ; j'y trouvai Jas-
» min fort inquiet ; il
» me conta que vous
» étiez sorti en voiture
» avec Daréna, dont de-
» puis quelque temps
» les visites fréquentes
» et l'air mystérieux me
» donnaient des soup-
» çons. Je demandai à
» Jasmin s'il avait été
» lui-même chercher la
» voiture, et sur sa ré-
» ponse affirmative, je
» le priai de me con-
» duire à la place du
» fiacre. Arrivés là,
» nous y attendîmes
» près de deux heures
» le retour de votre voi-
» ture ; enfin elle parut...
» Je donnai vingt francs au cocher en le priant de nous conduire à l'en-
» droit où il vous avait mené ; il ne demanda pas mieux, et nous amena à
» cette maison. Mon cher ami, les fripons sont bien adroits, mais heu-
» reusement il y a une puissance cachée beaucoup plus fine qu'eux, et
» qui déjoue les trames les mieux ourdies au moment où ceux qui les
» ont conçues se croient le plus certains de l'impunité. Cette puis-
» sance, les uns la nomment la Providence, les autres le hasard, la
» fatalité, le sort, la fortune !... je ne sais quel nom lui donner, mais
» je m'incline devant elle et me trouve heureux de croire que s'il y a
» ici-bas des gens portés à faire le mal, il y a là-haut un œil qui veille
» pour le prévenir et le réparer. »
Chérubin presse avec amitié la main de Monfréville ; puis ils se hâ-
tent de quitter la maison du boulevard extérieur, que le petit Bruno a
lui-même abandonnée, car ils n'y rencontrant plus personne. Ils re-

Louise

montent en voiture avec Jasmin, qu'on est presque obligé d'y faire entrer par force, parce que le vieux domestique veut encore grimper
derrière.
De retour chez lui, Chérubin raconte à Monfréville comment Daréna a conduit toute cette affaire, en lui recommandant surtout de
garder le plus profond secret sur toute cette intrigue.
« — Je ne m'étonne pas s'il vous recommandait de ne point m'en
» parler, » dit Monfréville ; « il pensait bien que je ne donnerais pas
» dans l'histoire d'une comtesse polonaise qu'i veut se faire enlever
» par un jeune homme qu'elle a aperçu une seule fois au spectacle.
» — Il me disait que
» vous faisiez mainte-
» nant l'homme sage, le
» rigoriste, pour faire
» oublier votre conduite
» d'autrefois ; assurant
» que jadis vous étiez
» cité pour vos bonnes
» fortunes, vos con-
» quêtes, et qu'alors
» vous aviez des prin-
» cipes beaucoup moins
» sévères qu'aujour-
» d'hui. Pardonnez-
» moi... je vous rap-
» porte ce qu'il me
» d
Le front de Monfré-
ville se rembrunit ; une
expression de chagrin
se peint sur tous ses
traits, et il garde quel-
que temps le silence.
Enfin, fixant ses regards
sur Chérubin, il lui dit
avec un accent de tris-
tesse :
« — En effet, mon
» ami, j'ai, dans ma
» jeunesse, fait beau-
» coup de folies... et
» quelquefois même j'ai
» eu des fautes graves
» à me reprocher...
» mais j'en ai été si
» cruellement puni, que
» cela m'a corrigé de
» bonne heure... ce qui
» ne m'empêche pas
» d'être indulgent pour
» les autres, parce que
» je sais bien qu'il est
» dans notre nature
» d'avoir des faiblesses,
» des passions, et d'être
» quelquefois entraîné
» par elles. Quelque
» jour, Chérubin, je
» vous raconterai une
» histoire de ma jeu-
» nesse, qui a influé sur
» tout le reste de mon
» existence. Vous ver-
» rez que ces intrigues
» d'amour que l'on trai-
» te si légèrement à
» vingt ans, ont quel-
» quefois des suites bien
» amères ! »
Chérubin pousse un
soupir, en disant :
« — Jusqu'à présent, je n'ai pas été heureux dans mes amours ! et
» mes aventures galantes ne m'ont pas procuré beaucoup d'agrément ! »

XXV. — UN GRAND DÎNER.

Depuis que M. de Noirmont a fermement exprimé sa résolution à
l'égard de Louise, la mère d'Ernestine n'a plus dit un seul mot qui pût
faire présumer qu'elle pensait encore à renvoyer la jeune femme de
chambre ; au contraire, il semble que résignée à se soumettre à la volonté de son mari, Mme de Noirmont soit revenue sur les préven-
tions qui paraissaient l'animer contre Louise ; elle la traite toujours
avec une froideur qui approche parfois de la sévérité : cependant, le

son de sa voix, d'abord sec et bref, s'adoucit souvent jusqu'à paraître affectueux; on dirait que subjuguée par le charme qu'il y a dans toute la personne de cette jeune fille, par cette obéissance timide, cet empressement qu'elle met à la servir, Mᵐᵉ de Noirmont se laisse quelquefois, malgré elle, entraîner à l'aimer.

Louise n'a pas su que Mᵐᵉ de Noirmont avait voulu la renvoyer; Ernestine et son père ayant eu seuls connaissance de cela, la première, en apprenant que la résolution de sa mère ne s'exécuterait pas, avait pensé qu'il était inutile d'en parler à Louise, que ce serait lui causer du chagrin de lui apprendre que, bien loin d'avoir par son zèle gagné les bonnes grâces de sa maîtresse, celle-ci avait voulu la renvoyer. Quant à M. de Noirmont, après avoir fait connaître sa volonté, il n'était pas homme à parler à qui que ce fût de ces détails d'intérieur.

Mais ce qu'il était facile de voir, ce que Louise remarquait comme les autres personnes de la maison, c'est que l'humeur de Mᵐᵉ de Noirmont devenait chaque jour plus triste, plus sombre; jamais un sourire ne se montrait sur ses lèvres, elle fuyait le monde; les visites l'importunaient, lui étaient à charge; presque toujours retirée dans son appartement, elle donnait l'ordre de dire qu'elle était sortie ou in-

» qu'elle souffre, moi; d'ailleurs depuis quelque temps on le voit bien, » elle change beaucoup.

» — C'est vrai, mademoiselle, je l'ai remarqué aussi. Oh! vous avez » raison, c'est parce que madame ne se porte pas bien qu'elle est plus » triste et vous caresse moins... mais pourquoi ne faites-vous pas » venir le médecin?

» — Plusieurs fois j'ai dit à maman : Tu es pâle, on dirait que tu » souffres... il faudrait faire appeler M. Derbaut, notre docteur; mais » maman me répond d'un air fâché : Je n'ai rien... il est inutile de » faire venir le médecin, je n'en ai pas besoin. »

Les deux jeunes filles se communiquaient ainsi leurs pensées en cherchant dans leur esprit comment elles pourraient être agréables l'une à sa mère, l'autre à sa maîtresse; car malgré sa sévérité et la bizarrerie de son humeur qui allait si souvent jusqu'à l'injustice, toutes deux aimaient Mᵐᵉ de Noirmont; Ernestine avec toute la tendresse, toute l'affection d'un enfant qui ne veut pas voir les défauts de sa mère; Louise, avec un dévouement mêlé de respect, qui lui aurait fait entreprendre avec joie les travaux les plus pénibles, s'ils avaient pu lui mériter un sourire de sa maîtresse.

Chérubin ferme les yeux, et au bout d'un moment il en fait autant que Mˡˡᵉ Chichette. — Page 68.

disposée, pour que l'on ne vînt pas troubler sa solitude; enfin la présence même de sa fille semblait quelquefois l'importuner et lui déplaire. L'aimable Ernestine, qui n'avait rien fait pour démériter la tendresse de sa mère, était parfois toute triste aussi de se voir traitée par elle avec tant de froideur; lorsqu'elle s'approchait de Mᵐᵉ de Noirmont pour l'embrasser, celle-ci la repoussait avec impatience ou recevait avec indifférence les témoignages de son amitié; alors la jeune fille s'éloignait en retenant des larmes qui roulaient dans ses yeux, mais qu'elle ne voulait pas laisser paraître, de crainte d'offenser sa mère.

Louise, en voyant sa jeune maîtresse s'essuyer les yeux en cachette, lui disait tout bas :

« — Vous avez du chagrin, mademoiselle; je suis bien sûre que » c'est parce que depuis quelque temps votre maman ne vous em- » brasse plus! »

Ernestine poussait un gros soupir, en répondant :

« — C'est vrai ! je ne sais pas ce que maman peut avoir contre moi; » j'ai beau chercher dans ma tête ce que j'ai fait qui a pu lui déplaire... » je ne me rappelle rien... et depuis quelque temps, elle ne m'ap- » pelle plus sa chère fille... elle ne me presse plus dans ses bras... » cependant il n'est pas possible qu'elle ne m'aime plus... n'est-ce » pas, Louise?... c'est que c'est sa santé qui la rend comme cela... » elle a mal aux nerfs... elle ne se plaint pas, mais je suis bien sûre

Mais Mᵐᵉ de Noirmont semblait éviter avec soin toutes les occasions où elle aurait pu se servir de Louise; ce n'était que devant son mari, et lorsqu'il lui était impossible de faire autrement, qu'elle lui donnait quelque ordre, ou recevait quelque chose de sa main. La jeune femme de chambre, qui aurait voulu prévenir le moindre désir de sa maîtresse, la suivait quelquefois des yeux dans l'espoir de se rendre utile; mais si Mᵐᵉ de Noirmont apercevait les regards de Louise attachés sur elle, son front devenait plus sévère, et aussitôt elle lui faisait signe de sortir.

Un jour, Mᵐᵉ de Noirmont était comme de coutume dans sa chambre, tenant un livre, dans lequel elle lisait peu, parce que souvent ses pensées l'absorbaient tellement qu'elle n'était plus à sa lecture. Ernestine était assise à quelque distance, faisant de la tapisserie, et de temps à autre jetant à la dérobée un regard sur sa mère dans l'espoir de rencontrer ses yeux et d'obtenir d'elle un sourire, ce qui était devenu une faveur bien rare.

Mᵐᵉ de Noirmont se tourne vers sa fille et lui tend le livre qu'elle tient, en lui disant :

« — Ernestine, allez me chercher le second volume de cet ouvrage, » vous le trouverez dans la bibliothèque, sur le deuxième rayon à » gauche. »

La jeune fille se lève vivement, prend le livre et quitte la chambre, empressée d'obéir à sa mère. Après avoir pris dans la bibliothèque le volume que Mme de Noirmont lui a demandé, elle va le lui porter, lorsque dans le salon elle trouve son maître de dessin qui vient d'arriver et l'attend. Ernestine donne à Louise le volume qu'elle tient dans la main, en lui disant de le porter à sa mère, et s'assied près de son professeur pour prendre sa leçon.

Louise a pris le livre et se rend dans la chambre de sa maîtresse; au moment d'entrer elle se sent trembler, elle a tant peur de déplaire à Mme de Noirmont, et celle-ci ne l'avait pas chargée de cette commission,.. elle entre cependant.

Mme de Noirmont est assise, la tête penchée sur sa poitrine, elle ne lève pas les yeux en entendant entrer dans sa chambre, car elle ne doute pas que ce ne soit Ernestine, et Louise est arrivée tout près d'elle et lui présente le livre sans oser prononcer un mot.

Cependant, poussée en ce moment par un mouvement de tendresse maternelle, elle prend la main qui lui présente le livre et la presse avec force dans les siennes, en murmurant:

« — Ma pauvre fille... tu dois me trouver bien injuste avec toi depuis quelque temps... et tu crois peut-être que je ne t'aime plus... ne pense pas cela, mon enfant, je t'aime toujours autant... mais tu ne peux comprendre ce qui se passe dans mon cœur... et ce que je souffre... ah! tu ne le sauras jamais... »

En ce moment Mme de Noirmont lève la tête en attirant la jeune fille vers elle, car elle veut l'embrasser... c'est alors seulement qu'elle reconnaît Louise. Elle reste muette, immobile, une expression de terreur se peint dans tous ses traits, son visage devient livide et elle lève les yeux au ciel en balbutiant:

« — O mon Dieu... et je l'ai nommée ma fille !...

» — Pardon, madame, » murmure Louise effrayée de l'état dans lequel elle voit sa maîtresse. « Ce n'est pas ma faute... c'est » mademoiselle qui a voulu... »

Mme de Noirmont s'efforce de maîtriser son trouble, et reprend d'un ton brusque et sévère:

« — Pourquoi êtes-vous entrée chez moi?... Vous avais-je deman- » dée?... que venez-vous y faire?... Est-ce pour chercher à surpren- » dre mes pensées... mes secrets?...

» — O madame... mon Dieu... pouvez-vous croire?...

» — Depuis quelque temps, mademoiselle, n'ai-je pas rencontré vos » regards sans cesse attachés sur moi... suivant... épiant mes moin- » dres mouvements?... Qui vous porte à agir ainsi? avez-vous quel- » que motif... quelque raison cachée... Voyons, parlez, mademoi- » selle.

» — Madame, si je vous ai offensée... ce ne fut jamais mon inten- » tion; si mes yeux se sont quelquefois portés sur vous... c'est que » j'aurais été bien heureuse de prévenir un de vos désirs... de pouvoir » faire quelque chose qui vous fût agréable... afin de mériter de » vous un mot, un regard bienveillant... voilà quelle était mon in- » tention... lorsque je me permettais de vous regarder... et puis c'é- » tait alors un bonheur que je me donnais... mais je m'en priverai, » madame, puisque vous me le défendez. »

Louise s'est inclinée devant sa maîtresse, elle est presque à ses genoux, et sa voix est devenue si tremblante que c'est à peine si elle peut achever ses paroles.

Mme de Noirmont semble vivement émue, on dirait qu'un combat se livre au fond de son âme; elle se lève, fait quelques pas dans l'appartement, s'éloigne, puis se rapproche de Louise et la regarde longtemps, bien longtemps, mais ce n'est plus avec l'expression de la sévérité, ses yeux sont remplis de larmes. Tout à coup elle court vers la jeune fille, qui est restée à la même place, les yeux baissés et n'osant faire un pas, elle lui prend la main, elle l'attire contre elle... mais presque aussitôt elle la repousse vivement, et lui disant d'une voix brève:

« — Sortez, mademoiselle... sortez... je n'ai plus besoin de vous »

Et Louise obéit, elle s'éloigne en se disant:

« — Qu'a-t-elle donc, mon Dieu, et que lui ai-je donc fait? »

Huit jours après cette aventure, M. de Noirmont annonce à sa femme qu'il va donner un grand dîner. Il lui nomme les personnes qu'il a invitées et dont le nombre s'élève à quinze, puis il ajoute:

« — J'avais l'idée d'inviter aussi le jeune marquis Chérubin de » Grandvilain... mais je l'avais engagé à venir me voir, il ne s'est » pas rendu à mon invitation, et j'ai réfléchi que ce jeune homme » n'avait pas montré le moindre empressement à fréquenter un ancien » ami de son père. Nous ne l'aurons pas.

Mme de Noirmont ne peut cacher l'ennui que lui cause ce avance l'annonce de ce dîner. Mais M. de Noirmont reprend d'un ton fort sec:

« — En vérité, madame, si je vous laissais faire, nous ne recevrions » personne, nous vivrions comme des hiboux! Je ne suis point un » fou!... un grand amateur de plaisirs... mais enfin, je n'entends pas » vivre comme un ermite. D'ailleurs, madame, nous avons une fille, il » est de notre devoir de nous occuper de son bonheur; bientôt quel- » que temps il faudra songer à la marier, à lui trouver un parti conve- » nable; en attendant, il ne faut donc pas la séquestrer du monde » dont elle sera appelée à faire un jour l'ornement. Cette pauvre Er- » nestine, vous refusez toutes les occasions qui se présentent de la » mener en soirée, au concert... au bal. Vous êtes malade, il est » vrai... je ne puis vous forcer à sortir, madame; mais puisque

» santé vous retient sans cesse à la maison, nous y recevrons de la » compagnie, madame: telle est maintenant ma résolution. »

Mme de Noirmont ne fait aucune observation, car elle sait bien que dès que son époux a décidé quelque chose, rien ne peut le faire revenir sur ses résolutions, et M. de Noirmont la quitte en l'engageant à donner ses ordres pour que rien ne manque au dîner qu'il a fixé au au jeudi suivant.

Mme de Noirmont se résigne. Lorsque le jour de la réception est proche, elle donne ses ordres et s'occupe des préparatifs de ce repas, en apprenant que l'on va recevoir beaucoup de compagnie. Dès le matin, un grand mouvement règne chez M. de Noirmont, lui seul reste comme de coutume à travailler paisiblement dans son cabinet, en attendant l'heure où la société doit arriver; mais Mme de Noirmont donne ses ordres, surveille les préparatifs, s'assure que rien ne manquera de tout ce qu'elle a commandé; Ernestine suit sa mère en sautillant, en riant, en se promettant beaucoup de plaisir pour cette journée, puis elle dit à Louise:

« — Tu te feras bien belle pour l'heure du dîner, parce que tu » seras à table avec Comtois, c'est l'usage quand nous avons du » monde.

» — Soyez tranquille, mademoiselle, « répond Louise, « je ne sais » pas si je serai belle, mais je vous promets de faire de mon mieux » pour bien servir, afin que madame votre mère soit contente de moi. »

Mais quelques instants avant l'heure où la compagnie doit arriver, Mme de Noirmont dit à sa fille:

« — Ernestine, je ne veux pas que votre femme de chambre serve à » table, dites-lui qu'elle pourra rester dans sa chambre, on n'aura » pas besoin d'elle. »

Ernestine n'y comprend rien à cette fantaisie de sa mère, elle la regarde en balbutiant:

« — Mais, maman, ordinairement... quand nous avons du monde à » dîner... pourtant...

» — Ma fille, je ne vous demande pas de réflexions, faites ce que » je vous dis. »

Ernestine obéit à sa mère; elle se rend tristement dans la chambre de Louise qu'elle trouve achevant sa toilette et qui lui dit:

« — Mademoiselle, me trouvez-vous bien comme cela... ma mise est- » elle convenable pour mon état?

» — Oui... oh! oui, ma pauvre Louise, tu es bien gentille ! » répond Ernestine en faisant un gros soupir, « mais ce n'était pas la peine de » faire une si belle toilette... maman ne veut pas que tu serves à » table... elle dit que tu peux rester dans ta chambre. »

La figure de Louise exprime le chagrin que lui cause cet ordre; cependant elle ne se permet pas un murmure et répond:

« — J'obéirai, mademoiselle; madame votre mère a sans doute des » raisons pour vouloir que cela soit ainsi... Hélas ! je crains de les » deviner... celle-ci n'aime pas à me voir... ma présence lui déplaît... » J'obéirai... elle ne me verra pas. »

Ernestine ne se sent pas la force de dire le contraire, car sachant que sa mère a déjà voulu renvoyer Louise, elle croit bien aussi que celle-ci a deviné juste; elle se contente de lui serrer la main et la quitte parce que l'heure est venue où les invités vont commencer à arriver.

En effet la société ne tarde pas à venir. M. de Noirmont a invité plus d'hommes que de dames; cependant l'épouse d'un avocat accompagne son mari; c'est une grande femme bien sèche, bien raide, bien prétentieuse, qui s'écoute parler avec le plus grand plaisir, mais qui en revanche n'écoute jamais les autres.

Une autre dame, jeune, fraîche et gracieuse fait un contraste frappant avec la première; celle-ci est l'épouse d'un avoué qui vient de se marier pour payer sa charge. L'avocat a épousé la grande dame pour avoir le temps d'attendre des clients. Dans le monde maintenant le mariage est une affaire et presque jamais une sympathie.

Quelques hommes graves, deux jeunes gens à la mode et M. Triche que nous avons déjà rencontré chez Mme Célival, complètent la réunion. M. de Noirmont reçoit sa compagnie avec son flegme ordinaire. Mme de Noirmont, qui a pris son parti ou a dû se résigner à recevoir tout ce monde, tâche du moins de ne pas laisser paraître l'ennui que cela lui cause; elle fait fort bien les honneurs de son salon; elle s'efforce de sourire, elle sait, quand elle le veut, trouver un mot aimable pour chaque personne de la société, et on en est d'autant plus flatté qu'on n'y est pas habitué. Ernestine redevient gaie en voyant sa mère le paraître; à son âge, les petites contrariétés sont vite oubliées; elle aime le monde, et depuis quelque temps elle a si peu d'occasions de s'amuser, de se distraire, qu'elle saisit avec joie celle qui se présente. Comme demoiselle de la maison, elle s'entend dire de ces choses flatteuses, qu'il ne faut pas croire, mais qui sont toujours agréables à l'oreille; on la trouve grandie, embellie; on ne le lui dit pas à elle-même, on le dit assez haut à ses parents pour que cela arrive à son adresse. Mᵐᵉ de Noirmont reçoit avec indifférence les compliments qu'on lui fait de sa fille; M. de Noirmont en est enchanté.

M. Trichet est toujours le même, parlant continuellement, voulant tout savoir, allant se mêler à chaque conversation et ayant sans cesse l'oreille au guet pour entendre tout ce qui se dit dans tous les coins du salon; cet homme-là est fort occupé en société.

Comtois vient annoncer que l'on est servi, et toute la compagnie passe dans la salle à manger. On se place et l'on commence à dîner avec ce silence de bonne compagnie qui quelquefois tient table jusqu'au dessert.

On n'est encore qu'au premier service, lorsque M. de Noirmont, n'étant pas servi assez vivement, porte les yeux autour de lui, et dit à Comtois :

« — Où donc est la femme de chambre... pourquoi ne sert-elle pas avec vous?... Je ne m'étonne pas si le service se fait si lentement ; que fait-elle donc?... Ne lui avez-vous pas dit qu'elle doit servir à table?... »

Comtois est fort embarrassé; lorsqu'il a appelé Louise, celle-ci lui a dit quels ordres elle avait reçus de sa maîtresse. Il tourne la langue en répondant à demi-voix :

« — Monsieur... c'est que... madame a dit... qu'il était inutile... »

M. de Noirmont ne laisse pas Comtois achever, il reprend d'un ton bref :

« — Faites sur-le-champ venir Louise, elle doit vous aider à servir. »

Comtois ne se fait pas répéter cet ordre, d'autant plus qu'au fond de son cœur il est fort aise que la femme de chambre vienne l'aider.

Mᵐᵉ de Noirmont baisse les yeux et devient d'une pâleur effrayante; Ernestine promène avec crainte ses regards sur son père et sa mère, et M. Trichet, qui fait ses réflexions sur tout, s'écrie :

« — Ah! voilà une femme de chambre qui ne veut pas servir à table!... Vous avez parfaitement raison de l'y obliger..... Les domestiques sont étonnants maintenant! si on les écoutait, ils ne feraient rien du tout, et on les payerait fort cher; je suis curieux de voir votre femme de chambre. »

L'arrivée de Louise met fin à ces conversations. La jeune fille a été bien embarrassée en recevant l'ordre de Comtois; elle hésite d'abord à le suivre; mais Comtois lui a dit :

« — Il faut venir, mademoiselle, monsieur le veut; et quand il commande, on doit lui obéir. »

Louise est donc décidée à suivre le domestique; tout en obéissant aux ordres de son maître, l'idée qu'elle va contrarier sa maîtresse la jette dans un grand trouble; aussi se présente-t-elle à table, les joues couvertes d'une vive rougeur, mais elle n'en est que plus jolie, et la plupart des convives paraissent frappés de sa beauté.

« — Vraiment, » dit M. Trichet, « cette jeune fille aurait tort de ne pas se montrer!... J'ai vu peu de domestiques aussi jolies... hein? qu'est-ce que vous dites là-bas, M. Dernange?... oh! je vous entends.... vous avez dit : un profil grec... à peu près... grec ou non, il est fort distingué pour un profil de femme de chambre. »

Les deux jeunes gens ne font pas leurs réflexions tout haut, comme M. Trichet, mais ils ne peuvent se lasser de regarder Louise, et ils ne demandent qu'à changer d'assiette.

La grande dame prétentieuse jette sur Louise un coup d'œil dédaigneux, en murmurant :

« — Je ne conçois pas que l'on puisse trouver une servante jolie. »

Et l'autre dame s'écrie :

« — Cette jeune fille est charmante, et a un air si décent... Tout prévient en sa faveur. »

« — Oh! oh! » dit M. Trichet, « une femme pas se fier à ces airs-là... c'est souvent bien trompeur... Je sais ce que c'est; j'ai eu deux cents bonnes... elles m'ont toutes volé. »

Mᵐᵉ de Noirmont ne répond rien à toutes ces réflexions que vient de faire naître la vue de la jolie femme de chambre, mais on voit qu'elle blesse à son tour; elle se contraint, qu'elle fait tout ses efforts pour paraître calme et enjouée comme auparavant.

Ernestine n'est plus gaie, car elle devine que sa mère a quelque chose.

Quant à M. de Noirmont, satisfait de se voir obéi, il s'occupe de ses convives, et ne fait aucune attention à la pâleur de sa femme.

Cependant la conversation a bientôt changé d'objet, et Mᵐᵉ de Noirmont respire un peu plus librement.

Louise sert de son mieux, baissant les yeux lorsqu'elle passe derrière sa maîtresse, n'osant point la regarder, et ayant soin de ne jamais se tenir vis-à-vis d'elle.

Mais tout à coup le nom de Chérubin frappe les oreilles de la jeune fille. C'est M. Trichet, qui, en causant d'une soirée chez la comtesse de Valdieri, s'écrie :

« — Le jeune marquis de Grandville n'y était pas... J'ai remarqué aussi qu'il ne vient plus chez Mᵐᵉ de Célival... Cela me semble drôle, car tout le monde sait que le petit marquis faisait la cour à ces

mes... il est encore trop novice pour cacher ses impressions.... les regardait trop... c'était ridicule... »

En ce moment Louise tenait une assiette sur laquelle était du poulet aux olives qu'on lui avait dit de porter à la grande femme de l'avocat; mais en entendant parler de Chérubin, Louise ne songe plus à ce qu'elle fait, elle lâche l'assiette qu'elle tenait sur l'épaule de la dame à prétentions, qui reçoit une portion de poulet aux olives sur sa robe.

« — Que vous êtes sotte, que vous êtes imbécile ! » s'écrie la grande dame en jetant sur Louise des regards furibonds. « Quand on ne sait pas donner une assiette, on reste à sa cuisine. »

Louise est demeurée immobile, confuse, désolée. Les hommes, qui la trouvent encore plus jolie, cherchent à l'excuser; Ernestine s'est levée vivement pour aller essuyer la robe de cette dame, ce que Louise ne pense même pas à faire. Quant à Mᵐᵉ de Noirmont, en entendant traiter Louise de sotte et d'imbécile, ses sourcils se sont rapprochés, ses yeux ont un moment lancé des éclairs, elle s'est levée à demi, puis elle est retombée comme morte sur sa chaise. Et M. Trichet, qui est près d'elle, s'écrie :

« — Mᵐᵉ de Noirmont est certainement indisposée..... Vous vous trouvez mal, madame? »

« — Ce n'est rien, je l'espère, » dit Mᵐᵉ de Noirmont en se levant de table. « Un malaise... je vais aller prendre l'air. »

Ernestine est déjà près de sa mère; elle la soutient, lui donne le bras, et toutes deux sortent de la salle à manger.

Cet événement fait oublier la maladresse de Louise, quoique la grande dame parle sans cesse de sa robe; mais personne n'a l'air de l'écouter. Au bout de dix minutes, Mᵐᵉ de Noirmont revient prendre sa place à table. Elle est toujours fort pâle, mais elle assure qu'elle ne souffre plus. Le dîner se termine assez tristement; l'accident survenu à la maîtresse de la maison en a chassé la gaîté.

On passe au salon. Les hommes causent entre eux; la grande dame ne s'occupe que de sa robe tachée; Mᵐᵉ de Noirmont s'efforce de sourire en écoutant M. Trichet; Ernestine regarde toujours sa mère, et les jeunes gens regardent souvent vers la porte, fâchés de ne plus voir la jolie femme de chambre. On forme une partie de whist; mais elle ne se prolonge pas tard, et la société se retire bien avant minuit, parce que Mᵐᵉ de Noirmont, étant souffrante, doit avoir besoin de repos.

Il est deux heures de la nuit. Depuis longtemps toutes les personnes qui composent la maison de M. de Noirmont sont retirées dans leur appartement, et doivent être livrées au sommeil. Louise, encore sous le coup des impressions de la journée, venait seulement de fermer les yeux en pensant à Chérubin, que l'on avait dit amoureux de deux femmes.

Tout à coup on ouvre la porte de sa chambre; une personne qui tient une lumière entre avec précaution. Louise rouvre les yeux, elle reconnaît Mᵐᵉ de Noirmont, en déshabillé de nuit, pâle comme au dîner, et qui s'approche de son lit après s'être arrêtée pour écouter si personne ne la suit.

« — Mon Dieu, c'est vous, madame... » s'écrie Louise, « seriez-vous malade? auriez-vous besoin de mes services?... Ah! je vais me lever.

» — Restez!... restez, et écoutez-moi. »

En disant ces mots, Mᵐᵉ de Noirmont va refermer la porte de la chambre, puis elle revient s'asseoir tout près du lit, et elle prend une des mains de Louise qu'elle presse dans les siennes, en lui disant d'une voix entrecoupée :

« — Louise, il faut que vous quittiez cette maison, si vous ne voulez pas que je meure... si vous ne voulez que la douleur ne me tue...

» Ah! ce que je souffre est horrible ! et je sens que je n'aurais plus la force de le supporter.

» — Comment, madame... c'est donc moi qui suis cause de vos souffrances; ah! je partirai... oui, soyez-en bien sûre... Mon Dieu, si je l'avais su plus tôt, il y a longtemps que je vous aurais épargné bien des ennuis... Pardonnez-moi... car loin de vouloir vous causer des peines j'aurais donné ma vie pour vous prouver mon zèle, mon attachement... n'importe, c'est égal, je partirai...

» — Pauvre Louise!... vous ne me haïssez donc pas!.... moi qu' vous ai traitée si durement... qui ne vous ai jamais dit un mot ave bonté, avec douceur!

» — Vous haïr, moi ! Ah! madame, il me semble que ce n'est pas possible... il me semble qu'il est de mon devoir de vous aimer... Ah! pardon... j'oublie que je ne suis qu'une pauvre servante...

» — Une servante, vous... ah! c'est cela qui me tue, c'est cela que je ne puis souffrir... vous, servir chez moi!... Grand Dieu! je fus bien coupable, je le sens, puisque vous m'avez infligé cette punition... mais aujourd'hui, ce supplice était trop fort... Mon Dieu... qu'ai-je dit?... je m'égare. Louise, pauvre enfant, vous avez cru que je vous détestais, que c'était pour cela que je cherchais sans cesse à vous éloigner de moi...ah! si vous aviez pu lire au fond de mon cœur!

» — Il serait possible, madame! vous ne me détestez pas... Oh! que je suis contente...

» — Louise, écoutez-moi... vous ne devez pas être servante... vous devez être riche... heureuse... pauvre fille! Vous avez assez souffert des fautes que d'autres ont commises... votre sort va changer...

» Tenez, prenez cette lettre que je viens d'écrire, vous la remettrez à
» la personne dont le nom est sur cette lettre, et que vous irez trou-
» ver en sortant d'ici ; je ne sais pas où demeure maintenant... celui
» à qui je vous adresse, mais pour le savoir, vous irez chez M. Chérubin
» de Grandvilain, dont il est l'ami, et là, on vous indiquera sur-le-
» champ sa demeure. Quant à celle de M. Chérubin, vous la connais-
» sez, je crois?

» — Oh ! oui, madame, oui... je suis allée deux fois à son hôtel.

» Et cette personne à qui je dois donner cette lettre?...

» — Cette personne, je le pense du moins, vous rendra à votre
» père.

» — Mon père... ô mon Dieu !... quoi, madame... je retrouverai
» mes parents ; vous les connaissez donc?

» — Ne m'en demandez pas plus, Louise ; ce que je fais est déjà
» beaucoup. J'avais juré que jamais je n'écrirais à cette personne...
» mais depuis que je l'ai vue, j'ai senti que c'était mal, bien mal,
» de vous priver des embrassements de votre père ; car il sera heureux
» de vous retrouver, lui !... Oh ! oui, je suis sûre qu'il vous entourera
» de soins et d'amour.

» — Et ma mère, madame, vous ne m'en parlez pas? ne la ver-
» rai-je pas aussi?... Ah ! il me serait si doux de la presser dans mes
» bras !

» — Votre mère ? oh ! non, c'est impossible ; votre père vous ca-
» chera son nom, il le doit... si pourtant il vous le révélait, rappelez-
» vous qu'un mot indiscret la tuerait !... Mais je vous en ai dit assez.
» Demain, au point du jour, avant que personne ne soit levé dans la
» maison, vous partirez, Louise, vous me le promettez?

» — Oui, madame, je vous le promets.

» — C'est bien, et maintenant, embrassez-moi.

» — Vous me le permettez ? »

Pour toute réponse, Mme de Noirmont passe ses bras autour de la
taille de Louise, et, l'attirant vers elle, la tient ainsi longtemps pressée
contre son sein et la couvre de baisers. Le bonheur de la jeune fille
est tel qu'elle croit rêver, et qu'elle supplie le ciel de ne point la réveiller.

Mais Mme de Noirmont, dont les yeux sont baignés de larmes, fait
un effort sur elle-même, et se dégageant des bras qui l'en-
lacent, dépose encore un baiser sur le front de la jeune fille, et s'é-
loigne rapidement en lui disant d'une voix pleine de tendresse :

« — N'oublie rien de tout ce que je t'ai dit ! »

Louise reste plongée dans une sorte d'extase, les baisers qu'elle a
reçus lui ont fait connaître un bonheur si pur, qu'elle cherche à en
prolonger la durée ; elle n'ose ni réfléchir, ni chercher à deviner le
mystère de la conduite de Mme de Noirmont, mais elle se répète à
chaque instant :

« — Elle m'aime... oh ! oui, elle m'aime... car elle m'a longtemps
» pressée contre son cœur... et puis elle m'a dit : « Toi... n'oublie
» rien de ce que je t'ai dit » Ah ! je n'oublierai pas non plus ces
» mots-là... toute ma vie je me le rappellerai. »

Louise n'a pas fermé l'œil pendant le reste de la nuit. Dès que le
jour commence à poindre, elle se lève, s'habille à la hâte, fait vivement un paquet de ses effets, met dans son sein la lettre que Mme de
Noirmont lui a donnée, puis ouvrant bien doucement la porte, elle sort
de sa chambre, traverse plusieurs pièces sans faire de bruit, gagne
ainsi l'escalier, la cour, se fait ouvrir en frappant au carreau du portier, et se trouve dans la rue au point du jour.

XXVI. — LA PEUR.

Depuis son aventure avec Chichette Chichemann, Chérubin est devenu moins prompt à s'enflammer, ou plutôt il commence à comprendre que ce qu'il prenait pour de l'amour n'était que ces désirs que fait
naître dans le cœur d'un homme la vue d'une jolie femme, désirs qui
doivent se renouveler souvent chez un cœur tout neuf, chez lequel les
sensations ont le charme de la primeur.

Mais les échecs qu'il a essuyés dans ses débuts amoureux ont rendu
Chérubin plus craintif, plus timide encore ; au lieu d'avoir profité des
leçons qu'il a reçues pour mieux se conduire dans un galant tête-à-
tête, le pauvre Chérubin a tellement peur d'être encore malheureux
ou maladroit, que cette idée le fait presque trembler à la pensée d'un
rendez-vous d'amour. D'un autre côté, comme à son âge l'amour est le
premier bonheur de la vie, ne sachant pas se procurer ce bonheur-là,
le jeune marquis devient triste, mélancolique... vingt ans, avec un
nom, une belle fortune, bien fait, joli garçon, ayant enfin tout ce qui,
dans le monde, rend heureux, Chérubin ne l'est pas : il perd sa gaîté,
il même ses couleurs... il n'a plus ce teint rose et frais que l'on admirait en lui ; car, il ne faut pas se le dissimuler, si l'excès des plaisirs détruit quelquefois notre santé, l'excès de sagesse peut aussi amener le même résultat : les excès ne valent jamais rien.

Le jeune marquis ne va plus chez la comtesse de Valdier, ni chez
Mme Célival, parce que l'accueil glacial qu'il a reçu de ces deux
dames équivalait à un congé ; mais il les rencontre quelquefois dans le
monde ; alors il lui semble que toutes les dames le regardent d'une
façon singulière, que l'on se parle bas, que l'on rit même après qu'il a

paru. Tout cela le tourmente, l'inquiète ; il va conter ses peines à son
ami Monfréville, et lui dit :

« — Est-ce que cette petite comtesse et Mme Célival auraient
» tenu de méchants propos sur mon compte... il me semble, cepen-
» dant, que je ne leur ai rien fait !

» — C'est justement pour cela ! » répond Monfréville en souriant.
« Mais aussi, mon jeune ami, ne restez donc point dans cette apathie
» qui ne convient pas à votre âge !... Vous avez tout ce qu'il faut pour
» plaire... formez d'autres intrigues !... Ayez trois ou quatre maîtresses
» à la fois, trompez-les bien ostensiblement, et votre réputation sera
» vite rétablie.

» — Cela vous est très-facile à dire, mon cher Monfréville ; mais depuis
» mes mésaventures j'ai tant peur d'être encore... gauche avec une femme
» que cela me donne le frisson d'avance... Ah ! c'est que j'en mourrais
» de honte, de désespoir... J'aime mieux ne pas m'y exposer. Et
» pourtant... avec tout cela... je sens que je m'ennuie beaucoup.

» — Je le crois bien, vivre sans aimer... à votre âge !... où l'on
» n'a pas même les souvenirs de ses folies !... cela n'a pas le sens
» commun. Mais si vous craignez de ne pas avoir encore assez d'au-
» dace avec une grande dame, eh bien, mon ami, lancez-vous dans
» les actrices... Et vous en réponds que cela vous formera tout aussi
» bien.

» — Oui, j'y avais pensé d'abord ; aussi, la semaine dernière,
» ayant rencontré Malvina... vous savez cette petite danseuse si gaie,

» — Oui, oui.

» — Eh bien ! je lui ai parlé... elle m'a d'abord appelé monsieur
» Verglas ; mais ensuite, comme je lui ai dit que je n'étais pas aussi
» froid qu'elle le pensait, elle s'est écriée : Il faudra, pour que je le
» croie, que vous m'en donniez la preuve ; et elle m'a de nouveau
» engagé à aller déjeuner chez elle... à six heures du matin ; et nous
» avons pris jour.

» — Très-bien... à la bonne heure !...

» — Ah ! oui, mais le jour du rendez-vous est passé depuis long-
» temps... et je n'y ai pas été.

» — Et pourquoi cela ?

» — Parce que j'ai réfléchi que je n'avais pas plus d'amour pour
» Mlle Malvina que pour les autres, et que par conséquent je se-
» rais sans doute aussi bête avec elle que je l'avais été dans mes pré-
» cédents tête-à-tête.

» — Vous avez en tort ! votre raisonnement n'a pas le sens com-
» mun... et d'ailleurs est-ce qu'il faut réfléchir pour une amourette,
» un caprice ! Mais attendez, ne m'avez-vous pas parlé aussi d'une
» grisette, une petite ouvrière qui travaille dans une boutique de lin-
» gère, ici près... et cette grisette vous lançait des œillades... elle
» vous avait même dit son nom?...

» — Oui, mon ami, c'est la petite Célanire qui a les cheveux blond-
» puce et le nez à la Roxelane.

» — Eh bien, voilà votre affaire ; demandez un rendez-vous à
» Mlle Célanire... D'après ce que vous m'avez dit, elle ne vous le re-
» fusera pas.

» — C'est ce que j'ai fait, mon ami. Avant-hier, j'ai aperçu cette
» jeune ouvrière dans la rue ; quand elle a vu que je marchais der-
» rière elle, elle a eu l'air de faire un faux pas, s'est arrêtée et s'est
» retenue après moi pour ne pas tomber.

» — C'est très-adroit.

» — C'est ce que j'ai trouvé ; alors nous avons causé... et enfin
» elle m'a donné un rendez-vous pour le soir, sur le boulevard du
» Château-d'Eau... loin de son quartier, exprès pour n'être pas ren-
» contrée par des personnes qui auraient pu la reconnaître.

» — C'est très-prudent : les grisettes pensent à tout. Eh bien, com-
» ment cela s'est-il passé à ce rendez-vous ?

» — Mon Dieu, mon ami, je n'y suis pas allé non plus... Au mo-
» ment de m'y rendre, j'ai fait les mêmes réflexions que pour la pe-
» tite danseuse... alors la peur m'a pris... et je suis resté chez moi.

» — Ah ! pour le coup, c'est trop fort !... mon pauvre Chérubin !...
» avec des terreurs semblables il n'y a pas de raison pour que vous
» restiez ensorcelé toute votre vie ! Au temps jadis les bonnes femmes
» auraient dit que l'on vous avait jeté un sort, et vous aurait envoyé
» trouver quelque fameux dénoueur d'aiguillettes !... Car, dans le bon
» vieux temps, les aiguillettes se nouaient et se dénouaient fréquem-
» ment ; il n'était même pas rare de voir des procès naître sur ce sujet,
» et les juges ordonner le congrès, manière de prouver son bon droit,
» qui devait le faire perdre à beaucoup d'honnêtes gens ! Mais nous
» n'en sommes plus à ces temps de barbarie !... car c'est vraiment
» ainsi qu'il faut les appeler. Et maintenant, pour savoir si l'ont veut
» devenir amoureux, nous ne connaissons pas de meilleurs sorciers
» qu'une jolie femme. C'est donc toujours vers elle que je vous renverrai.

Les discours de Monfréville ne consolent pas du tout Chérubin, q
continue à être triste et à se chagriner ; mais, un matin, un souveni
lui vient qui le ranime, qui le réveille ; il songe à Gagny, à la jeune
Louise, à sa bonne nourrice qui l'aimait tant ; il pense à aller revoir
le séjour de son enfance. Dans sa tristesse et son ennui, il se ressou-
vient de ceux qui l'aiment ; au sein des plaisirs il les avait oubliés !...
C'est trop souvent comme cela... Cela ne fait pas l'éloge de notre
cœur, mais pourquoi la nature nous a-t-elle faits ainsi?

Chérubin ne dit rien chez lui ; il ne se fait accompagner ni de Jasmin, ni de M. Gérondif ; il monte dans son cabriolet, dit à son petit jockey de grimper derrière et part, après s'être bien fait indiquer la route qu'il doit suivre pour aller à Gagny.

Avec un bon cheval le trajet n'est pas long. En peu de temps, Chérubin arrive à Villemomble ; le cœur lui bat en sortant de ce village, car déjà il reconnaît le pays où il a passé son enfance et une grande partie de sa jeunesse. Son cœur se dilate en apercevant les premières maisons de Gagny ; il éprouve un plaisir, un bien-être qu'il n'avait pas goûtés depuis son séjour à Paris, et il s'étonne d'avoir pu être si longtemps sans revenir au village.

Il reconnaît bientôt la place, le corps de garde et la rue montueuse qui conduit chez sa nourrice ; il presse son cheval, et il se trouve enfin devant la maison de Nicolle. Il y a trois années seulement qu'il l'a quittée, mais il lui semble qu'il y a un siècle, et ses yeux examinent tous les objets pour voir si rien n'est changé.

Il descend de son cabriolet, traverse cette cour où il a joué si souvent et entre dans la salle basse où l'on se tenait habituellement. Nicolle est là qui travaille, Jacquinot dort dans un fauteuil, rien n'est changé ; il ne manque qu'une personne.

Nicolle a levé les yeux, puis elle a poussé un cri... et elle a regardé à plusieurs fois ce jeune homme élégant qui vient d'entrer ; elle craint de se tromper ; elle n'ose croire que c'est bien Chérubin ; mais celui-ci ne la laisse pas longtemps dans l'incertitude. Il vole se jeter dans ses bras, en s'écriant :

« — Ma nourrice !... ma bonne Nicolle... Ah ! que je suis content de te revoir !

» — C'est lui !... c'est vraiment lui ! » dit la paysanne qui, dans l'excès de sa joie, peut à peine parler. « Il revient nous voir... il m'aime donc encore, ce cher petit... Ah ! pardon, monsieur le marquis, si je vous appelle ainsi... mais l'habitude, c'est plus fort que soi !

» — Appelle-moi toujours comme autrefois, ma bonne Nicolle ; c'est ce que je crois que cela me fâche au contraire, je le veux, je l'exige !

» — Ah ! quel bonheur ! Jacquinot, éveille-toi donc, notre homme ; c'est notre fieu Chérubin qui est revenu, qui est là cheux nous ! »

Jacquinot se frotte les yeux, reconnaît le jeune marquis, mais n'ose plus lui prendre la main ; Chérubin s'empresse d'aller secouer la main rude et calleuse du paysan. Celui-ci, dans sa joie, se bien vite, suivant son habitude, chercher des verres et du vin.

Chérubin revient s'asseoir près de Nicolle, il l'embrasse encore à plusieurs reprises, puis il jette les yeux autour de lui.

« — Quel dommage..... il manque quelqu'un... Si Louise était là, mon bonheur serait complet... Elle est donc toujours en Bretagne si loin de vous... elle ne veut donc pas revenir...

» — Oui... oui, mon garçon, murmure la paysanne avec embarras ; mais toi... mon cher enfant... tu... vous nous aimez donc encore un brin... quoique vous soyez maintenant habitué à de plus beau monde que nous ?

» — Si je vous aime ! ah ! toujours... Je comprends bien pourquoi vous me dites cela, ma chère Nicolle ; en effet, j'ai été ingrat... je me suis mal conduit... Depuis trois ans, ne pas être revenu vous embrasser... oh ! c'est très-vilain de ma part... bien souvent j'en formais le projet ; mais à Paris on a tant de choses à faire... Ce monde, ces plaisirs nouveaux pour moi, tout cela m'étourdissait... Il faut me pardonner !

» — Lui pardonner !... Est-il gentil ! est-il gentil !...

» — Ensuite, il me semble que si vous aviez voulu me voir, rien ne vous empêchait aussi de venir à Paris, à mon hôtel... Vous le connaissez bien.

» — Eh ! mais, nous y sommes allées, mon cher enfant, nous nous y sommes présentées deux fois, Louise et moi... Nous avons demandé à te voir ; la première fois, on nous a répondu que tu voyageais ; la seconde, que tu étais dans un château, et que tu serais peut-être longtemps absent.

» — Voilà qui est bien singulier... mais, d'abord c'est faux ; depuis que je suis à Paris, je ne l'ai pas quitté, je n'ai jamais voyagé... ensuite on ne m'a pas dit que vous étiez venues.

» — Voyez-vous ça ! Je l'avions pourtant bien recommandé au concierge.

» — J'éclaircirai cela... et je saurai pourquoi l'on s'est permis de me cacher vos visites.

» — Dame, ça nous a fait bien de la peine à Louise et à moi, et je nous sommes dit : Pisqu'il sait que j'allions le voir sans le trouver et qu'il ne vient pas... faut pus y aller, ça le fâche peut-être que j'allions cheux lui, à Paris.

» — Me fâcher... Ma bonne Nicolle !... avoir pensé cela de moi !... Et cette pauvre Louise... mais pourquoi l'avez-vous envoyée en Bretagne, au lieu de la garder près de vous ?

» — Louise en Bretagne ! murmure Jacquinot, qui vient de venir avec un pot de vin et des verres. A qu'est-ce donc qu'on invente des histoires comme ça, pour tromper monsieur le marquis....... mon ami !

» — Comment ? Louise n'est pas en Bretagne ? s'écrie Chérubin ; mais voilà deux ans que M. Gérondif m'a dit cela... Que signifie ce mensonge ?

» — Ah ! ma fine, mon garçon, » s'écrie Nicolle, « je m'en vais tout te conter, moi ! car je n'aimions pas mentir !... Et puis, plus je te regarde... tu as toujours l'air si doux, je ne peux pas croire que tu sois devenu un libertin ; un séducteur !... comme M. Gérondif nous a dit !

» — Moi, un libertin, un séducteur !... mais ce n'est pas vrai, ma nourrice, c'est très-faux !... car au contraire, à Paris, on se moque de moi parce que l'on prétend que je suis trop timide avec les dames... et dire que je suis un libertin ! Ah ! c'est affreux cela ! Comment ! mon professeur a osé tenir de tels propos !

» — Mon cher enfant, je te conter toute la vérité. M. Gérondif, qui venait souvent nous voir et semblait en admiration devant la beauté de Louise, est venu il y a huit ou dix mois environ ; il a proposé à c'te petite une jolie place à Paris en lui disant que tu désirais qu'elle acceptât...

» — Ah ! le menteur.

» — L'idée d'aller à Paris a souri à Louise, parce qu'elle disait que cela la rapprocherait de toi et qu'elle espérait t'y voir quelquefois.

» — Chère Louise !

» — Elle a donc accepté ; mais pendant qu'elle faisait son petit paquet M. le professeur m'a dit tout bas : J'emmène Louise pour la soustraire aux entreprises de mon élève qui veut en faire sa maitresse.

» — Ah ! quelle horreur !

» — Et s'il vient ici, faites-lui croire qu'elle est depuis longtemps chez un de vos parents en Bretagne. »

Chérubin se lève et marche à travers la chambre, la colère le suffoque, il peut à peine parler.

« — Quelle indignité !... dire cela de moi... inventer de tels mensonges ! mais dans quel but ? enfin où a-t-il placé Louise ?

» — Oh ! chez de ben braves gens à ce qu'il nous a dit.

» — Mais chez qui ?

» — Dame, mon cher enfant, je n'en avons pas demandé plus parce que j'avions tant confiance dans M. le maître d'école !

» — Ainsi vous ne savez où est Louise... oh ! mais je le saurai, moi, il faudra qu'il me le dise... Ah ! je meurs d'impatience... je voudrais déjà être à Paris... Adieu, ma bonne Nicolle, adieu, Jacquinot...

» — Comment ! tu repars déjà, mon fieu ? à peine si tu es arrivé.

» — Et il n'a pas bu un coup seulement...

» — Je reviendrai, mes amis... oh ! je reviendrai... mais avec Louise que je brûle de retrouver... Ah ! monsieur Gérondif !..... dire que je suis un libertin... Oh ! nous allons voir... ils m'ont tous regardé comme un enfant jusqu'à ce jour, mais je vais leur faire voir que je suis leur maître. »

Chérubin embrasse Nicolle, il serre la main de Jacquinot, sans écouter tout ce que ces bonnes gens lui disent pour le calmer, il remonte dans son cabriolet, fouette son cheval et retourne à Paris au grand trot.

En arrivant à son hôtel, il fait appeler sur-le-champ près de lui M. Gérondif, Jasmin et le concierge. A la manière dont il vient de donner cet ordre, à l'expression de sa physionomie, les domestiques ne reconnaissent plus leur maître ordinairement si calme et si doux. Le jockey va prévenir le précepteur qui termine à peine sa toilette quoiqu'on soit au milieu de la journée et qui descend chez son élève, en se disant :

« — M. le marquis veut sans doute que je lui enseigne quelque chose... il veut peut-être apprendre à faire des vers... Mlle Turlurette dit dans tout l'hôtel que je les fais si bien ! je le ferai commencer par des vers libres : ils sont certainement plus faciles assurément. »

Mais en entrant dans l'appartement du jeune marquis qui marche à grands pas d'un air impatient et colère, le précepteur devient inquiet et commence à penser que ce n'est pas pour faire des vers qu'on l'a demandé ; Jasmin, qui ne sait où il en est vis-à-vis de son jeune maître, se tient immobile dans un coin où il n'ose bouger, et le concierge, qui est tout aussi effrayé que les autres, reste sur le seuil de la porte, n'osant point entrer tout à fait.

C'est à ce dernier que Chérubin s'adresse d'abord et, lui enjoignan d'approcher, il lui dit :

« — Peu de temps après mon arrivée cet hôtel, une bonne femme de la campagne, ma nourrice, enfin, est venue pour me voir avec une jeune fille, elles sont venues deux fois, elles avaient le plus vif désir de me voir, et vous, leur avez dit, d'abord que j'étais en voyage, ensuite que j'étais dans le château d'un de mes amis. Pourquoi avez-vous fait ce mensonge ?,... qui vous a permis de renvoyer des gens que j'aime et que je voulais recevoir...? Répondez.

Le concierge baisse le nez et répond :

« — Ma foi, monsieur, je n'ai fait dans tout cela que suivre les instructions que m'a données M. Jasmin... et j'ai cru qu'il n'agissait que sur les ordres de monsieur...

» — Ah ! c'est Jasmin qui vous avait chargé de dire cela... c'est bien, retirez-vous, mais désormais n'agissez plus que d'après mes ordres. » Le concierge s'incline et s'en va, enchanté d'en être quitte à si bon marché.

Le vieux Jasmin est devenu pourpre, il tourne sa bouche comme un enfant qui voudrait pleurer. Chérubin s'approche de lui, en disant d'un ton qui est plutôt celui du reproche que de la colère :

« — Comment, Jasmin! c'est toi qui as fait renvoyer ma bonne Nicolle et Louise?... C'est toi qui as voulu que ceux qui m'ont élevé pussent me croire fier, insensible... ingrat... Ah! c'est bien mal cela., et je ne reconnais pas là ton cœur. »

Jasmin tire son mouchoir et pleure en s'écriant :

« — Monsieur, vous avez raison... c'est une grossièreté... c'... une sottise... mais ce n'est pas moi qui ai eu cette idée-là... jamais elle ne me serait venue... c'est monsieur votre professeur qui m'a dit qu'il fallait empêcher que vous ne vissiez Nicolle et la petite Louise, parce que c'était fort dangereux pour vous... comme M. Gérondif est un savant, j'ai cru qu'il devait avoir raison et j'ai fait ce qu'il m'a dit »

Pendant que le vieux valet de chambre parle, M. Gérondif se gratte le nez de toutes ses forces, comme pour se préparer à l'attaque qu'il va subir; en effet, c'est lui que Chérubin se tourne après avoir entendu Jasmin, et cette fois c'est avec l'accent de la colère que le jeune homme s'écrie :

« — Ainsi, monsieur, tout cela vient de vous... j'aurais dû m'en douter. Ah! il était dangereux pour moi de revoir les habitants du village... ceux qui m'aiment comme leurs enfants! »

M. Gérondif jette une de ses jambes en arrière, tend sa poitrine en avant, relève la tête, et répond avec beaucoup d'assurance :

« — Eh bien, oui, mon illustre élève, et je crois avoir eu raison. Non est discipulus super magistrum!... Écoutez donc mes motifs..... Vous ne quittiez qu'à regret le village et les champs; vous pouviez avoir envie d'y retourner... Il fallait vous ôter cette envie... toujours dans votre intérêt... Le Sadder, abrégé du Zend, qui contient tous les articles du culte établi par Zoroastre, veut que l'on fasse un examen rigide de sa conscience à la fin de chaque journée... et la mienne...

» — Eh! monsieur, il n'est pas question de Zoroastre ! mais est-ce toujours dans mon intérêt que, lors de votre dernière visite au village, vous avez dit à Nicolle que j'étais à Paris un libertin, un séducteur; que je comptais faire de Louise ma maîtresse, et qu'il fallait la placer à Paris et me faire croire qu'elle était en Bretagne ? »

M. Gérondif est pétrifié; il ne trouve plus de citation à faire, il baisse le nez, et ne sait plus sur quelle jambe se tenir; tandis que Jasmin, en entendant ce que le professeur a dit de son jeune maître, court prendre la pincette dans la cheminée, et revient disposé à en frapper M. Gérondif, en s'écriant :

« — Dire des infamies de mon maître!... le calomnier !... Laissez-moi le rosser, monsieur, je sens que je retrouverai pour cela mes forces de vingt ans. »

Mais Chérubin arrête Jasmin, et dit au professeur :

« — Quelles étaient vos raisons pour mentir ainsi, monsieur?

» — Mon noble élève... en vérité, je ne sais, une aberration d'esprit...

» — Oh! je le saurai plus tard; mais d'abord, où est Louise?

» — La jeune et intéressante enfant abandonnée?

» — Allons, monsieur, répondez, et plus de mensonge; où est Louise?

» — Dans une maison honorable, j'ose m'en flatter; je l'ai fait agréer comme femme de chambre chez Mme de Noirmont.

» — Femme de chambre!... ma sœur de lait! la compagne de mon enfance, en faire une femme de chambre!... Ah! c'est indigne!...

» — Les émoluments sont bons, et je croyais, qu'elle n'a aucune fortune...

» — Taisez-vous... Pauvre Louise!... est-ce donc là la récompense de l'attachement que tu m'avais voué... Oh! mais elle ne restera pas un jour de plus dans cette condition... Jasmin! fais sur-le-champ avancer une voiture, et vous, monsieur, suivez-moi...

M. Gérondif ne se fait pas répéter cet ordre ; il suit Chérubin qui a son chapeau et descend rapidement l'escalier. Jasmin a fait venir fiacre, le jeune marquis y monte, ordonne à Gérondif d'y placer aussi, et d'indiquer au cocher l'adresse de Mme de Noirmont; le professeur obéit ; la voiture part.

Le trajet se fait sans que Chérubin prononce un mot, et Gérondif n'ose même pas se moucher. Lorsque la voiture s'arrête devant la demeure de Mme de Noirmont, Chérubin dit au professeur :

» — C'est vous qui avez fait entrer Louise dans cette maison, allez l'y chercher. Dites aux personnes chez qui elle est que Louise ne doit plus servir, qu'elle a retrouvé un ami, un protecteur... dites tout ce que vous voudrez, mais songez qu'il faut me ramener ma sœur, mon amie... Quant à elle, apprenez-lui seulement que je suis ici, que je l'attends, et je suis bien certain qu'elle aura promptement fait ses apprêts pour venir me rejoindre. Allez, monsieur, je reste là et j'attends.

M. Gérondif saute du fond du fiacre, se mouche quand il est hors de la voiture et entre enfin dans la maison, en se disant en lui-même :

« — Allons! puisqu'il n'y a pas moyen de faire autrement. La petite ne sera pas pour moi, à moins que plus tard... on ne sait pas... Il la dotera peut-être... je me figurerai qu'elle est veuve! »

Chérubin compte les minutes qui s'écoulent, depuis que le professeur est entré dans la maison; penché en dehors de la portière du fiacre, ses yeux ne quittent pas de vue la porte cochère, car, à chaque instant, il s'attend à voir paraître Louise, et cette espérance est toujours déçue; enfin deux personnes sortent de la maison et viennent à lui ; c'est M. Gérondif et Comtois. La figure du professeur est bouleversée ; il roule des yeux effarés en approchant de Chérubin, mais celui-ci ne lui laisse pas le temps de parler, et s'écrie :

« Louise! Louise, pourquoi n'est-elle pas descendue avec vous ?.,

» Vous ne lui avez donc pas dit que j'étais en bas.

» — Non, mon noble élève, » reprend Gérondif d'un air désespéré,

» je ne lui ai pas dit et je ne pouvais pas le lui dire. Si vous saviez...

» ne veux rien savoir... je veux Louise, c'est elle que je suis venu chercher. Pourquoi ne descend-elle pas? Est-ce qu'on refuse

» de la laisser partir?... Oh ! alors, je vais moi-même.

» — Eh ! non... on ne refuse rien... mais elle est déjà partie... et

» voilà pourquoi elle ne descend pas avec nous !

» — Que dites-vous ? Louise...

» — Depuis quatre jours elle n'est plus chez M. de Noirmont; elle

» est partie un matin... de très-bonne heure, avant que personne fût

» levé dans la maison.

» — Ah! vous m'en imposez!

» — Non, mon noble élève, » mais comme j'avais pensé que vous

» ne me croiriez peut-être pas, j'ai prié Comtois, le valet de confiance

» de M. de Noirmont, de venir corroborer mon récit. Parlez, incor-

» ruptible Comtois, dites la vérité, rien que la vérité, toute la vérité. »

Comtois s'approche de Chérubin et après l'avoir salué avec respect

lui dit :

« — Depuis que Mlle Louise était chez nous, on n'avait eu jamais que

» des éloges à donner à sa conduite. Son air de décence, sa douceur

» lui avaient gagné tous les cœurs... Mlle Ernestine de Noirmont la trai-

» tait plutôt comme son amie que comme sa femme de chambre ; il n'y

» a que madame qui, on ne sait pourquoi, était un peu sévère pour

» mam'zelle Louise. Enfin, vendredi dernier... le lendemain d'un grand

» dîner qui a eu lieu ici, cette jeune fille est partie... Oh ! elle n'a

» emporté que son petit paquet contenant ses effets... pas un chiffon

» de plus... Mlle Ernestine a été bien chagrine de ce départ... mais

» nous avons pensé que Louise avait voulu retourner à son pays,

» parce qu'elle était fâchée de ne pas avoir su conquérir les bonnes

» grâces de madame. Voilà, monsieur, l'exacte vérité... D'ailleurs, si

» vous voulez d'autres peines, car il faut monter... vous trouverez Mlle Ernes-

» tine... ou mes maîtres, qui vous en diraient autant que moi. »

Chérubin ne juge pas nécessaire d'aller questionner M. ou Mme de

Noirmont ; Comtois n'a aucune raison pour lui faire des mensonges,

et l'on voit dans ses yeux le regret qu'il éprouve aussi du départ de

Louise.

« — Elle sera retournée à Gagny... indubitablement ! » s'écrie

M. Gérondif en se grattant le nez.

« — A Gagny !... » dit Chérubin avec désespoir ; « mais j'en viens,

» moi... Vous ne vous rappelez donc pas que j'en arrive... que je viens

» de chez Nicolle, et Louise n'y a pas paru.

» — Eh! on vous dit qu'il y a quatre jours qu'elle est sortie de cette

» maison... quatre jours, entendez-vous... Qu'est-elle devenue depuis

» ce temps?... Met-on quatre jours pour faire quatre lieues?

» — Pas ordinairement... Cependant... si l'on s'arrêtait souvent

» en route...

» — Ah! c'est vous qui avez fait quitter à Louise le village où elle

» était à l'abri de tous les dangers... C'est vous, monsieur, qui l'avez

» amenée à Paris... mais songez qu'il faut retrouver Louise, qu'il faut

» que je sache où elle est, ce qu'elle est devenue depuis quatre jours

» qu'elle a quitté cette demeure...et s'il lui est arrivé quelque malheur,

» ah ! c'est sur vous que retombera toute ma colère ! »

Chérubin s'est rejeté dans sa voiture ; il donne au cocher l'adresse

de Montréville et se fait sur-le-champ conduire chez son ami. Il a hâte

de lui confier ses peines, car il sait bien que son amitié ne lui manquera

pas, lorsqu'il va réclamer son aide et son appui.

Montréville était chez lui ; en voyant arriver son jeune ami très-ému

et vivement agité, il s'empresse de le questionner sur la cause son

trouble; Chérubin lui raconte tout ce qu'il a fait depuis le matin, sa

visite au village ; ce que lui a conté Nicolle ; la conduite de M. Gérondif

avec Louise, et enfin la disparition de cette jeune fille de la maison où

on l'avait placée, il termine son récit en s'écriant :

« — Il faut que je retrouve Louise, mon ami, il le faut! car je sens

» maintenant combien je l'aime... Pauvre Louise, c'est pour se rap-

» procher de moi, c'est dans l'espoir de me voir... de me rencontrer,

» qu'elle a accepté cette place à Paris. Oh! Nicolle m'a tout dit, car Louise

» pensait toujours à moi, elle n'était pas un seul jour sans en parler...

» et moi ingrat, j'ai été trois ans sans lui donner une marque de

» souvenir.

» — C'est vrai, » dit Montréville, « et aujourd'hui vous voilà tout dé

» solé parce que vous ne savez ce qu'elle est devenue! mais d'après

» tout ce que vous me dites, il me paraît que cette jeune fille est digne

» de votre amitié, et ce serait grand dommage qu'elle fût tombée

» Paris dans quelque misérable piége... qu'elle fût victime de quelque
» misérable... elle est jolie, m'avez-vous dit?

» — Elle était déjà charmante à quinze ans... et depuis trois an-
» nées, Nicolle m'a dit qu'elle n'avait fait qu'embellir encore.

» — Diable !... pauvre petite... très-jolie... et si elle s'est égarée
» dans Paris, c'est fort dangereux ! Quant à votre professeur, sa con-
» duite s'explique tout naturellement : il était sans doute amoureux de
» Louise, et avait jugé prudent de vous empêcher de la revoir, ce qui
» devait arriver tôt ou tard... pour un pédant ceci n'était pas très-
» maladroit !

» — Amoureux de Louise... l'impertinent ! le vieux fou !... mais où
la chercher, cette pauvre Louise... où la trouver maintenant !

» — Ce sera peut-être difficile; mais fiez-vous à moi pour vous seconder, pour vous guider dans vos recherches; vous mettrez vos
gens en campagne, nous ne ménagerons pas l'argent, et c'est un
puissant auxiliaire dans toutes les circonstances de la vie. »

Chérubin remercie avec effusion son ami de ce qu'il veut bien lui
prêter son appui, et ils commencent dès le lendemain leurs recherches.

Et pendant que tout ceci se passe chez Monfréville, M. Gérondif est
resté dans la rue, pétrifié par la colère et les menaces de son élève ;
Comtois est depuis longtemps remonté chez ses maîtres, et le professeur est toujours devant la porte cochère.

Enfin, il se décide à se remettre en marche, en faisant cette réflexion :

« L'Écriture dit : « Cherchez et vous trouverez. » Je vais chercher
» la jeune Louise... mais il est probable que je ne la trouverai pas. »

XXVII. — LE PETIT MARCHAND DE CHIENS.

Nous avons laissé Louise au moment où, pour obéir aux volontés
de Mᵐᵉ de Noirmont, elle quittait sa demeure avant que personne ne
fût encore éveillé dans la maison.

Louise se trouve donc dans la rue de fort grand matin, elle tient
sous son bras un paquet renfermant ses effets, et elle a serré dans son
sein cette lettre si précieuse pour elle, qui lui fera peut-être retrouver son père.

Lorsqu'elle se voit seule, et déjà assez éloignée de la maison qu'elle
vient de quitter, son premier désir est de savoir le nom de la personne
à laquelle Mᵐᵉ de Noirmont l'a adressée. Elle tire la lettre de dessous
son fichu, et lit cette adresse :

« Pour M. Édouard de Monfréville, la remettre à lui-même. »

« — Monsieur de Monfréville, » se dit Louise, « je n'ai jamais en-
» tendu parler de ce monsieur-là... mais Mᵐᵉ de Noirmont m'a dit qu'il
» était très-ami avec... monsieur Chérubin... et que là on me donne-
» rait tout de suite son adresse. Allons à l'hôtel de M. Chérubin...
» Ah ! je ne demanderai pas à le voir, lui !... je sais bien qu'il ne
» m'aime plus... qu'il ne veut plus me connaître... et d'ailleurs, puis-
» qu'il a maintenant que quatre maîtresses à la fois, ah ! je n'ai
» pas envie de le voir non plus, moi. »

La jeune fille pousse un soupir en disant cela, car son cœur n'est
nullement d'accord avec ses paroles; mais elle se met en marche pour
le faubourg Saint-Germain, en se disant :

« — Ne pensons plus à l'ami de mon enfance... ne songeons qu'à
» ce que m'a dit Mᵐᵉ de Noirmont cette nuit. »

Louise est arrivée dans la rue où est situé l'hôtel de Grandvilain.
Quand elle se voit à peu de distance de la demeure de Chérubin, elle
s'arrête, elle se sent trembler en se disant :

« — Mais, puisque Chérubin n'a pas voulu nous recevoir quand
» nous sommes venues avec sa bonne nourrice... peut-être va-t-on
» me mettre à la porte de cet hôtel... on croira que c'est lui que je
» veux voir, et cela le fâchera encore plus contre moi ! Mon Dieu, com-
» ment donc faire ? »

Et au lieu de s'approcher de l'hôtel, Louise retourne sur ses pas
en marchant bien doucement. Mais au bout d'un instant, elle s'arrête
de nouveau et se dit :

« — Il faut pourtant que je sache l'adresse de ce M. de Monfré-
» ville... si j'attendais que quelqu'un sortît de l'hôtel... oui, il me
» semble que cela vaudrait mieux... je serai plus hardie pour aller
» parler à quelqu'un dans la rue. Mais il est encore de bonne heure,
» dans les hôtels on ne se lève pas si matin !... Attendons, prome-
» nons-nous dans la rue, ce n'est pas défendu cela, et d'ailleurs il ne
» passe pas encore beaucoup de monde !... Ah ! si je le voyais sortir...
» lui... je me cacherais pour qu'il ne me vît pas... mais au moins
» je pourrais le regarder... et il y a si longtemps que je ne l'ai aperçu ! »

Il y avait déjà quelque temps que Louise se promenait dans la rue
sans avoir vu personne sortir de l'hôtel, lorsque deux individus, qui
débouchent par une rue voisine, viennent du côté de la jeune fille.

Ces deux personnes ne se donnent point le bras, l'un laisse même
toujours quelques pas d'avance à son compagnon, comme si un certain reste de respect l'empêchait de se tenir sur le même rang que
lui. Le premier a un grand paletot doublé de velours, fort élégant et
déjà fort sale, un chapeau presque neuf, mais qui a l'air d'avoir reçu
plusieurs renfoncements, et un cigare à la bouche; le second a son

grand chapeau-parapluie et son vieux carrick noisette, un pantalon
horriblement crotté, et des bottes qui n'ont pas été faites pour lui,
et dans lesquelles ses pieds et ses jambes semblent danser. De plus,
un œil poché et le nez meurtri.

Daréna et Poterne venaient de passer la nuit dans une réunion où
l'on avait joué jusqu'au jour et où l'on s'était battu avant de se quitter. Daréna, pour retourner chez lui, avait voulu passer par la rue
où demeurait Chérubin; il prenait toujours ce chemin de préférence,
ce qui ne plaisait pas à Poterne, qui tout en le suivant, murmurait :

« — Si votre ancien ami, le jeune marquis, nous rencontrait... on
» pourrait bien encore me donner quelques gratifications par derrière...
» et je ne m'en soucie pas !

» — Bah ! bah ! » répondait Daréna, « tu prends toujours mal les
» choses... Je voudrais au contraire rencontrer Chérubin... je l'abor-
» derais en riant, et je lui dirais : Est-ce qu'entre amis on se fâche
» pour des plaisanteries ?... Je vous ai fait faire la connaissance d'une
» jeune fille charmante... au lieu d'être Polonaise, elle était Alsa-
» cienne... qu'est-ce que ça fait !... et ma foi, ce n'est pas ma faute
» si vous vous êtes endormi près d'elle !... Je gage qu'il me donnerait
» une poignée de main, et tout serait oublié.

» — Hum !... je ne crois pas ! Si vous saviez comme son ami Mon-
» fréville vous a traité...

» — Ta ta ta !... des mots en l'air !... des bêtises ! je suis au-dessus
» de ça ! »

Ces messieurs continuaient leur chemin, lorsque Poterne, apercevant Louise arrêtée à quelques pas de l'hôtel, sur lequel ses regards
semblent attachés, pousse Daréna en lui disant :

« — Regardez donc... là-bas... à droite.

» — Ah bigre ! la jolie fille... que diable fait-elle là, en contempla-
» tion devant l'hôtel de Chérubin ?... Mais sais-tu, Poterne, que cette
» jeune femme est ravissante... plus on la regarde, plus on lui dé-
» couvre de charmes.

» — Oui... et ce n'est pas une tournure de Paris... c'est pourtant
» mieux qu'une paysanne. Elle a un paquet sous le bras... est-ce
» qu'elle arrive de son pays ?

» — Elle regarde toujours l'hôtel... décidément il faut que je sache
» ce qu'elle fait là...

» — Que voulez-vous faire ?...

» — Je n'en sais rien encore; mais je suis Français et galant avant
» tout... et je dois aide et protection au beau sexe. Allons, avance...
» tu vas voir... marche à côté de moi, imbécile ! »

Daréna et Poterne traversent la rue, se dirigent du côté où est
Louise, et lorsqu'ils sont près d'elle, Daréna s'arrête en disant très-
haut à son compagnon :

« — Monsieur de Poterne, pendant que nous sommes dans cette
» rue, si nous allions souhaiter le bonjour à notre ami intime, le mar-
» quis Chérubin de Grandvilain, dont voilà l'hôtel ?... Vous savez
» qu'il nous supplie toujours d'aller lui demander à déjeuner ? »

Poterne s'enveloppe hermétiquement dans son carrick, en répondant :

« — Il est trop bonne heure, personne n'est encore levé chez le
» marquis. »

Ces paroles n'ont pas été perdues pour Louise, qui a tressailli au
nom de Chérubin. Elle s'approche de Daréna, en lui disant d'un air
timide :

« — Monsieur, excusez-moi... mais puisque vous êtes l'ami de mon-
» sieur... de Grandvilain, dont voilà l'hôtel, peut-être connaissez-vous
» aussi M. de Monfréville... »

Au nom de Monfréville, Poterne fait la grimace; mais Daréna répond à Louise d'un air fort aimable :

« — Oui, ma belle demoiselle, je connais Monfréville... je suis même
» intimement lié avec lui... Est-ce que vous avez affaire à lui ?

» — J'ai une lettre à lui remettre... je ne sais pas son adresse... et
» on m'avait dit que je le saurais chez M. Chérubin... Mais, quoique
» je connaisse bien M. Chérubin, je n'osais pas entrer dans son hô-
» tel.

» — Ah ! vous connaissez mon ami Chérubin, mademoiselle... mais
» alors il doit vous avoir parlé de vous, car j'étais son confident intime.

» — Oh ! non, monsieur, » répond Louise d'un air triste, il ne vous
» aura pas parlé de moi, car il m'avait oubliée... Il ne voulait plus
» nous voir... Je suis Louise... la compagne d'enfance de M. Ché-
» rubin.

» — La jeune Louise ! » s'écrie Daréna, « celle qui était avec
» Chérubin à Gagny, chez la mère Nicolle, sa nourrice ?...

» — Oui, monsieur.

» — Vous voyez que je suis bien au fait, mademoiselle... que je
» ne vous ai pas trompée en me donnant pour l'ami du marquis.

» — Oh ! oui, monsieur, je le vois bien ! »

Pendant ce dialogue, Poterne s'approche de Daréna, et lui dit à
l'oreille :

« — Il y a quelque chose à faire. »

Daréna lui répond par un coup de coude dans les côtés, en
murmurant :

» — Je le vois bien, animal ! »

Puis, se tournant vers Louise, il reprend;

« —Mademoiselle, puisque vous ne voulez pas entrer chez mon ami » Chérubin, il me semble qu'il n'est pas convenable que vous restiez » ainsi dans la rue..... A Paris, voyez-vous, il y a de certaines conve- » nances qu'il faut toujours observer. Jeune et jolie comme vous l'êtes,

ce que Chérubin ne pense plus à elle ; enfin, elle n'omet aucune cir- constance, ne se taisant que sur la visite que Mme de Noirmont lui a faite pendant la nuit.

« — Et qu'al'ez-vous faire chez Monfréville ? » dit Daréna, ce fixant

Mme de Noirmont prend une des mains de Louise qu'elle presse dans les siennes. — Page 67.

» Il ne faut pas vous exposer à être insulté par quelque malotru... » Donnez-moi votre bras ; vous êtes la compagne d'enfance, la sœur » de lait de mon ami, je deviens naturellement votre protecteur... » Prenez donc mon » bras.

» — Ah! monsieur, » que de bontés! » ré- pond Louise en passant timidement son bras dans celui de Daréna. « Mais est-ce que vous » daignez me conduire » chez M. de Mon- » fréville? »

» — Je vous condui- » rai partout où vous » voudrez... chez le roi » si vous aviez à lui » parler !.... Poterne, » prenez donc le paquet » de Mademoiselle.

» — Vous êtes trop » bon, monsieur, mais » il ne me gêne pas.

» — C'est égal, je ne » souffrirai pas que la » sœur de lait de mon » ami Chérubin porte » un paquet quand je » lui donne le bras. » Poterne s'est déjà emparé du paquet qu'il a retiré des mains de Louise ; et celle-ci, confuse de tant de po- litesses, se remet en marche en donnant le bras à Daréna, tandis que Poterne les suit en tâtant ce qu'il peut y avoir dans le paquet.

Tout en marchant, la jeune fille conte à Daréna comment elle a quitté Gagny pour entrer chez Mme de Noirmont, son chagrin de

Daréna fut trouvé mort dans la rue et entièrement dépouillé. — Page 78.

ses regards sur les beaux yeux de Louise. « — J'allais lui porter une » lettre qu'on m'avait donnée pour lui. »

« — Sans doute, pour qu'il vous raccommodât avec votre bon ami » Chérubin ? »

» — Oh! non, mon- » sieur...c'était pour... » une affaire que lui » seul doit connai- » tre. »

Louise n'en dit pas davantage, elle ne juge pas convenable de met- tre quelqu'un dans la confidence de ce que lui a dit Mme de Noir- mont. Daréna fait peu attention à cette cir- constance, il pense maintenant à ce qu'il va faire de Louise ; tout à coup il se rap- pelle la petite maison du boulevard extérieur, qu'il avait louée pour l'intrigue polonaise, et qu'il possède encore, ayant été obligé de la prendre pour six mois. Se tournant alors vers Poterne qu'il regarde en clignant de l'œil, il lui dit :

« — Monsieur de » Poterne, mon ami » Monfréville habite » toujours sa petite » maison... sur les » boulevards... hors barrière, n'est-ce pas? — Toujours, monsieur le » comte, » répond Poterne d'un air béuin. « Mais ensuite M. de Monfré- » ville s'absente souvent pour faire de petits voyges... dans les envi- » rons... Je ne puis pas vous répondre qu'il sera maintenant chez lui,

» — Enfin, nous allons toujours y conduire mademoiselle... S'il est absent, nous aviserons à ce que Mlle Louise, sœur de lait de mon ami Chérubin, pourra faire jusqu'à son retour... Ah! voilà un fiacre, prenons-le, car d'ici chez Monfréville il y a fort loin. »

Poterne fait signe à une voiture d'avancer, Louise y monte avec les deux personnes qu'elle vient de rencontrer ; la jeune fille est sans défiance, elle est persuadée que le monsieur qui lui a offert son bras est un ami de Chérubin, et à ses yeux, c'est un titre suffisant pour éloigner tout soupçon de son esprit.

On arrive devant la maison voisine de la barrière de la Chopinette, qui, depuis l'aventure avortée avec Mlle Chichette Chicheman, n'était plus habitée que par le petit Bruno, qu'on en avait laissé gardien. Daréna a soufflé quelques mots dans l'oreille de Poterne, qui a soin d'entrer le premier. Louise reste près de Daréna, qui est assez longtemps à payer le cocher. Enfin, il introduit la jeune fille dans la maison où le petit garçon a déjà reçu ses instructions.

« — Nous désirons parler à M. de Monfréville, » dit Daréna en s'adressant à Bruno ; « voici une jeune personne... la sœur de lait de mon ami intime, le marquis Chérubin, qui a besoin de le voir. »

Bruno toise Louise avec impertinence tout en répondant :

« — M. Monfréville est absent... il reviendra sans doute demain ou après, si on veut l'attendre, il m'a dit d'offrir sa chambre à ceux de ses amis qui viendraient le voir. »

Louise est désolée, elle regarde Daréna en murmurant :

« — Ce monsieur est absent, que vais-je faire ?

» — D'abord, mon enfant, il faut monter vous reposer, dit Daréna ; ensuite nous verrons... nous réfléchirons. Tenez, suivez-moi sans crainte, chez Monfréville j'agis comme chez moi. »

Louise monte avec Daréna, qui, pour éloigner toute crainte de son esprit, affecte de la traiter avec le plus profond respect, et se tient toujours à une grande distance de la jeune fille.

L. DEGOUY

BARRIAS

Mme Ratouille.

Celle-ci s'étonne un peu que la personne, vers laquelle l'envoie Mme de Noirmont, habite une maison de si médiocre apparence, et dont le mobilier est si modeste ; mais on ne lui a pas dit que ce monsieur fût riche, on lui a dit seulement qu'il pourrait lui faire connaître son père, et c'est pour cela qu'elle désire tant le voir.

Au bout d'un moment, Daréna dit à Louise :

« — Ma belle demoiselle, vous ne connaissez personne dans Paris... si ce n'est Chérubin ; mais vous ne voulez pas aller lui demander un asile.

» — Oh! non, monsieur...

» — Retourner à Gagny pour revenir ensuite ici, ce serait perdre du temps... et, en voyageant seule, vous exposer à mille rencontres fâcheuses pour une jeune fille. Il me semble donc que ce qu'il y a de

mieux à faire dans votre position, c'est de rester ici jusqu'au retour de Monfréville.

» — Ici, monsieur... seule dans cette maison, avec le petit garçon que j'ai vu en bas, » répond Louise avec un sentiment d'effroi, « oh! je n'oserai pas...

« — Seule... mon enfant! non vraiment, et s'il en était ainsi, je ne vous ferais pas cette proposition ; mais il y a ici une concierge... la femme de confiance de Monfréville... une personne très-respectable... ce petit bonhomme... est son neveu... sans doute elle ne peut être loin, et il garde la maison en l'attendant.

» — Oh! c'est bien différent !... s'il y a ici une dame respectable... et qu'elle veuille bien me garder jusqu'au retour de M. de Monfréville...

» — Attendez, je vais m'informer de ce qu'elle est devenue. »

Daréna descend et dit à Poterne :

« — Tu vas sur-le-champ mettre ce petit drôle à la porte, et nous trouver une femme de quarante à soixante ans... qui ait une figure à peu près respectable..... cela donnera de la confiance à cette petite, et elle restera ici. Je ne suis pas fâché, d'ailleurs, que nous chassions M. Bruno, qui, lors de notre dernière affaire, a si bien laissé entrer ici ceux qui ont fait tout manquer.

» — Une femme respectable, » répond Poterne, « je n'en connais pas... où diable voulez-vous que je trouve ça à la Courtille !...

» — Où tu voudras... va donc... une revendeuse... une tireuse de cartes... une femme de ménage... et fais-lui sa leçon. »

Daréna retourne tenir compagnie à Louise, en lui disant que la femme de confiance est allée jusqu'à la Halle, parce qu'il n'y a pas de marche dans ce quartier, mais qu'elle ne peut tarder à revenir.

Pendant ce temps, Poterne a commencé par renvoyer M. Bruno, qui trouve très-mauvais qu'on le mette à la porte, et se permet, en s'éloignant, de faire des gestes fort peu respectueux. Mais Poterne ne

s'amuse pas à regarder les grimaces de Bruno, il court dans les cabarets voisins, s'informe, demande, va d'une maison à l'autre. Enfin, au bout de deux heures, il a trouvé ce qu'il voulait. Il revient à la petite maison avec une femme d'une cinquantaine d'années, aussi grande qu'un grenadier, ayant sur la tête un bonnet qui accuse, au moins, un an de blanchissage, et sur le corps, une robe dont on ne distingue plus la couleur ; u visage bourgeonné, des yeux chassieux et un nez plein de tabac complètent le portrait.

« — Voici Mme Ratouille, la femme de confiance de Monfréville, » dit Poterne en présentant la personne qu'il accompagne.

Mme Ratouille, à laquelle Poterne a eu soin de bien faire sa leçon, fait de grandes révérences à Daréna et l'accueil le plus gracieux à Louise, en lui assurant que la maison est à son service, et que son maître, M. Monfréville, l'approuvera de l'avoir engagée à l'attendre. Mme Ratouille, qui est extrêmement bavarde et tient à bien jouer son rôle, parce qu'on lui a promis six francs par jour et la nourriture à discrétion, se perd dans des phrases pour prouver à Louise qu'elle sera chez elle à l'abri de toute insulte. La jeune fille, qui est persuadée que Mme de Noirmont ne peut l'avoir adressée qu'à des personnes respectables, remercie beaucoup Mme Ratouille, et consent à attendre, près d'elle, le retour de M. de Monfréville.

Daréna passe encore quelque temps près de Louise; Poterne en profite pour faire connaître à la nouvelle concierge la maison qu'elle est censée habiter depuis longtemps; il l'engage à ne point trop bavarder de peur de dire quelque bêtise, lui recommande surtout de ne laisser pénétrer personne près de la jeune fille qu'on lui confie, et part ensuite avec Daréna, qui dit adieu à Louise, en lui annonçant qu'il viendra le lendemain savoir si son ami Monfréville est de retour, et si elle ne manque de rien chez lui.

Lorsqu'ils ont quitté la petite maison, Poterne dit à Daréna:

« — Cette jeune fille nous est tombée entre les mains pour nous dé-
» dommager de l'intrigue polonaise; il est ravissant! il est im-
» possible que ce jeune Chérubin ne l'adore pas; d'ailleurs vous m'a-
» vez dit qu'il vous parlait souvent de sa compagne d'enfance... preuve
» qu'il ne l'avait point oubliée, comme elle le croit; mais il ne faut la
» lui rendre que contre son pesant d'or. »

Daréna ne répond rien; il paraît réfléchir profondément. Poterne n'ose pas le troubler dans ses idées; il présume bien conduire cette affaire.

Le lendemain Daréna soigne sa toilette et se rend avec Poterne à la petite maison. Pendant qu'il va causer avec Louise, Poterne reste en bas avec Mme Ratouille, qui lui assure que la jeune fille n'a pas éprouvé un seul instant d'ennui, parce qu'elle lui a fait les cartes toute la journée.

Daréna reste jusqu'à la nuit à tenir compagnie à Louise; en sortant avec Poterne, il garde le même silence que la veille.

Le jour suivant se passe de même, seulement Poterne remarque que son intime ami devient de plus en plus coquet dans sa mise. Madame Ratouille continue de faire les cartes à Louise, qui trouve que M. de Monfréville est bien longtemps à venir; mais Daréna lui répète chaque jour:

« — Un peu de patience; il faut bien qu'il revienne, et puisque vous
» avez tant fait que de l'attendre, il serait peu raisonnable de partir
» au moment où Monfréville est près de revenir. »

Mais Louise commence à devenir inquiète; il lui semble que ce monsieur qui vient lui tenir compagnie, ne lui parle plus avec le même respect et ne se tient pas aussi éloigné d'elle; elle trouve qu'il la regarde trop souvent, trop longtemps, et a remarqué dans les discours et les manières de Mme Ratouille des choses qui diminuent beaucoup la confiance qu'elle avait dans cette femme.

Le sixième jour en quittant, la petite maison où ils sont restés encore plus longtemps que de coutume, Poterne, qui s'étonne de voir que les choses sont toujours au même point, dit enfin à son compagnon:

« — Ah çà... quel est donc votre projet?... quand verrez-vous le
» jeune marquis?... quelle histoire comptez-vous lui faire au sujet de
» cette petite? »

Daréna se rengorge dans sa cravate et répond avec suffisance:

« — J'ai changé d'idée!... décidément cette jeune fille est trop jolie
» pour que je la cède à un autre... elle me plaît! Je ne savais plus ce
» que c'était que... amour... et elle a fait renaître ce sentiment dans
» mon cœur délabré! Louise sera ma maîtresse... ensuite, plus tard...
» quand elle ne me plaira plus... nous verrons...

» — Voilà une belle idée, » s'écrie Poterne, « si c'est comme ça que
» vous espérez gagner de l'argent! devenir amoureux, vous! c'est pi-
» toyable!... parce que vous voilà avec quelques pièces d'or en vo-
» tre possession... et que vous avez été heureux au jeu depuis quel-
» ques jours, mais tout cela sera vite dépensé... et si vous manquez
» cette occasion...

» — Poterne, si tu ne cesses pas de m'ennuyer, je te casse ce rotin
» sur le dos. Je veux posséder cette petite... ce n'est peut-être qu'une
» fantaisie, mais il me convient de la satisfaire... c'est un bijou que
» cette Louise... et pas un bijou faux comme en vendais à Chérubin.
» Demain tu commanderas un repas délectable et des vins que tu
» auras la complaisance de ne point acheter à la Courtille; tu enverras
» tout cela à ma villa de la barrière de la Chopinette, où je dînerai avec
» Louise... et j'y coucherai; toi, de ton côté, si Mme Ratouille te
» tente... je te permets la concierge.

» — Ah! sapristi!... j'aimerais mieux cinq ans à Toulon!... »

» — Tu m'as entendu, Poterne, demain festin à la petite mai-
» son...

» — Et vous croyez donc que cette jeune Louise consentira... à...

» — Pourquoi pas... quand je lui aurai fait boire quelques verres
» de champagne; et après tout, si elle ne consent pas, je me passerai
» de sa permission... Voilà six jours que je lui lance des œillades
» brûlantes, si elle ne les a pas comprises, tant pis, ce n'est pas ma
» faute, mais je n'ai pas envie de m'en aller en soupirs!

» — Allons, » se dit Poterne en suivant Daréna, « il l'a mis dans
» sa tête, et tout ce que je lui dirais maintenant ne servirait à rien. »

Pendant que tout ceci se passait, Chérubin et Monfréville parcouraient Paris, s'informant, demandant si l'on avait vu une jeune fille dont ils donnaient le signalement exact. Tous les gens de la maison de Chérubin avaient aussi été mis en campagne; M. Gérondif partait dès qu'il avait déjeuné et ne rentrait à l'hôtel qu'au moment du dîner, en jurant qu'il avait fait douze lieues dans sa journée pour chercher Louise. Enfin Jasmin était allé à Gagny s'informer si par hasard Louise n'y serait pas revenue; mais on n'y avait pas revu la jeune fille, et Nicolle, en apprenant ce qu'on ne savait ce qu'était devenue celle qu'elle avait adoptée, avait versé des larmes, maudit le professeur qui était cause du départ de Louise pour Paris, et juré d'aller le battre si son enfant ne se retrouvait pas.

Deux jours s'étaient écoulés sans que l'on eût rien appris; vers la fin du troisième, Chérubin, désolé du peu de succès de ses recherches, venait de quitter Monfréville pour rentrer à son hôtel, lorsqu'en traversant le Pont-Neuf, ses regards se portèrent par hasard sur un petit garçon qui tenait en laisse un chien, assez laid, qu'il offrait de vendre aux passants.

La figure du jeune marchand de chiens avait une expression de malice trop remarquable pour ne point frapper celui qui l'avait déjà aperçue. Chérubin reconnut sur-le-champ le petit bonhomme qui gardait la maison où Daréna avait conduit la soi-disant comtesse de Globeska, et, sans trop s'expliquer à quoi lui servira cette rencontre, il s'approche de M. Bruno, qui le reconnaît aussi et paraît enchanté de le revoir.

« — Ah! c'est vous, monsieur... je vous reconnais! » dit Bruno
en regardant effrontément le jeune homme, « c'est vous que l'on vou-
» lait attraper... avec une Allemande qui faisait la Polonaise... voulez-
» vous m'acheter mon chien... c'est un basset... il rapporte mieux que
» moi... car je ne rapporte jamais, moi... six francs... c'est pas cher...
» Je l'ai trouvé hier, je le vends aujourd'hui... nous sommes à jeun
» tous les deux!... c'est pour ça que vous l'aurez à bon marché.

» — Ah! tu vends des chiens maintenant? » dit Chérubin.

» — Dame! faut ben faire queuque chose... puisque les autres m'ont
» mis à la porte... vous savez bien, votre ami, celui qui fait le fendant
» et puis ce vieux filou de Poterne... dans ce qu'ils ont amené une
» autre jeune fille à la petite maison là-bas... mais celle-là, c'est
» bien autre chose encore que l'Alsacienne... c'est bien autre-
» ment joli! »

Une pensée subite a frappé Chérubin; il attire Bruno à l'écart, lui met vingt francs dans la main, et lui dit:

« — Tiens, ceci est pour toi, et dix fois autant si tu me fais retrou-
» ver celle que je cherche...

» — Vingt francs! oh! en v'là de la chance... J'ai jamais eu tant
» d'argent à la fois... Le chien est à vous...

» — Mais réponds-moi maintenant... Daréna et Poterne ont, dis-tu,
» conduit une jeune fille à la maison de la barrière?

» — Oui... dans une voiture, un vieux sapin.

» — Depuis combien de temps... le sais-tu?

» — Pardi!... j'y étais quand ils l'ont amenée... Il y a de cela... atten-
» dez... sept jours aujourd'hui.

» — Sept jours... et il y en a trois que nous la cherchions... Oh! c'est
» bien ça... Cette jeune fille est jolie?

» — Charmante, et pas l'air d'une margot comme l'autre... Ils lui
» ont fait accroire qu'elle était chez un M. Monfréville... puis ce
» gueux de Poterne a été chercher, je ne sais où, une vieille femme
» pour jouer la concierge... et moi ils m'ont fichu à la porte.

» — Cette jeune fille, devant toi... ne l'ont-ils pas nom-
» mée?...

» — Ah! attendez... je me rappelle... Quand ils sont arrivés, M. Da-
» réna a dit, en faisant entrer la jeune fille:

» — Voilà la sœur de ton ami... le marquis Chérubin.

» — C'est elle!... Ah! les misérables, je les forcerai bien à me la rendre!...
» Pauvre Louise! depuis sept jours au pouvoir de cet infâme Daré-
» na... Ah! pourvu que j'arrive à temps! »

« — Emmenez-moi avec vous... Si vous vous présentez à leur maison,
» ils ne vous ouvriront pas...

» — J'enfoncerai la porte...

» — Oh ! elle est solide... mais moi, je vous réponds que je saurai
» me faire ouvrir.

» — Viens, alors, viens ; je doublerai la récompense promise, si
» bientôt Louise est en mon pouvoir.

» — Oh ! fameux le tour... Ah ! ils me mettront à la porte... merci !
» on va se venger un peu... Va, Boudin ! je te donne la liberté... va
» chercher à dîner. »

Bruno a lâché son chien. Chérubin hésite un moment pour savoir
s'il ira faire part à Monfréville de sa découverte ; mais chaque instant
de retard lui fait craindre que Louise ne soit victime de quelque at-
tentat ; il se sent assez de résolution, de courage, pour l'arracher, seul,
aux périls qui la menacent. Il monte avec Bruno dans une voiture, se
fait d'abord conduire à son hôtel, dont il n'est pas éloigné, y prend
une paire de pistolets, décidé à en faire usage, si cela est nécessaire
pour délivrer Louise ; puis, sans avoir même dit un mot chez lui, il
remonte en voiture et se fait conduire, avec Bruno, à la barrière de la
Chopinette.

La nuit est venue lorsqu'on arrive sur le boulevard extérieur. Chérubin frémit d'impatience, de fureur, et de crainte de ne plus trouver
sa Louise. Le petit Bruno, qui pense à tout, lui dit :

« — Faites arrêter la voiture avant que nous ne soyons tout près de
» la maison... S'ils entendaient arrêter un fiacre, ça leur donnerait
» l'éveil. »

Chérubin sent la justesse de cet avis ; il descend de voiture avec
Bruno, ordonne au fiacre de l'attendre, et s'avance seul avec son petit
compagnon.

Les volets de la petite maison étaient fermés au rez-de-chaussée
et au premier ; cependant, à travers les planches mal jointes, il était
facile d'apercevoir qu'il y avait de la lumière en bas et au premier.

« — Il y a du monde ! » dit Chérubin, dont le cœur bat avec force.

» — Oui... C'est ici qu'il faut de la malice pour se faire ouvrir...
» Attendez, ne soufflez pas... tenez vos pistolets tout prêts pour les ef-
» frayer quand ils auront ouvert... Vous allez voir comme je vais les
» mettre dedans. »

Et Bruno va cogner à la porte, se mettant en même temps à siffler
et à chanter son air favori : tutu... tutu... tutu r'lutulu !

Poterne était alors à table au rez-de-chaussée avec Mme Ratouille ;
Daréna était monté au premier, où il a fait servir le dîner de Louise,
en annonçant l'intention de lui tenir compagnie.

Daréna venait de déclarer son amour à Louise, qui, tremblante et
saisie d'effroi, commençait à comprendre qu'elle était tombée dans un
piège et suppliait le ciel de venir à son aide.

Au rez-de-chaussée, où l'on ne parlait pas d'amour, on mangeait
beaucoup et on buvait encore davantage. Mme Ratouille avait les
yeux tellement rapetissés qu'on ne les voyait plus, et la langue de
M. Poterne commençait à s'empâter, lorsque Bruno cogne à la porte.

On est quelque temps sans répondre, enfin la voix de Poterne se fait
entendre :

« — Qu'est-ce qui est là ?

» — C'est moi, père Poterne... c'est votre petit singe Bruno, ouvrez,
» s'il vous plaît.

» — Qu'est-ce que tu veux, polisson ? qu'est-ce que tu viens faire
» ici ?... nous n'avons pas besoin de toi... va-t'en.

» — Je viens chercher une calotte grecque que j'ai oubliée chez vous ;
» je la trouverai, j'en suis sûr... je sais où je la mettais. Laissez-moi
» prendre ma calotte et je m'en irai tout de suite.

» — Tu m'ennuies... va te faire donner des calottes ailleurs...
» Laisse-nous tranquilles.

» — Ah ! si vous ne me laissez pas reprendre mon bonnet qui est
» chez vous, je cogne toute la nuit à la porte, et je ferai assez de tapage
» pour faire venir la garde ! »

Ces mots décident Poterne, il va ouvrir la porte de la maison, en
armurant :

« — Allons, viens chercher ta grecque... et dépêche-toi de repar-
tir. »

Mais au lieu du petit garçon qu'il s'attend à voir entrer, c'est Chérubin qui se précipite dans la maison, tenant à la main un pistolet, dont
il pose le canon sur la poitrine de Poterne, en lui disant à voix basse :

« — Si tu jettes un cri, je te tue... où est Louise ? »

Poterne a tellement peur que c'est à peine s'il peut murmurer :

« — Ici dessus... avec Daréna. »

Chérubin n'en demande pas plus, il s'élance, gravit l'escalier,
et d'un coup de genou force et pousse la porte de l'appartement
du premier. Ce n'est plus ce jeune homme faible et timide, qui
ne savait ni parler ni agir, c'est un Hercule à qui rien ne doit
résister. En entrant dans la chambre, il aperçoit Louise se débat-
tant et s'efforçant de repousser Daréna, qui cherche à la prendre
dans ses bras. Chérubin se jette sur l'homme qui veut outrager
Louise, et le saisissant par le milieu du corps, l'enlève et le rejette
avec force de l'autre côté de la chambre, sur la table où l'on
avait servi le dîner.

Daréna n'a pas eu le temps de se reconnaître ni de se défendre ;
sa tête est allée frapper contre l'angle de la table, son menton a brisé u
assiette qui lui coupe la figure, et il tombe, en murmurant le nom
Chérubin.

« — Chérubin ! » s'écrie Louise qui n'ose en croire ses yeux et regarde son libérateur, en versant des larmes de joie. « Il serait possi-
» ble... c'est lui !... c'est vous !...

» — Oui, Louise... c'est moi, Chérubin, ton ami, ton frère... qui
» est si heureux de t'avoir retrouvée... Mais, viens... viens... ah ! n :
» reste pas plus longtemps dans cette infâme maison. Quant à toi
» misérable, s'il te reste un peu de cœur, et que tu veuilles avoir l'hon-
» neur de mourir de ma main, viens me trouver, et je te prouverai
» que ce jeune homme que tu croyais si timide, sait se servir d'une
» épée ou d'un pistolet. »

Daréna ne pouvait rien répondre, il avait perdu connaissance.

Chérubin prend la main de Louise et l'entraîne ; ils arrivent en bas
où Mme Ratouille était toujours à table, tandis que Poterne essayait
de se cacher dans un pot à beurre, et que Bruno faisait sentinelle à
la porte. Chérubin ne s'arrête pas un moment près du complice de
Daréna ; il emmène Louise, dit à Bruno de faire avancer la voiture, le
petit garçon court au fiacre, le ramène près de deux jeunes gens, et
ceux-ci montent dedans. Mais avant de s'éloigner, Chérubin, prenant
une poignée d'or dans son gousset, la donne à Bruno, en lui disant :

« — Tiens... tu as gagné cet or en faisant une bonne action, j'es-
» père qu'il te portera bonheur, et que tu tâcheras de devenir hon-
» nête homme. »

La voiture est partie. Chérubin tient dans ses mains les deux mains
de Louise ; pendant quelque temps ces deux personnes qui ne s'étaient
pas revues depuis trois ans, éprouvent tant de plaisir, de bonheur à
se retrouver ensemble, leur cœur est si plein, leur émotion si forte
qu'elles ne peuvent échanger que des mots sans suite, des phrases en-
trecoupées.

« — C'est vous, Chérubin ! » balbutie Louise, « vous qui m'avez sau-
» vée... Vous vous occupiez donc encore de moi ?

» — Ah ! Louise, depuis trois jours je parcours Paris... je vous
» cherche de tous côtés, depuis trois jours... quand j'ai appris enfin
» que vous aviez disparu de chez Mme de Noirmont... ah !... je n'ai
» pas vécu, je n'ai pas eu une minute de repos !...

» — Il serait vrai !... vous m'aimez donc encore, Chérubin ?

» — Si je vous aime ! ma Louise... et plus que jamais, je le
» sens... j'ai été longtemps sans vous donner de mes nouvelles...
» c'est vrai... j'ai dû vous paraître indifférent, ingrat, mais je comp-
» tais toujours aller vous revoir, si M. Gérondif ne m'avait pas dit
» que vous étiez en Bretagne, ou vous vous plaisiez tellement que
» vous ne vouliez plus revenir à Paris.

» — Oh ! le menteur !... et c'est lui qui m'a désolée aussi en m'as-
» surant que vous ne pensiez plus du tout à votre compagne d'en-
» fance, que vous ne vouliez plus la revoir.

» — Le vilain homme ! mais c'est affreux, cela.

» — Et ce n'est pas vrai, et vous aimez encore votre pauvre
» Louise ; ah ! que je suis heureuse !... »

Cette fois, le trajet de la petite maison à son hôtel a paru bien cou :
à Chérubin, il descend de voiture, il fait entrer Louise, il la fait monter dans son appartement. Celle-ci le suit avec confiance, elle est avec
celui qu'elle aime, son esprit n'a plus d'autre pensée.

Jasmin qui est monté porter de la lumière dans l'appartement de
son maître, pousse un cri de joie en apercevant la jeune fille, et Chérubin lui explique en quelques mots comment il l'a retrouvée.

« — C'était encore ce gredin de Poterne... l'homme aux confitures
» de navets ! » s'écrie Jasmin, « et son maître... autre fripon... Tenez,
» monsieur, j'avais eu plusieurs fois la pensée qu'ils étaient pour quel-
» que chose dans tout cela !

» — Louise restera ici... oh ! je ne veux plus qu'elle s'en aille, »
dit Chérubin, « j'aurais trop peur de la perdre encore. Je lui offre un
» appartement dans cet hôtel ; mais en attendant cette jeune fille oc-

cupera le mien. Jasmin, tu me feras préparer une pièce ici-dessus.
» — Oui, mon cher maître. »

Louise veut s'opposer à cet arrangement ; elle craint de déranger Chérubin, elle dit que la plus petite pièce dans l'hôtel lui suffira ; mais Chérubin ne l'écoute pas, et Jasmin s'éloigne pour exécuter ses ordres.

Les deux jeunes gens restent seuls. Alors Chérubin ne peut se lasser de regarder et d'admirer Louise ; il la retrouve si belle, si gracieuse, si séduisante, qu'il s'écrie :

« — Et je vous avais oubliée pour toutes ces femmes que j'avais cru aimer à Paris... Ah! Louise il n'y en a pas une seule qui puisse vous être comparée!... »

La jeune fille raconte à son ami tout ce qu'elle a fait depuis qu'elle a quitté le village, elle ne lui cache aucune de ses pensées ; elle n'a aucun secret pour lui. Arrivée à son entrée chez Mme de Noirmont, elle lui fait part de tous les incidents qui ont marqué son séjour ; puis portant tout à coup ses mains contre sa poitrine, elle s'assure qu'elle possède toujours la lettre qu'elle doit remettre à M. de Monfréville, et que Daréna voulait qu'elle lui donnât, lorsque Chérubin est arrivé si à propos pour la défendre.

« Demain je vous conduirai chez Monfréville, » dit Chérubin, « car » ce soir il est trop tard pour le faire prier de venir. Mme de Noir- » mont vous a dit qu'il vous ferait connaître votre père..... mais, ma » chère Louise, quelque chose qu'il arrive, jurons de ne plus nous sépa- » rer... si vous n'avez point de parents, je vous tiendrai lieu de » tout... je serai votre protecteur... votre ami... votre... »

Chérubin ne sait comment achever, mais il prend la main de Louise et la couvre de baisers. La jeune fille se trouve si heureuse d'être toujours aimée du compagnon de son enfance, qu'elle fait avec joie le serment qu'il lui demande. Tous deux ne peuvent se lasser de se répéter qu'ils s'aiment, qu'ils s'aimeront toujours ; puis ils se rappellent les plaisirs de leur jeunesse, leurs premiers jeux, les doux moments qu'ils ont passés ensemble, ces journées si courtes et si belles, qu'ils pourront pourront encore.

Pour deux êtres qui s'aiment sincèrement et qui ont été longtemps sans se voir, le temps s'écoule sans que l'on s'aperçoive de sa durée. Depuis longtemps Jasmin était venu dire à son maître qu'on lui avait préparé un appartement à l'étage supérieur, et Chérubin avait renvoyé son vieux domestique, en se disposant à se retirer aussi. Mais il recommençait à causer avec Louise, il reposait avec bonheur ses yeux sur les siens, qui étaient remplis de tendresse et d'amour. Ils échangeaient de nouveaux serments de s'aimer sans cesse, et ne pensaient plus à se quitter.

Tout à coup une horloge voisine se fait entendre : elle sonnait deux heures du matin.

« — Mon Dieu ! il est bien tard, » dit Louise, « deux heures de la » nuit... je ne m'en serais pas doutée !... mon ami, je vous empêche de » prendre du repos... il faut nous quitter... mais seulement jusqu'à » demain.

» — Allons, » dit Chérubin, « je vous laisse dormir, Louise...... Bon- » soir...... puisqu'il le faut. »

Et le jeune homme regardait tendrement la jeune fille, et il ne s'en allait pas ; enfin il reprend avec un certain air embarrassé :

« — Louise... avant de vous quitter... ne me permettrez-vous pas » de vous embrasser... je n'ai pas encore osé depuis que je vous » ai retrouvée... et pourtant... au village nous nous embrassions » souvent. »

La jeune fille ne voit pas pourquoi elle refuserait à l'ami de sa jeunesse cette douce faveur qu'elle lui accordait autrefois, et pour toute reponse, elle se rapproche de lui. Chérubin a volé dans ses bras, il la presse contre son cœur, mais son baiser n'est plus celui d'un enfant... Louise s'aperçoit trop tard de son imprudence ; comment fuir un danger que l'on n'a pas prévu ?... et puis il y a des fautes si douces à commettre... et Chérubin lui jure si bien qu'il l'aimera toujours... Il a cessé d'être timide cette fois !

XXVIII. — LES AMOURS DE MONFRÉVILLE.

Le petit point du jour a retrouvé Chérubin dans les bras de Louise ; l'appartement préparé à l'étage supérieur avait été inutile pendant la nuit. Mais quand vient le matin, le jeune homme y monte doucement, afin que les gens de sa maison puissent croire qu'il y a passé la nuit. Sur les neuf heures, il sonne Jasmin, et lui dit d'aller voir si Mlle Louise est levée et peut le recevoir.

Le vieux domestique s'empresse de s'acquitter de sa commission, et il revient d'un air radieux dire à son jeune maître que sa bonne amie est levée, qu'elle est belle et fraîche comme une rose, et que l'on voit bien qu'elle a parfaitement dormi toute la nuit.

Chérubin sourit de la perspicacité de Jasmin, et s'empresse de se rendre près de Louise.

La jeune fille verse des larmes, et cache sa figure dans le sein de celui qu'elle aime ; mais Chérubin lui dit, avec ces accents qui peignent l'amour et qui arrivent si vite au cœur d'une femme :

« — Pourquoi te repentirais-tu d'avoir fait mon bonheur, lorsque » désormais je veux employer toute ma vie à faire le tien? Nous ne » nous quitterons plus, tu seras ma fidèle compagne, ma femme » chérie...

» — Non, » répond Louise en pleurant, « vous êtes riche, vous êtes » d'une haute naissance... et vous ne pouvez pas épouser une pauvre » fille qui n'a point de parents... Je vous aimerai toute ma vie, mais » je ne puis pas être votre femme ; car un jour viendrait peut-être où » vous vous repentiriez de m'avoir donné ce titre... et alors je serais » trop malheureuse !

» — Jamais... et c'est bien mal à toi d'avoir cette idée-là... Mais, » d'ailleurs, cette lettre que tu vas remettre à Monfréville doit te faire » connaître tes parents... Eh bien, je me jetterai à leurs pieds, et il » faudra bien qu'ils consentent à ce que je sois ton mari. »

Louise pousse un soupir et baisse les yeux, en répondant :

« — Maintenant... suis-je encore digne de retrouver mes parents?... » Cette lettre, il me semble que je n'oserai plus la remettre à ce mon- » sieur... peut-être ferais-je mieux de la déchirer. »

Chérubin parvient à calmer les craintes de Louise ; il se décide à écrire à son ami et à lui envoyer la lettre que la jeune fille n'ose plus lui porter. Il se hâte donc d'adresser à Monfréville le billet suivant :

« Mon ami,

» J'ai retrouvé ma Louise, c'est un ange qui embellira ma vie... » elle ne peut plus être à un autre maintenant, car elle est à moi... O » mon cher Monfréville, je suis le plus heureux des hommes, et je n'ai » pas eu peur cette fois... mais aussi je n'aimais pas les autres femmes, » et j'adore celle-ci.

» Mme de Noirmont avait donné à ma Louise une lettre pour vous, » en lui disant que vous pourriez lui faire connaître son père... et » c'est en cherchant votre demeure qu'elle a rencontré ce misérable » Daréna, qui l'avait menée dans sa petite maison, en lui faisant » croire qu'elle était chez vous. Heureusement, je suis arrivé à temps. » Je vous envoie cette lettre, mon ami ; venez vite nous dire ce que » vous savez... Mais si les parents de Louise voulaient me séparer » d'elle, ne les lui faites pas connaître ; car, désormais, nous ne pou- » vons plus exister l'un sans l'autre. »

Chérubin a signé cette lettre, il met dedans celle qu'on avait donnée à Louise, et de grand matin il envoie tout cela chez son ami.

Monfréville était seul chez lui lorsqu'on lui apporta la missive de Chérubin : il se hâte d'en prendre connaissance. En lisant le nom de Mme de Noirmont, en apprenant ce qu'elle a dit à Louise, il devient pâle et tremblant, ses yeux se portent aussitôt sur la lettre renfermée dans celle de Chérubin ; il regarde la suscription, et s'écrie :

« — Oui... c'est elle qui m'écrit... je reconnais ces caractères, quoi- » qu'il y ait bien longtemps qu'ils n'aient frappé ma vue... Mon » Dieu !... quel événement a pu la décider à m'écrire... après avoir » juré de ne plus voir en moi qu'un étranger... d'effacer le passé de » son souvenir... Et cette jeune fille qu'elle m'adressait... ah ! si j'osais » espérer... »

Et Monfréville brise le cachet qui ferme la lettre de Mme de Noirmont. Avant de la lire, il est obligé de s'arrêter encore, car il est tellement ému que ses yeux ont de la peine à distinguer les caractères ; enfin il tâche de se remettre, et lit :

« Monsieur,

» Lorsqu'au mépris de vos serments vous me laissiez pleurer près » du berceau de mon enfant une faute que vous ne veniez pas répa- » rer, j'avais juré que vous ne connaîtriez jamais cet enfant... Et » même, je dois le dire, l'enveloppant dans la haine que je ressentis » dès lors pour mon séducteur, j'abandonnai ma fille aux villageois » auxquels je l'avais confiée, et je me promis de ne jamais la revoir

» Plus tard, ma position me faisait un devoir de tenir ce serment.
» Mon père, qui, grâce au ciel, ignora toujours la faute de sa fille,
» avait disposé de ma main ; mariée, mère de famille, épouse d'un
» homme aussi sévère sur l'honneur que jaloux de sa réputation, j'au-
» rais fait à la fois le malheur de ma fille, le mien et celui de M. de
» Noirmont, si par une seule démarche imprudente je m'étais exposée
» à faire soupçonner une faute de ma jeunesse. Vous dire que j'étais
» heureuse, serait vous tromper ; une mère peut-elle l'être, lorsqu'elle
» a repoussé de ses bras un de ses enfants... Je me reprochais sou-
» vent les caresses que je donnais à ma fille... car je me disais, au fond
» de mon âme, que j'en avais une autre qui avait autant de droit à ma
» tendresse, et que je
» l'avais éloigné de mes
» bras !..... Ces remords
» n'étaient point suffi-
» sants, sans doute, et
» le ciel me réservait
» une plus terrible puni-
» tion ! Il y a quelques
» mois, pendant un voya-
» ge que je fis, une jeune
» fille fut admise dans
» ma maison en qualité
» de femme de chambre ;
» sa douceur, le charme
» répandu sur toute sa
» personne lui avaient
» gagné tous les cœurs...
» Moi-même, je me sen-
» tis entraînée vers elle ;
» mais jugez de ma po-
» sition en apprenant
» que cette jeune fille,
» élevée au village de
» Gagny, par les bontés
» d'une paysanne nom-
» mée Nicolle, était ce
» même enfant que je
» lui avais jadis aban-
» donné ! Ma fille chez
» moi... en qualité de
» domestique... servante
» chez sa mère... ah !
» monsieur ; pouvais-je
» supporter cette affreu-
» se situation ?... A cha-
» que instant tentée de
» me jeter dans les bras
» de Louise... de la
» presser contre mon
» cœur... puis, me rap-
» pelant mon époux...
» mon autre fille... l'hon-
» neur d'une famille en-
» tière... il fallait mou-
» rir ou sortir de cette
» position... Enfin, je
» viens de voir Louise,
» je n'ai pas pu lui

— Oui... je dois pardonner... car au lieu d'un seul, j'aurai désormais deux enfants. — Page 78.

» avouer que j'étais sa
» mère... mais je l'ai suppliée de s'éloigner, et la pauvre enfant a
» cédé à mes prières. Cependant, touchée du tendre attachement
» qu'elle m'a témoigné... je me suis décidée à lui rendre son père...
» Cet enfant, qu'à votre retour en France vous m'aviez suppliée en
» vain de vous faire connaître... c'est Louise... cette jeune fille si
» belle et si sage qui vous remettra cette lettre. Rendez-lui son père,
» monsieur ; quant à sa mère, vous ne devez pas la lui nommer, mais
» son cœur saura sans doute la lui faire deviner !

» Amélie DE NOIRMONT. »

En achevant la lecture de cette lettre, Monfréville s'abandonne à
l'ivresse la plus vive ; ses yeux parcourent encore le billet écrit par
Mme de Noirmont, il craint d'être le jouet d'une illusion, il est trop
heureux de penser que cette Louise, dont chacun vante la beauté,
la douceur, la sagesse... est cet enfant qu'il brûlait de retrouver. Mais
bientôt un souvenir vient modérer les transports de sa joie, il se rap-

pelle la lettre, il la prend, il la relit de nouveau, et un sentiment de
tristesse se peint dans ses yeux, et il soupire en murmurant :
« Le ciel n'a pas voulu que mon bonheur fût parfait... et c'est
» sans doute encore pour me faire expier ma faute..... mais après
» avoir été coupable... il ne me restera plus qu'à pardonner. »
Louise et Chérubin étaient toujours ensemble, ils attendaient, avec
impatience, l'arrivée de Monfréville, et à cette impatience se mê-
lait une crainte secrète dont ils ne pouvaient pas bien se rendre
compte.
Enfin, Jasmin annonce : M. de Monfréville.
Louise, tout émue, baisse les yeux, Chérubin court au-devant de
son ami ; mais il s'arrête
en remarquant son air
sérieux, sévère même, et
il balbutie en lui tendant
la main :
« — Est-ce que vous
» n'avez pas reçu ma
» lettre, mon ami ? »
Monfréville ne touche
pas cette main que lui
tend Chérubin, il porte
ses regards sur la jeune
fille qui se tient, en
tremblant, à l'extrémité
de la chambre, et, tout
en la regardant, il sent
ses yeux se mouiller de
larmes ; mais, s'efforçant
de cacher l'émotion qu'il
éprouve, il va s'asseoir à
quelques pas de Louise,
qui tient toujours ses
yeux baissés, et fait si-
gne à Chérubin de pren-
dre un siège, en lui
disant : « — Oui, j'ai reçu
» votre lettre... et j'ai lu
» celle de Mme de Noir-
» mont, qui m'apprend
» comment mademoi-
» selle a été adoptée par
» la même femme qui
» vous a nourri.
» — Eh bien ! mon
» ami, est-il vrai que
» vous connaissez... le
» père de Louise... que
» vous pourrez l'aider à
» le retrouver... mais
» croyez-vous qu'il la
» rendra heureuse...
» qu'il ne mettra pas
» d'obstacle à notre
» amour ?... »
Monfréville regarde
encore la jeune fille, en
balbutiant :
« — Oui, je connais le
» père de mademoiselle. »
Louise lève les yeux alors, et les porte sur Monfréville avec un senti-
timent d'espoir et de tendresse filiale, en s'écriant :
« — Vous connaissez mon père... Ah ! monsieur... s'il était vrai
» qu'il daignât m'aimer... et... me... »
La jeune fille n'achève pas... sa voix tremble et la parole expire sur
ses lèvres. Monfréville reprend au bout d'un moment :
« — Avant de répondre à vos questions, il est nécessaire que je
» vous raconte une histoire de ma jeunesse. Veuillez me prêter toute
» votre attention. — J'avais vingt-deux ans à peine, j'étais riche, indé-
» pendant, déjà maître de mes volontés et fort peu de mes passions !...
» Alors, j'aimai une demoiselle d'une famille honorable. Elle n'avait
» plus de mère pour veiller sur elle, et, pendant une absence de son père,
» mon amour sut triompher de sa vertu... Ah ! c'est une grande faute
» que d'abuser d'un sentiment qu'on a fait naître, pour entraîner
» celle que l'on aime à l'oubli de ses devoirs... et il est bien rare que
» l'on n'en soit pas puni ! »

Ici Chérubin se trouble et n'ose plus porter ses regards sur Monfréville, tandis que Louise, pâle et tremblante, sent de grosses larmes s'échapper de ses yeux.

« — Bientôt, » reprend Monfréville, « obligé, pour des affaires, de » me rendre en Angleterre, je partis en promettant à celle que j'avais » séduite, de revenir, sous peu de temps, demander sa main à son père. » Mais lorsque je fus loin d'elle, l'inconstance, trop naturelle chez » un jeune homme, me fit oublier mes promesses. Cependant je re- » çus une lettre, par laquelle on me disait que l'on allait devenir » mère, que je devais me hâter d'accourir, si je voulais lui sauver » l'honneur et réparer ma faute... Eh bien ! cette lettre, je la laissai sans » réponse... un autre amour m'occupait !... Deux années s'écoulèrent. » Je revins en France ; alors me rappelant celle que j'avais lâche- » ment abandonnée, et cet enfant qui ne connaissait pas son père, » j'étais résolu à offrir mon nom, ma main à cette personne envers » laquelle j'avais été si coupable. Mais il n'était plus temps, elle » était mariée... mariée à un homme d'un rang honorable. Je ne dou- » tai pas qu'elle ne fût parvenue à cacher sa faiblesse à tous les » yeux ; mais je brûlais de savoir ce qu'était devenu mon enfant. » Après bien des tentatives inutiles, je parvins enfin à me procurer un » entretien secret avec celle qui m'avait tant aimé... mais alors, je » ne retrouvai plus qu'une femme courroucée, implacable, qui, à » toutes mes prières, ne répondit que ces mots : « Vous m'avez aban- » donnée, quand je vous suppliais de venir me nommer votre épouse » et de donner un père à votre enfant. Je ne vous connais plus ! je » veux perdre le souvenir d'une faute dont je rougis, et quant à votre » fille, toutes vos prières seraient inutiles, vous ne saurez jamais ce » qu'elle est devenue. Cet arrêt, prononcé par une femme outragée, » ne fut que trop rigoureusement exécuté... seize années se passè- » rent... en vain, quelquefois, j'avais renouvelé mes prières, on les » avait laissées sans réponse... et maintenant, Chérubin, vous con- » naissez la cause de cette tristesse, qui, parfois, venait m'assaillir au » milieu des cercles les plus frivoles, de cette inégalité d'humeur que » l'on remarquait en moi ; c'est qu'au milieu des bruyants plaisirs » du monde, le souvenir de mon enfant revenait alors à ma pensée, » et cette fortune que l'on m'enviait, ce bonheur, dont je paraissais » jouir, je les... je l'aurais donnés de bon cœur pour presser une fois » ma fille dans mes bras... mais aujourd'hui mes vœux sont exaucés... » aujourd'hui... une amie... de celle qui m'aima jadis, daigne enfin » me rendre ma fille... ô mon Dieu !... quand je devrais être si heu- » reux de la retrouver, faut-il que j'apprenne en même temps qu'elle » fut coupable ! faut-il que cette séduction, qui fit le malheur de sa » mère, soit aussi le partage de mon enfant. »

Monfréville n'a pas achevé ces paroles, et déjà Louise et Chérubin sont allés se précipiter à ses pieds. Le visage baigné de larmes, tous les deux embrassent ses genoux, et Louise tend les bras vers lui, en murmurant d'une voix tremblante :

« — Pardonnez-moi, mon père... pardonnez-nous... Hélas ! je » ne connaissais pas mes parents... et Chérubin était tout pour » moi ! »

Monfréville ouvre ses bras aux deux amants qui se précipitent sur son cœur, et leur dit en les embrassant :

« — Oui... je dois pardonner..... car au lieu d'un seul, j'aurai » désormais deux enfants. »

XXIX. — CONCLUSION.

Quelque temps après cette journée, qui avait rendu un père à Louise, M. Monfréville, qui l'avait publiquement reconnue pour sa fille, la mariait au marquis Chérubin de Grandvilain.

Et ce jour-là, Nicolle était venue à Paris, doublement heureuse d'assister à cette union qui faisait le bonheur de celui qu'elle appelait encore son fieu, et de l'enfant à qui, pendant longtemps, elle avait tenu lieu de mère.

Et pour les noces de son maître, Jasmin, qui semblait avoir re- trouvé toute la vigueur de sa jeunesse, voulait absolument tirer un feu d'artifice dans la cour de l'hôtel ; mais la grosse Turlurette s'y op- posa, en lui rappelant les accidents arrivés à la naissance de Chérubin, et Jasmin se borna à tirer quelques pétards avec lesquels il brûla le peu de cheveux qui lui restaient.

Quant à M. Gérondif, Chérubin, après lui avoir fait compter une jolie somme, l'avait engagé à chercher d'autres élèves.

Le professeur, se voyant à la tête d'un capital assez rond, voulut faire parler de lui à Paris ; il fonda un journal latin, fit une tragédie, tint un cours de sciences universelles, et voulut forcer les dames à s'habiller sans corset. Au bout de quelque temps, n'ayant réussi qu'à manger ses économies, il fut très-heureux de retourner à Gagny, et d'y reprendre l'emploi de maître d'école.

Par suite de sa chute au milieu des assiettes et des verres, Daréna, étant resté défiguré, n'osait plus se montrer au grand jour ; il se livra plus que jamais à ses goûts pour la débauche, et, après une orgie et une nuit passée au jeu avec des gens sans aveu, dont il avait gagné l'argent, il fut trouvé mort dans la rue et entièrement dé- pouillé.

Ainsi finit un homme né dans le grand monde, élevé au sein de l'o- pulence, ayant reçu une bonne éducation, mais que ses vices avaient fait descendre jusqu'aux derniers rangs de la société.

Après avoir perdu son intime ami, M. Poterne se fit marchand de contremarques à la porte des théâtres, et dans ce métier il reçut encore de fréquentes corrections, parce qu'on ne pouvait presque jamais en- trer avec les billets qu'il avait vendus.

Le petit Bruno profita des conseils et de l'or que lui avait donnés Chérubin ; renonçant à voler des chiens pour les vendre, il forma un petit établissement, fit de bonnes affaires et devint honnête homme, répétant souvent que cela était bien plus facile que d'être fripon.

Louise fut heureuse épouse et heureuse mère ; jamais cependant Monfréville ne lui dit le nom de sa mère ; mais lorsqu'elle allait dans le monde où l'on s'empressait d'accueillir la jeune femme du marquis Chérubin, elle rencontrait quelquefois la famille Noirmont ; alors c'était avec un bien vif plaisir qu'elle embrassait Ernestine, qui lui témoignait toujours la plus tendre amitié ; puis ses regards cherchaient ceux de Mme de Noirmont, qui de son côté épiait tous les siens ; et lorsque, masqués par des indifférents ou cachés derrière la foule, les yeux de Mme de Noirmont pouvaient se reposer sur ceux de Louise... il y avait alors dans leurs regards tout l'amour que peuvent contenir cœur d'une fille et celui d'une mère.

Quant à Chérubin, il devint le modèle des maris ; on assure même qu'il fut fidèle à sa femme : ce jeune homme-là s'était toujours sin- gularisé.

UN BAL DE LOUPS.

PAR PAUL DE KOCK.

A la suite d'un dîner fort gai, pendant lequel le champagne n'avait pas été ménagé, nous nous écriâmes avec un accord bien rare en société :

— Qu'est-ce que nous allons faire ?

Il serait peut-être à propos de vous dire que nous étions six. Un jeune peintre, grand amateur de musique, qui porte presque toujours sur lui deux ou trois partitions d'opéra, qui ne pense qu'aux duo, cavatine, romance ou grand air qu'il étudie, qui fredonne toujours, qui vous parlera pendant toute une soirée de la manière dont M. *** a chanté l'air de *Robert le Diable*, et qui enfin a fait mettre un piano dans son atelier, afin de pouvoir, tout en tenant ses pinceaux, entendre ses amis et connaissances tapoter et brailler n'importe quoi, de 'importe qui.

Ensuite un pharmacien jeune, galant, facétieux, aimant à rire, à 'amuser, à plaisanter ; mais n'oubliant jamais les préceptes d'*Hippo-rate* et les travaux de son laboratoire.

Puis un auteur très-sentimental, ou très-gai suivant que ses nerfs le gouvernent.

— Puis un homme de bourse, bon garçon, tout rond en affaires comme en physique. — Puis un monsieur de province, que notre ami le pharmacien nous avait présenté comme un de ses parents, qui était venu à Paris avec l'espérance de s'amuser et qui jusqu'à ce moment en avait été réduit à l'espérance. Pauvre monsieur ! cela lui donnait un air tout triste. J'allais dire tout bête. Je crois que j'aurais pu le dire sans offenser ce monsieur qui, pendant tout le temps du dîner, n'avait pas cessé de répéter :

— Moi qui étais venu à Paris pour m'amuser... et avoir quelques petites drôleries à raconter à mon retour à Château-Chinon... je suis bien contrarié de ne point avoir d'aventures... Vous savez quelque chose... je ne peux pas trop dire quoi... mais enfin quelque chose.

Ce monsieur se nommait Ducanard. Cela fait cinq, et moi six.

— « D'abord, dit l'homme de bourse, je déclare que je ne veux » pas jouer... Hier encore, ils m'ont fait bouillotter et perdre mon » argent : on ne jouait pas le brelan, aussi j'en avais à tout coup. » — Il fallait jouer au whist. — Ah ! laissez-moi donc tranquille avec » votre whist ; l'autre soir on me met à une table, avec deux vieilles » dames et un ancien voltigeur de Louis XV. Les deux dames se di- » saient des choses fort dures et se lançaient des regards foudroyants » à chaque levée que je faisais. Quant à mon partner le voltigeur, c'é- » tait un autre genre ; il ne soufflait pas mot, mais chaque fois que » c'était à lui de jouer, il posait son front dans une de ses mains et se » tenait ainsi la tête pendant cinq minutes pour savoir quelle carte il » jouerait. Moi, je me disais : Voilà un monsieur qui doit être de pre- » mière force au whist, car il y met le temps ; mais une fois que je » m'aperçus que le résultat d'une de ses longues méditations avait été » de me jouer sur du pique un pique qu'il avait seul, cela diminua » beaucoup la considération que j'éprouvais pour le talent de mon » partner.

— » Moi, dit le pharmacien, je ne veux pas fumer, je ne fume plus ; » je vous assure, messieurs, que c'est très-mauvais pour la gorge.... » Et puis ce n'est plus la mode.

— » Moi, dit l'auteur, je ne vais pas au spectacle, il y fait trop chaud.

— » D'ailleurs, dit le peintre, on fait relâche à l'Opéra, et l'Opéra-Comique joue le *Pré aux Clercs*. Ce n'est pas que je veuille dire

» du mal de cette pièce... Dieu m'en garde, mais nous la savons tous » par cœur, Messieurs, qu'aimez-vous mieux comme musique, du *Pré* » *aux Clercs* ou de *Zampa?* Ce sont deux opéras d'*Hérold*... tous » deux magnifiques ! Les avis sont bien partagés là-dessus.

— » Moi, dit M. Ducanard, j'aimerais autant ne pas me promener » sur les boulevards, parce que je ne fais que cela depuis que je suis » à Paris..., et je n'y ai pas encore vu de ces choses... je ne peux pas » trop dire... des drôleries...

— » Messieurs, dis-je à mon tour, je vois que nous sommes tous » fixés sur ce que nous ne voulons pas faire... mais nous aurons peut- » être plus de peine à décider ce que nous voulons. »

Après un moment de silence, qui n'avait rien de solennel, le phar-macien s'écrie :

— Eh ! messieurs ! voilà notre affaire... Oh ! c'est charmant ; com-ment, diable, n'y avons-nous pas pensé plus tôt!

— J'y avais peut-être pensé, murmura M. Ducanard ; est-ce une drôlerie?

— C'est bien autre chose !... c'est un bal à Enghien... un bal mas-qué, en plein champ, en pleine forêt ; si vous aimez mieux... c'est un bal de loups...

— Comment ! s'écrie M. Ducanard avec une espèce de terreur ; des loups qui dansent... vous croyez que cela nous amusera de voir cela... sont-ils muselés au moins ?

— Rassurez-vous, mon cher ami, les loups dont il s'agit ne se mu-sellent point ; nous y perdrions trop s'ils l'étaient, et je suis per-suadé que, pour votre part, vous ne craindrez pas leurs morsures...

— Je n'y suis pas du tout.

Nous expliquons à ce monsieur ce que c'est que le bal champêtre d'Enghien, où les dames ne sont admises qu'en loup. En apprenant qu'il s'agit de femmes qui ont le droit d'être jeunes et jolies, en pen-sant surtout que parmi les dames masquées qui se rendent à Enghien il peut se trouver des artistes, des dames de théâtre, des danseuses de l'Opéra ou des écuyères de l'Hippodrome, notre provincial devient ra-dieux, il se lève, court dans la chambre, jette sa serviette en l'air, manque d'embrasser le garçon qui apportait la carte et va enfin se pré-cipiter dans les bras de son ami le pharmacien en s'écriant :

— Ah ! sapristi !... quelle délicieuse partie... je pourrai causer avec une actrice ou une danseuse... en loup... — Vous le pourrez. — Et la faire danser ? — Sans nul doute. — En loup ? — Toujours en loup ? — Toujours... — Et moi, pour lui parler, dois-je en avoir un ? — Un quoi ? — Un loup.

Le pharmacien nous regarde, nous nous regardons tous. L'auteur répond avec un grand sang-froid : — Vous n'y êtes pas obligé ; mais si vous voulez pousser l'aventure un peu loin, vous ne ferez peut-être pas mal de vous munir d'un de ces petits masques, car c'est très-facile à concevoir : on sera aussi curieux de vous connaître que vous le serez, vous, de faire une connaissance... — C'est juste... je vais me faire acheter un loup... on doit en trouver par ici. — Ou un masque de ca-ractère, ce sera plus piquant. — Vous avez raison... Garçon ! allez vite m'acheter un masque... à caractère. — Ah ! de quel caractère, mes-sieurs?... — N'importe... Cependant le singe ne ferait pas mal... — Vous croyez...? Alors, vous entendez, garçon, un masque à caractère de singe.

Le garçon sort en riant autant que nous. M. Ducanard se laisse aller sur une chaise en murmurant : — Je donnerais cinq ans de ma vie pour faire la connaissance d'une dame de théâtre... — On ne vous en demandera pas tant. - Vous croyez? — J'en suis persuadé.

Le garçon apporte le masque de singe demandé. Nous payons la carte ; le jeune peintre a mis sous son habit boutonné une partition qui peut, au besoin, lui servir de cuirasse, et nous partons. Notre provincial ne vivait pas, il devenait tantôt cerise, tantôt bleu, pendant le trajet en chemin de fer. Il s'écrie tout à coup :

— Ah! mon Dieu! quelle danse exécutent ces dames en loup?

— La polka; c'est ce qui est le plus en vogue. — Je ne la sais pas, malheureux que je suis! Je ne la sais pas... Aurai-je le temps de l'apprendre avant d'entrer au bal? Quel est celui de vous, messieurs, qui aurait la complaisance de me l'enseigner?

Personne ne se présentait pour servir de professeur à M. Ducanard, mais son ami le pharmacien le console en lui disant : — Ne savez-vous pas danser la gigue? — Oui. — Eh bien! c'est la même chose ou à peu près.

Nous arrivons à Enghien. Il est nuit lorsque nous entrons au bal, mais ces massifs de feuillages éclairés à demi, et quelquefois pas du tout, ces bosquets, ces fleurs, les accords d'un bon orchestre, des valses ravissantes, puis enfin la vue de ces dames masquées qui circulent, courent, voltigent et passent comme des ombres légères, s'échappent lorsqu'on veut les retenir, venant vous lutiner lorsqu'on ne leur dit rien, tout se réunit pour donner du piquant à cette fête; et si cela nous séduit, nous charme, nous autres qui malheureusement sommes désillusionnés sur tant de choses, jugez de l'effet que cela doit produire sur un provincial qui ne s'est pas encore amusé à Paris.

M. Ducanard ne sait plus où il en est. Il regarde avec une émotion indicible ces sylphides masquées dont la toilette est infiniment provocante. Tout d'un coup il me prend à bras-le-corps, m'entraîne sous un bosquet, je ne sais qu'il a, j'ai peur qu'il ne se sente incommodé... Ce n'est pas cela ; il veut danser la gigue pour se préparer à la polka, de loup.

Je le laisse s'exercer tout seul. Enfin il revient nous demander si l'instant est venu de mettre son masque.

— Certainement, lui dit le pharmacien, vous voyez bien qu'en ce moment on ne prend pas garde à vous, mais mettez votre masque et promenez-vous dans le bal, tous ces jolis loups vont courir après vous et vous agacer.

M. Ducanard passe derrière un buisson, met son masque de singe et se dirige vers les allées où il aperçoit le plus de femmes. Nous le suivions de loin pour jouir de l'effet que ce monsieur allait produire dans le bal.

Ainsi que nous l'avions prévu, dès que l'on aperçoit notre homme, on se presse, on l'entoure, on fait foule autour de lui. Deux dames le prennent sous le bras, d'autres le suivent, on l'entraîne, on le pousse vers la porte ; là c'est un hourra général... Il vient un moment où l'on va le porter en triomphe comme Musard. Mais une de ces dames, persuadée que le singe doit être son *Arthur*, saisit un moment et parvient à faire tomber son masque.

Alors l'enchantement est détruit, quelques-unes de ces dames se permettent même de dire :

— Il était moins laid avec sa figure de singe!

Cependant, en quittant son incognito, notre provincial n'a pas tout perdu. Il s'attache à une polkeuse dont la taille, la tournure, les manières et la danse lui ont tourné la tête. Et au lieu de partir avec nous, il nous dit adieu en souriant, comme un homme qui entrevoit le troisième ciel et en murmurant :

— Ce charmant petit loup accepte mon bras pour revenir à Paris. Je vous dirai plus tard la suite de cette aventure... Mais je puis dire que je m'amuse... comme cela ne m'était pas encore arrivé à Paris.

Nous laissons à Enghien M. Ducanard et son loup. Quelques jours après, je rencontre ce monsieur sur les boulevards. Je l'accoste et lui dis : — Eh bien... votre aventure, votre conquête?

Il fait une mine piteuse en me répondant :

— C'était la portière de mon hôtel garni... Je n'irai plus à un bal de loups.